학위논문

프로포절

학위논문

Graduate Research Proposals

프로포절

김경호 · 차은진 지음

사회복지 전문출판 나눔의집

이 책은 대학원 석사과정이나 박사과정에 재학 중이며 장차 학위논문을 작성할 계획을 갖고 있는 대학원생들이 연구계획서research proposal의 핵심 요소와 작성방법을 보다 쉽게 이해하도록 돕는 데 그 목적이 있다. 현재 학계에는 연구계획서 작성 방법에 관한 명시적인 룰이 확립되어 있지 않다. 분과학문에 따라 그리고 대학교 및 대학원별로 독자적인 논문 작성방식이 마련되어 있을 뿐이다. 그러나 학위논문 작성에도 학술적인 글쓰기에 통용되는 보편적인 원칙이 그대로 적용될 것으로 본다. 이 책은 그러한 원칙이 무엇인지 탐구하고 논의하는 내용을 담고 있다.

연구계획서의 작성방법을 다루는 저서라면 당연히 실용적·실제적이어야 할 것이다. 사변적 논의와 난해한 방법론의 소개보다는 실제적인 경험 전달이 더 중요하다. 이 책에는 주석을 덧붙인 견본 연구계획서가 들어 있는데, 이것은 이 책의 공저자 가운데 한 명이 박사학위논문을 쓰기 위하여 실제로 작성한 연구계획서를 수정·보완한 것이다. 이처럼 실제 연구계획서를 견본 삼아 연구계획서 작성과 관련된 주요 내용을 소개하고 논의한 점이 바로 이 책의 장점이라고 할 수 있다.

이 책은 6개의 장과 이를 바탕으로 한 견본 연구계획서로 구성되어 있다.

제1장은 연구계획서의 기능을 소개하는 장으로서, 연구계획서의 일반적인 기능이 무엇인지, 연구계획서가 어떤 논리적 과정을 거쳐 제 모습을 갖추는지 설명하고 있다. 제2장은 연구의 출발점이라 할 수 있는 연구논제research topic의 선택에 관한 내용을 담고 있다. 여기에서는 좋은 연구논제를 선택하기 위하여 반드시 알아두어야 할 내용을 중심으로 논의가 전개된다. 제3장은 연구문제의 설정에 관한 장이다. 연구문제는 연구가설과 더불어 연구의 진행을 안내하는 가이드 역할을 수행하는 중요한 요소임을 이해하는 것이 이 장의 목적이다. 제4장에서 독자들은 이론 및 선행연구의 고찰 그리고 가설의 도출이라는 중요한 개념들을 이해하는 기회를 갖게 될 것이다. 사회과학은 진공 속에 존재하는 학문이 아니며, 이론 및 선행연구의 고찰이라는 필수불가결한 과정을 중요시하는 학문영역이다. 그러므로 연구계획서를 작성함에 있어서도 이론 및 선행연구의 고찰 그리고 가설의 도출이 갖는 의미와 중요성을 이해하는 것이 중요하다. 제5장은 연구계획서를 구성하는 핵심 요소를 조목조목 설명하는 장이다. 제6장은 연구계획서라는 공간 안에 선행연구 고찰의 결과를 체계적으로 정리하여 기술하는 방법을 소개하는 장이다. 끝으로 이 책의 공저자가 직접 작성한 견본 연구계획서가 제시되어 있다. 이 견본 연구계획서에는 제1장 또는 제6장에서 다루어진 여러 가지 논점에 관한 상세한 주석이 달려 있다.

이 책을 집필하면서 여러 선학先學들로부터 학문적인 면에서 직·간접적인 도움을 많이 받았다. 특히 교과서, 참고도서, 연구논문과 같은 선행연구는 이 책을 집필하는 아이디어의 원천이 되었다. 무엇보다도, 저자들은 아래의 저작著作들로부터 깊은 통찰력을 얻었음을 밝혀둔다.

- Krathwohl, D. R., & Smith, N. L. (2005). *How to Prepare a Dissertation Proposal: Suggestions for Students in Education & the*

Social and Behavioral Sciences. Syracuse, NY: Syracuse University Press.

- Locke, L. F., Spirduso, W. W., & Silverman, S. J. (2007). *Proposals That Work: A Guide for Planning Dissertations and Grant Proposals* (5th ed.). Thousand Oaks, CA: Sage Publications Ltd.
- Punch, K. F. (2006). *Developing Effective Research Proposals* (2nd ed.). Thousand Oaks, CA: Sage Publications Ltd.
- Rudestam, K. E., & Newton, R. R. (2007). *Surviving Your Dissertation: A Comprehensive Guide to Content and Process* (3rd ed.). Los Angeles, CA: Sage Publications.

우리 주변에는 연구계획서 작성에 관한 한 자타가 인정하는 전문가들이 많을 줄로 안다. 또한 연구계획서 작성에 관한 국내외 참고자료도 드물지 않은 실정이다. 사정이 이러할진대 연구계획서에 관한 책을 낸다는 것이 시간과 노력, 종이의 낭비 같기도 하고, 시답잖은 내용으로 독자에게 부담을 주는 것 같기도 하여, 사실 이 책의 출판을 상당히 망설였다. 그러나 여러 학기 동안 모아놓은 강의 자료를 그냥 묵혀두기가 아까워 한껏 용기 내어 보니 책 한 권의 모습이 갖추어졌다. 이제 다시 훑어보니 부족한 점이 한둘이 아니다. 기회가 되면 이 책의 오류나 미흡한 부분을 바로 잡거나 보완할 계획이다. 독자 여러분의 질정叱正을 바라 마지않는다.

2012년 2월
저자 일동

제1장

연구계획서의 기능

학위논문의 출발점은 연구계획서이다. 좋은 학위논문을 쓰기 위해서는 좋은 연구계획서dissertation proposal를 작성하여야 하며, 그러자면 먼저 연구계획서의 기능과 역할에 대한 이해가 선행되어야 한다. 이 장에서는 연구계획서의 일반적인 기능, 연구유형에 따른 연구계획서의 기능의 차이, 그리고 연구계획서의 이론적 도출과정 등을 이해하는 기회를 갖는다.

❗ 주요 내용

- ◆ 연구계획서의 기능
- ◆ 연구유형에 따른 연구계획서 기능의 차이
- ◆ 추론의 연쇄관계chain of reasoning로서의 연구계획서

학위논문이나 학술지 논문을 작성함에 있어서 연구계획서dissertation pro-posal는 어떤 역할을 수행하는가? 그리고 연구의 성격에 따라 연구계획서의 역할은 어떻게 달라지는가? 이 장에서는 먼저 이 두 가지 논점에 대하여 고찰한다. 이어서 '추론의 연쇄관계'chain of reasoning라는 시각에서 연구계획서의 의미와 위상에 대하여 살펴본다.

1. 연구계획서의 기능

여기서는 고찰의 범위를 학위논문 연구계획서로 제한하여 논의를 전개한다. 일반적으로 학위논문 작성을 위한 연구계획서는 아래에 제시된 바와 같은 7가지 기능을 수행한다(Krathwohl & Smith, 2005, pp. 15-30).

1) 연구의 정당성을 주장하는 기능

연구자는 연구문제에 대한 적절한 답을 얻기 위하여 이론theory, 방법

🔍 **연구계획서의 기능**

- 연구의 정당성justification for the study
- 연구설계도work plan
- 연구를 수행할 수 있는 능력의 입증evidence of ability
- 참여의 요청request for commitment
- 계약contract
- 평가기준evaluation criterion
- 논문 초안의 구성부분partial dissertation draft

method, 증거evidence, 추론reasoning을 사용한다. 연구의 결과물을 예상하고 그것을 연구문제와 연결시키는 추론은 연구계획서의 핵심을 이루는 논증argument의 구성요소가 된다. 이 논증을 통해 연구자는 자신이 수행할 연구를 정당화하고 예상되는 연구결과의 의미와 효용을 강조한다.

학위논문 연구계획서의 가장 중요한 기능은 연구의 정당성justification for the study을 주장하는 것이다. 따라서 연구자는 다음과 같은 사항을 논리적으로 주장할 수 있어야 한다.

- 왜 이 연구가 중요한가? 즉, 연구자가 자신의 연구를 중요하게 생각하는 이유는 무엇인가?
- 우리가 이미 알고 있는 지식은 무엇인가? 연구자가 제안하는 연구는 이미 알고 있는 지식과 어떤 관련이 있는가? 그리고 연구자는 널리 알려져 있는 지식을 바탕으로 어떤 연구를 수행할 수 있는가?[1]
- 어떻게 연구를 진행할 것인가? 즉, 어떤 방법론을 사용할 것인가? 어떤 자료를 수집할 것인가? 어떤 상황 · 조건 · 개인들이 개입될 것인가?
- 어떻게 하면 이러한 자료들을 연구문제, 연구목적, 연구대상과 관련하여 쓸모 있고 의미 있는 방식으로 미래의 상황 · 조건 · 개인들과 연결할 것인가?

이와 같은 논점은 연구계획서뿐만 아니라 학위논문 작성을 위한 연구 그 자체와도 관련이 깊은 사안이다. 앞의 세 가지 논점은 연구계획서에 포함

---

1 만약 연구대상에 관하여 이미 많은 것이 알려져 있다면, 연구자는 기존의 지식으로부터 연구의 성과를 예측하는 연구를 수행하는 것이 바람직할 것이다. 반면에 기존의 지식이 충분하지 않을 경우, 기존의 지식으로부터 연구의 성과를 기대하거나 결과를 찾을 수 있는 구체적인 연구 영역을 탐구하는 것이 적절할 것이다.

되지만, 네 번째 논점은 학위논문 보고서에 포함된다. 후술하는 바와 같이, 연구계획서를 일련의 추론의 연쇄관계로 설계하는 것이 학위논문 연구의 정당성을 가장 강력하게 주장하는 효과적인 방법이 될 것이다.

2) 연구설계도의 기능

아마도 연구계획서가 수행하는 가장 보편적인 기능은 연구설계도work plan로서의 기능이다. 연구자는 연구계획서를 통해 무엇을 연구할 것인지, 왜 그 연구를 수행하는지, 어떤 결과가 예상되는지를 설명한다. 따라서 연구계획서에는 연구범위, 수행활동의 목록, 연구일정, 연구비용 등이 포함된다. 다시 말해, 연구계획서는 연구자가 연구를 수행하기 위해 어떤 계획을 세우고 있는가를 알려준다. 지도교수는 연구계획서를 보고 연구자가 제안하는 연구의 중요성, 실현가능성, 효율성, 성공가능성 등을 판단한다.

3) 연구를 수행할 수 있는 능력의 입증

연구계획서는 연구자가 연구를 수행할 수 있는 능력을 갖추었음을 증명

🔍 **연구계획서에서 연구자가 입증하여야 할 능력**

- 연구논제research topic에 대한 지식
- 연구논제와 관련 있는 선행연구에 대한 이해
- 연구절차와 방법론에 대한 올바른 이해
- 분석 및 설계의 기술
- 한 편의 논문을 체계적으로 조직하는 능력
- 글쓰기 기술

하는 문서로서의 기능을 수행한다. 따라서 연구계획서에는 연구자의 연구 수행 능력을 입증하는 내용이 포함되어야 한다.

여러 측면에서 설득력 있는 연구계획서를 작성하는 연구자는 자신이 제안한 연구를 제대로 수행할 준비를 하였다는 자신감을 갖게 될 것이다. 지도교수 등 교수단은 연구계획서의 명확성, 체계적인 짜임새, 세부내용, 독창성, 정교함의 정도 등을 평가함으로써 연구자의 현재의 준비상태를 평가할 수 있으며, 연구자가 추가로 준비하여야 할 것이 무엇인지, 그리고 연구자가 어떠한 지원과 슈퍼비전을 필요로 하는지 알 수 있게 된다.

4) 참여의 요청

연구자는 논문지도위원, 공동연구자, 자문 제공자, 연구참여자 등을 모집하거나 자료수집의 목적으로 연구계획서를 사용할 수 있다. 그 중에서 참여commitment의 요청과 관련하여 연구계획서의 가장 중요한 역할은 논문지도위원회의 위원 선정과 자료수집의 요청이다. 이 경우 연구계획서는 초안 연구계획서와 최종 연구계획서로 나누어 생각할 수 있다.

첫째, 교수단을 대상으로 논문지도위원회dissertation committee에의 참여를 권유하는 목적으로 사용되는 것은 최종 연구계획서이다. 물론 초안 연구계획서의 단계에서 논문지도위원을 선정하는 일이 진행되기도 한다. 여하튼, 교수단에 소속된 특정 교수가 연구계획서의 내용을 수정·보완하도록 제안하였으며 실제로 그 제안이 그대로 연구계획서에 반영될 경우, 해당 교수는 논문지도위원회에 참여할 가능성이 그만큼 더 커지고 또한 연구계획서에 대해 심리적인 면에서 일종의 부분 소유권을 느끼게 될 것이다. 최종 연구계획서는 재정지원이나 기관의 승인을 얻기 위한 목적으로도 사용된다.

둘째, 연구자는 자신이 자료를 얻고자 하는 기관으로부터 자료수집의

허락을 받기 위한 목적으로 연구계획서를 사용할 수 있다. 이 경우에도 초
안 연구계획서나 최종 연구계획서 사용이 모두 가능하다. 그러나 자료수
집의 대상기관, 즉 자료 제공기관은 최종 연구계획서보다는 그 이전 단계
의 연구계획서를 선호하는데, 그 이유는 종종 자신들의 제안대로 연구계획
서를 수정하기를 희망하는 경우가 생길 수 있기 때문이다. 만약 자료수집
대상기관의 수정 제안이 연구계획서에 반영될 경우, 자료수집 대상기관이
연구계획서의 정당성을 인정하기 쉬워질 뿐만 아니라 연구계획서에 대해 일
종의 부분 소유권을 느끼게 될 것이며, 이 모두는 자료수집에 긍정적인 영
향을 미칠 것이다.

5) 계약으로서의 연구계획서

연구의 참여를 요청받은 사람들이 실제로 참여를 수락하고, 앞으로 수
행될 연구에 대하여 합의를 이룰 때 연구계획서는 일종의 계약contract으로서
그 기능을 수행한다. 학위논문 연구계획서를 승인한다는 것은 교수단과
학과 차원에서 연구자에게 지지와 자원을 제공하여야 한다는 의무를 부여
하는 것이며, 궁극적으로는 연구계획서대로 연구가 완료될 경우 학위를 수
여할 것을 약속한다는 의미이다. 논문지도위원회의 승인은 학과 차원에서
연구계획서의 기본 요소를 수용한다는 계약으로서의 성격을 지닌다. 논문
지도위원회는 연구계획서에서 제안하고 있는 연구가 학과의 가이드라인
규범에 부응하며 실현가능성이 높다는 것을 고려하여 이에 특별한 주의를
기울여야 한다.

6) 평가기준으로서의 연구계획서

　지도교수나 논문지도위원회에서 승인받은 학위논문 연구계획서는 이제 후속 연구활동의 방향과 질을 판단하는 데 사용되는 평가기준이 된다. 연구계획서가 구체적이고 자세하게 작성될수록 평가자가 연구활동의 전반적인 과정을 모니터링할 수 있다. 연구자는 연구계획서의 내용대로 연구를 수행하여야 하며, 더 나아가 연구의 진행과정을 주기적으로 논문지도위원들에게 알려주어야 한다. 연구가 진행됨에 따라 연구자는 주기적으로 연구계획서의 내용을 수정·보완하고 그 결과를 문서의 형태, 즉 수정된 연구계획서를 제출함으로써 연구자와 논문지도위원들은 연구활동의 방향에 대하여 공통의 이해와 인식을 가질 수 있을 것이다. 또한 연구자가 연구계획서의 주요 내용을 변경하여야 할 경우에는 그 이유를 제시하여 승인받아야 한다. 연구자가 반드시 승인된 연구계획서대로 연구를 수행하도록 강요받는 것은 아니지만, 가능한 한 당초의 연구계획을 크게 벗어나지 않는 게 바람직하다. 만약 연구자가 당초의 연구계획을 변경할 필요가 있을 경우에는 그에 관하여 지도교수와 논문지도위원회에 승인을 받아야 한다.

　한편, 연구계획서는 최종 논문의 질을 평가하는 데 사용되는 평가기준이 되기도 한다. 최종 논문은 연구계획서에서 밝힌 내용대로 연구가 진행되었는지 확인할 수 있는 성과물이기 때문이다.

　논문지도위원은 연구자가 수행하는 연구활동을 모니터링하고 평가하기 위하여 연구계획서를 사용하는데, 이와 같은 목적을 달성하기 위하여 연구과정이나 절차에 관한 내용을 보다 상세하게 작성하도록 요구하는 경우가 많다. 또한 논문지도위원이 연구자에게 어떻게 하면 상황조건의 변화에 신속하고 탄력적으로 대응할 것인지 그리고 어떤 종류의 궤도 수정을 염두에 두고 있는지에 대하여 기술하도록 요구하는 경우도 있다. 연구자는 지도교수나 논문지도위원들이 연구계획서를 평가의 기준으로 사용한다는 것을 인식하고, 이것을 자신의 연구 수행에 유리한 방향으로 적극적으로 활용하는 기회로 삼는 것이 바람직하다. 즉, 연구자는 자신의 초기 연구계획안이 변경될 가능성이 존재하며 실제로 그러한 변화가 요구되는 경우에 사용할 전략을 알리는 기회로 활용할 수 있다.

7) 논문 초안의 일부분으로서의 연구계획서

연구자의 연구목적과 연구성격에 따라 최종 논문의 구성 체제가 조금씩 다를 수 있다. 일반적으로 연구논문을 구성하는 핵심 요소는 다음과 같은 5개의 장이다.

- 서론 연구목적/연구문제, 연구의 배경 및 필요성, 논문의 주요 내용
- 이론적 고찰 및 선행연구의 검토
- 연구방법
- 분석결과
- 논의

위에 제시된 연구논문의 5개의 장 가운데 앞서 제시한 3개의 장 서론, 이론적 고찰, 연구방법 은 연구계획서에도 포함되어 있는 핵심 요소이다. 보통 연구계획서 작성단계에서 기술된 내용을 어느 정도 수정 · 보완하여 최종 연구논문에 담는 것은 흔히 있는 일이다. 따라서 연구자는 연구계획서를 작성하는 단계에서부터 최종 연구논문의 구성을 염두에 두고 이 3개의 장을 작성할 필요가 있다. 요컨대, 연구계획서는 연구논문 초안의 일부분 partial dissertation draft 으로서의 기능을 수행한다.

지도교수나 논문지도위원은 위에 언급한 3개의 장으로 구성된 연구계획서를 통해 연구자가 제안하고 있는 연구를 스스로 수행할 능력을 갖고 있는지, 연구계획을 승인하고 연구에 필요한 자원과 지지를 제공할 것인지, 그리고 연구수행 과정 동안 연구계획서를 일종의 평가기준으로 사용할 수 있을 것인지에 대하여 판단한다. 연구자는 비록 연구계획서의 작성단계에서는 해당 연구가 승인될 것이라는 하등의 확신이나 언질이 없는 상태이지만 수준 높은 연구계획서를 만들기 위해서는 이론적 고찰이나 선행연구의 검토 등 상당히 많은 양의 초기 연구활동을 수행하여야 한다. 그렇게 공들인 연구계획서가 일단 승인되면, 연구자의 연구활동은 드디어 정상 궤도에 오른 것이라 할 수 있으며, 연구계획서 작성단계에서 축적한 내용을 상당 부분 최종 연구논문의 작성과정에서 활용할 수 있다.

　　연구계획서가 최종 연구논문과 다른 점은 연구계획서에서는 위 3개의 장이 비교적 간략하게 작성된다는 점이다. 연구계획서 작성 시점에서 연구자의 연구주제에 대한 지식수준은 그리 높지 않은 경우가 보통이며, 향후 연구를 진행하는 과정에서 그 지식은 더 깊고 풍부해질 것이다. 따라서 연구자는 연구가 진행되면서 연구계획서의 내용을 많이 보강하고 조정하여야 한다.

　　간혹 연구계획서 작성에 앞서 파일럿 연구pilot study를 수행하는 경우도 있다. 특히 실증연구에 있어서는 파일럿 조사의 유용성이 널리 인정되고 있다. 즉, 연구자는 작은 규모의 연구 집단을 대상으로 연구의 전체 과정을 수행하면서 연구질문, 연구과정, 연구방법론 등의 문제점을 확인하고 개선방안을 찾아낸다. 연구자는 이와 같이 파일럿 조사의 결과를 정리하여 보다 수준 높은 정식 연구계획서를 만들 수 있다. 파일럿 조사는 연구계획서의 질을 높여줄 뿐만 아니라 최종 연구논문의 수준도 한 차원 높여줄 것이다.

2. 연구유형에 따른 연구계획서 기능의 차이

지금까지 고찰의 범위를 학위논문 연구계획서로 제한하여 논의를 전개하였다. 이제 일반 학술논문에까지 범위를 넓혀 연구유형에 따른 연구계획서의 기능을 살펴보자. 앞서 설명한 바와 같이 연구계획서의 기능은 상당히 다양하다. 연구의 성격에 따라서 연구계획서의 여러 가지 기능 가운데 몇몇은 그 중요성이 강조되는 반면, 다른 몇몇 기능은 그다지 중요성이 인정되지 않기도 한다. 계획단계에서 어느 정도 구체적으로 연구계획을 수립할 수 있는가 그리고 연구결과를 어느 정도로 일반화할 수 있는가에 따라 연구자가 중요시 여기는 연구계획서의 기능이 달라진다.

1) '사전에 구조화된 연구'와 '점차 구체화되는 연구'

연구는 '사전에 구조화된prestructured 연구'와 '점차 구체화되는 연구'로 크게 나눌 수 있다. 전자는 '사전에 구체화된prespecified 연구', '미리 계획된preplanned 연구', '미리 계산된prefigured 연구', '미리 결정된predetermined 연구'라고도 불리며, 후자는 '점차 펼쳐지는unfolding 연구', '사후에 구체화되는emergent 연구', '새로 만들어지는emerging 연구', '개방형open-ended 연구'라고도 지칭된다(Punch, 2006, p. 13). 이와 같은 구분은 연구계획서가 얼마나 구조화되어 있는가, 그리고 얼마나 구체적으로 작성되어 있는가를 나타낸다.

더 정확하게 말하자면, 이 구분은 구조화의 시기에 관한 것이다. 사전에 구조화된 연구의 경우, 연구의 계획단계, 즉 연구계획서의 작성단계에서 연구의 구조가 결정된다. 반면에 점차 구체화되는 연구는 연구의 실행단계에 이르러 연구의 구조를 점차 구체화시킨다. 사회과학 분야의 경험적 연구 전반을 하나의 연속선으로 보면, 한쪽 끝에는 구조화의 정도가 매우 높은

사전에 구조화된 연구		점차 구체화되는 연구
사전에 구체화된 연구		점차 펼쳐지는 연구
미리 계획된 연구	VS	사후에 구체화되는 연구
미리 계산된 연구		새로 만들어지는 연구
미리 결정된 연구		개방형 연구

미리 계획된 연구가 존재하고, 다른 쪽 끝에는 아주 극단적으로 점차 구체화되는 연구의 성격을 띠는 연구가 존재하며, 이 두 개의 극단 사이에는 수많은 연구들이 위치하게 된다. 따라서 연구자는 연구계획서의 작성 및 발표 단계에서 자신이 수행하려는 연구가 어떤 성격을 갖고 있는가에 대해 명확히 밝혀야 한다. 이와 같은 구분은 연구질문, 설계, 자료에 모두 적용되며, 개념적 틀conceptual framework에 적용될 수도 있다.

사전에 구조화된 연구는 일반적으로 명확하고 구체적인 연구질문, 명확한 개념적 틀, 미리 계획된 설계, 미리 코드화된 자료 등을 갖는다. 사전에 구조화된 연구의 대표적인 예는 실험연구, 정교한 개념적 틀을 가진 비실험연구 등과 같은 양적 연구이다. 반면에, 점차 구체화되는 연구의 경우, 연구가 시작되기 전에는 구체적인 연구질문이 존재하지 않는다. 연구자는 사전에 짜인 설계 대신에 일반적인 접근법을 설명하며, 자료는 미리 구조화되어 있지 않다. 연구질문, 설계, 자료 등은 모두 연구가 진행되면서 구체화되거나 펼쳐지는데, 이러한 연구유형의 예로는 사례연구case study, 민족지학ethnography, 전기life history를 들 수 있다.

〈그림 1-1〉은 사전에 구조화된 연구와 점차 구체화되는 연구를 연속

| 그림 1-1 | 사전에 구조화된 연구와 점차 구체화되는 연구

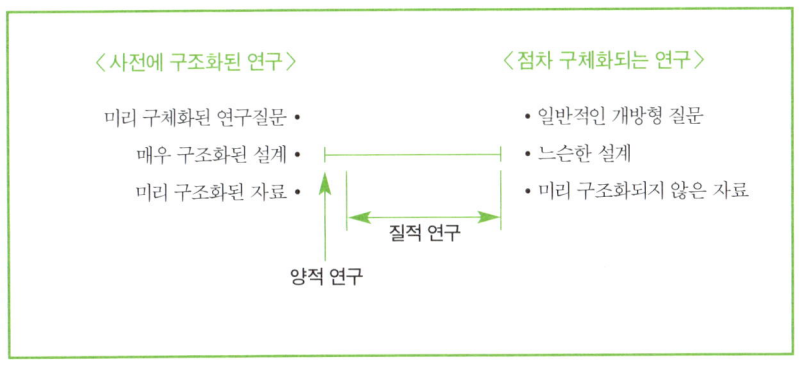

선으로 표현한 것이다. 엄밀하게 말하면, 어떤 연구가 전적으로 사전에 구조화된 연구의 성격을 갖는다거나 반대로 전적으로 점차 구체화되는 연구의 성격을 갖는 경우는 매우 드물 것이다. 대부분의 연구는 이 두 가지 성격을 어느 정도 갖고 있는데, 사실 어느 쪽으로 더 많이 치우쳐 있는가의 문제이다.

연속선의 왼쪽 극단에 근접한 연구는 연구계획서에 연구의 주요 내용을 담기가 상대적으로 더 용이하다. 이런 유형의 연구는 양적 연구quantitative research라 불리는데, 연구자는 사전에 연구의 주요 내용을 미리 계획하며, 연구계획서에 그 구체적인 내용을 담는다.

반면에, 연속선의 오른쪽에 근접하는 연구의 경우는 연구자가 연구계획서에 담는 내용이 확정적이지 않다. 질적 연구qualitative research라 불리는 이 유형의 연구계획서에는 매우 상세하고 구체적인 계획을 담는 것 자체가 불가능하다. 점차 구체화되는 연구의 연구계획서에 담아야 할 내용을 예시하면 다음과 같다(Punch, 2006, p. 37).

• 연구의 전부 또는 일부가 점차 구체화되는 연구, 즉 사후에 구체화되

는 연구로서의 성격을 갖고 있다는 점

- 연구자가 수행하고자 하는 연구의 영역, 논제, 접근법에 비추어 볼 때 점차 구체화되는 연구가 상대적으로 더 적합한 이유
- 연구를 진행하면서 구조화 및 구체성의 정도를 어떻게 높여나갈 것인 가에 대한 설명. 즉, 연구질문을 어떻게 구체화할 것인가, 연구를 어떻 게 설계할 것인가, 자료분석을 통해 자료의 구조를 어떻게 파악할 것 인가에 대하여 일상용어로 설명함

다만, 동일한 질적 연구의 범주에 속한다 할지라도 구조화와 구체성의 정도는 연구마다 다르다. 어떤 연구는 사전에 구조화된 연구의 성격을 어 느 정도 띠고 있는가 하면, 다른 연구는 점차 구체화되는 연구의 성격을 매 우 강하게 띠기도 한다.

사전에 구조화된 연구와 점차 구체화되는 연구는 모두 나름의 강점과 약점이 있으며, 따라서 어느 것이 다른 것에 비해 더 우월하다고 평가할 수 없다. 즉, 양자택일의 문제는 아니다. 연구자는 자신이 수행하려는 특정 연구의 영역, 논제, 목적 등을 근거로 적절한 연구유형을 선택하여야 한다.

2) 연구유형별 연구계획서의 기능

어떤 연구는 계획단계에서부터 매우 정밀한 수준의 연구계획을 수립할 것을 요구받는데, 이를 일러 '사전에 구조된 연구'라고 할 수 있다. 반면에 다른 연구는 탐구활동이 진행되면서 연구계획이 점점 더 구체화되는데, 이 러한 연구유형은 '점차 구체화되는 연구'라고 부를 수 있다.

사전에 구조된 연구의 경우, 연구문제, 탐구활동을 뒷받침하는 논증, 탐 구활동에 관한 구체적인 절차 등이 모두 연구의 시작단계에서부터 정교하

게 계획된다. 일단 연구설계가 완료되면 연구자는 가급적 원래의 계획을 바꾸지 않고 그대로 집행하려고 노력한다. 사회과학 영역에서 이루어지는 다수의 경험적 연구는 이와 같은 부류의 연구이다.

점차 구체화되는 연구는 인문학 영역 그리고 사회과학의 몇몇 분과 영역에서 수행되고 있다. 점차 구체화되는 연구에서는 연구가 진행되면서 연구문제, 탐구활동을 뒷받침하는 논증, 구체적인 연구절차 등이 구체화된다. 이와 같은 연구는 자연적인 변이를 조사하기 위하여, 복잡한 상황에 놓여 있는 새로운 현상을 연구하기 위하여, 그리고 학습의 목적으로 현상을 탐색하기 위하여 빈번히 수행된다. 또한 점차 구체화되는 연구는 연구자가 어떤 현상에 대한 사전 지식이 없는 경우, 방법론적 도구가 부적합하거나 존재하지 않는 경우, 또는 사전에 계획된 연구를 수행하기에는 상황적 조건이 부적절한 경우에도 종종 수행된다.

모든 연구들이 사전에 구조화된 연구나 점차 구체화되는 연구 가운데 어느 한 쪽일 필요는 없다. 의도적이던 우연이던 간에 간혹 하나의 연구에 이 두 가지 전략이 혼합되는 경우도 있다. 사전에 구조화된 연구로 시작되었던 프로젝트라 할지라도 현장 상황을 통제하기 어렵거나 초기의 가정에 오류가 있었다는 것을 알려주는 새로운 정보가 입수되거나 불안정한 조건 때문에 연구자에게 더 많은 수준의 신축성이 요구되는 경우에는 해당 연구는 점차 구체화되는 연구로 바뀌는 것이 바람직하다. 반면에, 애초부터 점차 구체화되는 탐색적 연구로 출발한 연구라 할지라도 기초조사와 파일럿 조사를 통해 구체적으로 어떤 연구질문이 가장 의미 있고, 연구의 실현가능성이 높은가를 알 수 있게 되면 해당 연구는 차츰 사전에 계획된 연구의 성격으로 변하는 경우도 있다. 또한 연구의 대상이 되는 현상의 성격에 따라 연구자는 사전에 구조화된 연구의 형식을 선택할 것인지 아니면 사후에 구체화되는 연구의 형식을 선택할 것인지 결정한다.

사전에 구조화된 연구와 점차 구체화되는 연구라는 이분법이 양적 연구와 질적 연구라는 구별로써 언제나 같은 의미는 아니다. 양적 연구의 예로는 행태주의자behaviorist, 후기실증주의자postpositivist, 실험적experimental, 통계적statistical 접근을 들 수 있으며, 질적 연구의 예로는 해석주의자interpretivist, 자연지연구naturalistic, 민족지적ethnographic 접근을 들 수 있다. 비록 양적 연구가 대부분 사전에 구조화된 연구이고, 질적 연구는 대부분 점차 구체화되는 연구라고 볼 수 있지만, 이러한 분류가 항상 옳은 것만은 아니다. 예

| 표 1-1 | 연구유형에 따른 연구계획서 기능의 차이

연구계획서 기능	사전에 구조화된 연구	점차 구체화되는 연구
연구의 정당성	○ (그렇다. 연구의 정당성을 주장하는 상세한 설명이 필요하다.)	○ (그렇다. 그러나 연구의 승인 단계에서 가능한 한 많은 것을 담아야 한다.)
연구의 설계도	○ (그렇다. 보통 상세한 연구일정, 자원분석이 요구된다.)	○ (그렇다. 목적, 접근법, 범위, 진행 규칙, 성과, 경비 등을 담아야 한다.)
연구능력의 증명	○ (그렇다. 수준 높은 연구가 수행될 것이라는 점이 논증되어야 한다.)	○ (그렇다. 수준 높은 연구가 수행될 것이라는 점이 논증되어야 한다.)
참여의 요청	○ (그렇다. 연구대상자의 참여, 자료제공의 승인, 재정지원 등을 요구한다.)	○ (그렇다. 연구대상자의 참여, 자료제공의 승인, 재정지원 등을 요구한다.)
계약	○ (그렇다. 연구를 모니터링 하기 위해서는 상세한 연구계획이 필요하다.)	X (아니다. 일반적인 내용만 담겨 있으므로 구체성이 부족하다.)
평가기준	○ (그렇다. 연구의 과정과 연구의 결과를 평가할 수 있어야 한다.)	X (아니다. 세부적인 설계가 이루어지지 않았으므로 구체성이 부족하다.)
논문초안의 일부분	○ (그렇다. 연구계획서의 내용을 수정·보완하여 연구논문에 사용한다.)	X (아니다. 초기의 설명이 불충분하며, 따라서 큰 폭으로 수정하여야 한다.)

※ 자료: Krathwohl & Smith, 2005, p. 25.

컨대, 몇몇 민족지학적 · 체계적 질적 연구는 비교적 사전에 구조화된 연구 방식을 사용하는 반면, 몇몇 단일 주제single-subject의 양적 조사연구는 비교적 사후에 점차 구체화하는 연구방식을 채용하고 있다.

사전에 구조화된 연구와 점차 구체화되는 연구 사이에는 연구계획서의 기능의 차이가 존재한다. 사전에 구조화된 연구의 연구계획서에는 구체적인 과업, 연구 일정, 예산 등이 상세하게 작성되어 있기 때문에 이러한 연구계획서는 연구의 정당성의 주장, 연구의 설계도, 연구수행 능력의 증명, 계약, 참여의 요청, 평가기준 등의 기능을 수행하기에 적합하다. 점차 구체화되는 연구에서는 연구의 진척에 따라 연구 환경의 변화에 대응하여 나가야 할 뿐만 아니라 연구대상이 되는 현상에 대하여 점진적으로 이해의 수준을 높여나가야 하므로 이러한 연구유형의 연구계획서는 연구의 정당성, 연구의 설계도, 연구능력의 증명, 참여의 요청 등의 기능을 수행하기에 적합하다. 사전에 구조화된 연구와 점차 구체화되는 연구에 있어서 각각 연구계획서가 수행하는 기능은 〈표 1-1〉에 정리되어 있다.

3) 일반적 · 보편적 연구결과와 지엽적 · 지역적 연구결과

연구결과를 해당 연구가 수행되었던 상황이나 환경을 초월하여 다른 집단에도 적용할 수 있는 연구가 있는가 하면, 특별한 환경 안에 존재하는 문제해결에 초점을 맞추는 연구도 있다. 전자의 연구결과는 일반적 연구결과general findings라고 부를 수 있는 반면, 후자의 연구결과는 지엽적 연구결과local findings라고 지칭한다(〈표 1-2〉 참조).

학위논문의 최소기준에 도달한 것으로 인정될 수 있는 논문의 질은 학문영역, 대학교, 학과, 논문지도위원회에 따라 달라진다. 장차 학계에서 활동할 것으로 기대되는 전문인력을 배출하는 많은 박사학위 과정에서는 대

| 표 1-2 | 일반화할 수 있는 연구결과를 추구하는 연구

구분	경험적 연구empirical studies	개념적 연구conceptual studies
예시	• 표본설문조사sample survey • 실험 연구experimental study • 사례연구case study	• 철학적 연구philosophical studies • 역사 연구historical study • 방법론 연구methodological study

다수의 박사학위 논문이 일반화할 수 있는 연구결과generalizable findings를 추구한다. 이러한 연구결과는 다른 대상⑩ 사람들, 상황이나 조건, 처치(치료), 관찰이나 측정, 연구방법이나 설계, 시간에게 그대로 적용할 수 있는 연구이다. 즉, 이러한 연구는 다른 대상에게 복제 가능한 연구이다. 또한 대부분의 사회과학에서는 사람을 대상으로 자료를 수집하는 경험적 연구empirical studies를 통해 학위논문을 작성한다. 대개 경험적 연구에서는 표본설문조사 설계sample survey designs, 실험설계experimental designs/준실험설계quasi-experimental designs, 종단연구 설계longitudinal design, 사례연구 설계case study/단일주제 설계single-subject designs, 질적 연구 설계qualitative designs, 메타분석 설계meta-analytic designs/이차자료분석 설계secondary data analysis designs 등의 연구방법이 사용된다.

반면에, 다른 유형의 몇몇 연구에서는 철학적philosophical, 역사적historical, 방법론적methodological, 이론적theoretical 논제를 다루는 개념적 연구conceptual studies를 수행하여 학위논문을 완성한다. 이러한 연구 유형에서도 일반화가 가능한 연구결과를 추구한다는 점에서는 그 연구목적이 위에 언급한 일련의 연구유형과 크게 다르지 않다. 이러한 유형의 박사학위 과정에서는 학문영역별로 사회과학(또는 인문과학)의 확립된 규범에 의하여 학위논문이 평가된다. 비록 이 유형의 학위논문의 논제가 보다 추상적이고 학문적 중요성이라는 이슈에 보다 집중하고 있으나, 연구자는 연구계획서를 통해 여러 가지 선행연구와 그 방법론에 대한 심도 있는 고찰의 결과를 제시하여야 한다.

일반화가 가능한 연구결과는 사전에 구조화된 연구에서 생산될 수도 있고 점차 구체화되는 연구에서도 생산될 수 있다. 그러나 이 두 가지 전략에 수반되는 일반성의 성격은 다르다. 사전에 구조화된 연구의 경우, 연구결과가 추상적이고 연구의 배경과 독립적이다. 반면에, 점차 구체화되는 연구의 경우, 연구결과가 연구의 상황에 크게 의존적이다. 점차 구체화되는 연구에서는 일반성의 정도를 대개 독자의 해석에 맡기며, 연구의 결론을 내리기보다는 설명을 제공하는 경우가 많다.

연구계획서의 기능은 연구의 성격에 따라 달라진다. 즉, 어떤 연구가 사전에 구조화된 연구의 성격을 지니는가 아니면 점차 구체화되는 연구의 성격을 지니는가에 따라 연구계획서가 수행하는 구체적인 기능이 결정된다. 사전에 구조화된 경험적 연구에서는 보통 일반화시킬 수 있는 연구결과가 도출된다. 실험연구나 표본설문조사의 연구계획서는 위에 언급한 연구계획서의 7가지 기능을 모두 수행한다. 점차 구체화되는 연구의 경우, 연구계획서가 연구의 정당성, 연구의 설계도, 계약, 평가기준으로서의 기능을 수행하지 못하거나 매우 약하게 수행한다. 따라서 점차 구체화되는 연구에서는 연구계획서의 기능 가운데 연구능력의 증명과 교수단에 대한 참여의 요청이 매우 중요한 기능으로 간주한다.

이제 지엽적 · 지역적 연구결과를 추구하는 연구, 즉 응용연구application study로 눈을 돌려보자. 다수의 박사학위 과정에서는 특정 환경 안에서 지식의 응용에 관심을 갖고 있는 실천가를 양성하고 있다. 이 과정에서는 대개 학위논문은 효과성을 증명하는 산출물을 이루어내는 일련의 개발의 과정이다. 그러한 효과성을 증명하는 산출물의 예로는 측정도구measurement instrument, 장비equipment, 교과과정curriculum, 컴퓨터 소프트웨어computer software, 정책policy, 또는 프로그램이나 개입intervention 등을 들 수 있다. 이와 같은 연구는 일반적으로 사전에 계획되는 연구이며, 따라서 연구계획서의 모든 기

| 표 1-3 | 지엽적 연구결과를 추구하는 연구(응용연구)

구분	개발연구development studies	문제해결연구problem-solving studies
예시	• 측정도구measuring instruments • 교과과정curriculum • 컴퓨터 소프트웨어software	• 비용분석cost analysis • 평가evaluation • 확산연구diffusion study

능이 모두 중요하다고 할 수 있다(〈표 1-3〉 참조).

몇몇 응용연구에 관한 학위논문은 본질적으로 문제해결에 관한 것이다. 이러한 논문 유형의 범주에는 행동지향연구action-oriented study, 평가, 욕구사정need assessment, 확산연구diffusion study, 그리고 비용분석연구cost analysis study 가 포함된다. 응용연구 학위논문의 연구자는 연구계획서에서 자신의 연구의 사회적 적절성과 효용을 강조하는 것이 바람직하다. 연구자는 연구계획서에서 실제적인 문제를 다루기 위하여 기존의 지식을 사용하여야 하는데, 여기서 자신이 다루고자 하는 실제적인 문제에 대하여 잘 알고 있다는 것을 증명하여야 한다. 또한 연구자는 해당 연구를 수행하는 데 필요한 것으로 여겨지는 기술적·분석적 기법과 대인적·관리적 기술을 갖고 있음을 증명하여야 한다. 대인적·관리적 기술은 종종 기술적·분석적 기법만큼 중요한 자산으로 간주한다.

일반적으로 응용연구의 연구계획서는 참여의 요청, 연구능력의 증명, 문제해결에 대한 평가기준 제시 등의 기능을 수행한다. 응용연구에서는 현장의 인간관계, 연구 일정, 연구 환경의 통제가 모두 중요한 문제이다.

3. 추론의 연쇄관계로서의 연구계획서

연구계획서는 추론의 연쇄관계의 산물이다. 이 절에서는 연구의 범주를 연구결과의 일반화를 추구하는 연구와 지엽적 응용연구(개발연구 및 문제 해결 연구)로 크게 나눈 뒤 각각 추론의 연쇄관계chain of reasoning로서의 연구 계획서의 의미와 위상에 대하여 고찰한다.

먼저, 연구결과의 일반화를 추구하는 연구에 대하여 살펴보자. 사전 구조화된 연구건 점차 구체화되는 연구건 간에 연구결과의 일반화를 추구하는 연구에서는 모두 연구결과가 추론의 연쇄관계의 형식으로 제시된다. 사전에 구조화된 연구의 경우, 연구자는 연구계획서 안에 자신이 수행하고자 하는 연구에 관한 일련의 과정, 즉 추론의 연결고리를 담는다. 점차 구체화되는 연구의 경우, 아직 추론의 연결고리의 전체 모습이 확정된 것은 아니지만 연구자는 연구계획서 안에 연구의 초기단계에 구상할 수 있는 가능한 한 많은 수의 추론의 연결고리를 담는다. 특히, 사전에 구체화되는 연구의 경우, 일반화의 추구라는 연구의 최종 목적을 달성하기 위해서는 정교하게 구축된 추론의 연쇄관계를 도출하는 일이 매우 중요하다. 사전에 구체화되는 연구는 대부분 거의 비슷한 연구과정을 거친다. 연구계획서의 작성과 연구논문이 모두 추론의 연쇄관계에 근거한 논리적, 연역적 순서를 따른다.

한편, 지엽적 연구의 일종인 개발연구와 문제해결연구에도 추론의 연쇄관계의 논리는 그대로 적용된다. 예를 들면, 새로운 측정도구나 교과과정의 개발, 지엽적 문제의 해결, 평가의 실시가 모두 일련의 정해진 단계를 거친다. 이와 같은 단계는 일반화를 추구하는 연구에서 채택되는 추론의 연쇄관계에 비견된다.

1) 결과의 일반화를 추구하는 연구에서 추론의 연결고리

일반화를 추구하는 연구라 함은 그 연구가 수행된 상황에서 벗어나 다른 연구 환경에 그대로 연구의 결과를 적용할 수 있는 것을 의미한다. 쇠사슬이라는 유추는 연구결과의 제시와 연구계획서의 작성과정을 설명할 수 있는 매우 유용한 도구이다(Krathwohl & Smith, 2005).

결론부터 말하자면, 〈그림 1-2〉는 연구결과를 논문이나 보고서의 형식으로 제시할 때 연구자가 사용할 수 있는 추론의 연쇄관계를 보여준다. 이 쇠사슬을 구성하고 있는 각각의 연결고리들은 연구의 시작에서부터 연구결과의 제시에 이르기까지 논리적 경로를 구성하고 있다. 물론, 이미 언급한 바와 같이, 이와 같은 추론의 연쇄관계라는 논리는 연구계획서에도 그대로 적용할 수 있다.

(1) 연결의 고리

〈그림 1-2〉에 제시된 바와 같이, 연구결과를 제시하거나 연구계획서를 작성할 때 연구자는 자신의 연구과정을 논리적으로 설명하는 추론의 연쇄관계를 상정하고 이것을 연구논문이나 연구계획서로 표현한다. 이 추론의 연쇄단계는 11단계의 고리들로 구성되어 있다.

① 선행연구와의 연결고리

연구결과를 제시할 때와 마찬가지로, 새로운 연구를 시각할 때, 일반적으로 연구자는 자신이 연구하려는 현상에 대하여 이미 어느 정도 알려져 있는가를 파악하기 위하여 선행연구를 검토한다. 그러므로 연쇄관계의 첫 번째 고리는 '선행연구와의 연결고리'links to previous research이다. 이 연결고리는 선행연구라는 배경으로부터 어떻게 연구의 아이디어가 생성되었는가를 보여준다.

| 그림 1-2 | 연구과정에서의 추론의 연쇄관계

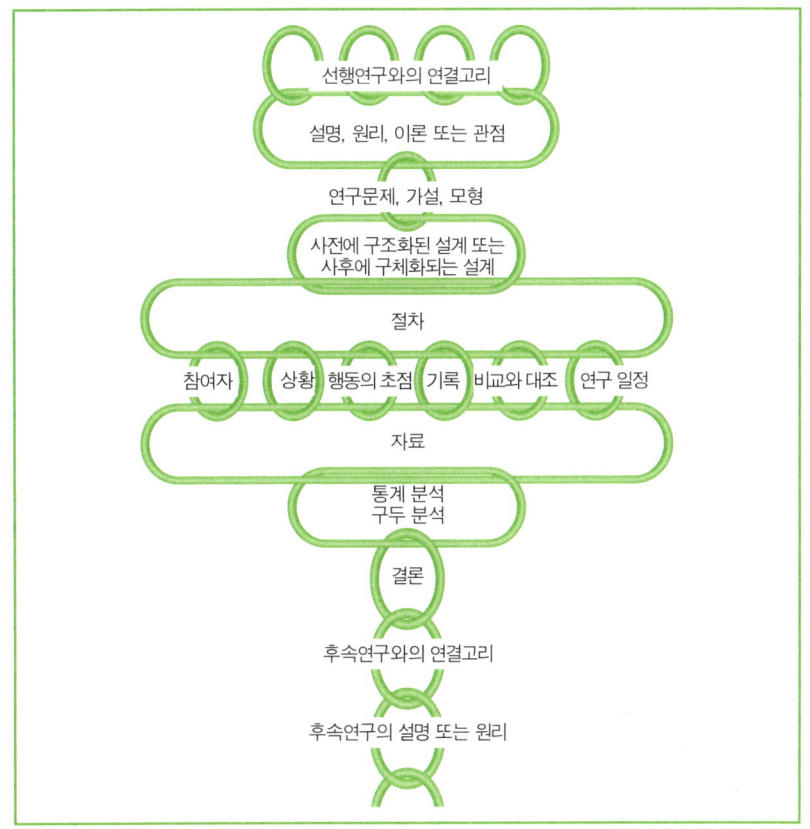

② 설명, 원리, 이론, 관점

의도된 연구에 관한 배경지식이 얼마나 많은가에 따라 다음 고리, 즉 '설명, 원리, 이론 또는 관점'explanation, rationale, theory or point of view이라는 고리가 결정된다. 사전 지식이나 경험이 없는 경우, 연구 수행의 원리와 무엇을 연구할 것인가에 관한 관점이 제시된다. 조금 더 많은 배경지식이 있는 경우, 어떤 현상에 관한 설명이 제시된다. 배경지식이 그보다도 더 많다면, 아마도 어떤 과정에 관한 어떤 이론이 제시된다.

③ 연구문제, 가설, 모형

'설명, 원리, 이론 또는 관점'이라는 고리의 구체성의 정도에 따라 '연구문제, 가설, 모형'questions, hypotheses, models이라는 고리가 결정된다. 앞 단계에서 배경지식이 거의 없다면, 연구자는 연구의 초기단계의 초점을 설명하는 연구문제를 제기할 수 있다. 앞 단계에서 설명이 제시되었을 경우, 연구자는 가설의 형식으로 표현되는 일종의 예측을 제시할 수 있다. 만약 광범위한 선행연구가 존재하고 따라서 인과관계를 설명하는 변수들을 탐색할 수 있는 경우라면 연구자는 어떤 과정 안의 변수들의 상호관계를 설명하는 모형을 제시할 수 있다. 이 경우 연구자는 해당 모형을 검증하기 위하여 자료를 수집하여야 한다.

④ 사전에 구조화된 설계 또는 점차 구체화되는 설계

'연구문제, 가설, 모형'이 다음 고리인 '사전에 구조화된 설계 또는 사후에 구체화되는 설계'의 바탕을 형성한다. 사전 지식이 거의 없다면, 일반적으로 사후에 점차 구체화되는 설계가 필요하다. 왜냐하면, 연구자는 자신이 연구하고자 하는 현상을 어떻게 다루어야 할 것인지 아직 잘 모르기 때문이다. 연구자가 현상에 대하여 알고 있는 지식이 많으면 많을수록 보다 자신 있게 연구의 사전 설계를 수행할 수 있다. 연구질문으로 시작되는 연구는 대개 사후에 점차 구체화되는 연구로 이어지는 반면, 가설이나 모형으로 시작되는 연구는 대개 사전에 구조화된 연구로 이어진다. 그러나 초기에는 사후에 점차 구체화되는 성격의 연구로 시작되었으나 점점 더 많은 정보가 입수됨에 따라 종국에는 구조화된 연구의 성격으로 변모되는 경우도 더러 있다.

⑤ 절차

'연구문제, 가설, 모형' 가운데 어느 것에 해당되는가에 따라 사전에 구조화된 설계와 점차 구체화되는 설계 가운데 어느 하나가 결정되듯이, 사전에 구조화된 설계와 점차 구체화되는 설계 사이의 선택이 '절차'procedure를 결정한다. 절차는 연구와 관련된 누구, 어디, 무엇, 언제, 그리고 어떻게를 설명한다.

사전에 계획된 연구의 경우, 절차는 처치실험나 개입의 성격, 효과의 측정, 처치와 측정의 유형 등을 설명한다. 구체적으로, 절차에는 언제, 어떻게, 어디 등과 관련된 세부내용, 관찰, 면접, 측정, 처치 등에 관한 내용이 포함된다. 사후에 점차 구체화되는 연구의 경우, 절차는 누구를 연구할 것인지, 무엇이 연구의 초점이 될 것인지, 언제 그리고 어떻게 연구가 수행될 것인지 등을 설명한다. 절차와 자료를 이어주는 고리에 대한 설명에 대해서는 후술한다.

⑥ 참여자, 상황, 행동의 초점, 기록, 비교와 대조, 연구일정

〈그림 1-2〉에서 알 수 있듯이, 절차와 자료를 연결하는 고리는 하나가 아니라 최소 여섯 개이다. 절차와 자료를 연결하는 여러 개의 고리는 누구who, 어디where, 무엇what, 어떻게how 그리고 언제when를 설명하는 역할을 한다.[2] 이에 대하여 조금 더 자세하게 설명하면 다음과 같다.

- 누구, 즉 참여자participants ― 이들은 모두 연구의 대상자로 선택된 사람들이나 관찰되는 상황 속에 존재하고 있는 사람을 가리킨다.

---

2 연구논문과 연구계획서는 육하원칙(5W 1H)에 따라 작성되는 것이 바람직하다. 추론의 연쇄관계의 경우, 왜(why)는 '설명, 원리, 이론 또는 관점'에서 다루고 있는 반면, 누구(who), 어디(where), 무엇(what), 어떻게(how) 그리고 언제(when)는 '절차'에서 다루고 있다.

- 어디, 즉 상황_{situation} — 이것은 실험, 관찰, 면접이 실시되는 상황과 환경을 말한다.
- 무엇, 즉 행동의 초점_{focus of action} — 실험연구의 경우, 이것은 독립변수_{원인}, 종속변수_{결과}, 통제변수를 말한다. 질적인 비실험연구의 경우, 이것은 관심의 초점이 되는 과정과 활동을 의미한다.
- 무엇, 즉 기록_{records} — 이것은 위에 언급된 무엇(행동의 초점)으로부터 나오는 기록을 의미하는데, 보통 관찰이나 측정의 결과로 생산되는 자료, 현장 기록, 설문지나 검사에 대한 응답자료 등의 형태로 수집된다. 특히 설문지나 표준화된 검사에 대한 응답 자료는 다음 단계에서 점수화되고 해석된다.
- 어떻게, 즉 비교 또는 대조_{comparison or contrast} — 실험연구의 경우, 이것은 독립변수_{처치변수, 실험변수}가 어떤 결과를 초래하였다는 것을 알아차리는 근거가 된다. 비실험연구의 경우, 이것은 과정이나 활동이 진행됨에 따라 상황이 어떻게 변하는가를 알려주는 역할을 한다.
- 언제, 즉 연구일정_{time schedule} — 이것은 언제 어떤 일을 수행할 것인가를 알려준다. 관찰의 예를 들면, 언제, 어디서, 누구를 대상으로, 무엇을 관찰할 것인가를 설명한다. 마찬가지로, 만약 측정과 처치가 있다면, 언제, 어디서, 누구에게, 어떻게 실시될 것인가를 설명한다.

⑦ 자료

설계의 수행은 자료의 수집이라는 다음 고리로 이어진다. 예를 들면, 측정된 점수, 관찰 기록, 면접 내용의 기록 또는 녹취록, 설문조사의 결과는 모두 자료이다.

⑧ 통계분석 또는 구두분석

자료수집의 다음 고리는 자료의 '통계분석'statistical analysis 및 '구두분석'narrative analysis이다. 사전에 계획된 연구이건 점차 구체화되는 연구이건 간에 대개 연구자가 수집하는 자료의 양이 매우 방대하므로 한 눈에 보아 자료의 의미를 알아채기 어렵다. 따라서 통계분석과 구두분석을 통한 자료의 분류가 요구된다. 통계분석은 기술통계량, 관계와 유형을 나타내는 통계량, 차이를 분석하는 통계량 등 안에 포함되어 있는 의미 있는 주제를 찾아내는 일이다. 구두분석은 관찰의 기록, 면접의 결과나 문서 등에 들어 있는 의미 있는 주제를 찾아내는 일이다.

⑨ 결론

이상과 같은 분석 결과는 연구논문 또는 보고서의 최종 장이나 절에 정리되는데, 이것이 '결론'conclusion이다.

⑩ 후속연구와의 연결고리

특정 연구의 결론을 읽은 다른 연구자들은 새로운 연구를 기획함에 있어서 이 결론을 참고자료의 하나로 활용한다. 따라서 결론은 다른 연구자의 연구와 관련하여 추론의 연쇄관계가 계속되도록 기여하는 '후속연구와의 연결고리'links to next study로서 역할을 한다.

⑪ 후속연구의 설명 또는 원리

다른 연구자들은 선행연구로부터 '후속연구의 설명 또는 원리'explanation or rationale of next study를 얻어낸다. 그러므로 추론의 연쇄관계에 들어 있는 마지막 두 개의 고리는 연구논문이나 보고서에 포함되는 내용은 아니지만 다른 연구자들에 의해 계속적으로 순환하는 연구과정의 중요한 구성요소임을 알 수 있다.

(2) 연결고리 유추의 네 가지 특성

연구논문이나 연구계획서의 구조를 설명할 때 사슬 유추chain analogy는 매우 유용한데, 그 이유는 쇠사슬이 지니고 있는 여러 가지 특성을 연구의 과정이나 추론의 연쇄관계에 그대로 적용할 수 있기 때문이다. 예를 들면, "쇠사슬의 힘은 가장 약한 고리가 결정한다"A metal chain is only as strong as its weakest link는 오래된 경구는 연구계획서를 작성할 때 유용하게 참고할 수 있는 자명한 이치이다(Krathwohl & Smith, 2005, p. 36).

첫째, 연구계획서의 추론의 연쇄관계의 논리는 그것을 구성하는 연결고리 가운데 가장 약한 고리에 의해 좌우된다. 즉, 쇠사슬과 마찬가지로, 연구 주장의 전체적인 설득력은 그것을 구성하는 가장 약한 부분의 설득력만큼의 크기를 갖는다.

둘째, 사슬 유추의 두 번째 특징이자 첫 번째 특징의 당연한 결과는 사슬을 구성하는 각각의 고리는 모두 동일한 힘을 지녀야 한다는 점이다. 쇠사슬의 어떤 고리는 배의 닻줄만큼 크고 강하게 만들고 다른 고리는 바느질 실만큼 가늘고 약하게 만드는 것은 사리에 맞지 않는다. 마찬가지로, 연구 프로젝트를 기획함에 있어서 연구자가 가용한 자원을 가장 효율적으로 사용하는 길은 추론의 연쇄관계를 구성하는 개별 고리가 모두 동일한 힘을 갖도록 만드는 것이다. 예를 들면, 처치 그 자체가 올바르게 시행되도록 보장하기 위한 자원도 할당되지 않았는데, 처치의 결과를 더욱 정밀하게 측정하기 위하여 자원을 사용하여야 할 필요가 있는가? 연구자는 사슬을 이루고 있는 여러 수준이 논증을 적절하게 지지할 수 있도록 추론의 연쇄관계를 구성하는 여러 고리에 동일한 양의 자원을 할당하여야 한다.

셋째, 고리와 고리의 연결 관계, 즉 힘의 전달 관계가 갖는 특징에 주목할 필요가 있다. 쇠사슬의 경우, 어떤 물체와 맞닿은 첫 번째 고리에 부하가 전달된 후 그 부하는 각 후속 고리에 순차적으로 전달되는데, 이때 각 고리가 전달하는 부하의 양에 따라 그 고리의 성격이 결정된다. 그런데 이와 동일한 현상이 추론의 연쇄관계에서도 일어난다. 즉, 추론의 연쇄관계를 구성하는 각각의 고리는 다음 단계의 고리의 성격을 결정짓는다. 예를 들면, '선행연구와의 연결고리'를 구성하는 여러 개의 고리는 현재의 '설명'을 결정짓고, 현재의 설명은 '가설'을 결정하며, 가설은 연구의 '설계'_{사전에 구조회된 설계 또는 점차 구체화되는 설계}를 결정하고, 연구의 설계는 '절차'로 이어지는 등 추론의 연쇄관계는 계속된다.

넷째, 쇠사슬의 마지막 특징은 어떤 고리와 다른 고리 사이에 여러 개의 고리가 공동으로 연결되어 있는 경우 각 고리가 부하를 공유한다는 점이다. 앞의 그림에 제시된 절차와 자료 사이에 있는 여섯 개의 연결고리가 이러한 예의 하나이다. 여러 개의 고리가 부하를 공유하고 있는 쇠사슬의 경우, 약한 고리와 강한 고리가 공존하기 마련이다. 앞 단계에서 전달되어오는 부하를 다음 단계에 무사히 전달하기 위해서는 약한 고리의 힘을 보상하기 위한 조치가 필요하며, 따라서 몇몇 고리를 다른 고리보다 더 강하게 만들어야 한다. 이와 동일한 논리에서 보면, 절차와 자료를 연결하는 여러 고리 가운데 약한 고리가 있을 경우 적어도 하나 이상의 다른 고리를 조금 더 강하게 만들어야 한다. 예를 들면, '비교와 대조'라는 고리가 약하다고 판단되는 경우, 연구자는 나머지 고리 가운데 전부 또는 일부를 강화함으로써 해당 고리의 취약성을 상쇄하여야 한다. 예컨대, 연구자는 표본의 크기를 대폭 늘림으로써 '참여자'라는 고리를 강화하거나, 아주 미세한 변화까지도 측정할 수 있도록 특별히 설계된 표준화된 검사나 관찰방법을 사용함으로써 '기록'이라는 고리를 강화할 수 있을 것이다. 요컨대, 연구자는 여러 개의 고리들이 서로 보상할 수 있도록 다양한 상쇄관계trade-offs를 구성함으로써 추론의 연쇄관계의 타당성을 향상할 수 있다.

(3) 연결고리 유추와 연구계획서의 관계

연구논문이나 보고서는 추론의 연쇄관계에 따라 작성되는데, 연구계획서도 가능한 한 추론의 연쇄관계를 따르는 것이 바람직하다. 연구계획서에는 '선행연구와의 연결 고리'로부터 '설명, 원리, 이론 또는 관점', '연구문제, 가설, 모형', '연구의 설계', '절차' 그리고 '참여자', '상황', '행동의 초점', '기록', '비교와 대조', '연구일정'에 이르는 전반적인 내용을 넣어야 한다. 또한 연구계획서는 수집할 자료와 그것을 분석하는 방법에 대한 내용도 언급하여야 한다. 결론적으로 연구논문이나 보고서에 내포된 추론의 연쇄관계는 연구계획서에도 그대로 적용하여야 한다.

연구를 통해 다루고자 하는 문제로부터 논리적인 추론과정을 거쳐 연구문제, 가설 또는 모형이 도출되어야 하므로, 문제 진술을 체계적으로 작성하여야 한다. 목적과 방법의 진술은 선행연구의 고찰에 바탕을 두되, 기존의 영역에 무엇을 보태고 과거의 오류를 어떻게 수정할 것인가를 보여주는 것이 바람직하다. 이로써 모집단과 표본 그리고 나머지 연구설계를 구체화한다. 수집될 자료의 종류에 따라 분석방법이 달라진다. 즉, 연구자는 수집될 자료의 성격에 따라 통계분석이 적합한가 아니면 구두분석이 적합한가를 미리 결정하여야 한다.

연구결과의 일반화를 추구하는 모든 연구는 그 자체가 논리적인 추론의 연쇄관계이다. 이러한 연구를 수행하기 위하여 작성되는 연구계획서도 연구계획서의 구조, 내부적인 논리의 일관성, 각 장과 절의 적절한 기술 등을 통해 논리적인 면에서 추론의 연쇄관계를 그대로 따라야 한다. 각 장과 절은 앞 장과 앞 절의 내용을 반영하고 있을 뿐만 아니라 그것을 일관성 있는 방식으로 다음 장과 절에 전달한다. 또한 연구의 세부 내용이 경시되거나 간과하지 않아야 한다. 예를 들면, 연구의 목적이 경시되지 않아야 하고, 자료수집 계획이 자료분석 계획에 포함되어서도 안 된다. 연구계획서의 약한 측면을 보강하기 위하여 자원이 적절히 배분되어야 하고, 설계상의 상쇄를 적절히 활용하여야 한다.

2) 개발연구와 문제해결연구에서의 추론의 연결고리

앞서 고찰한 바와 같이, 추론의 연쇄관계 유추는 개발연구나 문제해결연구와 같은 지엽적 응용연구에도 잘 적용된다. 개발연구는 결과물(예 측정도구나 교과과정을 생산해내는 연구를 가리킨다. 문제해결연구는 평가를 실시하거나 비용분석을 실시하는 연구를 지칭한다. 개발연구나 문제해결연구의 결과를 공식적인 보고서에 담을 때도 일반화를 추구하는 연구에서 사용되는 추론의 연쇄관계 안의 순서가 그대로 지켜진다. 또한 추론의 연쇄관계의 여러 가지 특성도 개발연구나 문제해결연구에 그대로 적용된다. 예를 들면, 추론의 연쇄관계의 논리는 그것을 구성하는 연결고리 가운데 가장 약한 고리에 의해 좌우된다는 특성은 개발연구나 문제해결연구에서도 예외가 아니다. 그러나 개념화된 사슬의 각 단계의 해석은 연구의 상황, 즉 개발이나 문제해결에 맞도록 조정되어야 한다. 〈표 1-4〉는 사슬을 구성하는 각 고리가 개발연구나 문제해결연구의 경우에 각각 어떻게 해석될 수 있는가를 보여준다.

〈표 1-4〉 안의 표제어는 그 뜻을 암시하고 있지만, 자료와 분석의 단계 그리고 형성평가formative evaluation와 총괄평가summative evaluation에 대해서는 약간의 설명이 필요하다. 이러한 여러 단계들에서 일어나는 일은 연구자가

| 표 1-4 | 개발연구와 문제해결연구에서의 추론의 연쇄관계

사슬 안의 연속고리가 해석되는 방법		
사슬의 고리	개발연구	문제해결연구
선행연구와의 연결고리	비슷한 유형의 선행연구로부터 얻는 교훈	과거의 해결책이나 대안적 과정의 강점과 약점의 분석
설명, 원리, 이론 또는 관점	문제해결의 원리, 개발 모형	개입전략, 확산이론, 비용분석 모형
연구질문, 가설, 모형	결과가 충족시켜야 할 기준	해결책이나 과정이 만족시켜야 할 기준
사전에 계획된 연구 또는 점차 구체화되는 연구	결과 개발의 계획	해결책을 개발하거나 과정을 응용하기 위한 계획
절차 참여자	적성검사나 실험에 참가한 사람	문제의 장소에 의해 정의됨
상황	참여자의 위치에 의해 정의됨	문제의 장소에 의해 정의됨
행동의 초점	결과의 개발과 관련된 변수들	해결책이나 과정 관련 변수
기록	결과의 평가에 사용된 도구	해결책이나 과정의 평가에 사용된 도구
비교와 대조	개선의 정도를 측정하는 근거	개선의 정도나 과정의 성공을 측정하는 근거
연구일정	결과의 산출 및 평가와 관련된 절차단계	해결책이나 과정 그리고 성과 평가와 관련된 절차단계
자료	전형적 결과와 형성평가; 결과와 총괄평가	시험적 개입·과정 및 형성평가; 개입·과정의 실행 및 총괄평가의 자료
통계분석, 구두분석	수집된 자료에 적합한 분석	수집된 자료에 적합한 분석
결론	결과의 설명, 그 용도, 장점, 약점, 제한점	해결책 또는 과정의 설명, 다른 가능한 용도, 장점과 약점

※ 자료: Krathwohl & Smith, 2005, p. 40.

얼마나 빨리 개발이나 문제해결을 완료하였는지 그리고 첫 번째 시도로 성공하였는지 아니면 여러 번의 시도 끝에 성공하였는지에 따라 달라진다. 만약 자료라는 고리단계에서 전형적인 결과prototype product를 얻을 수 있거나 실험을 할 수 있다면, 연구자는 결과, 개입 또는 과정을 개선하는 방법을 배우는 데 도움이 되는 진단적 정보를 찾게 될 것이다. 이와 같은 활동은 형성평가에 해당한다. 연구자는 진단의 능력을 향상시키려고 노력하기 때문에 연구자가 사용하는 도구나 측정수단은 다음 단계에서 사용되는 도구나 측정수단과는 다를 것이다. 또한 자료를 통해 개선이 필요하거나 가능하다는 것을 알 수 있다면, 연구자는 순환적인 연쇄관계의 앞 단계로 되돌아 갈 수 있다. 얼마만큼 되돌아갈 것인가는 연구자의 판단에 달려 있다. 만약 전형적인 결과나 시험의 평가를 통해 약간의 조정이 필요한 자료가 생산된다면, 또는 연구자가 수용할 만한 자료가 생산된다면, 또는 연구자가 만족한다면, 연구자는 총괄평가를 실시하여도 무방하다. 이것은 연구 결론으로 연결되며, 곧 연구의 마무리를 의미한다.

문제해결연구라 할지라도 그 양상은 매우 다양함을 이해할 필요가 있다. 예를 들어, 연구자가 지엽적인 수준에서 문제를 해결하였는데, 비록 연구의 초기단계에서는 그것이 연구자의 의도에 맞는 일이었지만, 연구자는 곧 그러한 해결책이나 과정이 자신의 연구 상황을 뛰어 넘어 보다 일반적인 함의를 갖고 있음을 인식하는 경우도 있다. 이 경우 연구자는 설계와 절차의 고리로 되돌아가서 절차와 자료를 연결하는 여섯 개의 고리를 새롭게 수정할 수 있을 것이다. 이로써 연구자는 개입이나 과정이 다른 상황이나 다른 사람들에게 얼마나 잘 적용될 수 있을 것인가를 판단할 수 있게 된다.

| 제2장 |

연구논제의 선택

연구논제research topic의 선택은 연구의 출발점이다. 첫 단추를 잘 꿰는 일이 중요하다. 그런데 연구 초심자들이 늘 경험하는 바와 같이 연구논제를 선택하는 일은 매우 어려운 과업이다. 이 장에서는 연구논제의 선택과 관련된 다양한 논점을 종합적으로 분석하고 이해하는 기회를 갖는다.

 주요 내용

- 연구논제 선택의 의의
- 연구논제의 조건
- 연구논제의 선택
- 연구논제 선택에 있어서 방법론상의 논점

1. 연구논제 선택의 의의

연구논제research topic를 선택한다는 것은 연구자가 관심을 갖고 있으며 장차 연구를 수행할 대상 분야를 선택한다는 것을 말한다. 첫 단추를 잘 못 꿰면 이후에 벌어지는 모든 일이 뒤틀리듯이 연구주제를 잘못 선택하면 실제로 연구를 수행하면서 적지 않은 어려움에 직면하게 된다. 그런데 대다수의 연구자들이 가장 어려움을 겪는 일 가운데 하나가 바로 연구논제, 즉 연구주제를 정하는 일이다. 연구 시작 초기에는 연구 초심자의 입장에서 보면 연구논제에 관한 여러 가지 논의가 공허하기 그지없을 것이다. 연구 초심자들이 경험하는 연구논제와 관련된 지적 공허함은 연구초기 단계에서 반드시 극복하여야 할 과제이다. 이하에서는 연구논문의 기존 지식에 대한 기여, 개념적 준거틀의 중요성, 학위논문으로 인정받지 못하는 연구주제 등을 중심으로 연구논제를 선택하는 의의에 대하여 고찰한다.

1) 연구논문의 기존 지식에 대한 기여

당연한 말이지만, 모든 연구논문은 기존 지식에 기여하여야 한다. 그러므로 연구자는 기존의 지식에 기여할 수 있는 연구논제를 자신의 연구주제로 선택하여야 한다.

연구자는 자신의 학문분야에 독창적인 기여를 할 수 있을 뿐만 아니라 연구의 주제와 방법론에 대한 숙달의 정도가 비교적 높은 논제를 연구논제로 선택하는 것이 바람직하다. 연구자가 제안하고 있는 연구는 최소한 어떤 연구분야에 대한 이론적인 이해 수준을 높이는데 기여하여야 하며, 만약 응용연구가 허용되는 분야라면 그 연구는 적어도 전문적인 실천기술의 개발에 도움이 되어야 한다. 초보 연구자는 특정 논제에 대한 선행연구들을 고찰한 다음에 모순이나 혼란스러운 결과를 발견할 경우 자신이 염두에 두었던 연구 자체를 뒤로 미루거나 포기하는 경향이 있다. 그러나 그와 같은 모순적인 선행연구의 결과가 연구자가 계획하고 있는 연구의 수행을 방해하거나 연구논제의 채택을 회피하게 만드는 원인이 되어서는 안 되며, 연구자는 오히려 그러한 상황을 학문적 미스터리를 해결하는 기회로 삼는 것이 바람직하다. 선학들의 연구결과나 의견이 합의를 이루지 못하거나 기존의 설명이 부적절한 것처럼 보인다는 것은 곧 그 논제에 대하여 연구자가 중요한 연구를 수행할 수 있는 여지가 있다는 뜻이기도 하다.

그런데 현실적으로 보면, '지식에 대한 기여'contribution to knowledge라는 어구가 정확하게 무엇을 의미하는지 정의하기가 쉽지 않다. 어느 대학에서 충분하다고 인정되는 기여의 수준이 다른 대학에서는 수준 미달로 평가받을 수 있다. 어떤 지도교수나 논문심사위원은 지식에 대한 기여가 충분하다고 평가하는 반면, 다른 심사위원들은 정반대의 입장을 가질 수도 있다. 학위논문은 의미 있는 의문, 문제 또는 가설significant question, problem, or hypothesis에 바탕을 두어야 한다. 학위논문은 독창적이어야 한다. 또한 학위논문은 의문, 문제 또는 가설과 관련이 있거나, 설명하거나, 문제점을 해결하거나, 증거를 보강하는 일과 상당한 수준의 관련이 있어야 한다. 연구는 지식을 더하는 일인데, 양적 연구에서는 보통 연구결과의 일반화generalization의 형식을 취한다. 연구를 통해 지식을 더하는 일은 아래에 제시된 바와 같

🔍 **기존 지식에 대한 기여의 형식**

- 새로운 또는 개선된 증거new or improved evidence
- 새로운 또는 개선된 방법론new or improved methodology
- 새로운 또는 개선된 분석new or improved analysis
- 새로운 또는 개선된 개념이나 이론new or improved concepts or theories

은 형식으로 이루어지는 것이 보통이다(Davis & Parker, 1997, pp. 64-67).

기여의 네 가지 형식은 상호배타적인 것이 아니다. 즉, 학위논문에서 둘 이상의 방법을 동시에 사용하는 일이 가능하다. 예를 들면, 특정 연구에 있어서 연구자가 이론을 개발하고, 경험적 자료를 수집하며, 더 나아가 이두 가지 방법을 통합하는 연구를 수행하는 일이 가능하다.

① 새로운 또는 개선된 증거

결론부터 말하자면, 연구논문은 새로운 또는 개선된 증거를 제시함으로써 지식에 기여한다. 논문에서 사용된 증거는 개념, 이론 또는 모델을 반증하거나 지지한다. 즉, 증거는 가설을 반증하거나 지지하며, 또한 증거는 일련의 과정을 이해하는 데 도움을 주기도 한다. 증거와 관련된 주요 질문은 다음과 같다.

- 자료는 어떤 방법으로 수집되었는가?
- 자료는 어떤 방법으로 분석되었는가?

연구자는 보통 실험, 시뮬레이션, 관찰, 설문지, 면접, 측정 등의 방법으로 증거를 수집한다. 증거와 관련 있는 가장 중요한 질문 가운데 하나는 증거 수집의 방법에 관한 것이다. 만약 어떤 연구자가 "귀하는 편견을 가지고 있습니까?" 라는 질문을 제기하였을 때, 95%의 응답자가 "아니오" 라고 응답하였다면 과연 이것이 확고한 증거인가? 아마도 아닐 것이다. 왜냐하면, 대부분의 응답자는, 사실상 편견을 가지고 있든 아니던 간에, 편견을 갖고 있지 않다고 응답하는 경향이 있기 때문이다. 이 경우 묻는 방법이 잘못되었기 때문에 그 질문의 답변을 취합한 결과에도 결함이 있다.

분석방법도 역시 중요하다. 예를 들면, 극소수의 이상점outlier이 존재하기 때문에 매우 심한 비대칭 분포를 보이고 있는 자료의 평균average을 제시하기 위하여 산술평균mean을 내는 것은 잘못된 결론을 내리는 것이다. 즉, 어떤 분포의 분산variance을 감안하지 않으면 잘못된 결론에 이르게 된다.

② 새로운 또는 개선된 방법론

지식에의 기여는 새로운 또는 개선된 해결방법이나 분석 절차 혹은 새로운 연구방법론에 관한 자료를 수집하는 방법으로 가능하다. 이미 알려진 절차이긴 하지만 그것을 새로운 방법으로 응용함으로써 발생하는 편익을 보여주는 것도 일종의 기여로 간주할 수 있다.

연구방법론이나 해결 절차를 새로 도입함으로써 나오는 개선이 지식에 대한 기여라고 인정받기 위해서는 그것이 의미 있는significant 수준이어야 한다. 기존의 방법론이나 해결 절차를 변경시킨 경우도 마찬가지이다. 예를 들면, 상관계수를 계산해내는 새로운 연산방식을 개발하여 사용하였더니 소수점 아래 넷째 자리에서 계산결과의 오류를 줄일 수 있음을 보여주는 연구논문은 박사학위논문으로서의 자격을 갖추었다고 인정하기 어려울 것이다. 일반적으로 상관계수는 소수점 아래 둘째 자리 이후에서는 거의 의미를 갖지 못하기 때문이다. 즉, 이 연구에서 새로운 연산방식을 적용하여 얻어낸 개선점은 별반 의미가 없는 것으로 받아들여진다. 그러나 만약 이 새로운 해결 절차가 의미 있는 계산문제에 적용된다면, 그 연구는 지식에 기여하는 것으로 평가받을 수 있을 것이다.

양적인 해결 절차는 증거proofs와 예examples로 증명할 수 있다. 그밖에 다른 해결 절차도 증거를 동원하여 그것이 효과적이라는 것을 보여주어야 할 필요가 있다. 예를 들면, 한 학생이 특정 노인요양시설의 발전을 위한 전략적 계획을 개발하기 위해서 새로운 해결 절차를 제안하였다고 가정하자.

만약 그것을 보완하는 증거가 없다면, 이것이 성공적인 해결 절차라고 단순하게 주장하는 일은 충분하지 않다. 이 주장의 실현가능성을 설명하기 위해서는 단일사례의 예를 들면 충분할 것이다. 그러나 이 방법이 다른 방법과 비교하여 상대적으로 더 효과적이라는 것을 검증하는 일은 아마도 다른 연구논문의 주제가 되어야 할 만큼 큰 범위의 연구이며, 따라서 이것은 다른 연구자의 몫이 되어야 마땅하다고 본다.

③ 새로운 또는 개선된 분석

분석은 기존의 증거 또는 새로운 자료를 바탕으로 이루어진다. 다음은 분석유형에 관한 몇 가지 예이다.

- 역사적 분석historical analysis: 아이디어 또는 역사적 힘이 분석의 대상이 되는 분석이다. 예컨대, 한국사회복지정책의 변화과정을 분석한 연구(박병현, 최송식, 황보람, 2007) 등이 그 예가 될 수 있다.
- 특정 분야에 있어서 현재의 발달이 시사하는 바에 대한 분석: 인터넷 중독 실태와 그 영향요인을 다룬 연구들이 여기에 해당한다.
- 비교 분석comparative analysis: 선진국들의 노인학대 관련 지원제도 및 프로그램을 비교하는 연구(이연호, 2001)가 그 예이다.
- 기존이론 혹은 개념과 그 시사점에 대한 분석: 아동학대 발생요인을 생태학적 관점에서 분석한 연구(여진주, 2008)가 그 예이다.

분석방법은 매우 중요하다. 어느 학문분야에나 일반적으로 널리 인정되는 분석방법이 존재한다. 예를 들면, 역사적 분석방법과 경제적 분석방법 외에도 실험분석의 방법도 있다. 물론 경우에 따라 연구자는 일반적으로 인정되는 접근방법이 존재하지 않는 상황에 직면할 수도 있다. 이 경우 새로운 방법을 도입할 필요성도 있지만, 연구자의 입장에서는 아직 시도되지 않은 분석방법을 사용하기 전에 다른 분야에서 타당성이 있는 것으로 받아들여지고 있는 기존의 기법을 먼저 응용하는 것이 보다 더 바람직하다.

④ 새로운 또는 개선된 개념이나 이론

개념, 이론, 모델은 특정 분야의 현상을 설명하거나 특정 분야의 지식의 구조 또는 준거틀을 제공하기 위하여 개발된 것이다. 완전히 새로운 개념, 이론 또는 모델이 개발되거나, 혹은 기존의 개념, 이론 또는 모델이 확대되거나 확장된다. 일반적으로 설명하고 예측하고 이해하기 위하여 연구자는 이론, 개념 또는 모델이 어떻게 사용되는지 예를 드는 것이 바람직하다.

개념이나 이론은 양적 또는 질적 연구의 일부분으로 만들어지는 것이 보통이다. 예컨대, 근거이론grounded theory의 개발을 그 예로 들 수 있다. 근거이론의 개발과정에서는 이론이 관찰과 자료에 기반을 둔다. 이 접근법은 이론에 대한 기여를 한다는 점에서 학위논문의 정상적인 범위를 벗어나지 않는 것이다.

개념 그리고 이론에 대한 기여는 기존의 이론을 분석하고 개념이나 이론을 수정하는 과정을 통해 이루어진다. 또한 개념과 이론에 대한 기여는 모델, 준거틀, 개념, 이론을 논리적으로 개발하거나 다른 분야의 개념과 이론을 응용함으로써 가능하다. 이와 같은 이론 개발은 연구자의 경험과 경륜 때문에 가능하다고 할 수 있다. 그러나 어떤 연구가 기존의 지식에 어느 정도 기여를 하였는지 평가하는 객관적인 기준이 존재하지 않기 때문에 기여의 정도를 파악하는 데는 현실적인 어려움이 있다는 점도 유의하여야 할 것이다.

요컨대, 연구자가 선택하는 연구논제는 기존 지식체계에 기여하여야 한다. 그러기 위해서는 연구자가 선택하려는 연구논제가 증거, 방법론, 분석, 또는 개념이나 이론 면에서 기존의 지식보다 새롭거나 개선한 것이어야 한다.

2) 개념적 준거틀의 중요성

연구자가 의식하던 못하던 간에, 특정 연구자가 가치 있게 여기는 이론, 그의 세계에 관한 믿음_{세계관}, 그가 가지고 있는 가치는 연구분야와 연구주제를 선택함에 있어서 매우 큰 영향요인으로 작용하게 된다(Alston & Bowles, 2003, p. 28). 연구자의 개념적 준거틀의 바탕이 되는 이론적 근거는 아래에서 제시된 바와 같이 상당히 다양하다.

장애인생활시설 평가를 예로 들어 이 점을 설명해보자. 만약 어느 연구자가 장애인생활시설 평가를 의뢰받았다면, 그가 이 문제를 어떻게 보고 있는가에 따라서 접근방식이 확연히 달라질 수 있다.

만약 그가 기능주의자의 입장을 취하고 있다면, 그는 프로그램의 목적을 달성하기 위해 시설의 직원과 생활인이 잘 협력하고 있을 것이라고 가정하면서, 시설평가 작업의 일환으로 장애인생활시설의 직원만을 대상으로 면접조사를 실시하거나 아니면 장애인생활시설의 직원과 생활인을 대상으로 면접조사를 실시할 것이다.

🔍 개념적 준거틀의 바탕이 되는 이론적 근거의 예

- 기능주의_{functionalism}
- 갈등-비판이론_{conflict-critical theory}
- 페미니즘_{feminism}
- 상징적 상호작용주의_{symbolic interactionism}
- 비판이론_{critical theory}
- 포스트모더니즘_{postmodernism}

그러나 만약 그 연구자가 갈등—비판적인 전통에 경도되어 있다면, 그는 시설 직원과 생활인은 서로 다른 견해를 가지고 있거나 심지어 서로 반대되는 입장을 가지고 있을 것이라고 가정하면서, 시설 직원과 생활인의 의견을 따로 분리하여 수집하는 평가를 진행할 것이다.

뿐만 아니라, 만약 페미니스트 연구자라면, 시설 직원이건 생활인이건 간에 불문하고, 조사대상자를 오직 남성과 여성으로만 구분한 다음에 각 집단의 의견을 수렴하여 분석하려고 시도할 것이다.

비슷한 맥락에서, 상징적 상호작용주의에 몰입된 연구자는 생활인들이 어떻게 장애인생활시설을 몸소 경험하는지에 가장 관심을 쏟을 것이며, 따라서 생활인들이 장애인복지시설의 운영 방식에 대해 어떤 관점을 갖고 있는지 이해하는 데 상당한 시간을 사용할 것이다. 이 연구자는 의미가 어떻게 생성되어 발달되고 공유되는지의 관점에서 시설의 직원과 생활인 사이의 상호작용을 분석할 것이다.

한편, 비판이론의 시각을 갖고 있는 연구자는 시설 직원과 생활인이 가지고 있는 의사결정에 있어서의 힘의 차이를 밝혀내는 데 보다 많은 관심을 갖게 될 것이다. 아울러, 그는 장애인생활시설 내의 구조가 시설 직원과 생활인의 관계에 어떤 영향을 미치는가에 대해서도 연구의 초점을 맞추려 할 것이다. 더 나아가 그는 보다 넓은 정치적 · 사회적 구조에도 관심이 많을 것이며, 이러한 구조가 어떻게 장애인생활시설 내의 삶에 영향을 미치는가를 연구의 대상으로 삼을 수 있을 것이다.

포스트모더니즘 연구자는 사람들이 어떻게 의미와 관계를 발전시키며 또한 사람들이 어떻게 '시설 직원'과 '생활인'과 같은 용어를 구성하는지에 대해 관심을 가질 것이다. 그들은 '거주 환경'residential setting이라는 담론dis-course이 어떻게 양자의 관계를 조정하는지에 대해서도 분석하기를 원할 것이다. 그들은 힘이 조직 내부의 사회적 구조와 역할 안에 있다고 가정하지 않으며, 힘은 보다 유동적이라고 가정한다. 그들의 관찰의 방법과 대화의 초점은 다른 접근법을 갖고 있는 연구자들의 입장과는 확연히 다르다.

　지금까지 조금 장황하게 설명하였지만, 결론적으로 말해 연구의 모든 측면은 연구자의 이론과 가치에 영향을 받는다. 중요한 것은 연구자가 스스로 자신이 마음속으로 견지하고 있는 이론과 가치가 무엇인지, 그 이론과 가치가 연구주제를 선택할 때 어떤 영향을 미치는지, 그 이론과 가치가 연구문제에 대한 접근법을 선택할 때 어떤 영향을 미치는지 등에 관해 제대로 이해하여야 한다는 사실이다. 또한 연구자가 연구의 개념적 틀, 즉 연구계획을 발전시키는 과정에서 자신이 갖고 있는 이론과 가치를 그 개념적 틀 속에 구체적으로 반영하는 일도 매우 중요하다.

　연구분야를 선정한다는 말은 결국 연구 프로젝트를 전반적으로 어떻게 진행할 것인지에 관한 개념적 계획을 수립한다는 말과 크게 다르지 않다. 일반적으로 연구의 개념적 계획은 단순한 직선형 과정이라기보다는 일종의 순환과정으로 여겨진다. 연구자가 더 많은 선행연구를 읽고, 다른 사람들과 연구주제에 대하여 의견을 교환하고, 연구주제에 대하여 더 많은 사실을 발견해나가면서 연구의 개념적 틀은 더욱 정교해지고 연구계획의 실현 가능성은 높아진다. 연구의 개념적 틀 안에는 연구의 목적, 연구의 영역, 연구자가 관심을 갖고 있는 특정 질문이나 초점, 연구자가 사용하려고 의도하고 있는 방법론, 연구의 과정단계, 자료분석의 수단, 예상되는 연구의 결과 등이 포함된다(Alston & Bowles, 2003, p. 29). 연구주제를 결정한다는 것은 곧 연구자가 어떤 방식으로 해당 주제에 대한 탐구 작업을 진행할 것인가에 관한 개념적 계획을 수립한다는 것을 의미한다. 만약 연구자가 자신의 접근법의 바탕을 이루고 있는 가치와 이론을 명확하게 표명할 수 있다면, 연구자는 연구의 목적을 보다 명확하게 제시할 수 있을 것이다. 공동연구의 경우에는 어느 특정 연구자의 가치와 이론을 미리 명확하게 밝

힘으로써 혹시라도 생길지 모르는 다른 공동연구자와의 이익의 갈등을 사전에 예방할 수 있다는 의미도 있다.

종종 연구를 후원하는 학술기관이나 단체는 어느 특정 연구프로젝트에 대한 후원을 승인하기 전에 연구제안서research proposal, 즉 연구계획서를 요구하는 경우가 있다. 연구제안서를 작성하는 일이 곧 연구의 개념적 틀을 만드는 출발점이다. 비록 연구제안서의 제출이 의무화되어 있지 않더라도, 연구를 시작하기 전에 연구자는 반드시 연구주제와 연구과정을 개념적으로 어떻게 설명할 것인가에 관한 계획을 문서로 작성하여야 한다. 연구자가 명확하게 정의된 연구계획을 미리 만들어 놓으면 실제 연구과정에서 그는 많은 시간과 에너지를 절약할 수 있을 것이다.

3) 학위논문으로 인정받지 못하는 연구프로젝트

일반적으로 연구자가 선행연구를 검토한 후 그 결과를 기술한 것만으로는 지식에 대한 기여라는 학위논문의 요구 기준이 충족된 것으로 인정하지 않는다. 또한 아무리 잘 작성된 것일지라도 현재의 발달상태state-of-the-art만을 기술하는 문건은 학위논문으로 인정되기 어렵다(Davis & Parker, 1997, pp. 72-73). 즉, 선행연구 고찰의 결과를 정리한 문건은 그 자체만으로는 학위논문의 자격을 갖추지 못한다는 뜻이다. 예를 들면, 좋은 교과서는 가르침에의 기여라는 관점에서는 매우 훌륭하지만, 그것은 지식에의 기여라는 조건을 충족하지는 못한 것으로 간주한다. 교과서는 현재의 지식 상태를 그대로 담는 경향이 강하기 때문이다. 선행연구의 고찰은 학위논문의 일부분으로 당연히 포함되지만, 그렇다고 선행연구의 고찰이 학위논문의 가장 중요한 요소가 될 수는 없다.

역사적 조사historical survey는 역사적 견해historical idea를 분석하거나 검증하지 않는 한 그 자체만으로는 지식에 대한 기여라고 간주하지 않는다. 예를 들면, 어떤 산업의 발달과정에 대한 역사적 고찰❿ 우리나라 석탄산업은 만족스러운 학위논문이 되기 어렵다. 그러나 만약 우리나라의 석탄산업이 왜 현재와 같은 수준으로 쇠락하게 되었는지, 그것이 탄광노동자의 삶의 질에 어떤 영향을 미쳤는지, 그에 대한 사회복지적 대응방안이 무엇인지에 관한 분석을 포함한다면 이 연구는 학위논문으로서 인정받을 수 있을 것이다.

다수의 사례가 포함된 사례연구는 개념을 개발하거나 현상을 설명하는 데 사용된다. 그러나 단일사례가 어느 정도 지식에 대한 기여를 할 것인지에 대해서는 합의되어 있지 않다. 일반적으로, 단 하나의 상황을 기술하는 사례는 그것이 기초 이론, 구조 또는 개념을 해석하거나 개발하는 것에 관한 내용이 아니라면 아마도 그 자체만으로는 만족할만한 학위논문이 되기 어렵다. 다시 말해, 먼저 이론이 제시되고, 이어서 기초 이론을 개발하거나 해석하기 위해 단일사례에 대한 기술이 추가된다면 이 연구는 학위논문이 될 수 있을 것이다.

이미 알려진 지식을 응용하는 발전계획development projects은 비교분석의 결과, 이론에 근거를 둔 기술혁신, 실현가능성과 가치의 증명 등을 포함하고 있지 않으면 일반적으로 학위논문의 요구조건을 충족시키지 못하는 것으로 평가된다. 기업, 대학 또는 정부기관 등의 성과평가 시스템을 개발하여 운영하거나 통계분석을 하기 위해 일련의 컴퓨터 프로그램을 개발하는 일은 창의적이며 연구프로젝트로서의 가치를 가지고 있으나, 그것은 석ㆍ박사 학위논문으로서의 자격을 갖추고 있다고 보기는 어렵다. 그것이 중요한 일이 아니라서가 아니라, 기존의 지식에 새롭게 기여하지 못하는 일종의 발전계획이기 때문이다. 한편, 통계패키지를 사용하는 사람과 사용하지 않는 사람의 차이점을 설명하기 위해 행태이론의 측면에서 접근하며, 통계패키지를 사용하지 않는 이유를 규명하기 위해 필요한 자료를 수집하고, 통계패키지를 사용하지 않는 사람들의 결점을 극복하기 위하여 소프트웨어 패키지를 개발할 뿐만 아니라, 이 소프트웨어를 실험을 통해 적용한 다음에, 새로운 접근법이 실제로 더 좋은 결과를 보이고 있다는 것을 확인하기 위해 통계분석을 실시하는 연구프로젝트는 학위논문으로 인정받을 수 있을 것이다. 첫 번째 사례와 두 번째 사례의 가장 중요한 차이점은 무엇인가? 첫 번째 사례에서 컴퓨터 프로그램의 개발은 연구의 핵심적인 내용이며, 그 자체로는 지식에 대한 기여가 없으므로 학위논문이 되기 어렵다. 반면에, 두 번째 사례에서 소프트웨어 패키지는 기초 개념을 증명하기 위해서 단지 자료를 수집하는 수단일 뿐이다.

2. 연구논제의 조건

어떤 연구논제라도 완벽하지는 않을 것이다. 그럼에도 연구자는 연구논제를 선택하는 단계에서 가능한 한 더 좋은 연구논제를 찾기 위하여 끊임없이 노력하여야 한다. 연구자는 앞서 제시한 여러 가지 특성을 가지고 있

🔍 **좋은 연구논제가 갖추어야 할 조건**

- 필요성과 중요성이 인정되는 연구
- 이론적 기반에서 출발하는 연구
- 적절한 연구방법론을 적용할 수 있는 연구
- 적절한 시간을 투자하여 끝마칠 수 있는 연구
- 잠재적 연구결과의 대칭성이 있는 연구
- 연구자의 연구능력과 관심에 상응하는 연구
- 연구비를 지원받기에 유리한 연구
- 전문 직업적인 발전이 가능한 영역에 관한 연구

는 연구논제를 선택하는 것이 바람직하다(Davis & Parker, 1997, pp. 55-61).

다음은 좋은 연구논제가 갖추어야 할 조건에 대하여 하나씩 살펴보기로 한다.

① 필요성과 중요성이 모두 인정되는 연구

좋은 연구논제가 되기 위해서는 무엇보다도 먼저 해당 연구논제를 대상으로 구체적인 연구를 수행하여야 할 필요성이 인정되어야 하며, 동시에 그 연구가 중요한 것으로 인정받을 수 있어야 한다. 이것은 연구결과를 즉시 활용할 수 있어야 한다는 의미가 아니라, 연구논제가 아주 사소한 문제에 관한 것이거나 중요성을 거의 인정받지 못하는 것이어서는 곤란하다는 것을 뜻한다.

연구는 마라톤과 같은 장거리 레이스에 비유된다. 연구자가 연구를 진행하는 과정에서 힘들고 지루한 일상적인 업무를 수행해야 하는데, 그러한 어려움을 극복하고 앞으로 나아가기 위해서는 연구자는 자신이 다루려는 문제가 중요하고 가치 있는 것이라고 여겨야 한다. 연구결과를 즉시 활용하기 어려울 것으로 기대되는 연구의 경우에서는 사안의 본질을 이해하려는 연구자의 욕구가 연구 수행의 동기이자 원동력이다. 연구자가 해당 연구를 진행하려면 우선 그 자신부터 해당 연구가 필요하고 중요한 연구가 될 것이라는 믿음을 가져야 한다. 예를 들어, 연구자가 노인복지시설 직원들의 색깔 선호도를 파악하는 연구를 고려하고 있다고 가정해보자. 물론 연구자가 그런 자료를 수집하여 분석할 수 있지만, 아마도 그 연구결과는 중요성을 인정받기도 어렵고 뭇사람들의 관심을 끌기도 어려울 것이다.

② 이론적 기반에서 출발하는 연구

연구자는 먼저 과학적 이론의 순환과정을 이해하여야 한다. 논리적으로는 연역적 이론체계와 귀납적 이론체계가 구분되지만, 과학적 지식이 축적되는 전반적인 과정은 순환과정으로 이해할 수 있다(〈그림 2-1〉 참조). 경험적 검증에 의해 이론이 만들어지는 귀납적 과정과 그 이론을 검증하기 위해 가설을 설정하고 검증하는 연역적 과정이 되풀이 되면서 사회과학 이론은 더욱 정교해지는 것이다(May, 1993, p. 22).

연구논제를 선택함에 있어서 연구자가 늘 명심하여야 할 점은 이론적 기초 또는 이론적 토대는 지식에 대한 기여의 밑바탕을 이룬다는 사실이다. 연구에서는 여러 가지 기초 이론에 근거를 두는 일이 가능하므로 연구의 목적을 고려하여 특정한 이론적 기초를 선택하여야 한다. 만약 어떤 연구문제가 이론이나 개념과 아무런 관련이 없다면, 그 연구는 지식에 대한 기여를 하기 어렵다. 이론적 기초의 중요성은 지식발전의 순환_{cycle of knowledge development} 과정 안에 깊이 뿌리내리고 있다. 관찰을 통해 이론이 형성되는데, 이론은 관찰한 결과를 분류·설명·예측하는 역할을 한다. 이론은 관찰되고 있는 행태·행동에 관한 질문으로 이어진다. 이론에 기반을 둔 연구는 연구결과와 관련변수를 예측하는 역할을 한다. 기초 이론은 어떤 결

| 그림 2-1 | 과학적 이론의 순환과정

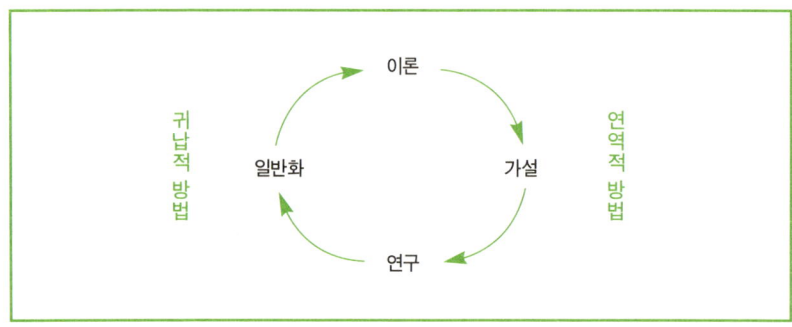

과를 예측할 수 있는 합리적인 이유를 제공한다. 연구는 이론에 기반을 둔 예측과 기대를 지지하거나 부정하는 증거를 생산한다. 이론과 배치되는 연구결과는 이론이 수정되어야 함을 암시한다. 예상대로 나온 연구결과는 기존의 이론을 지지하거나 추가적으로 설명하는 역할을 한다.

기초 이론은 연구분야에 존재하는 보통의 이론일 수도 있으며 다른 학문분야에서 온 것일 수도 있다. 예를 들면, 소프트웨어 개발의 실제에 관한 논문은 인식과학cognitive science과 경제학에서 받아들일 수 있을 것이다. 이론적 근거는 연구문제와 절차를 마련하는 데 있어 매우 중요하다. 즉, 이론적 근거는 연구주제를 찾아내고 개발하는 데 있어 매우 중요하다.

만약 학위논문을 준비하는 연구자가 특정 분야를 연구의 대상으로 고려하고 있으나 그 분야에 대해서 아무런 이론적 근거를 찾아낼 수 없다면, 연구자는 일찌감치 그러한 연구논제를 포기하는 것이 좋다. Davis & Parker (1997)가 예로 든, '인간의 행태에 대한 별stars의 영향'이나 '인간의 기대감이 도박 기구의 수익확률에 미치는 효과' 등은 이론적 근거를 찾을 수 없는 연구논제이므로 연구대상이 되어서는 곤란할 것이다. 왜 별자리가 인간의 행태에 영향을 미치는지 그 이유에 관한 이론적 근거는 없다. 마찬가지로, 인간의 기대감이 도박 기구의 수익확률에 어떠한 영향을 미치는 것인지를 예측하는 기초적인 이론도 없다. 따라서 이와 같은 연구논제는 연구의 대상이 되어서는 안 될 것이다. 그러나 사람들이 왜 별이 인간행동에 대한 영향력을 가지고 있다고 믿는지를 설명하는 이론은 있으며, 사람들이 왜 인간의 기대감이 도박 기구의 수익확률에 영향을 미친다고 믿는지를 설명하는 이론은 있다. 따라서 이 경우에는 인간의 행태와 관련된 연구이므로 연구의 대상이 될 수 있다.

③ 적절한 연구방법론을 적용할 수 있는 연구

연구논제는 자료의 수집과 분석 도구의 활용이라는 두 가지 측면에서 실현가능성이 있어야 한다. 자료의 수집이 불가능하다거나 수집한 자료를 분석할 도구가 개발되어 있지 않다면 그 연구논제는 무용지물이다. 사실 매우 흥미 있는 연구주제이긴 하지만 자료를 분석하는 적절한 연구 도구가 존재하지 않거나 자료를 수집할 수 없기 때문에 그것을 연구의 대상으로 삼지 못하는 경우가 적지 않다. 어떤 연구방법은 정부기관이나 대학당국의 규제 때문에 사용되기 어려운 경우가 있다. 인간배아복제 연구가 그 예가 될 수 있다. 영국은 2002년 인간배아복제 연구를 허용하는 '생명윤리법'을 제정하였는데, 영국 내에서 인간배아복제에 관한 연구를 실시하려는 연구자는 이 법에 따라 인간수정태생국HFEA의 연구승인을 받아야 한다. 우리나라에서도 인간배아 줄기세포 관련 실험을 하려면 '생명윤리 및 안전에 관한 법률'에 의거하여 기관등록을 필하고 보건복지부 · 생명윤리위원회 등의 연구승인을 받아야 한다.

또한 어떤 연구방법은 기술, 비용, 시간상의 제약 때문에 연구자(주로 학생들)가 사용하기 어려운 것으로 간주되는 경우가 있다. 예를 들어, 한 연구자가 미국이 베트남전쟁에서 패배한 이유를 밝히려는 연구를 고려하고 있다고 가정해보자. 20여 년에 걸쳐 여러 명의 미국 대통령이 월남전을 지휘하였다는 사실만 보더라도, 베트남전쟁은 짧지 않은 전쟁이었음을 짐작할 수 있다. 사실 베트남전쟁과 관련된 수많은 사건에 영향을 미친 요인이 너무 많아서 관련 자료를 충분히 확보하기가 기술 측면에서, 비용 측면에서, 그리고 시간 측면에서 용이하지 않다. 학위논문은 시간과 비용의 제약을 받는데, 학위과정기간이라는 주어진 시간, 그리고 주어진 자원으로 인해 제약을 받는다. 베트남전쟁의 복잡한 사건들의 상호관련성을 규명하는 일은 그야말로 지난至難한 과업이 될 것이다.

④ 적절한 시간을 투자하여 끝마칠 수 있는 연구

결과론이지만, 어떤 연구를 소정의 기한 내에 끝마칠 수 있다면 그 연구논제는 좋은 연구주제이다. 석·박사학위 논문작성에 소요되는 기간은 대학교마다 비슷하거나 차이가 날 수 있다. 연구자인 학생들은 학교 당국에서 제시한 논문제출 기한을 지킬 수 있도록 자신과 대학의 실정에 맞추어 연구논제를 선정하고 연구일정을 계획하여야 한다.

⑤ 잠재적 결과의 대칭성symmetry of potential outcomes이 있는 연구

보통 연구프로젝트는 한 개 이상의 잠재적 결과를 생산한다. 예를 들면, 어떤 실험연구가 영가설을 기각하지 못하거나, 기각하거나, 또는 결론을 내리지 못할 수 있다.

이상적인 학위논문의 연구논제는 논문 수용도acceptability의 관점에서 볼 때 어떤 잠재적 결과가 예상될지라도, 즉 실제로 어떤 연구결과가 나오더라도 그것이 만족할만한 결과일 수 있는 연구주제를 말한다. 예를 들어, 연구자가 '두 개의 대안적인 교수법이 각각 다른 성과를 나타낼 것이다' 라는 연구가설을 설정하였다고 가정하자. 귀무가설영가설은 '두 개의 대안적 교수법 간에는 성과의 차이가 없다'가 될 것이다. 만약 실험이 잘 수행되었으며 연구설계와 통계분석 절차가 적절하였다면, 이 귀무가설을 채택한다는기각하지 못한다는 것은 중요한 결과이다. 두 교수법의 효과가 차이가 없으므로 어느 교수법이라도 사용할 수 있다는 것을 보여주기 때문이다. 한편, 정반대의 결과 역시 매우 흥미롭다. 만약 귀무가설이 기각되는 분석결과가 나왔다면, 어느 한 교수법이 다른 교수법보다 더 좋은 효과를 보인다는 의미이며, 따라서 그 교수법을 채택할 필요가 있다. 이처럼 잠재적 연구결과가 귀무가설을 기각하거나 기각하지 못하는 어느 경우에 해당되더라도 그 연구결과가 의미 있게 받아들여지는 연구를 일컬어 잠재적 결과의 대칭성이 있

는 연구라 부를 수 있다.

연구의 비대칭적인 결과nonsymmetrical outcomes를 예로 들어보자. '조직 관리자의 특성으로부터 조직 내 의사결정의 유형을 예측할 수 있다' 라는 가설을 보자. 만약 경험적 검증을 통해 이 가설이 채택되었고 실제로 상당한 정확도를 가지고 현실을 예측하였다면, 그 연구결과는 흥미 있다. 그러나 이 가설이 기각되었다고 가정해보자. 이것은 흥미 있는 결과가 아니며, 아마도 의미 있는 기여라고 평가하기 어려울 것이다.

새로운 계산방식algorithms 또는 해결 절차solution procedures를 포함하는 대부분의 연구논문은 잠재적 결과의 대칭성이 결여되어 있다. 만약 계산방식을 찾아내면, 그 연구논문은 좋은 연구논문으로 평가받는다. 만약 계산방식을 찾아내지 못하면, 기여는 인정되지 않는다. 그러나 만약 하나 또는 둘 이상의 기관이 해결방법을 제시하였으나 아직 증명되지 않은 경우에는 이 계산방식이 사용될 수 있다는 것을 증명하거나 반증하기 위하여 연구를 진행할 수 있다. 다음으로, 그 계산방식이 실현될 수 있다는 것을 증명하거나 특별한 상황에서 그 계산방식이 통하지 않는다는 것을 보여주는 일은 지식에 대한 기여이다.

⑥ 연구자의 연구능력과 관심에 상응하는 연구

연구논제는 연구자의 연구능력과 조화를 이루어야 하며 연구자가 관심을 갖는 분야이어야 한다. 행태과학 분야에 탁월한 능력을 가지고 있으나 수학적 능력이 뒤떨어지는 연구자는 증명과 계산방식에 주로 의존하는 수학적인 연구논제를 골라서는 곤란하다. 반면에, 수학적 능력은 뛰어나지만 행태과학 분야에 대해서는 관심도 없고 훈련받은 적도 없는 연구자라면 행태과학에 관한 연구논제를 선택하지 않아야 한다.

⑦ 연구비 지원을 받기에 유리한 연구

순수한 학문적인 의미에서 보면, 연구비 조달의 문제는 연구논제 선택에 있어서 고려의 대상이 아니어야 한다. 그러나 연구자들은 대개 연구비 조달과 관련하여 여러 가지 대안을 선택할 수 있는 가능성을 가지고 있다. 그리고 연구자들은 이왕이면 필요한 연구비 지원을 받을 수 있는 대안을 선호하기 마련이다. 현재의 중요성이 인정되고 있는 문제를 색다른 접근방법을 통해 다루고자 하는 연구주제는 그만큼 연구비 지원을 따낼 가능성이 더 크다.

⑧ 전문 직업적인 발전이 가능한 영역에 관한 연구

학위논문은 특정 연구논제에 대한 연구의 시작일 수도 있고 끝일 수도 있다. 학위논문을 작성하는 연구자는 자신의 연구논제에 대하여 매우 많은 시간과 노력을 투입하므로 결국에는 그 주제와 관련하여 가장 학식이 깊은 학자 가운데 한 명이 될 가능성이 크다. 만약 연구자가 해당 연구논제에 대하여 학문적으로 계속적인 관심을 갖는다면, 그는 그 분야의 학문적 능력을 계속 유지할 수 있을 뿐만 아니라 학문적 권위를 가진 사람으로 계속 남아 있을 것이다. 그러므로 학위논문은 직업 발전을 위한 징검다리의 역할을 한다. 학위논문을 작성하는 일은 실패라는 위험이 수반되는 과업이므로, 일반적으로 연구자는 아직 아무런 연구도 진행되지 않은 신천지新天地보다는 다른 학자들에 의해서 선행연구가 어느 정도 진행된 분야를 대상으로 자신의 연구논제를 고른다. 일반적으로 탐색적 연구exploratory research 분야는 정의가 너무 명확하지 않아 연구자들이 스스로의 능력을 보여주기에 적당하지 않으며 종종 비대칭적인 결과를 보여준다. 반면에, 다른 학자들에 의해 선행연구가 너무 많이 진행된 영역도 회피의 대상이다. 이 영역에서 연구 초심자는 다른 학자들이 이루어놓은 수많은 선행연구 가운데 하나의 연구를 반복하게 될 위험성이 커지는데, 이 경우 연구자 본인의 기여를 인정받기 어려울 수 있다.

3. 연구논제의 선택

연구논제를 선택할 때 적용할 수 있는 보편 타당하고 단순한 규칙은 존재하지 않는다. 그러나 연구논제를 고를 때 고려하여야 할 몇 가지 사항이 있다. 일반적으로 연구자가 익숙하거나 정통하지 않은 분야에서 연구논제를 고르는 것은 현명하지 않은 처사이다. 따라서 연구자는 연구논제를 확정하기 전에 먼저 관심 있는 분야의 많은 선행연구를 탐구하여야 하며 그 분야의 전문가들과 충분한 대화를 나누어야 한다. 만약 이와 같은 예비 탐색을 거치지 않는다면 연구자는 관심 분야의 논제가 어떤 범위의 사안인지, 그리고 현재까지 그 분야에 어떤 지식이 어느 정도 축적되어 있는지 알 수 없을 것이다. 대부분의 연구자들은 선행연구 고찰의 과정에서 발견한 미해결 부분, 일상생활이나 업무 과정에서 발견한 관심사항, 일상생활이나 업무에서의 응용사항 등에서 연구논제를 찾아낸다. 연구논제를 찾는 다른 하나의 방법은 관심분야의 전문가와 상담하여 그들로부터 적절한 연구논제를 추천받는 것이다. 사회복지 영역에서 활동하고 있는 대부분의 전문가들은 학문적인 열의를 갖고 있는 연구자들에게, 특히 자신의 연구실적에 정통한 대학원 학생들에게는 학위논문의 논제로 발전시킬 수 있는 유용한 연구 아이디어를 기꺼이 제공할 것이다. 다음은 연구논제의 다양한 원천에 대하여 살펴본다.

1) 연구논제의 원천

연구자라면 누구나 평소에 관심 있는 연구논제를 한두 개쯤 가지고 있을 것이다. 연구자가 연구논제를 찾을 수 있는 일반적인 영역, 즉 연구논제의 원천이 존재하기 마련이다. 학위논문을 준비하는 학생 연구자의 경우에도 사정은 마찬가지이다. 잠재적인 연구논제는 아래에서 제시된 바와 같이 몇 가지 원천으로부터 유래할 수 있다(Davis & Parker, 1997, pp. 61-63).

① 현재의 사건

연구자 주변에서 현재 일어나고 있는 사건은 훌륭한 연구논제가 될 수 있다. 현재의 사건current events을 가장 잘 기술하고 있는 매체 가운데 하나가 일반 잡지이다. 일반 잡지popular journals는 학술지scholarly journals보다 한 걸음 앞서 나간다. 즉, 학술지가 어떤 문제를 사회문제로 정의하기 훨씬 이전에 일반 잡지는 그 문제를 사회복지와 관련 있는 문제로 다룬다. 그 이유는 학술지는 나름의 심사절차 때문에 연구의 수행시점과 학술지의 출판시점 간에 상당한 시차가 존재하기 때문이다. 논문 투고 후 거의 일 년이 지나서

🔍 연구논제의 원천

- 현재의 사건
- 선행연구의 제안
- 정부기관, 민간기업, 관련단체 등의 연구 제안
- 사회복지 실천현장의 전문가가 제기하는 연구의 필요성
- 일반적으로 인정되고 있지만 아직 검증되지 않은 가정
- 아직 검증되지 않았거나 약하게 검증된 현장 권위자의 주장
- 아직까지 연구논제로서 지지받지 못하고 있는 이론과 개념
- 중요한 결과를 검증하는 기존의 접근법과 상이한 접근법

학술지에 실리는 경우도 그리 드물지 않다.

② 선행연구의 제안

어느 특정 영역에 관심을 갖고 있는 연구자는 그 영역을 대상으로 작성된 여러 개의 학위논문의 사본을 입수하는 것이 좋다. 도서관을 이용하거나 인터넷을 통한 전자문서의 형태로 선행연구의 사본을 구할 수 있다. 학위논문의 작성자는 대개 후속연구가 필요한 분야를 적시하는 경우가 많다. 따라서 연구논제를 찾는 연구자는 선행연구를 검색하여 자신이 수행하고자 하는 연구주제에 관한 아이디어를 얻을 수 있을 것이다. 선행연구를 수행한 학자들의 제안은 해당 분야의 연구를 직접 수행한 사람의 경험과 의견을 반영하고 있다는 점에서 특히 참고할만한 가치가 높을 뿐만 아니라 현실적인 의견이라고 볼 수 있다.

③ 정부기관, 민간기업, 관련단체 등의 연구 제안

일반적으로 어느 분야에나 잘 알려진 권위 있는 기관이 존재하는데, 정부기관, 민간기업, 관련단체 등을 그 예로 들 수 있다. 그러한 기관들은 종종 각종 보고서, 논문, 연설 등에서 특정한 연구의 필요성을 주장한다. 즉, 권위 있는 기관들이 논문이나 위원회의 보고서를 통해 특정 영역에서의 연구의 필요성을 구체적으로 지적하는 경우가 많다. 이러한 발표자료 안에는 연구논제를 선택하기 위해 아이디어를 구하는 연구자가 참조할만한 아이디어가 적지 않을 것이다.

④ 사회복지 실천현장의 전문가가 제기하는 연구의 필요성

사회복지 실천현장에서 활동하고 있는 실천가는 특정 분야의 연구가 필요하다는 주장을 제기할 수 있다. 사회복지 실천가는 자신이 일하고 있는 영역에서 '근거 기반의 실천'evidence based practice이 이루어지지 않고 있다고 믿는 경우 체계적인 연구의 필요성을 지적할 것이다. 따라서 현장의 의견은 좋은 연구논제가 될 수 있다. 그러나 현장의 목소리는 주의 깊게 따져보아야 한다. 대개 실천가들은 이미 이루어진 연구의 결과를 모두 다 기억하고 있지는 못하므로 아직 연구가 이루어지지 않았다는 그들의 의견을 액면 그대로 믿을 것이 아니라 보다 체계적인 선행연구의 검색이 선행되어야 한다. 여하튼 실천현장의 목소리는 좋은 연구논제를 찾기 위한 출발점임에는 분명하다.

⑤ 일반적으로 인정되고 있지만 아직 검증되지 않은 가정

대부분의 지식 분야에는 지금까지 누구도 검증하려고 시도하지는 않았으나 일반적으로 받아들여지고 있는 가정suppositions이나 견해ideas가 다수 존재한다. 예를 들면, 지난 20년 동안 누구도 이의나 의문을 제기하지 않은 채 어떤 실천기술이 확립된 방법으로 자리 잡았다고 하면, 그 주장의 정당성을 입증할 수 있는 증거를 찾기 위한 연구가 필요할 것이다. 이처럼 일반적으로 올바른 주장으로 널리 인정되고는 있으나 정작 경험적 연구를 통해 증명되지 않은 가정이나 견해는 새로운 연구논제가 될 수 있다.

⑥ 아직 검증되지 않았거나 약하게 검증된 현장 권위자의 주장

현장의 권위자들이 검증되지 않았거나 약하게 검증된 주장을 펼치는 경우가 종종 있다. 이러한 주장은 검증되어야 할 필요가 있으며, 따라서 추가적인 분석의 대상이 된다. 예를 들면, 잘 알려진 어느 연구자가 의사결정의 기초자료가 아닌 통제수단의 일종으로 자본예산을 편성하여야 한다고 주장한다고 가정하자. 사실 그는 일선 현장에서 자본예산이 의사결정의 목적으로 사용된 예를 전혀 알지 못한다고 말하고 있다. 아직 검증되지 않은 이러한 주장은 체계적인 검증의 대상이 되며, 따라서 다른 연구자들에 의해 연구논제로 선택될 수 있을 것이다.

⑦ 아직까지 연구에 의해 지지받지 못하고 있는 이론과 개념

보통 과학적 연구결과에 근거하여 이론과 개념적 틀이 형성된다. 그러나 이론과 개념적 틀이 때로는 약한 또는 불완전한 연구결과에 의존하고 있는 경우가 있는데, 이러한 상황은 새로운 연구의 기회를 제공한다. 한편, 이론이 현실을 제대로 설명하지 못하는 것처럼 보이는 사례도 있다. 이 경우 "이론이 불완전하거나 잘못되었는가?"라는 연구문제를 떠올릴 수 있을 것이다. 따라서 이론의 완전성 또는 유용성에 관한 증거를 확보하기 위해서 연구를 수행할 수 있을 것이다.

⑧ 중요한 결과를 검증하는 기존의 접근법과 상이한 접근법

만약 어느 연구자가 주어진 모집단을 대상으로 특정 연구방법을 사용하여 연구를 진행하여 의미 있는 결과를 얻었다면, 다른 연구자들이 연구방법이나 모집단을 바꾸는 방법을 통해 해당 연구를 복제하는 일이 가능하다. 이 경우 기존의 연구는 새로운 연구를 위한 연구논제를 제공하는 역할을 한다.

2) '좁고 깊은' 연구논제의 선택

연구분야를 선택하는 일은 어렵지만 매우 중요한 과업에 속한다. 연구분야와 연구논제를 선택하고 이를 연구문제로 발전시키는 일은 매우 어려워서 때로는 이 문제가 아직 연구를 시작하지도 못한 연구자의 발목을 잡는 일이 드물지 않다. 어떤 초보 연구자들은 여러 가지 가능성과 예상되는 방대한 작업량에 압도당해서 도저히 연구분야를 선택하지 못하는 상황에 내몰리게 된다. 학자들은 이러한 상황을 일러 '결단공포증'decidophobia이라 부른다(Rothery, 1993; Alston & Bowles, 2003, p. 27).

결단공포증을 야기하는 가장 중요한 요인 가운데 하나는 한꺼번에 너무 많은 일을 하려는 과잉의욕이나 그래야만 한다는 심리적 중압감이다. 그러나 아주 유능한 연구자라 할지라도 하나의 연구에서 자신이 생각하고 있는 모든 문제를 다 해결할 수는 없을 것이다. 심지어 연구자가 하나의 연구 안에서 자신이 품고 있는 모든 의문에 대한 답을 제시하는 일도 거의 불가능할 것이다. 연구분야를 선정할 때 연구자가 첫 번째 교훈으로 삼아야 할 것은 연구자의 능력이 제한적이므로 그가 관심을 갖고 있는 이슈 가운데 오직 일부만이 하나의 연구를 통해 다루어져야 한다는 사실이다. 초보 연구자는 이러한 설명을 들으면 실망하는 경우가 많다. 그러나 현실은 현실이다.

연구자는 항상 연구논제를 좁게 잡아야 하며, 그가 애초에 관심을 갖고 있었던 이슈 가운데 일부만을 연구 대상으로 삼아야 한다. 연구논제를 정의하는 일은 연구과정에서 매우 중요한 과업이다. 좁은 연구논제는 결단공포증의 극복에도 유리할 뿐만 아니라 연구자가 의도하는 연구를 진척시키는 데도 도움이 된다.

연구논제를 선택하는 첫 번째 단계는 연구의 대상이 될 수 있는 일반적인 영역을 결정하는 일이다. Yegidis, Weinbach & Morrison-Rodriguez (1999)에 의하면, 이 첫 단계는 중요하며, 의문문의 형식보다는 문제 진술의 형식으로 짜이는 것이 바람직하다. 연구의 일반적인 영역은 아주 다양한 방법으로 모습을 드러낸다. 연구자가 해당 분야의 수업시간에 참여하는 도중에 좋은 연구논제가 불현듯 머릿속에 떠오르는 경우가 있는가 하면, 연구자의 개인적인 경험으로부터 좋은 아이디어가 떠오르는 경우가 있다. 뿐만 아니라, 연구비를 후원하는 기관이 연구주제를 정해주는 경우도 있으며, 어느 특정 기관에서 연구분야가 정해진 특정 연구를 의뢰하는 경우도 있다.

3) 연구논제를 선택할 때 고려할 점

(1) 연구자의 관심과 흥미

연구분야를 선택하고 개념적 계획을 작성하는 과정에서 연구자는 여러 사람의 다양한 의견을 참고할 수 있다. 그러나 뭐니 뭐니 해도 연구자의 태도가 가장 중요하다. 연구자가 어떤 경로를 거쳐 연구프로젝트를 시작하게 되었든지 간에, 가장 중요한 점은 연구자가 그 주제에 관하여 관심과 흥미를 가져야 한다는 사실이다. 연구프로젝트는 많은 시간과 노력을 필요로 한다. 연구자가 막상 연구하려고 하는 분야에 대한 호기심과 흥미를 가지고 있지 않다면 거기에 소중한 시간과 에너지를 쏟아부을 하등의 이유가 없다. 연구자가 그러할진대 지도교수 등 다른 사람의 도움과 관심을 기대하는 것은 무리이다.

이 단계에서 연구자는 과연 자신이 염두에 두고 있는 연구분야에 진정한 관심을 가지고 있는지 확인하기 위해 다음과 같은 질문을 자문자답하는 것이 좋다(Alston & Bowles, 2003, p. 30).

- 이 문제에 관하여 내가 관심을 갖고 있는 사항은 무엇인가?
- 이 문제로부터 내가 무엇을 배울 수 있는가?
- 이 문제가 어떻게 나의 일 또는 다른 사람의 업무에 도움을 줄 것인가?
- 내가 이 문제에 개입하여 무엇을 성취할 수 있을 것인가?

• 나의 다른 업무 등 제반 상황조건을 고려할 때 나에게는 이 연구를 끝마칠 수 있는 충분한 시간이 있는가?

앞에서 언급한 바와 같이, 연구문제를 선택하는 단계에서 연구자는 자신의 의견 외에도 네 가지 부류의 사람들의 의견을 참고하는 것이 바람직하다. 그들은 연구과정에의 주요 참여자라고 부를 수 있는데, ① 연구대상자 또는 조사대상자, ② 연구비를 지원하는 후원자(후원기관) 또는 연구기관, ③ 연구로부터 편익을 향유하게 될 사람들, ④ 연구에 의해 이해당할 것으로 기대되는 사람들⑩ 정책결정자 등이다. 가능하다면, 위 네 개의 집단 구성원들을 직접 면담하여 그들의 관심과 개입의 가능성을 파악하는 것이 연구분야를 선택하는 데 있어 큰 도움이 될 것이다. 이것은 학위논문을 작성하는 연구자에게는 쉽지 않은 일이겠지만 대형 연구프로젝트를 준비하는 연구자에게는 꼭 필요한 일이다. 각 집단을 대표하는 사람을 뽑아 고문단 또는 자문가 집단을 구성하여 운영하는 것도 하나의 대안이 될 수 있다. 이 위원회에서 연구자는 자신이 고려하고 있는 연구목적, 연구질문, 일반적인 접근법 등의 타당성과 실현가능성에 대해 자문받을 수 있을 것이다. 그러한 집단 구성원들은 각각 출신배경이 다양하고 서로 다른 관점을 가지고 있기 때문에 연구과정에서 부딪힐 수 있는 여러 가지 정치적·윤리적 함정을 피해갈 수 있는 아이디어를 제공할 뿐만 아니라 연구자의 프로젝트가 주요 참여자의 욕구를 충족시키는 데 도움이 되는 아이디어를 내놓을 수도 있다. 고문단은 연구분야의 선택단계에서뿐만 아니라 연구과정 내내 연구활동을 지원하는 든든한 버팀목이 되기도 한다.

(2) 연구논제 선택의 기준

연구 초심자의 입장에서 보면 자신이 선정한 특정 연구논제가 과연 학위논문의 주제로 적절한 것인가를 판단하기가 쉽지 않을 것이다. 학계에는 연구논제를 선택할 때 참고하는 몇 가지 기준이 통용되고 있다. 따라서 연구분야를 최종적으로 선택하기 전에 연구자는 자신이 염두에 두고 있는 연구논제가 아래에 제시된 다섯 가지 기준을 충족하고 있는지 확인하는 것이 좋다(Alston & Bowles, 2003, p. 31; Williams, Tutty & Grinnell, 1995; Rudestam & Newton, 2007, pp. 10-11).

① 관심 · 흥미의 지속가능성sustainability

연구논제는 연구자가 관심을 오랫동안 쏟을 수 있는 것이어야 한다. 일반적으로 학위논문은 연구자가 기대한 것보다 더 많은 시간을 요구한다. 여러 가지 이유로 학위논문의 통과가 더디고, 그러다 보니 그 논제에 대한 흥미도 줄어들게 되며, 나중에는 학위논문 소리만 들어도 넌더리가 나게 되는 상황에 이를지도 모른다. 비록 연구 개시일로부터 많은 시일이 흐르더라도 연구자의 흥미가 그다지 줄어들지 않는 소재가 바로 좋은 연구논제인 것이다.

🔍 연구논제 선택의 기준

- 연구논제가 지속가능한가?
- 연구논제가 적절한가?
- 연구논제가 연구가능한가?
- 연구논제가 실현가능한가?
- 연구논제가 윤리적인가?

② 연구내용의 적절성relevance

연구자가 선택한 연구논제가 사회복지 분야와 적절한 관계를 맺고 있지 않다면, 즉 연구의 결과가 사회복지와 관련된 어떤 의사결정을 내리거나 행동을 취하는 일과 아무런 관련이 없다면, 그것은 더 이상 연구논제로서 지위를 유지하기 어렵다고 보아야 한다. 모든 연구논제는 순수연구pure research와 응용연구applied research를 양극단으로 하는 연속선 위의 어느 한 위치를 점하게 된다. 응용연구는 조직 또는 프로그램의 목적과 직접적인 관련이 있으며, 대개의 경우 연구결과를 즉시 활용할 수 있다. 예를 들면, 노인요양시설 거주자의 삶의 질을 향상하기 위한 노인장기요양보장 프로그램의 효과성을 평가하는 연구는 응용연구이다. 순수연구는 이론을 발전시키기 위해 수행되거나 사회복지에 영향을 미치는 보다 일반적인 이슈를 탐색하기 위한 연구를 말한다. 예를 들면, '좋은 삶의 질에 가장 큰 영향을 미치는 요인은 무엇인가?'와 같은 질문은 순수연구에 해당하는 연구질문이다. 응용연구만큼 당장 활용하기는 어렵지만, 순수연구의 주제 안에는 인간의 삶의 질을 개선하려는 많은 서비스가 포함되기 때문에 순수연구도 사회복지 분야의 연구로서 적절한 성격을 지니고 있다. 요컨대, 연구자의 연구논제가 연구 연속선 위의 어느 지점에 위치하던 간에 해당 연구논제는 사회복지 분야와 적절한 관련을 맺고 있어야 한다. 만약 그렇지 않다면, 연구자가 해당 연구를 진행하는 데 필요한 관심과 자원을 얻기 어려울 것이다.

③ 윤리적 연구가능성researchability

몇몇 문제 영역은 사회연구의 여러 방법론을 사용하여 연구하기 쉽지 않은 분야로 알려져 있다. 윤리에 관한 질문은 비록 그것이 복지정책과 사회복지 분야에서 일하고 있는 사람들과 밀접한 것이므로 매우 적절하기는 하지만 실제적 의미에서의 연구가능성은 매우 낮은 편이다. 예를 들어, '남성동성애同性愛homosexual couples 및 레즈비언 커플lesbian couples은 자녀를 키울 수 있도록 허용하여야 하는가?' 라는 연구주제는 사회연구의 방법으로 연구하기가 매우 어렵다. 이 질문은 사회현상 패턴을 체계적으로 탐구하는 문제에 관한 것이 아니라 연구자의 가치 또는 윤리 문제에 관한 것이다. 한편, '남성동성애 커플과 레즈비언 커플이 양육한 어린이는 이성애異性愛 커플이 양육한 어린이와 비교할 때 다른 성과를 보이는가?'라는 연구주제는 패턴을 탐색하고 정보를 체계적으로 수집하는 방식으로 이루어지기 때문에 이론적으로 연구가 가능하다.

연구주제가 굉장히 모호하거나 지나치게 연구하기 어려운 논제는 학위논문의 논제로 삼지 않지 않는 것이 현명하다. 대학원 학생이라면 누구나 '적당한' 기간 안에 학위논문을 마치고 졸업하기를 바랄 것이다. 방대한 규모의 학위논문은 소정의 기간 내에 끝마치기가 매우 어렵다. 최선의 학위논문은 보통 연구자의 의욕, 지도교수 및 논문 심사위원들의 요구사항, 그리고 실제적인 상황조건 사이의 타협의 산물이다. 한 편의 학위논문에 특정 논제에 관한 모든 내용을 다 담으려 하는 것은 비현실적인 과욕에 불과하다. 연구자는 실용적인 의미에서 자신의 의욕을 조절할 필요가 있다. 요컨대, 편리함이나 연구의 가능성을 기준으로 연구논제를 선택하는 것이 바람직하다. 좋은 논문이 빨리 심사위원회의 심사를 통과하는 것이 아니라, 심사를 빨리 통과한 논문이 좋은 논문인 것이다A good dissertation is a done dissertation.

④ 연구논제의 실현가능성feasibility

일단 연구자가 자신이 선택한 연구영역이 적절할 뿐만 아니라 연구가 가능하다고 판단되면, 그 다음에는 해당 연구논제의 실현가능성을 따져보아야 한다. 실현가능성은 연구자가 실제로 그 연구를 수행하는 일이 가능한가를 판단하는 기준이다. 연구논제는 연구자가 다룰 수 있는 것이어야 하며, 연구자가 사용할 수 있는 자원의 범위 내에서 연구의 진척이 가능해야 한다. 위에 언급한 예에서, 만약 국가 또는 기관의 방침에 따라 최근에야 동성애 커플이 자녀를 양육하는 것이 허락되었다면, 그 이슈가 아무리 적절하고 연구가 가능하다고 판단되더라도 해당 어린이들에 대한 장기적인 성과를 연구하는 것은 애초부터 불가능하다. 마찬가지로, 너무 광범위한 연구논제도 실현가능성이 낮다. 비록 동성애 커플이 자녀를 상당히 오랫동안 양육하였다 할지라도, 위탁아동의 삶의 질에 영향을 미치는 모든 이슈를 비교하는 일처럼 매우 광범위한 연구논제를 다룰 수 있는 연구자는 거의 없다고 해도 과언이 아닐 것이다. 그러나 위탁양육의 기간, 아동이 학교에서 친구를 사귈 수 있는 능력, 학업수행능력 및 정서적 안정 등과 같은 보다 작고 다루기 쉬운 문제는 탐구의 대상이 될 수 있다.

실현가능성을 고려하면서 함께 다루어야 할 것이 바로 시간과 비용의 문제이다. 특히 비용은 중요한 판단기준이다. 소요비용을 충당할 수 없는 연구는 실현가능성이 없다. 그런데 비용을 과소하게 추정하는 일이 드물지 않은 현상이다. 예컨대, 위탁양육의 경험을 가진 아동과 부모는 전국에 걸쳐 산재해 있다고 가정하고, 다음과 같은 질문을 상정해보자. 그들의 주소를 확인하는데 얼마나 많은 시간이 걸리겠는가? 전화요금, 우편요금, 자료 인쇄비, 면접을 위한 이동에 들어가는 교통비 등은 얼마나 소요될 것인가? 이 질문 하나하나가 모두 상당히 많은 시간과 비용의 투입을 요구하는 상황인 것이다. 연구논제 선정단계에서 중요한 질문을 간과하거나 질문의 다양한 측면을 모두 고려하지 못하게 되면 비용이 과소 추정될 위험성이 커진다.

실현가능성의 또 하나의 측면은 자료의 분석가능성이다. 자료는 연구자 또는 관련 있는 제3자가 분석할 수 있는 형식으로 수집하여야 한다. 분석이 불가능한 자료로는 연구를 진행할 수 없다. 자료분석은 전문지식과 기술에 바탕을 두고 있다. 따라서 전문성expertise 또는 전문성에 대한 접근성이 실현가능성의 또 다른 중요한 판단기준이다.

실현가능성은 자원뿐만 아니라 윤리 문제와도 밀접한 관련이 있다. 예를 들면, 만약 연구자가 이성애 커플이 양육한 아동집단과 동성애 커플이 양육한 아동집단 사이의 과거 경험 차이에 대하여 연구하기를 희망한다고 할지라도 관련기관이 연구자에게 해당 아동들을 면접 조사하도록 허용할 가능성은 매우 낮다. 왜냐하면 이러한 면접은 윤리적인 면에서 바람직하지 않기 때문이다. 마찬가지로, 위탁아동의 보호와 관련이 있는 학교, 법률 자문기관, 다른 기관 등도 해당 위탁아동의 프라이버시와 비밀유지를 보장하고 해악을 예방하기 위하여 연구자가 자신들의 클라이언트, 즉 위탁아동에게 접근하는 것을 금지하는 지침을 가지고 있다. 사안이 윤리적인 면에서 민감할수록 연구대상자에 대한 접근성은 더욱 제한된다고 할 수 있다. 연구논제를 결정하기 전에 연구자는 자신이 염두에 두고 있는 연구논제와 연구방법이 연구대상자를 관리하는 기관의 윤리적 기준에 저촉되지는 않는지 확인하여야 한다. 또한 연구자가 연구 수행에 필요한 자료를 수집하는 일이 가능할 것이라는 점을 확인하는 일도 매우 중요하다.

가끔 어떤 연구논제가 애초에는 실현가능성이 거의 없거나 매우 낮은 것으로 평가되었으나 문제의 초점을 변경함으로써 연구주제 자체가 실현가능성이 높은 것으로 바꾸기도 한다. 위의 예에서 보면, 만약 연구자가 연구논제를 수정하여 남성동성애 커플, 레즈비언 커플, 이성애 커플이 5년 내지 10년 전에 양육한 아동들의 장기적 성과를 조사하는 연구를 수행한다고 하면, 연구대상자를 관리하는 기관은 조사대상자들의 프라이버시와 비밀을 유지한다는 조건 하에서 해당 연구자가 클라이언트의 사례기록을 열람하여 필요한 자료를 수집하는 것을 허용할 수도 있을 것이다. 어떤 경우에는 연구자를 대신하여 관련기관이 과거의 클라이언트와 위탁부모와 접촉하여 연구자가 그들과 만나 연구에의 참여 문제를 논의하여도 좋다는 허락을 얻어내는 경우도 있다.

⑤ 연구논제의 윤리적 기준 ethical criteria

연구자가 연구논제를 확정하기 전에 마지막으로 확인하여야 할 사항은 자신이 염두에 두고 있는 연구논제가 일반적인 윤리적 기준을 충족하고 있다는 사실이다. 오늘날 사회연구는 다섯 가지의 윤리적 기준을 충족하여야 한다고 널리 인정되고 있다. 그에 따르면, 사회연구는 자율성과 자기결정권을 보장하고(고지된 동의와 비밀유지를 포함함), 해악을 끼치지 않아야 하며, 편익을 제공함은 물론, 목적이 정의로워야 하고, 기존 지식에 대한 긍정적인 기여를 하여야 한다는 것이다(Alston & Bowles, 2003, p. 21). 또한 전 세계의 많은 국가에서는 사회복지사 윤리헌장 등 관련 문서 안에 사회복지 분야의 윤리적 연구를 위한 지침을 마련하고 있다. 연구자는 자신의 연구주제가 이러한 지침에 위반되는지 반드시 검토하여야 한다.

또한 연구자는 자신의 일상생활에 있어서의 정서적인 논점 emotional issues 과 매우 긴밀하게 관련된 논제를 연구논제로 삼지 않는 것이 바람직하다. 간혹 학생들이 정서적인 논점을 정리하거나 개인적인 문제를 해결하는 것을 주 내용으로 연구논제를 선택하는 것을 보게 된다. 예를 들면, 연구자가 가족의 사망으로 인한 충격을 극복하였다고 할지라도 이것을 연구논제로 삼는 것은 지양하는 것이 좋다. 왜냐하면 이러한 연구논제는 개인의 정서적 논점을 휘저어서 결국에는 학위논문 작성을 방해하는 요인으로 작용할 공산이 크기 때문이다.

(3) 연구의 유형과 목적에 대한 이해

연구의 목적이 무엇이냐에 따라 연구자가 연구논제를 보는 시각이 달라진다. 일반적으로 연구의 목적은 탐색exploration, 기술description, 설명explanation의 세 가지이다. 그러나 사실 이 세 가지 연구목적은 일종의 연속선이다. 따라서 정도의 차이가 있겠지만, 대부분의 연구는 세 가지 목적의 요소를 모두 가지고 있다고 보아야 한다.

탐색적 연구는 어느 특정 영역에 대한 연구가 거의 이루어지지 않았거나 축적된 지식이나 알려진 사실이 거의 없을 때 학문적 호기심을 충족하거나 어떤 사안에 대한 이해의 폭을 넓히기 위해 수행되는 연구이다. 종종 탐색적 연구는 보다 심층적인 연구를 수행하기 위한 앞 단계 연구로서의 성격을 갖는다. 물론 탐색적 연구가 그 자체로서 중요한 연구의 한 형태로 인정받는 경우도 있다.

기술적 연구는 어느 연구분야에 대해 이미 비교적 많은 지식과 정보가 알려져 있을 때 주로 수행되는 연구이다. 이 연구는 타당한 주장을 펼치는 데 필요한 경험적 증거를 확보하기 위해 사회현상을 이루고 있는 세부적 요소를 관찰함으로써 그 사회현상을 제대로 이해하는데 주안점을 둔다. 즉, 기술적 연구를 수행하는 연구자의 목적은 특정 사회현상의 구체적인 세부내용과 패턴을 보다 자세하게 묘사하는 데 있다.

설명적 연구는 특정 사회현상의 원인을 조사하여 규명하는 데 그 목적이 있다. 즉, 이 연구는 특정 현상이 일어나는 원인 또는 그것이 일어나지 않는 원인을 설명하기 위하여 수행된다. 예를 들면, 이 연구에서는 'If ~, then ~'만약 ~하면, ~할 것이다의 논리구조를 설정하고 그 안에서 인과관계 또는 변수 간의 관계를 찾는 노력이 이루어진다. 이처럼 설명적 연구에서는 사회현상의 원인에 관한 질문의 대답을 구하는 것이 매우 중요하다.

연구분야와 연구논제를 선택하는 단계에서는 연구의 유형과 목적을 올바르게 이해하는 일이 매우 중요하다(Alston & Bowles, 2003, p. 33). 사실 연구분야의 선택은 연구과정이라는 긴 여행의 출발점이다. 연구자는 이 초기단계에서 장차 진행될 긴 여행의 기본적인 성격과 주요 단계를 미리 고려하여야 마땅하다. 따라서 연구의 유형과 목적에 대한 이해는 연구자가 전반적인 연구과정의 방향을 결정하기 위하여 숙지해야 할 기본적인 사항이다. 아울러 연구 질문과 방법론 역시 연구자가 염두에 두고 있는 연구의 목적을 반영하는 것이 필수적이다.

4. 연구논제 선택에 있어서 방법론상의 논점

일반적으로 연구주제의 선택단계에서는 연구자가 하나의 영역에 집중하기보다는 보통 두 개 이상의 영역을 염두에 두고 연구문제 탐색을 계속한다. 이 경우 연구자가 고려하고 있는 각 영역은 보통 두 개 이상의 연구방법론을 사용하여 연구를 진행할 수 있다. 연구논제를 선택함에 있어서 연구방법론은 매우 중요한 고려사항이다. 연구논제를 선택할 때 최적의 연구방법론이 함께 선택되는 것이 이상적이다. 그러나 현실적으로 하나의 연구논제를 잘 다룰 수 있는 여러 가지의 대안적인 연구방법이 존재한다. 연구논제를 선택할 때는 다음과 같은 방법론상의 이슈를 고려하는 것이 좋다(Davis & Parker, 1997, pp. 67-72).

1) 연구방법론과 연구문제

연구방법은 연구의 목적, 연구문제, 이론적 근거와 잘 어울려야 한다. 그런데 하나의 연구방법만을 사용하여 어떤 연구를 진행하여야만 하는 것은 아니다. 오히려 두 개 이상의 연구방법을 적용할 수 있는 연구문제가 매우 많다. 따라서 연구방법의 선택은 연구논제 선택 과정의 일부분으로 이해하여야 한다. 연구논제를 올바르게 선택하기 위한 전제조건은 연구방법의 종류에 대한 올바른 이해이다. 연구방법은 실험연구 대 기술적 연구, 양적 연구 대 질적 연구, 실증주의 대 후기실증주의로 구분할 수 있다.

① 실험연구 대 기술적 연구

이것은 주로 자료수집방법과 관련하여 연구를 이분법적으로 분류하는 방법이다. 실험연구는 종속변수의 효과를 측정하기 위하여 하나 또는 두 개 이상의 조건을 처치하는 실험을 통해서 증거자료를 수집하는 연구방법이다. 기술적 연구는 존재하는 그대로 기술적 자료descriptive data를 수집하며, 존재하는 그대로 그것을 묘사하는 연구방법이다.

② 양적 연구 대 질적 연구

양적 자료는 설문지, 자극에 대한 응답의 측정, 재정보고서 또는 경제보고서 등을 통해 수집된다. 양적 자료의 분석은 회귀분석, 분산분석, 추정 등과 같은 전형적인 통계분석방법을 통해 이루어진다. 개념적으로 보아, 양적 연구자는 현상 및 측정과 아무런 관계가 없는 독립된 존재이다. 한편, 질적 연구에서는 면접과 관찰이 자료수집의 주요 수단이다. 연구자는 비참여 관찰자 또는 참여 관찰자가 된다. 관찰된 풍부한 자료를 사용하여 질적 연구자는 현상을 해석한다. 기존의 이론이 질적 연구결과의 해석에 도움을 주는 경우도 있지만, 반대로 질적 연구결과의 해석이 기존이론을 수정하거나 새로운 이론을 개발하는 근거로 활용되는 경우도 있다.

③ 실증주의 대 후기실증주의

일반적으로 과학적 연구방법이라 함은 실증주의positivism를 말한다. 이에 따르면, 먼저 문제가 확인되고, 자료가 수집되며, 가설이 경험적으로 검증되는 과정을 거친다. 사실 사회과학 분야에는 강한 실증주의적 · 양적 연구 중심의 전통이 있다. 그래서 자료의 분석결과가 우연한 결과인지 아닌지 규명하기 위해 추리통계학inferential statistics을 사용하는 경우가 많다. 그렇지만 사회과학과 인문과학의 영역에는 가설검정과 통계분석의 대상이 되기 어려운 문제들도 다수 존재한다. 한편, 후기실증주의는 자료의 수집과 분석을 통해 사람들이 처한 복잡한 상황을 좁고 깊게 연구함으로써 풍부한 분석결과를 생산한다. 연구자마다 연구결과를 다양하게 해석할 수 있으며 연구자들이 기존이론에 의존하지 않고 대안적인 새로운 이론을 개발할 수도 있다. 후기실증주의의 접근법은 양적 연구라기보다는 질적 연구를 지향하는 연구방법이다.

대부분의 사회문제는 실험적 · 양적 · 실증주의적 입장에서 접근이 가능하다. 변수의 측정이 가능하거나 이론에 근거하여 의미 있는 가설의 설정이 가능한 문제는 실증주의 방법으로 접근하는 것이 바람직하다. 그러나 일부의 문제에 대한 연구는 기술적 · 질적 · 후기실증주의적 · 해석적인 연구방법을 통해 더욱 의미 있는 결과를 얻을 수 있다. 즉, 측정하기 어려운 변수를 많이 포함하고 있거나 변수들 간 관계 정의가 불명확한 문제는 대개 해석적 방법으로 접근하는 것이 더 바람직하다.

2) 학문분야의 전형적인 연구방법

모든 학문분야에는 그만의 전형적인 연구방법이 널리 인정되고 있다. 연구논제의 선택은 연구방법의 활용 가능성에 영향을 받는다. 즉, 해당 분야의 전형적인 연구방법을 사용하여 특정 연구논제에 대한 연구를 얼마나 쉽게 수행할 수 있을 것인가 하는 점은 연구문제를 선택할 때 매우 중요하게 고려되는 사항이다.

어느 분야는 이른바 '좁은 분야'로서 연구방법의 선택권이 상대적으로 좁다. 다른 분야는 이른바 '열린 분야'로서 비교적 넓은 범위의 선택이 가능하다. 특정 분야의 연구 전통을 제대로 이해한다면 연구논제 및 연구방법을 올바르게 선택할 수 있을 것이다. 만약 어느 학문분야에 존재하는 전형적인 연구방법을 확인할 수 있다면 연구자가 그것을 사용하는 것이 여러 면에서 좋다. 박사학위 등 학위논문을 준비하는 학생들은 더욱 그러하다. 그 이유는 다음과 같다(Davis & Parker, 1997, pp. 69-70).

첫째, 학위논문의 진행경과와 최종결과는 지도교수와 교수단으로부터 평가받아야 한다. 지도교수와 교수단은 현존하는 전형적인 연구방법을 숙지하고 있는 사람들이다. 지도교수와 교수단에게 낯선 연구방법은 학위논문 작성자가 선택할 수 있는 좋은 대안이 아니다.

둘째, 앞으로 연구자의 학위논문을 읽고 이해할 사람들은 해당 학문분야의 전문가들이다. 따라서 그들이 사용한 연구방법을 그대로 사용하는 것이 여러 가지 면에서 상당히 안전하다.

셋째, 연구자는 전형적인 연구방법을 사용함으로써 선행연구 고찰의 폭과 깊이를 더할 수 있다. 즉, 연구자는 자신이 사용하고자 하는 연구방법을 사용한 다른 학자들의 선행연구를 고찰하게 되는데, 이는 학문적으로 매우 중요한 임무를 수행하는 것이다.

물론, 거의 사용되지 않는 연구방법을 사용해야만 하는 연구논제를 선택하는 경우도 있다. 그러나 이 경우 연구자는 특정 분야의 전통적인 연구방법이 아닌 다른 연구방법을 사용해야 하는 논리를 개발하여야 하며 그것을 충분하게 설명할 수 있어야 한다. 또한 연구자는 양적 연구방법과 질적 연구방법 가운데 어느 하나를 사용할 수 있으며, 필요하다면 양적 방법과 질적 방법을 혼용하여 사용할 수 있다. 예를 들어, 연구자가 설문지 또는 전통적인 조사도구를 사용하여 자료를 수집한 다음에 전통적인 통계방법을 사용하여 자료를 분석할 수 있다. 이와 동시에 연구자는 면접과 관찰을 통해 질적이고 기술적인 자료를 수집할 수 있다. 질적인 자료는 양적인 분석결과를 해석하고 설명하는 데 있어 참고자료로 유용하게 활용할 수 있을 것이다.

3) 연구방법론과 관련한 외부 전문가의 도움

연구자에게, 특히 학위논문을 준비하는 학생 연구자에게 있어서 연구방법의 적용은 쉬운 일이 아니다. 흔히 연구자는 연구방법론의 선택 및 활용과 관련하여 지도교수 또는 학과의 교수단으로부터 적지 않은 도움을 받는다.

학위논문을 준비하는 연구자들은 자신들의 연구에서 다루려고 하는 연구방법론에 대하여 정통한 지식을 갖추고 있어야 하며, 특히 그 연구방법론의 장점과 단점을 모두 알고 있어야 한다. 통계적 검증과 질적인 분석이 맹목적으로 이루어져서는 곤란하다. 연구자는 각 통계방법의 가정과 제한점을 공부하고 이해하여야 한다.

실증주의 또는 후기실증주의의 시각에서 보면 일반적으로 연구자들이 사용할 수 있는 연구방법론의 종류가 너무 많다. 따라서 통계분석의 초기단계에서 다른 사람으로부터 적절한 도움을 받는 것이 좋다. 예컨대, 구조방정식 모형을 사용하려는 연구자는 상당한 경험과 기술이 쌓일 때까지 전문가로부터 조언을 받는 것이 무난하다. 특정 통계기법과 친숙해지기 위해서는 소수의 자료만으로 또는 제한된 조사대상자를 대상으로 해당 통계기법을 시험 삼아 적용해보는 것도 도움이 될 것이다.

4) 경력발전에 대한 고려

연구논제 및 연구방법론을 선택하는 단계에서 경력발전_{career development}은 중요한 고려 요소이다. 즉, 연구자는 자신의 경력발전에 도움이 될 것으로 예상되는 연구논제와 연구방법을 선택하는 것이 좋다.

결론부터 말해, 연구자가 후기실증주의의 시각을 견지해야 할 특별한 이유가 없다면, 일반적으로 실증주의 연구방법을 사용하는 것이 경력발전에 더 많은 도움이 될 것이다(Davis & Parker, 1997, p. 71). 그 이유는 다음과 같다.

첫째, 실증주의 방법이 보다 더 명확하게 정의되어 있고 따라서 연구 초심자들이 그것을 더 간단하게 사용할 수 있다. 후기실증주의_{해석적 방법}는 사용하기가 더 어렵고 따라서 그것을 적절하게 사용하는 방법에 관한 사회적 합의 수준이 더 낮다. 결국 후기실증주의보다는 실증주의 연구방법을 선택하는 것이 더 바람직하다는 결론에 도달한다.

둘째, 실천현장에 있는 연구자의 동료들이 보기에, 실증주의 논문이 더 이해하기 쉽다. 실증주의 논문은 구술심사에서 방어하기도 쉽고, 나중에 단행본으로 출간하기도 더 쉽다. 따라서 조기에 경력발전을 이루고자 하는 연구자는 실증주의의 입장에서 학위논문을 작성하는 것이 더 바람직하다.

셋째, 다른 사람의 연구결과를 학술적인 면에서 비판적으로 고찰하려면 실증주의 기술이 필요하다. 실증주의 시각에서 작성된 학위논문은 선행연구를 비판적으로 이해하고 평가할 수 있는 좋은 기회를 제공한다.

학교 수업에 참여하고 연구경험을 쌓는 일은 연구주제의 선택에 있어서 방법론상의 갈등을 줄이는 역할을 한다. 연구자들은 가능하다면 실증주의 방법과 해석적 방법에 대한 깊은 지식을 갖는 것이 좋다. 학생 연구자들은 작은 연구프로젝트와 학위과정 연구의 일부분으로 진행되는 탐색적 분석을 잘 조화함으로써 실증주의 방법과 후기실증주의 방법의 기술을 폭넓게 익힐 수 있다. 이것은 또한 학문적 경력발달에 도움을 줄 것임에 분명하다. 요컨대, 학위논문에서는 실증주의 방법이나 후기실증주의 방법이 모두 사용 가능하다.

제3장

연구문제의 설정

학습목적

연구란 연구문제research question에 대한 대답을 이끌어내는 과정이자 활동이며, 그 절차와 결과를 논리적·체계적으로 기술한 것이 바로 논문이다. 연구문제는 연구의 목적이나 필요성을 나타내는 의문문 또는 서술문이다. 그런데 연구문제는 연구와 논문의 진행 방향을 안내하는 가이드의 역할을 수행한다는 점에서 매우 중요하게 다루어져야 한다. 이 장에서는 연구문제의 의의, 원천, 범위, 도출 등 연구문제 설정과 관련된 몇 가지 기본 개념을 이해하는 기회를 갖는다.

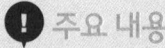 주요 내용

◆ 연구문제의 개념
◆ 연구문제의 원천
◆ 연구문제의 적절성
◆ 연구문제와 변수의 설정
◆ 연구문제의 도출과정

1. 연구문제의 개념

　연구문제를 설정한다는 것은 곧 실제적인 연구활동의 첫 걸음을 내딛는
다는 의미이다. 연구문제의 설정은 매우 어려운 과업일 뿐만 아니라 연구
의 성공을 좌우할 수 있는 매우 중요한 단계이다. 학위논문을 작성하는 대
학원생처럼 아직 연구에 익숙하지 않은 '초보자'neophyte들에게는 더욱 그렇
다. 연구문제는 단 한 번의 시도로 만들어질 수 있는 성질의 것이 아니다.
아마도 여러분이 어느 날 갑자기 머릿속에 섬광처럼 떠오른 첫 번째 연구
문제에 크게 만족하여 호들갑스럽게 "유레카!"Eureka!를 외치면서 벌거벗은
채 밖으로 뛰어나가는 일이 일어날 가능성은 거의 없을 것이다. 연구문제
를 생각해내고 가다듬는 일은 시간이 걸리는 과업이다. 궁극적으로 만족
할만한 수준의 연구문제를 도출하는 데 대개 몇 날, 몇 주일, 아니면 몇 달
의 시간과 노력이 필요할 수도 있다.

1) 연구문제의 필요성

　지금까지 연구를 수행해본 경험이 전혀 없는 초보자들은 연구문제가 무
엇을 의미하는지 궁금해 하는 경우가 많다. 연구문제의 의미에 대해 혼란
을 겪는 현상은 다양한 용어의 범람에도 이유가 있다. 종종 연구문제
research problem와 비슷한 의미로, 연구진술research statement, 연구논제research
topic, 연구주제research subject, 연구가설research hypothesis, 연구질문research question,
연구논점research issue 등이 사용되고 있다. [3]

---

3 이 책에서는 연구문제와 연구질문을 사실상 동의어로 간주하고 이 두 단어를 서로 혼용하
기로 한다.

연구문제를 문장으로 표현하는 방식은 두 가지이다. 하나는 의문문의 형식을 띠고 있는 연구문제이며, 다른 하나는 서술문의 형식을 띠고 있는 연구문제이다. 모든 연구문제는 이 두 가지 형태 가운데 어느 하나의 모습으로 나타난다.

의문문 형식의 연구문제는 지식의 괴리gap in knowledge에 관한 내용을 담고 있다. 예를 들면, "사회복지사의 소진burnout과 이직의사는 어떤 관계를 가지고 있는가?"는 현존하는 지식상의 괴리를 채우기 위한 연구의 필요성을 나타내는 연구문제이다.

서술문 형식의 연구문제는 특정 사건, 현상 또는 상황을 탐구하려는 의도에 관한 설명을 통해 연구의 목적을 정의하는 서술문이다. 예를 들면, "이 연구의 목적은 사회복지사의 소진burnout과 이직의사 사이의 관계를 조사하는 데 있다"라는 연구문제는 연구의 목적을 설명하고 있다. 서술문 형식의 연구문제는 연구의 목적으로 바꾸어 서술할 수 있다. 한편, 연구문제와 연구목적을 사실상 동일시하는 견해도 있다.

연구는 과학적·논리적 탐구과정이며, 연구의 영역 안에는 연구자들이 좇아야 할 특정한 탐구의 방향이 정해져 있다. 만약 연구자가 명확하게 정의된 연구문제를 가지고 있지 못한다면 그 연구자는 계획적이고 효율적인 방법으로 자신의 연구를 진행할 수 없게 될 것이다.

본질적으로, 연구문제는 지식 상의 괴리를 찾아내어 설명하는 문장이며, 연구는 그 괴리를 채우기 위하여 진행된다. 연구문제는 연구자가 연구의 전체 과정 내내 자신을 안내하는 역할을 하는 연구의 기초구조framework를 개발할 수 있도록 도와주는 역할을 한다. 즉, 연구문제는 연구자가 생각과 노력을 집중시키는 데 도움을 준다. 한 마디로 말해, 연구문제를 먼저 설정하지 않고는 과학적인 연구를 진행시킬 수가 없다고 보아도 크게 틀린 말은 아니다.

대부분의 연구는 하나의 구체적인, 또는 일차적인, 연구문제를 가지게 마련이지만, 연구에 따라서는 이차적인, 또는 종속적인, 복수의 연구문제가 수반되는 경우도 있다. 이 경우에도 이차적인 연구문제는 반드시 일차적인 연구문제와 관련 있어야 한다.

일반적으로 사회과학에서의 연구문제는 학문의 영역에 따라 구체성의 정도가 다르다(김영종, 1999, p. 65). 사회학이나 심리학 등과 같은 기초 사회과학에서는 연구문제들이 인간과 사회에 관해 매우 추상적이고 기본적인 내용을 담고 있다. 반면에, 사회복지와 같은 응용 사회과학에서 연구문제는 직접적으로 실천현장에서 나타나는 문제를 다루며 따라서 상대적인 면에서 보다 실용적인 성격을 띠고 있다. 물론 응용 사회과학 분야에서도 기초지식을 탐구하기 위한 연구가 있으며, 기초 사회과학에서도 응용의 성격을 띤 연구를 수행할 수 있을 것이다. 다만 응용 사회과학의 한 축을 점하고 있는 사회복지 분야 연구의 주된 관심은 사회복지 실천현장의 의문과 필요성을 보다 많이 그리고 집중적으로 다루는 데 있다는 점을 지적하고 싶다.

2) 연구문제의 서술

어떤 방식으로 연구문제를 서술하는 것이 올바른 것인지를 알려주는 만고불변의 진리는 없다. 즉, 연구문제 서술방식에 관한 확립된 원칙은 존재하지 않는다. 연구문제의 서술은 앞서 고찰한 연구문제의 적절성과 매우 밀접한 관련이 있다. 연구문제의 서술은 연구문제의 적절성을 높이는 방향으로 이루어지는 것이 바람직하기 때문이다. 일반적으로 인정되고 있는 연구문제의 서술방식은 다음과 같다(김영종, 1999, pp. 72-73; Cormack & Benton, 2000, pp. 84-85).

첫째, 연구문제는 의문문의 형태로 서술하는 것이 좋다. 앞서 지적한 바와 같이, 서술문의 형식을 취하고 있는 연구문제가 없는 것은 아니지만, 대개 연구문제는 의문문으로 이루어져 있다. 연구문제는 연구목적과 밀접한 관련이 있지만 그렇다고 양자가 동일한 개념은 아니다.[4] 즉, 연구문제는 직접적으로 연구의 대상이 되는 문제를 의문문의 형식으로 표현한 것인 반면, 연구의 목적은 연구의 계기와 결과를 둘러싼 함의에 초점을 맞춘 기술記述을 의미한다(김영종, 1999, p. 72).

둘째, 연구문제는 연구자가 관심을 갖고 있는 문제를 단순 명료하게 지적하는 문장이어야 한다. 명확하지 않은 연구문제는 만병의 근원이 될 수 있다. 그런데 단어나 어구는 종종 두 가지 이상의 의미를 갖고 있는 경우가 있으므로, 만약 연구문제가 다의적多義的인 용어로 구성된다면 해당 단어, 용어, 절차를 정확하게 정의하여야 할 필요성이 제기된다(Cormack & Benton, 2000, p. 85). 용어가 사전적인 의미로 사용되지 않는 경우가 드물지 않은데, 이 경우 연구자는 불필요한 오해를 방지하기 위해 조작적 정의operational definition를 사용하여야 할 필요가 있다. 예를 들어, 환자의 사전적 정의는 '의료서비스를 받고 있는 사람'이지만, 특정 연구자는 환자를 '외과병동에 입원한 16세 이상 65세 미만의 남자로서 지난 24시간 이내에 외과수술을 받은 사람'이라고 정의할 수 있을 것이다.

셋째, 연구문제는 둘 또는 그 이상의 변수들 간의 관계를 서술하여야 한다. 일반적으로 설명적 연구에서는 둘 또는 그 이상 변수들 간에 어떤 관계가 존재하는가가 관심의 초점이 된다. X와 Y 사이에는 어떤 관계가 있는가? X와 Y는 Z와 어떤 관련을 맺고 있는가? 설명적 연구에서는 이러한

---

[4] 앞서 언급한 바와 같이, 연구문제와 연구목적은 크게 다르지 않으며, 양자를 사실상 동일한 개념으로 이해하는 시각도 있다.

의문문이 연구문제를 표현하는 전형적인 모습이다. 조사연구의 비용효과성을 고려한다면 연구문제는 변수들 간의 관계를 묻는 의문문의 형식을 취하는 것이 좋다. 왜냐하면, 관계를 탐구하는 연구는 동일한 노력으로 더 많은 정보를 제공하기 때문이다(김영종, 1999, p. 72). 그러나 탐색적 또는 기술적 연구에서는 변수들 간의 관계를 묻지 않는다. P는 어떠한가? Q는 어떠한가? 거기에 무엇이 있는가? 위와 같은 의문문이 탐색적 또는 기술적 연구에서의 전형적인 연구문제의 진술형식이다.

넷째, 연구문제는 경험적으로 검증 가능하여야 한다. 연구문제는 애초부터 경험적인 검증의 대상이 되도록 예정되어 있다. 검정이 불가능한 연구문제는 더 이상 연구문제라고 할 수 없다. 달리 말하면, 연구자가 연구문제를 작성함에 있어서 경험적 검증이 가능할 것인지의 여부를 판단하여 오직 검증이 가능한 방향으로 연구문제를 작성해야 한다는 뜻이다. 따라서 연구문제에서는 개념들이 변수로 전환될 수 있어야 하며, 그러한 변수들은 경험적으로 조작할 수 있어야 한다.

2. 연구문제의 원천

연구와 관련한 경험이 별로 없는 초보자들은 연구문제를 만드는 일이 매우 어렵다고 느낀다. 무엇을 연구할까 고심하면서 매우 막연한 상태로 세월만 보내는 경우도 비일비재하다. 연구주제를 찾기가 그야말로 하늘의 별 따기이다. 반면에, 한 가지 연구주제가 떠오르면 이어서 연달아 다른 연구주제가 떠오르는 경우도 있다. 연구할 것이 너무 많아서 과연 어떤 연구주제를 고르는 것이 좋을지 혼란스러울 때도 있다.

연구 초기의 불확실성과 혼란스러움은 불가피한 면이 있다. 만약 연구를 수행하려는 확고한 의지를 가지고 있다면 여러분은 어느 정도 시간이 지나면 연구하기에 적합한 구체적인 연구주제를 찾아낼 수 있을 것이다. 좋은 연구문제를 찾아내려면 연구문제의 원천과 영향요인을 이해하는 것이 첩경이다.

다양한 원천으로부터 시작된 연구 아이디어는 일련의 과정을 거치면서 연구문제로 거듭나게 된다. 연구문제를 개발하는 과정은 체계적인 정제精製, refinement의 과정이며, 이를 도식화하면 〈그림 3-1〉과 같다.

〈그림 3-1〉이 시사하는 바는 연구문제의 전 단계인 최초의 아이디어는 매우 다양한 원천을 갖고 있다는 점이다. 이 최초의 아이디어가 여러 가지

| 그림 3-1 | **연구문제의 원천 및 영향요인**

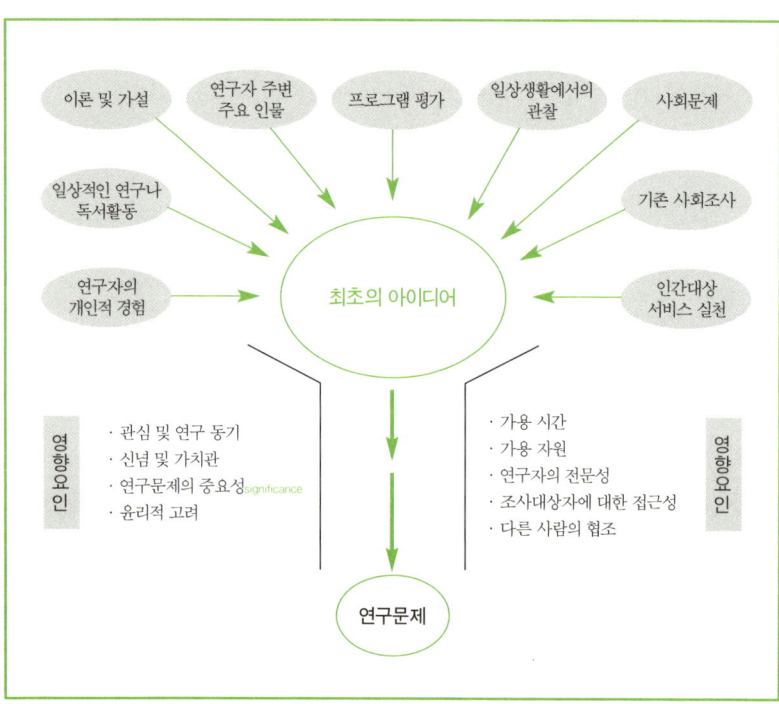

※ 자료: Cormack & Benton, 2000, p. 78, 〈그림 7-1〉을 일부 수정.

영향요인에 의해 연구문제로 발전하게 된다. 일단 연구문제가 확정되면 다음 단계는 연구문제에 대한 이해를 깊게 하기 위한 문헌검토literature review의 단계를 거친다.[5]

1) 연구문제의 주요 원천

〈그림 3-1〉에 구체적으로 제시된 바와 같이 연구문제의 원천은 매우 다양하다(김영종, 1999, p. 63; 최성재, 2005, p. 98; Rugg & Petre, 2004, p. 146; Cormack & Benton, 2000, pp. 79-81). 연구문제의 원천source에 대한 이해는 기존 지식기반의 괴리를 찾아내는 데 도움을 줄 수 있다.

① 연구자의 개인적 경험

연구문제는 연구자의 개인적 경험으로부터 나오는 일이 많다. 연구자들이 어떤 상황이나 실천 또는 성과에 대하여 머릿속으로 의문을 품는다거나 동료들과 그 의문에 대해 토론하고 의견을 나누는 일은 드문 일은 아니다. 무슨 일이 발생하였는가? 왜 그러한 방식으로 일이 전개되었는가? 어떻게 하면 그 상태를 개선할 수 있는가? 이상의 질문은 모두 연구자의 개인적 경험을 연구문제로 발전시킬 수 있는 바탕이 되는 예이다.

개인적 경험으로부터 유래한 연구문제는 대부분 강한 동기유발 효과를 가지고 있으므로 개인들을 조사연구로 이끌고 가는 힘이 강하다는 장점이

---

5 드물지만 상세한 문헌검토 후에 연구문제가 도출된다는 견해도 있으나(Ogier, 1999), 일반적으로 문헌검토의 전 단계에서 연구문제가 설정된다고 보는 것이 마땅하다. 즉, '연구문제의 설정 → 문헌검토(이론적 배경 및 선행연구의 고찰) → 연구가설의 도출'이라는 과정을 거치는 것이 보통이다. 이처럼 연구문제를 먼저 설정한 후, 그와 관련 있는 분야에 대해 문헌검토를 하게 되는 경우, 연구문제는 서론 편에, 그리고 연구가설은 이론적 배경 또는 연구방법 편에서 다루는 게 타당하다(김경호, 2007, pp. 123-124).

있다(김영종, 1999, p. 67).

한편, 개인적 경험에서 나오는 연구문제는 가치중립성의 원칙을 지키기 어려우므로 과학적 조사연구의 대상이 될 수 없다는 견해도 있다(김영종, 1999, p. 67). 이러한 입장은 개인적 의문은 주관성이 강하며 따라서 특정한 자료를 선호하거나 결과의 해석에 있어서 연구자의 감정과 가치를 개입시켜 객관성을 잃은 결론을 도출할 위험성이 높다는 주장에 바탕을 두고 있다. 다음 사례는 개인적인 연구동기의 위험성을 경고하고 있다.

> 장애인을 자식으로 둔 부모가 장애인과 관련된 주제로 조사연구를 하게될 때, 개인적 경험에 대한 주관적인 확고함이 조사연구의 전 과정을 지배하게 될 가능성이 있다(김영종, 1999, p. 68).

그러나 개인적 경험으로부터 나오는 연구문제의 장점을 주장하는 의견이 오히려 설득력이 있어 보인다. 즉, 개인적 경험에서 유래하는 연구문제가 객관성의 문제를 가지고 있다는 것은 분명한 사실이지만, 개인적 동기를 가진 연구자가 편견의 가능성에 대한 스스로의 경각심을 높이고 연구에 임하게 되면 강한 동기유발 효과 때문에 오히려 매우 바람직한 성과를 얻을 가능성이 높다(김영종, 1999, p. 68). 적어도 개인적인 경험이나 동기로부터 시작된 연구는 연구자가 절실하게 해결의 필요성을 느낀 의문에서 시작되었을 가능성이 높다는 점은 분명하다.

② 일상적인 연구나 독서활동

연구문제를 찾아내겠다는 의도는 없었지만 일상적인 다른 연구활동이나 사회활동을 하면서 또는 전공서적이나 일반서적 또는 논문 등을 읽다가 우연히 연구문제를 발견하는 수도 있다(최성재, 2005, p. 100). 즉, 일상적인 연구활동이나 독서활동 중에 특정 사안에 대하여 의문을 품거나 비판적인 입장에서 문제를 제기할 수 있는데 이것이 바로 연구문제가 될 수 있다.

전문 분야의 선행연구professional literature에 담겨져 있는 이론과 가설은 추가적인 연구를 촉발시키는 기폭제로 작용할 수 있다(Cormack & Benton, 2000, p. 80). 연구자가 어느 연구의 결과를 충분히 이해한 다음에, 그 연구에서 사용한 접근법을 자신의 실천 분야 또는 자신이 관여하고 있는 특정 클라이언트 집단에 적용할 수 있을 것인지 고려해볼 수 있다. 이미 보고된 방법론을 다른 환경에 놓여 있는 다른 집단을 대상으로 신중하게 다시 사용하는 것을 일컬어 복제replication라 한다. 이러한 접근법은 매우 중요하다. 왜냐하면 둘 이상의 클라이언트 집단을 대상으로 하거나 서로 다른 지역에 있는 복수의 클라이언트 집단을 대상으로 한 사회복지 분야의 연구가 흔치 않기 때문이다. 언제나 새로운 아이디어에 기반을 둔 연구문제만이 연구할 가치가 있는 것은 아니다. 다만, 선행연구의 방법론을 그대로 답습할 경우 그 연구를 면밀하게 평가하여 그것이 가지고 있는 방법론상 또는 개념상의 결함까지 복제하지 않도록 주의하여야 한다.

만약 연구자가 어떤 특정 주제에 관한 여러 편의 선행연구를 고찰한 결과 여러 연구의 결과 사이에 모순이나 불일치를 발견하였다면, 이 또한 새로운 연구문제를 만들 수 있는 계기가 될 수 있다. 선행연구 간에 조사결과의 차이가 나타나는 경우는 매우 흔하다. 그만큼 새로운 연구문제를 만들 가능성도 많다고 보아야 한다. 연구자라면 누구나 왜 특정 집단이나 특정 지역을 대상으로 한 연구 또는 특정 방법론을 사용한 연구가 다른 연구결과와 차이가 나는지에 대해 의문을 품을 수 있을 것이다.

문헌검토로부터 연구문제를 도출하는 다른 하나의 수단은 기존 지식기반의 한계 또는 괴리를 인식하는 일이다. 새롭게 대두되는 문제를 해결하기 위해서는 그 문제를 어떻게 다룰 것인지 분석해야 한다. 앞서 언급한 바와 같이, 연구문제는 지식의 괴리에 관한 내용을 담고 있는 문장이다.

③ 이론 및 가설

지금까지 사회복지 분야에는 수많은 이론적 틀theoretical framework과 그에 기반을 둔 수많은 가설이 검증되어 발표된 바 있다. 이러한 이론 모델이나 선행연구에서 사용된 가설은 연구문제를 개발하기 위한 기초자료로 활용할 수 있다.

여러 가지 사회이론⑩ 거시적 이론, 중범위 이론, 미시적 이론으로부터 논리적인 추론 과정을 통해 연구문제를 도출할 수도 있고, 기존의 조사에서 충분하게 검증되지 못한 가설을 골라 여러분의 연구에서 다시 한 번 검증할 수도 있을 것이다(최성재, 2005, p. 99). 하나의 기존 이론이나 가설에 주목할 수도 있지만, 여러 가지 이론이나 가설을 결합하거나 접목함으로써 새로운 연구문제를 도출할 수도 있다.

④ 연구자 주변의 주요 인물

연구자가 평소에 자주 접하는 주변의 인물들은 특정 주제에 관한 연구의 필요성을 일깨워주는 역할을 할 수 있다(최성재, 2005, pp. 98-99). 대학교수, 연구기관의 연구원, 사회복지 실천현장의 전문가, 대학원생, 중앙정부 및 지방정부의 관료, 클라이언트, 후원기관의 관계자 등이 지적으로, 그리고 실용적으로, 연구문제에 관한 자극을 줄 수 있는 사람들이다. 연구자라면 평소 주변의 주요 인사들과 나누는 대화 속에서 연구문제를 찾아내는 기술과 능력을 갖추는 것이 바람직하다.

⑤ 프로그램 평가

연구문제는 각종 휴먼서비스를 평가하는 과정⑩ 노력, 효과성, 효율성, 영향, 질, 과에서 만들어질 수 있다. 연구자 개인이 프로그램을 평가하기 위해 연구문제를 도출하는 경우가 있는가 하면, 조직이나 기관이 평가받고자 하는 프로그램의 범위와 수를 미리 정하여주는 과정에서 연구문제가 생성되는 경우도 있다. 특히 후자의 경우에는 연구문제는 거의 확정적이라고 할 수 있으며 연구자는 주어진 연구문제를 보다 상세하게 정의하는 역할을 한다(최성재, 2005, p. 100).

⑥ 일상생활에서의 관찰

연구자가 일상생활을 하면서 우연히 또는 주기적으로 관찰하는 현상은 훌륭한 연구문제로 이어질 수 있다(최성재, 2005, p. 101). 예를 들면, 질적 연구에서는 일상적 관찰에서 연구문제를 이끌어내는 경우가 적지 않다.

뿐만 아니라 여러분이 학회에 참석하거나 기관 견학을 할 경우, 휴식시간 또는 식사시간에 종종 이루어지는 토론에서 귀중한 아이디어를 얻는 경우도 있다. 그러한 상호작용을 통해 특정 클라이언트 집단에게 서비스를 제공하는 다양한 방법에 관한 의견을 모을 수 있으며, 종종 그러한 의견은 연구문제 개발에 도움을 주기도 한다.

⑦ 사회문제

새롭게 등장하는 사회문제나 아직 해결하지 못하고 있는 사회문제는 연구문제를 제공하는 원천이다(최성재, 2005, p. 99). 사회문제의 실태, 원인, 해결 또는 개선대안, 예상되는 진행경로, 관련 정책 등은 모두 연구문제로 발전시킬 수 있는 좋은 소재들이다.

간혹 정부나 공익기관에서는 정책연구를 수행하기 위해 구체적인 연구분야 및 연구문제를 적시하는 경우가 있다. 중앙정부, 지방정부, 그리고 공익 연구기관이 사회문제를 해결 또는 개선하기 위해 연구용역의 형태로 연구를 발주하는 경우가 그것인데, 구체성의 정도야 다르겠지만 이 모든 연구과업에는 연구문제가 내포되어 있으며, 연구자는 이를 바탕으로 보다 구체적인 연구문제를 도출할 수 있을 것이다.

⑧ 기존 사회조사 또는 선행연구

기존의 사회조사 또는 선행연구는 가장 풍부한 아이디어를 제공하는 연구문제의 원천이다(최성재, 2005, p. 99). 선행연구는 연구문제의 보고寶庫라고 해도 과언이 아니다. 먼저 연구할 분야 또는 연구주제를 정하고 해당 분야의 기존 사회조사 또는 선행연구를 고찰한다면 적절한 연구문제를 찾아내는 일이 그리 어렵지만은 않을 것이다. 구체적으로 다음과 같은 점에 주목하면 좋다. 첫째, 선행연구의 한계를 찾아낸다. 대개의 연구는 방법과 내용 면에서 훌륭한 점이 많겠으나 비판적 평가의 대상이 되는 한계점도 가지고 있을 것이다. 이것이 바로 여러분의 연구문제로 발전할 수 있다. 둘째, 선행연구에서 연구자가 밝히고 있는 후속 연구의 필요성에 주목하는 것도 하나의 대안이다. 일반적으로 선행연구의 결론부분에는 추후 연구과제가 있기 마련이다. 이것을 여러분의 연구문제로 삼는 방안에 대하여 검토하여 볼 것을 권한다. 셋째, 선행연구에서 연구문제로 제시된 것을 더욱 확장하거나 특별한 측면으로 구체화시켜 여러분의 연구문제로 발전시키는 방법도 있다.

⑨ 인간 대상 서비스 실천

휴먼서비스의 실천과 관련하여 발달요인, 문제의 원인, 해결방법, 관련 이론 등의 측면에서 많은 연구문제를 찾아낼 수 있다(최성재, 2005, p. 101). 학문적으로 연구하는 전문가 또는 관련 정책을 다루는 관료들도 사회복지 실천현장의 목소리에 귀를 기울이면 실천과 관련 있는 여러 가지 연구문제를 발견할 수 있다.

한편, 사회복지 실천현장의 전문가들도 단순히 실천가의 입장에만 머무르는 것은 바람직하지 않으며, 한 걸음 더 나아가 연구자의 입장에서 연구문제를 발견하는 능력과 기술을 갖추는 것이 좋다고 본다. 실천과 연구를 겸비한 전문가가 인정받는 시대가 오고 있다.

2) 연구문제의 선택에 영향을 미치는 요인

적절한 연구주제를 찾기 위해 시행착오를 반복하는 경우도 없지 않지만, 대개는 연구주제가 너무 많아 선택의 어려움을 겪는 경우가 더 많다. 연구자가 마음속에 두고 있는 여러 연구주제는 서로 관련이 있을 수도 있지만 때로는 완전히 서로 다른 분야일 수도 있다. 문제는 여러 개의 연구주제 가운데 어느 것을 선택할 것이냐 하는 점이다. 연구자가 연구문제 선택에 영향을 미치는 제반 요인을 이해하면 자신에게 적절한 연구주제를 보다 쉽게 선택할 수 있다. 다음은 연구자가 연구문제를 선택할 때 참고할 수 있는 원칙을 정리한 것이다(Cormack & Benton, 2000, pp. 81-84).

① 관심 및 연구동기

연구자의 개인적 관심은 그 자체가 연구문제의 원천이 될 수 있지만, 때로는 연구주제를 선택하는 판단기준이 되는 경우도 많다. 연구과정은 연구자에게 흥미와 자극을 함께 제공하는 면이 있지만 다른 한편으로는 연구자를 힘들고 울적하게 만들기도 한다. 연구가 순조로울 때는 모든 과업이 무난하게 진행되겠지만, 세상일이란 게 늘 그러하듯이 항상 좋은 시절만 있는 것이 아니라 때론 어려움에 직면하는 경우도 생긴다. 만약 연구문제가 연구자의 관심 분야가 아니라면, 어려움에 직면하였을 때 연구자는 예전과 같은 연구수행의 열정을 유지하기가 어려울지도 모른다. 그러므로 연구문제가 지속가능한 것이 되기 위해서는 연구자의 관심과 동기가 필요하다. 달리 말하면, 연구자가 특정 연구문제를 계속 유지하고 발전시키기 위해서 그 연구문제에 상당한 관심을 가져야 하며 스스로 동기를 부여하여야 한다.

② 신념 및 가치관

연구자가 가지고 있는 신념과 가치관은 그 자체가 조사문제의 원천이 될 수도 있지만(최성재, 2005, p. 101), 연구문제를 선택하는 데 영향을 미치는 요인이라고 보는 것이 더 좋다. 특별한 신념과 가치관은 연구자로 하여금 특정 사항에 보다 많은 관심을 갖게 만들며, 따라서 그러한 가치체계는 특정 연구문제를 선택하는 동력으로 작용하게 될 것이다.

그런데, 신념과 가치관의 적절성에 관하여 두 가지 상반된 입장이 존재하고 있다(최성재, 2005, p. 101; McKillup, 2006, pp. 12-13). 하나는 사회조사에서 가치관을 배제하는 것이 옳다는 입장으로서, 가치관이 연구문제를 분석하고 해석하는 데 영향을 미치지 않도록 하는 것이 바람직하다고 주장한다. 다른 하나는 연구자의 가치관에 입각하여 연구문제를 선택하고 자료를 분석하며 그 결과를 해석하는 것이 바람직하다는 입장이다.

③ 연구문제의 연구 가능성

모든 질문이 다 과학적 탐구의 대상이 되는 것은 아니다. 연구문제의 여러 가지 원천 가운데 연구 가능성이 있는 질문들만 살아남고 연구 가능성이 없는 나머지 질문들은 모두 배제된다.

실증주의 시각에 의하면, 철학적 또는 윤리적 질문은 과학적 연구의 대상이 될 수 없다. 예를 들면, "태아의 조직세포를 대뇌에 이식하는 것이 윤리적인가?"와 같은 질문은 윤리적 논쟁을 제기하는 것이며, 비록 그것이 토론 소재는 될 수 있을지언정 과학적인 연구를 통해 정답을 찾아낼 수는 없다(Cormack & Benton, 2000, p. 82). 한 마디로 말해, 실증주의 입장에서 보면 이것은 연구대상이 될 수 없는 질문이다.

연구대상이 될 수 없는 윤리적 또는 철학적 딜레마에 관한 문제는 종종 연구가능한 문제로 전환되기도 한다. 예를 들면, 위의 질문은 "태아조직을 대뇌에 이식하면 파킨슨병의 증상이 완화되는가?"로 바꾸어 연구문제로 삼을 수 있다. 그러나 비록 과학적인 연구에 의해 이 질문에 대한 답변이 가능하다고 할지라도 이 문제가 본래 안고 있는 윤리적인 문제가 근원적으로 해결되는 것은 아니다.

④ 연구문제의 중요성significance

모든 연구문제는 클라이언트 집단에게 그리고 사회복지 분야의 지식 기반에 대하여 뭔가 중요한 의미를 갖고 있어야 한다. 달리 말해, 연구자는 클라이언트의 이익과 기존의 지식기반을 고려할 때 연구로서 다룰 가치와 의미가 있다고 생각되는 연구문제만을 간추려서 이를 더욱 발전시켜야 한다.

여러 가지 기준에 의해 연구문제의 가치를 평가함으로써 연구문제의 중요성을 평가할 수 있는데, 예를 들면 다음과 같은 기준을 생각할 수 있다(Cormack & Benton, 2000, p. 82).

첫째, 연구문제가 많은 수의 클라이언트에게 영향을 미치는 문제를 다루고 있는가?

둘째, 연구로부터 예상되는 성과가 개인 또는 집단의 삶의 질을 유의하게 영향을 미칠 것으로 기대하는가?

셋째, 연구문제는 사회복지 정책 또는 실천현장의 문제를 다루고 있는가?

끝으로, 연구결과는 실천현장에서 활용될 성질의 것인가?

⑤ 윤리적 고려

특정 연구의 실현가능성을 평가할 때는 언제나 연구의 수행에 뒤따르는 윤리적인 측면을 고려하여야 한다. 연구는 어느 누구에게도 해로움이나 고통을 안겨주어서는 안 된다. 연구계획서는 편견을 가지고 있지 않은 개인이나 집단으로부터 검토받아야 한다. 환자나 클라이언트를 연구대상자로 포함하는 경우에는 본인 외에도 관련 당국이나 책임자의 승인을 받는 것이 바람직한 경우도 있다. 우리의 지식을 발전시킬 잠재력이 없는 연구는 수행되지 말아야 한다. 조사대상자에 관한 비밀유지와 익명성을 보장할 수 없는 연구는 부적절한 연구임을 명심하여야 할 것이다. 오직 윤리적인 문제가 없는 연구문제만이 진정한 의미에서 실현가능성이 있는 연구문제라고 할 수 있다.

⑥ 가용 시간

외견상 흥미진진하며 연구가능한 것으로 보이는 연구문제라 할지라도 만약 그것이 실현가능성이 없다면 연구문제로 살아남지 못한다. 연구의 실현가능성을 제약하는 여러 가지 조건에는 가용 시간time available도 포함되어 있다.

만약 연구자가 처음으로 연구를 수행하는 경우라면 얼마나 많은 노력을 기울여야 할 것인지 그리고 얼마나 시간이 걸릴 것인지에 대해 예측하기 어려울 것이다. 그러나 세부적인 시간사용계획서timetable를 작성함으로써 특정 연구의 실현가능성에 대해 보다 정확한 판단을 할 수 있다. 연구의 어떤 요소는 여러분이 직접 작업일정을 결정할 수 있는가 하면, 다른 요소는 외부주체, 즉 연구를 지원하거나 정보를 제공하는 기관이나 개인에 따라 일정이 결정되는 경우도 있다.

연구에 걸리는 시간을 추산해볼 수 있는 가장 좋은 방법은 연구의 과정

research process에 따라 단계별로 소요시간을 계산해보는 것이다. 각 단계는 더욱 세분화된 하위단계로 나눌 수 있으며, 각 하위단계를 완수하는 데 필요한 시간을 계산할 수 있다. 물론 각 하위단계별로 소요되는 시간을 모두 합하면 연구를 완료하는데 소요되는 예상 시간이 계산된다. 연구자는 이 시간을 가지고 연구의 실현가능성에 대한 종합적인 판단을 할 수 있다. 예를 들면, 연구를 진행해도 시간상 무리가 없다든지, 기관장이나 고용주를 대상으로 가용 시간에 관한 협상을 벌린다든지, 가용 시간에 맞추어 연구문제를 재정의한다든지, 아니면 시간적인 면에서 볼 때 연구가 실현가능성이 없다고 결론을 내리게 될 것이다. 연구자는 일단 정밀한 시간사용계획을 만들고 나면 적정 연구시간에 관하여 보다 강력하게 주장할 수 있는 힘을 갖게 되는 것이다.

만약 연구자의 주변에 유사한 연구를 수행한 경험이 있는 사람이 있다면 그 사람으로부터 조언을 듣는 것이 좋다.

⑦ 가용 자원

가용 자원resources available도 연구의 실현가능성을 제약하는 여러 조건 가운데 하나이다. 일반적으로 말해, 학위논문 작성 등 학위과정의 일환으로 수행되는 연구는 상대적으로 적은 자원을 필요로 하지만, 그와는 반대로 방대한 양의 물질적 자원과 금전적 비용이 소요되는 연구도 있다.

실현가능성을 평가할 때, 연구를 마칠 때까지 들어갈 것으로 예상되는 모든 자원을 파악하는 일은 매우 중요하다. 연구설계를 어떻게 하느냐에 따라 소요되는 자원의 양이 달라진다. 세부적인 자원사용계획서를 만들게 되면 중요한 자원 항목을 빠뜨릴 위험성이 줄어든다. 항상 문헌검색에 소요되는 비용, 복사비용, 인쇄비용, 전화요금 및 우편요금, 컴퓨터 관련 소모품, 여비, 사무실 공간 등이 연구에 필요한 자원의 몇 가지 예이다. 자원

목록이 상세할수록 연구의 실현가능성에 대한 평가 준비가 잘 되어 있다고 보아도 무방할 것이다.

⑧ 연구자의 전문성

연구자의 전문성researcher expertise도 연구의 실현가능성을 제약하는 조건 가운데 하나이다. 연구자는 연구문제를 선택하기에 앞서, 그 연구문제를 다루기 위해서는 어느 정도의 전문성이 요구되는지 면밀히 파악하여야 한다. 만약 그런 판단을 하지 않고 무작정 달려든다면, 결국에는 연구자의 능력을 벗어나는 연구에 매달리는 결과를 초래하게 된다. 만약 연구자가 어떤 연구문제와 관련된 몇 가지 요소에 대한 지식이 전혀 또는 거의 없는 경우라면 연구의 초기단계에서 외부의 도움과 지원을 받을 수 있는 방안을 찾아야 한다. 당초에 실현성이 거의 없는 것으로 보였던 요소들이 적절한 조언과 슈퍼비전을 통해 실현가능한 것으로 바뀌게 될 것이다.

⑨ 조사대상자에 대한 접근성

만약 연구자가 매우 드문 사회현상을 연구하려 한다면 그에 맞는 조사대상자를 구하기가 매우 어려울 것이다. 이 경우 연구자는 충분한 수의 조사대상자를 확보할 수 없는 문제에 직면하게 되거나, 조사대상자를 찾아 넓은 지역범위를 왕래하여야 한다. 결국, 연구문제를 선택함에 있어서 조사대상자의 확보가 중요한 판단기준이 됨을 알 수 있다. 연구대상자 없이는 연구 자체가 불가능하기 때문이다.

뿐만 아니라 잠재적 조사대상자는 연구자만큼 연구에 대해 열정적이 아니라는 점을 늘 명심해야 한다. 잠재적 조사대상자 가운데 일부는 연구에 참여하기를 거부할 수 있으며, 따라서 이 점은 사전에 미리 신중히 고려하여야 할 문제이다.

⑩ 다른 사람의 협조

연구자는 연구를 진행하는 과정에서 자신과 마주치게 될 사람이 누구인지 미리 생각해두는 일이 중요하다. 그들의 적극적인 협조와 지원을 받을 수 있도록 연구의 초기단계에서 시간과 노력을 투자하는 일은 결코 낭비가 아니다. 연구에 직접 관여할 것으로 계획되어 있는 사람과는 개인적으로 직접 만나서 관심사항을 함께 논의하는 기회를 갖는 것이 좋다. 연구에 관여하게 될 모든 사람의 협조를 얻은 후에 연구는 시작되어야 한다.

3. 연구문제의 적절성

연구문제는 글자 그대로 연구하여야 할 문제이다. 달리 말하면, 연구문제는 연구가능한 조건을 갖추어야 한다. 일반적으로 적절한 연구문제가 되기 위해서는 다음과 같은 조건들을 충족하여야 한다(김영종, 1999, pp. 71-72; Cormack & Benton, 2000, pp. 81-84).

1) 연구범위의 적절성

연구논제의 선택과 마찬가지로, 연구문제를 설정함에 있어서도 그 범위가 중요하다. 즉, 적당한 범위를 갖고 있는 연구문제를 조사연구의 대상으로 선택하는 것이 현명하다. 연구과정이란 연구자의 생각을 보다 구체화해나가는 일련의 의사결정 과정이다. 너무 광범위한 문제를 연구의 대상으로 선정하는 것은 적절하지 않다.

선행연구를 검토하여 기존 연구에서 다루지 않았거나 미진하게 다루어진 분야를 찾아낸 다음에 그 분야를 구체적으로 한정하여 연구대상으로 삼는 것을 권장한다. 다시 말해, 특정 분야를 좁고 깊게 다루는 것이 바람직하다.

애초에는 의욕이 넘쳐서 매우 큰 범위의 연구문제를 마음속으로 고려할지라도 연구논제의 선택과 연구문제의 설정이라는 심사숙고의 절차를 거치면서 연구자가 다루기에 적절한 범위의 연구문제로 축소되는 것이 보통이다.

2) 조사의 현실적 여건

조사에 영향을 미치는 현실적 조건은 매우 다양하다. 조사연구를 수행하는 데는 적지 않은 현실적 제약이 있기 때문에 어떤 연구문제가 학문적 탐구가치가 있다고 하여 곧 그것을 연구문제로 확정하여서는 곤란하다(최성재, 2006, p. 123).

우선 연구자 자신의 능력과 상황조건을 고려하여 가장 연구하기 용이한 연구문제를 골라야 하며, 이어서 다른 실제적 조건을 감안하는 것이 필요하다. 연구에 영향을 미치는 현실적·실제적 조건으로는 연구에 소요되는 시간, 금전, 노력, 직장생활에의 영향, 가족과의 관계, 자료에의 접근성 등을 들 수 있다. 아무리 학문적·논리적으로 필요성이 인정되고 적절한 범위의 연구문제라 할지라도 현실적으로 제약조건이 많은 연구문제는 바람직한 연구문제라고 할 수 없을 것이다.[6]

---

6 조사연구의 현실적 제약사항으로 사회적 조건, 재정적 조건, 인적 조건, 시간적 조건을 드는 견해가 있다. 이에 대해서는 최성재(2005), 『사회복지조사방법론』 서울: 나남출판, pp. 123-126을 참조할 것.

3) 검증가능성

실증주의 시각에서 보면 연구문제는 과학적인 방법으로 검증이 가능하여야 비로소 연구의 대상이 될 수 있다. 경험적으로 측정하기 어려운 문제, 가치를 다루는 문제, 지나치게 추상적인 문제는 과학적 연구의 대상이 될 수 없다(김영종, 1999, p. 71). 따라서 검증할 수 없는 사안들은 실증적 연구를 통해 검증할 수 없기 때문에 그것을 경험적 연구의 대상, 즉 연구문제로 삼아서는 안 된다.

4) 효용성

사회복지학은 실천지향적인 실용학문이다. 따라서 사회복지 조사연구가 실용적이어야 함은 두말할 나위가 없을 것이다.

아무리 연구범위가 적절하고 현실적으로 연구를 수행하기 용이하며 과학적으로 검증이 가능하다고 할지라도 인간의 실생활과 무관하거나 삶의 질 향상에 아무런 도움을 주지 않는 연구는 그 필요성이 의문시된다. 왜 그러한 연구를 수행해야 하는가? 이 질문에 긍정적으로 대답할 수 있는 연구가 진정으로 가치 있는 연구이다. 요컨대, 사회복지 분야 조사연구에 있어서 연구문제는 사회복지의 전 과정 예 정책, 계획, 행정, 실천 등에서 필요한 의사를 결정하는 데 도움을 줄 수 있는 내용이어야 할 것이다(김영종, 1999, pp. 71-72).

4. 연구문제와 변수의 설정

연구자가 호기심에 근거하여 학위논문의 연구논제, 즉 연구의 대상이 되는 일반적인 연구 영역을 찾아냈다고 가정하자. 연구자가 선택한 연구논제의 주요 내용은 어떤 문제의 해결, 어떤 현상의 설명, 어떤 일이 일어나는 과정의 규명, 어떤 숨어 있는 사실이 진리임을 증명하는 일, 다른 연구의 재평가, 연구하려는 학문분야의 이론의 검증 가운데 어느 하나일 가능성이 높다. 연구논제가 확정된 다음에 연구자는 연구질문을 구체화하는 단계에 진입한다. 따라서 연구자는 흥미 있는 연구 아이디어를 연구 가능한 질문으로 변환하는 방법에 대하여 숙지하고 있어야 한다.

연구 가능한 질문은 대개 둘 또는 그보다 많은 수의 변수variables, 현상phenomena, 개념concepts, 아이디어ideas 사이의 관계를 다루는데, 그 관계의 본질은 상황에 따라 다르다. 일반적으로 학술적인 연구는 그 관계의 본질을 설명하는 방법으로 구성되어 있다. 그런데 단 하나의 구성개념construct이나 변수를 설명하는 사회과학 분야의 연구는 매우 드물다.[7] 심지어 두 개의 구성개념이나 변수를 다루는 연구마저 흔치 않은 실정이며, 대개는 두 구성개념이나 변수를 연결하는 제3의 변수가 존재할 때 비로소 어떤 아이디어가 연구 가능한 것으로 받아들여진다.

새로운 변수를 추가하여 연구의 가능성을 높이는 예를 살펴보자. 어떤 연구자가 젊은 세대의 노인에 대한 인식에 관심이 있다고 가정한다. 이 수

---

[7] 구성개념(construct)은 이론을 만들 때 과학적인 목적으로 사용되는 개념(concept)을 말한다. 예를 들면, 자존심(self-esteem)은 하나의 구성개념이다. 개념과 마찬가지로 구성개념은 구체적인 행위(specific behaviors)나 처리(manipulations)로부터 일반화를 통해 형성된 추상개념(abstraction)이다. 일반적으로 구성개념은 조작화(operationalization)의 과정을 거쳐 점수화할 수 있는, 즉 여러 가지 숫자 가치를 매길 수 있는 형태로 변환되는데, 이 경우 그것을 변수(variables)라 부른다.

준에서의 연구는 비교적 평이한 것이며, 그 결과에 대한 세간의 관심도 크지 않을 것이다. 이러한 연구는 면접, 설문지, 관찰 등을 통해 젊은이들에게 노인을 어떻게 생각하는지 묻는 방식으로 이루어지는 것이 보통이다. 그러나 사회 일반의 노인에 대한 인식수준을 알 수는 없다. 그런데 제2의 변수를 추가할 경우 이론적 그리고 실제적인 함의를 지닌 일련의 질문을 만들 수 있다. 몇 가지 예를 들면 다음과 같다.

- 노인에 대한 인식을 형성함에 있어서 미디어의 역할은 무엇인가?
- 노인과의 동거 여부에 따라 노인에 대한 인식의 차이가 있는가?
- 노인복지를 증진하기 위해 제정된 특정 법률이 노인에 대한 인식을 변화시키는가?
- 중년세대가 부모를 돌보는 방식과 그들의 노인에 대한 인식 사이에는 상관관계가 존재하는가?

처음에 제시된 잠재적인 연구질문에 추가된 새로운 변수는 각각 미디어의 경향, 조부모와의 동거 여부, 입법조치, 부모를 돌보는 방식이다. 이러한 변수들은 어떠한 요인들이 노인에 대한 인식의 차이를 설명하는 것인지를 암시하고 있다는 점에서 연구의 의미를 제공하는 역할을 한다.

이제 세 개의 주요 변수를 사용하여 연구질문을 만드는 예를 들어보자. 어떤 연구자가 '많은 여성들이 출산 후 남편과의 성생활에 있어서 흥미를 잃을 것'이라고 추론한다고 가정한다. 이 수준에서 연구자는 여성의 '성적 관심'변수 1을 '출산 전후'변수 2에 각각 조사함으로써 자신의 예상을 검증하려 할 것이다. 그런데 여기에 제3의 변수 혹은 구성개념을 추가할 경우 이 연구는 보다 정교하고 의미 있는 연구가 될 것이다. 이 경우 연구자는 매우 다양한 질문을 제기할 수 있겠는데, Rudestam & Newton (2007, p. 12)

이 예로 든 질문은 다음과 같다.

- 남편이 양육활동에 참여하는지의 여부에 따라 아내의 성생활의 흥미에 있어 차이가 존재하는가?
- 아내의 성생활의 흥미에 있어 남편의 성적 주도권sexual initiative의 역할은 무엇인가?
- 아내의 성생활의 흥미에 있어 출산합병증childbirth complications의 역할은 무엇인가?
- 남편이 출산과정에 관여하는지의 여부에 따라 아내의 성생활의 흥미에 있어 차이가 나는가?
- 결혼생활의 지속기간에 따라 아내의 성생활의 흥미에 있어 차이가 나는가?
- 출산 후 경과기간에 따라 아내의 성생활의 흥미에 있어 차이가 나는가?
- 신생아 외 다른 아이의 존재 여부에 따라 아내의 성생활의 흥미에 있어 차이가 나는가?

위에 제시된 질문 외에도 단순히 새로운 변수를 추가함으로써 얼마든지 많은 새로운 연구질문을 만들 수 있다. 새로 추가된 변수는 출산여성의 성적 흥미와 출산 전후라는 두 개의 변수 사이의 관계의 본질을 설명하는 데 도움을 줄 것이다.

제3의 변수, 즉 연결 변수의 정확한 기능은 연구의 바탕이 되는 개념적 모형이나 이론에 따라 결정된다는 점에 유의하여야 한다. 여기서 매개변수mediator variable와 조절변수moderator variable라는 두 개의 용어를 구분할 필요가 있다.

매개변수는 독립변수와 종속변수 사이의 관계를 설명하는데, '언제' 또는 '누구를 위하여' 효과가 발생하는가를 설명하기보다는 '어떻게' 또는 '왜' 효과가 발생하는가를 설명하는 역할을 수행하는 변수이다. 매개변수는 예측인자predictor가 결과outcome에 미치는 영향력을 전달하는, 즉 통과시키는 장치이다(Baron & Kenny, 1986).

조절변수는 독립변수가 종속변수에 대하여 영향력을 행사하는 상황이나 조건을 정확하게 설명한다. 엄격히 말하면, 조절 효과는 한 변수의 영향력이 다른 변수의 수준에 따라 결정되는 상호작용 효과이다(Frazier, Tix & Barron, 2004). 가장 흔히 사용되는 조절변수는 성별gender이다. 예를 들면, 자극provocation과 공격성aggression 사이의 관계는 남성과 여성의 경우에 사뭇 다를 수 있다. 또한 배경의 역할도 조절변수로 개념화할 수 있다. 예를 들면, 성행동에 관한 킨제이Kinsey 보고서의 경우, 만약 조사대상자의 성생활에 관한 자료를 수집하기 위한 면접조사가 가족들의 입회하에 이루어졌더라면 그 보고서의 내용은 지금과는 크게 달라졌을 것이다. 배경변수는 연구결과의 일반화 가능성에 영향을 미치므로 연구설계의 단계에서 적절한 배경 변수를 찾는 일이 매우 중요하다.

건강심리학의 영역에 자주 등장하는 사회적 지지social support를 예를 들어보자. 사회적 지지는 매개변수가 될 수 있는 반면 조절변수도 될 수 있는 변수이다(Quittner, Glueckauf & Jackson, 1990). 먼저 매개변수로서의 사회적 지지는 스트레스와 건강상태 사이에 중재하는, 즉 개입하는 변수로서의 역할을 수행한다. 즉, 스트레스와 건강상태◑ 질병 사이에는 간접적인 관계가 존재한다. 이 이론에 따르면, 스트레스를 야기하는 사건은 외상을 입은 개인으로 하여금 지지 자원을 회피하게 만들거나 그것을 불필요한 것으로 인식하게 만들며, 결과적으로 불안과 우울의 증상을 높이는 역할을 한다.

한편, 조절변수로서의 역할을 수행할 경우, 사회적 지지는 오직 스트레스가 높은 경우에 한하여 건강상태라는 결과에 대하여 긍정적인 효과를 미치는 것으로 간주된다. 즉, 스트레스와 사회적 지지 사이에는 통계적인 상호작용이 존재한다.

<그림 3-2>는 이론 모형에 있어서 매개변수와 조절변수의 구분을 설명하는 도해이다. 매개변수로서의 사회적 지지는 스트레스와 건강 사이에 위치하고 있다. 즉, 스트레스로부터 사회적 지지로, 다시 사회적 지지로부터 건강으로 화살표가 그려져 있다. 반면에, 조절변수로서의 사회적 지지의

| 그림 3-2 | 인과관계 다이어그램에 제시된 매개변수와 조절변수의 구분

경우, 사회적 지지로부터 시작되는 화살표가 가리키는 것은 스트레스로부터 건강으로 이어지는 화살표이다. 이것은 스트레스와 건강 사이의 관계가 사회적 지지의 수준에 따라 결정된다는 것을 의미한다. 조절변수의 역할은 〈그림 3-2〉 (b)의 하단 그래프를 통해서도 설명할 수 있다. 낮은 스트레스라는 조건에서는 사회적 지지가 높은 집단과 낮은 집단 간에 건강상태의 차이가 없다. 그러나 높은 스트레스라는 조건에서는 사회적 지지가 높은 집단이 사회적 지지가 낮은 집단보다 상대적으로 더 높은 건강상태를 유지하고 있음을 알 수 있다. 물론, 사회적 지지가 높은 집단의 건강상태가 악화된 것은 사실이지만 사회적 지지가 낮은 집단보다는 그 정도가 훨씬 약하다. 다시 말해, 사회적 지지는 스트레스와 건강상태의 관계를 조절하고 있다.

단 하나의 연구로서 복잡한 개념 모형을 구성하는 중요한 요소들을 모두 설명하기란 매우 어려운 일이다. 비유를 들어 설명하자면, 특정 개념틀을 구성하는 주요 이론모형을 모두 설명하는 일은 설악산의 전체 모습을 비디오카메라로 촬영하는 일인 반면, 한편의 학위논문을 작성하는 것은 등산로를 오르는 한 등산객의 모습을 스냅사진snapshot으로 찍어내는 일과 비슷하다. 연구자가 제안하는 특정 모형은 현재와 미래의 연구를 위한 유용한 배경지식을 제공하며, 대부분의 야심적인 연구는 그러한 이론모형에 의존하는 바가 매우 크다.

〈그림 3-3〉은 젊은 남성들의 공격성과 일탈행동을 설명하는 모형이다 (Patterson, DeBaryshe & Ramsey, 1989). 이 모형은 반사회적 행동이 부모의 훈육 중단 및 서투른 가족관리 기술과 인과적인 관련을 맺고 있다는 가설적인 내용을 담고 있다. 이 두 집단의 변수들 사이의 관계는 직접적인 것이 아니며, 다른 집단의 변수와 매개하고 있다. 부모는 징벌과 부정적인 강화negative reinforcement라는 주로 회피적인 행동에 의존함으로써 자녀들

| 그림 3-3 | 반사회적 행동 모델

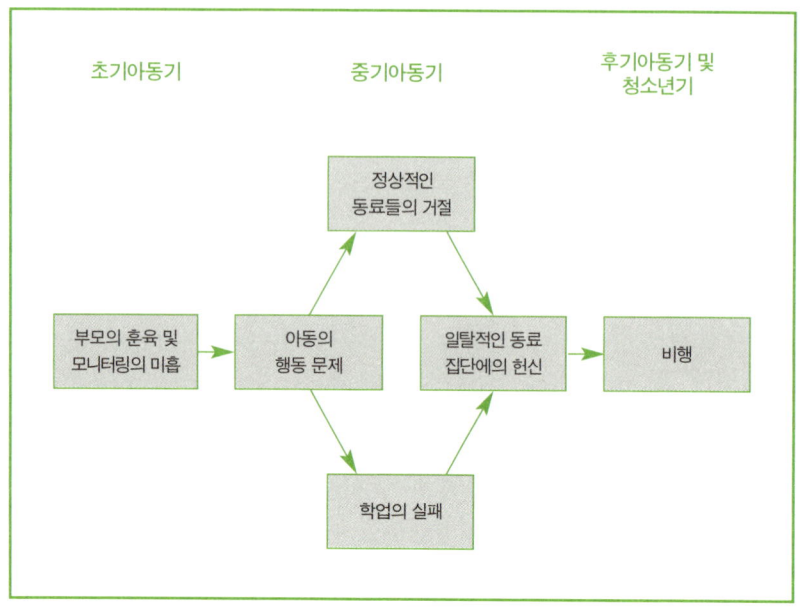

을 공격적으로 행동하도록 훈련시킨다는 것이 이 모형의 출발점이다. 부모가 가족 구성원 사이의 강압적인 교환관계를 통제할 수 없다는 것은 곧 싸움을 훈련시키는 것이며, 이러한 상황은 공격적인 행동과 좋지 않은 동료관계로 이어진다. 이와 같은 사회적 기술의 결핍은 교실에서의 반사회적 행동을 낳게 되며, 이 때문에 젊은이들이 기본적인 학업기술을 배우지 못하고 따라서 학교 밖의 생활에 적절히 대처할 수 있는 준비를 하지 못하며, 궁극적으로는 젊은이들의 비행 행동의 증가로 이어진다.

다시 한번 강조하거니와, 연구자가 단 하나의 연구에서 특정 모형을 구성하는 모든 변수들의 관계를 남김 없이 모두 검증하기란 매우 어려운 일이다. 하나의 연구를 수행할 때는 보통 복잡한 모형 안에 들어 있는 몇 개의 관계들에게만 초점을 맞추는 것이 일반적이다. 예를 들면, 어떤 연구자가 학생들의 '신체적 싸움'과 '서투른 동료관계' 사이에 어떤 관련성이 있는

지에 대하여 관심을 갖고 있다고 가정하자. 이 경우 신체적 싸움과 동료관계라는 두 변수는 조작적으로 정의되어야 하는데, 각각 아마도 적어도 두 개 이상의 측정수단이 사용되어야 할 것이다. 예를 들면, 신체적 싸움을 측정하기 위해서는 어머니, 동료, 교사에게 신체적 싸움의 정도를 평가하도록 요구할 수 있다. 마찬가지로, 동료관계를 측정하기 위해서는 동료, 교사, 학생 본인을 대상으로 동료관계를 평가하도록 요구하면 될 것이다. 이처럼 연구의 목적, 즉 주요 변수들 사이의 관계의 본질과 유형의 탐구가 변수의 조작적 정의 및 자료의 수집 등과 같은 연구방법론을 결정짓는다.

다른 하나의 연구모형의 예는 〈그림 3-4〉에 간략하게 요약되어 있다. 이 모형은 선행연구 고찰의 결과를 바탕으로 구성된 것이다(Rudestam & Newton, 2007, pp. 16-17). 심리적 기능의 스키마-양극모형schema-polarity 이라 불리는 이 모형은 자기스키마self-schema가 감사와 용서의 경험에 어떤 영향을 미치는지, 그리고 감사와 용서가 자기스키마와 신체적 건강 및 복

| 그림 3-4 | 인과관계 다이어그램으로 표현된 이론적 구조의 예

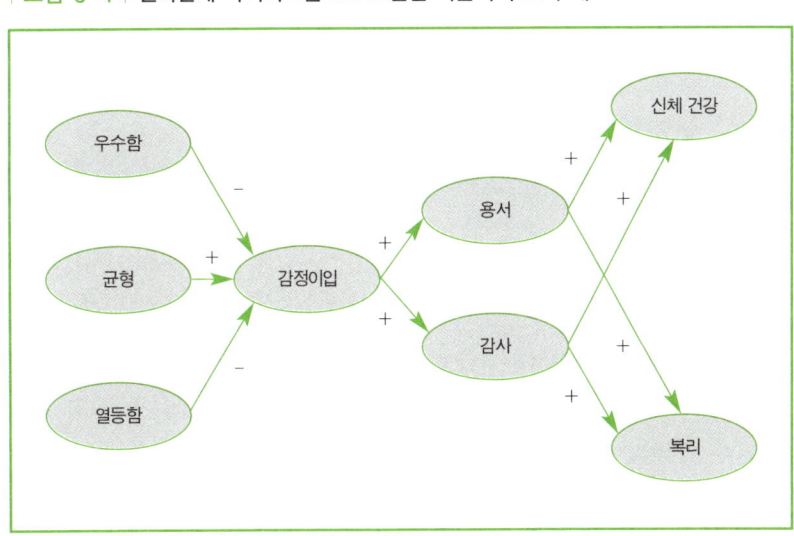

리 사이의 관계를 매개하는지 여부를 평가하기 위한 것이다. 플러스와 마이너스 기호는 변수들 사이의 가설적 관계의 방향을 나타낸다.

비록 실증적인 분석결과가 대부분의 가설을 지지한다고 할지라도, 일반적으로 연구자가 제안한 모형은 자료의 특성을 반영하기 위하여 수정되어야 할 필요가 있다. 다시 말해, 전형적인 연구활동이란 현실 생활의 현상을 보다 정교하게 설명하기 위하여 이론과 개념모형을 끊임없이 수정하고 다듬는 일이다.

연구자는 연구계획서에 자신의 연구모형을 시각적으로 제시하는 것이 좋다. 즉, 연구계획서를 작성함에 있어서 변수들과 구성개념들 사이의 네트워크의 연결 관계를 보여주는 시각적인 모형을 제시하는 일이 매우 의미 있고 중요하다. 이러한 시각적 모형은 연구의 방향을 안내하는 매우 강력한 도구로서의 역할도 수행한다. 공간 위에 적절한 변수들을 논리적 순서에 따라 배열하는 일은 곧 연구자의 사고의 흐름을 정리하는 일이며, 이를 통해 연구자는 자신이 제안하는 연구를 보다 큰 틀 속에서 이해하는 기회를 갖게 될 것이다.

5. 연구문제의 도출과정

연구문제가 처음부터 명확한 경우가 전혀 없지는 않겠으나, 많은 연구자의 경우 연구의 시작단계에서는 정작 무엇을 연구할 것인지를 결정하지 못하는 일이 흔하다. 따라서 연구자는 심리적 혼돈 상태에서 적절한 연구문제를 찾아내고 이를 의문문의 형태로 가다듬어 나가는 과정을 거쳐야 한다. 연구문제를 도출하는 과정은 다음과 같이 요약할 수 있다(최성재, 2005, pp. 102-106).

🔍 **연구문제의 도출과정**

- 제1단계: 연구주제의 구체화
- 제2단계: 잠정적 연구논제를 의문문의 형식으로 기술
- 제3단계: 연구문제 확정을 위한 선행연구의 고찰
- 제4단계: 연구문제의 확정

1) 연구논제의 구체화

연구논제의 선택에 대해서는 앞장에서 비교적 상세하게 다루었다. 여기에서 말하는 연구논제의 구체화란 연구할 대상을 "몇 개의 단어로 연결하여 서술적 문장이 아닌 형태로 표현"하는 과정을 의미한다(최성재, 2005, p. 102). 조사연구의 대상이 될 수 있는 항목과 세부항목은 〈표 3-1〉과 같다.

〈표 3-1〉에 제시된 바와 같이, 연구논제의 대상항목은 사람, 문제, 프로그램, 현상으로 분류할 수 있다. 연구논제는 어느 한 가지 대상항목에 관한 것일 수도 있지만 두 가지 이상을 결합한 것일 수도 있다. 이러한 분

| 표 3-1 | 연구논제의 대상항목의 분류

연구의 대상 항목	세부 대상 항목의 예
사람persons	개인, 소집단, 조직, 지역사회 등
문제problems	이슈, 문제점, 상황, 욕구, 구조, 현황(실태), 속성(특성) 등
프로그램programs	내용, 구조, 결과, 속성, 만족도, 효과성, 효율성, 수혜자(소비자), 서비스 전달자 등
현상phenomena	상관관계, 인과관계, 현상 그 자체 등

※ 자료: Kumar (1996); 최성재(2005), 『사회복지조사방법론』, 서울: 나남출판, p. 103에서 재인용.

류항목에 속하는 것을 몇 개의 단어를 사용하여 속성, 현황, 관계 등에 관하여 보다 구체적으로 표현하는 것이 곧 연구논제의 구체화이다.

예를 들면, '노인장기요양보장서비스', '노후소득보장서비스', '장애인취업에서의 차별', '장애인 교통이동권의 보장' 등이 구체화된 연구주제의 예가 될 수 있다. 이보다 범위를 더 넓혀서 '노인복지', '장애인문제' 식으로 주제를 선정하는 것은 연구범위가 너무 넓고 연구문제가 초점을 잃어버리기 때문에 전혀 바람직하지 않다.

2) 잠정적 연구논제를 의문문 형식으로 서술

연구논제가 구체화된 다음에는 잠정적 연구문제를 의문문의 형식으로 만드는 일을 하여야 한다. 잠정적이라는 표현이 암시하고 있는 바와 같이 이 단계의 연구문제는 아직 확정되기 전 단계의 임시 연구문제이다. 연구자는 앞으로 선행연구의 고찰 및 주변 인사들과의 접촉을 통해 이 잠정적 연구문제를 계속 발전시켜 나가야 한다.

연구문제를 나타내는 의문문은 크게 보아 현황이나 실태에 관한 의문문과 관계에 관한 의문문으로 나눌 수 있다(최성재, 2005, p. 104). 현황이나 실태에 관한 의문문은 누가Who?, 무엇을What?, 또는 어떻게How?에 관한 연구문제이다. 반면에, 관계에 관한 의문문은 왜Why?에 관한 연구문제이다.

이 단계에서는 연구논제를 의문문의 형식으로 만들면서 그 의문문에 포함되는 개념concept을 명확하게 정의하는 일이 필요하다. 개념정의란 다른 용어를 사용하여 어떤 개념의 의미를 구체적으로 한정하는 것을 말한다. 너무 추상적이거나 광범위한 개념, 연구자가 새롭게 주조한 용어, 여러 가지 해석이 가능한 용어의 사용은 가급적 피하거나, 아니면 연구자가 그 의미를 구체적으로 정의해주어야 한다.

3) 연구문제 확정을 위한 선행연구의 고찰

앞서 연구문제의 원천이 매우 다양함을 지적하였으나, 연구문제의 원천이 무엇이든 간에 지속가능한 연구문제로 자리 잡기 위해서는 이론적 배경을 갖추어야 한다. 이론적 근거가 전혀 없는 연구문제는 연구문제로 살아남을 수가 없으며, 설령 그러한 연구문제를 가지고 연구를 시작하였다 하더라도 도처에서 수많은 난관에 봉착하게 될 것이다.

연구문제 확정을 위한 선행연구의 고찰단계에서는 다음과 같은 두 가지 과업이 이루어진다(Cormack & Benton, 2000, p. 86). 첫째, 잠정적인 연구문제가 특정한 이론적 관점과 연결될 수 있는지 확인한다. 이론적 근거를 전혀 찾을 수 없는 잠정적인 연구문제는 과감하게 버리든가 이론적 근거를 갖출 수 있도록 대폭 수정하는 것이 좋다. 연구문제가 이론적 배경을 갖춘 경우에만 연구결과가 기존의 지식체계에 기여할 수 있다는 점을 명심하는 것이 좋다. 둘째, 과거에 비슷한 연구문제가 연구된 경우가 있는지 확인한다. 연구자가 염두에 두고 있는 연구 내용과 형식면에서 비슷한 연구가 과거에 이미 수행되었다면 굳이 그것을 반복할 이유는 없을 것이다.

요컨대, 연구문제의 도출 과정에서 선행연구의 검토는 필수적인 단계이다. 연구자는 선행연구의 검토를 통해 연구의 이론적 배경과 연구가 수행되어야 할 필요성을 재확인할 수 있다.

4) 연구문제의 확정

연구문제의 선정과 관련한 선행연구의 고찰이 마무리되면 최종적으로 연구문제를 확정하는 작업을 수행하여야 한다. 즉, 연구자가 고려하고 있는 연구문제가 적절한 연구범위를 갖추고 있고, 조사를 제약하는 현실적인 조건을 극복할 수 있으며, 검증이 가능한 효용성이 있는 연구문제라고 판단되면 최종적인 연구문제로 확정한다.

연구문제를 폐기하거나 수정하는 경우도 드물지 않다. 연구문제의 폐기는 더 이상 해당 연구주제에 대하여 연구를 수행하지 않겠다는 의미이다. 연구문제의 수정은 파일럿스터디pilot study 결과 연구문제의 수정이 필요하다고 인정되는 경우에 해당한다. 연구문제를 수정할 때마다 연구문제의 적절성을 평가하여야 하므로 파일럿스터디를 반복하여야 한다(Cormack & Benton, 2000, p. 87).

하나의 연구에서 다루어야 할 연구문제가 한 개인 경우도 있지만 두 개 이상인 경우도 있다. 하나의 연구에서 복수의 연구문제를 다루고자 하는 경우, 해당 연구문제들 사이에는 어느 정도 관련성이 있어야 한다. 별로 관련이 없는 별개의 연구문제가 포함되면 그 연구를 하나의 연구에서 다루어야 할 당위성을 찾기 어려우며 나중에 조사연구의 제목을 정하기도 어렵게 될 것이다.

연구문제는 조사연구의 제목과도 밀접한 관련을 맺고 있다. 먼저 연구문제를 확정하여 연구를 수행하여야 하며, 조사연구의 제목은 연구의 최종 단계에서 정하는 것이 좋다(Cormack & Benton, 2000, p. 85). 따라서 연구의 초기 또는 연구가 진행되는 과정에서는 가제working title, 즉 잠정적인 연구의 제목을 사용하게 된다. 대개 연구문제와 연구의 제목은 내용상의 차이가 거의 없다. 즉, 연구문제를 가능한 한 간명한 어구로 표현한 것이 바로 연구의 제목이다.

제4장

이론적 고찰 및 가설의 도출

사회과학 연구는 진공 속에서 이루어지지 않는다. 연구자는 자신이 제안하고 있는 연구가 선행연구자들의 연구 성과에 바탕을 두고 있음을 증명하여야 한다. 그러므로 이론적 배경 및 선행연구의 고찰은 연구계획서와 연구논문의 필수불가결한 요소이다. 이 장에서는 연구계획서 작성에 있어서 이론적 고찰 및 선행연구의 검토가 어떤 역할을 하는지 이해하는 데 중점을 두고자 한다.

 주요 내용

◆ 연구의 패러다임, 메타이론, 관점
◆ 이론의 역할
◆ 연구계획서의 작성과 선행연구의 고찰
◆ 연구가설의 도출
◆ 선행연구의 종합

이 장에서는 연구의 패러다임, 이론의 역할, 연구계획서의 작성과 선행연구의 고찰, 연구가설의 도출, 선행연구 고찰의 기술이라는 다섯 가지 주제에 대하여 살펴본다.

1. 연구의 패러다임, 메타이론, 관점

연구계획서를 작성함에 있어서 맨 먼저 등장하는 논점은 연구자가 제안하고 있는 연구의 근저에 어떤 관점, 즉 철학적 입장이 존재하느냐 하는 점이다. 미묘한 뉘앙스의 차이는 있겠으나 일반적으로 관점, 패러다임, 메타이론은 거의 동일한 의미로 사용되는 용어들이다(Punch, 2006, p. 31). 패러다임과 메타이론에 대하여 먼저 살펴본다.

패러다임paradigm은 사회계social world에 관한 일련의 가정assumptions과 그 사회계를 탐구하는 적절한 기술과 논제에 관한 일련의 가정을 의미한다. 쉽게 말해, 패러다임은 세상을 바라보는 방식, 즉 과학을 바라보는 시각이다. 패러다임은 방법론methods, 인식론epistemology, 이론theory, 철학philosophy의 요소를 포괄하는 넓은 용어이다. 사회연구 영역에 존재하는 일반적인 패러다임의 예로는 실증주의positivism, 후기실증주의post-positivism, 비판이론critical theory, 구성주의constructivism 등을 들 수 있다.

메타이론metatheory은 과학의 개념을 설명할 때 패러다임과 비슷한 의미로 사용되는 용어이다. 사람마다 생각이 각각 다를 것이다. 과학자가 무엇을 하여야 하고should do 무엇을 할 수 있는가can do에 대하여 사람들은 각각 서로 다른 생각을 갖는다. 과학적으로 무엇이 가능하고 무엇이 불가능할 것인가에 관한 생각이 바로 메타이론이다. 교육철학의 영역에서 메타이론의 예로는 논리경험주의logical empiricism, 비판적 합리주의critical rationalism, 비판이론critical theory, 현상학phenomenology, 해석학hermeneutics, 체계이론systems theory 등
이다.

관점perspective은 입장position을 의미하는데, 패러다임이나 메타이론과 사
실상 동일한 의미로 사용된다. 연구의 관점은 연구가 기반하고 있는 특정
패러다임, 메타이론, 철학적 입장과 비슷한 의미를 지니고 있지만 이러한
용어들보다 더 넓고 더 일반적인 용어이다. 앞서 패러다임과 메타이론의 여
러 가지 예를 들었지만, 그 외에도 여러 가지 연구의 관점이 존재한다. 특
히 질적 연구의 경우에는 다양한 연구의 관점이 있다. 연구의 관점의 예로
는 페미니즘feminism, 포스트모더니즘post-modernism, 상징적 상호작용주의sym-
bolic interactionism, 기호학semiotics, 민속방법론ethnomethodology, 담론분석discourse
analysis, 대화분석법conversation analysis 등을 들 수 있다.

연구자가 자신의 연구에서 특정 관점을 채택한다는 것은 몇 가지 중요
한 의미를 지닌다. 예를 들면, 연구자는 자신이 채택한 특정 관점에 따라
일련의 가정을 설정한다. 또한 연구자는 연구 관점에 따라 특정한 의미체
계systems of meaning를 수용하는 반면, 다른 의미체계는 거부하게 된다. 또한
연구의 관점은 연구자로 하여금 특정 논점에 집중하거나 특정 연구문제를
제기하도록 영향을 미치기도 한다. 연구의 관점은 연구의 담론discourse과
연구의 방법론에 영향을 미칠 수도 있다. 예를 들면, 연구자는 자신이 채택
한 연구의 관점에 따라 어떤 방법론을 선호하고 다른 방법론을 배척하기
도 한다. 연구의 관점은 연구질문의 생성 방식에도 영향을 미칠 수 있는데,
이것은 연구방법의 선택에도 영향을 미친다. 끝으로, 연구의 관점이 달라
지면 연구 결과를 평가하는 기준이 달라진다.

사회과학의 하위영역에 따라 관점의 역할과 중요성은 상당한 차이가 있
다. 즉, 학문영역별로 관점의 역할과 중요성은 달리 해석된다. 어떤 학문영
역에서는 관점이 매우 중요하게 여겨지는 반면, 응용 사회과학과 같은 영

역에서는 그다지 중요한 문제가 아니다. 즉, 관점이나 패러다임에 관한 한 몇몇 학문영역은 매우 이질적이고 다원적인 반면, 다른 학문영역은 비교적 동질적이다. 그래서 전자의 경우에는 후자의 경우보다 패러다임에 관한 논쟁이 더 빈번하게 발생한다.

이것이 함축하는 바는 우리가 관점이나 패러다임과 관련하여 사회과학의 모든 영역에 두루 적용할 수 있는 결론을 내리기는 어렵다는 점이다. 그러나 연구자들이 연구계획서를 작성할 때 유념하여야 할 몇 가지 중요한 사항이 있다. 예를 들면 Punch (2006, p. 32)의 다음과 같은 제안은 참고할만한 가치가 충분하다. 첫째, 모든 사회과학 연구가 반드시 하나의 관점으로부터 출발하는 것은 아니다. 오히려 연구는 대답이나 해결을 구하는 질문으로부터 시작되는 보다 실용적인 접근법을 따를 수도 있다. 둘째, 사회과학 연구는 하나 또는 둘 이상의 관점을 동시에 취할 수 있다. 셋째, 만약 하나 또는 둘 이상의 관점을 취하는 경우라면, 연구자는 자신의 연구가 어떤 관점에 기반을 두고 있는가에 대하여 연구계획서의 초반부에 명확하게 밝혀야 한다. 이것은 독자의 잘못된 기대감을 회피하기 위하여 반드시 필요한 일이다.

🔍 연구의 패러다임, 메타이론, 관점이 해당 연구에 미치는 영향

- 연구의 가정의 설정
- 특정 의미체계의 수용 또는 거부
- 특정 논점 또는 연구문제의 제기
- 연구의 담론과 연구방법론의 선택
- 연구결과의 평가기준

2. 이론의 역할

앞에서 저자는 연구가 기반하고 있는 특정 패러다임이나 관점을 의미하는 용어로 '메타이론'이라는 어구를 사용한 바 있다. 여기에서는 '실질이론 substantive theory'의 개념과 그것이 연구에서 담당하는 역할에 대하여 살펴본다. 여기서 실질이론이라 함은 실질적인 논점이나 현상에 관한 이론을 말한다. 일반적으로 실질이론의 기능은 기술하고 설명하는 것이다. 설명하는 이론은 실질적인 관심의 대상이 되는 현상을 기술할 뿐만 아니라 설명하는 이론을 말한다. 그러므로 이론은 연구대상이 되는 현상을 기술하고 설명하는 일련의 명제proposition로 구성되어 있다. 이러한 명제들은 어떤 현상에 관한 구체적인 사실이나 경험적 일반화, 즉 자료보다 더 높은 수준의 추상화를 갖고 있다. 또한 이 명제들은 '만약 ~하면 ~한다'if~then~의 형식으로, 즉 연역적으로 자료를 설명한다.

연구계획서의 작성단계에서 연구자가 염두에 두어야 할 일반적인 질문은 "이 연구에서 실질이론의 역할은 무엇인가?"이다. 이 질문은 두 개의 하위 개념으로 구분할 수 있는데, 하나는 기술과 설명을 구별하는 일이고, 다른 하나는 이론의 증명theory verification과 이론의 생성theory generation을 구별하는 일이다.

- 이 연구계획서의 경우 기술과 설명의 구별이 가능한가?
- 이 연구계획서의 경우 이론의 증명과 이론의 생성 사이의 구별이 가능한가?

1) 기술description과 설명explanation

연구자는 연구계획서를 작성할 때 자신이 제안하고 있는 연구에 과연 기술과 설명의 구분을 적용할 수 있는가에 대하여 검토하여야 한다. 이것은 모든 연구에 적용할 수 있는 논점은 아니지만, 연구계획서의 작성단계에서는 고려하여야 할 중요한 이슈 가운데 하나임은 분명하다.

양적인 연구이건 질적인 연구이건 간에 모든 연구는 기술적인 연구일수도 있고, 설명적 연구일수도 있으며, 기술적이며 동시에 설명적일 수도 있다. 기술적 연구descriptive study는 연구의 대상이 되는 내용에 관한 정보를 수집하고 체계화하고 요약하기 위하여 시작된다. 기술한다는 것은 무엇이 발생하였는지, 또는 어떻게 일이 진행되고 있는지, 또는 상황 · 사람 · 사건이 어떠한지, 또는 여러 가지 일이 서로 어떤 관련을 맺고 있는지에 관한 그림을 그리는 것이다. 즉, 복잡한 일을 쉽게 이해할 수 있도록 만드는 일이다. 사회과학에 있어서 기술이라 함은 종종 구체적인 사실에 관한 정보를 요약함으로써 경험적인 일반화empirical generalizations를 만들어 내거나 사건, 특성, 사례, 과정의 세부적인 내용을 요약하는 것을 말한다.

반면에, 설명적 연구explanatory study는 기술적 정보를 설명하기 위하여 시작된다. 설명적 연구도 역시 복잡한 문제를 이해하기 쉽게 만드는 연구이지만, 그 수준이 다르다. 설명적 연구는 어떤 일이 발생한 이유를 찾아내려는 목적을 갖고 있다. 즉, 어떤 일이 '왜' 그리고 '어떻게' 현재의 상태에 이르렀는지를 알아내고자 한다.

기술은 설명보다 훨씬 더 제한적인 목적을 갖고 있다. 우리가 설명하지 않고 기술할 수는 있지만, 기술하지 않고 설명할 수는 없다. 그러므로 설명은 기술보다 한 단계 높은 개념이다. 즉, 설명은 기술에 그 무엇을 더한 것이다. 넓게 말하면, 설명적 연구는 이론을 검증하거나, 이론을 생성하거나, 이 두 가지를 다 수행하는 연구이다.

기술과 설명의 차이를 이해하는 방법 가운데 하나는 '무엇'과 관련된 질문과 '왜' 그리고 '어떻게'와 관련된 질문의 차이를 이해하는 것이다. 기술적 연구는 '이 사례나 상황이 무엇인가?'라는 질문을 제기한다. 설명적 연구는 '왜 이 사례나 상황이 존재하는가?' 또는 '어떻게 이 상황이 발생하였는가?'라는 질문을 제기한다. 이 기술―설명 구별은 양적 연구와 질적 연구에 모두 적용된다. 다만 질적 연구의 경우에는 해석적 질문이라는 제3의 질문의 범주가 추가된다(Maxwell, 2005).[8] 그러므로 기술적 질문은 '무엇'을, 설명적 질문은 '왜'를, 해석적 질문은 어떤 일이 관계자들에게 갖는 의미에 관하여 묻는다.

기술적 연구건 설명적 연구이건 간에 모두 나름대로의 의의와 강점을 지니고 있다. 따라서 어느 쪽이 다른 쪽보다 더 우월하다는 평가를 내리기는 어렵다. 그보다는 기술―설명의 구별에 관한 질문은 특정 연구 영역과 상황의 평가에 관한 질문이며, 특히 그 영역에서의 지식의 발달이 어느 수준에 이르렀는가를 평가하고 그에 따라 연구의 어떤 성격을 강조할 것인가를 설계하는 질문이라고 볼 수 있다. 그러므로 비교적 새로운 연구 영역, 예를 들면, 청소년의 인터넷중독의 경우, 연구자는 연구의 기술적인 성격을 강조하는 것이 합리적이다. 많은 선행연구가 이루어진 연구 영역 예를 들면, 사회적 계층과 학업성취도의 관계의 경우, 상당히 많은 기술적인 정보가 존재하므로 연구자는 연구의 설명적 성격을 강조하는 것이 마땅할 것이다.

때로는 순수한 기술적 연구의 가치가 의문시되는 경우도 있다. 예를 들어 박사학위논문 프로젝트의 경우, 연구자는 자신의 연구가 '단순히 기술

---

8 Maxwell (2005)에 의하면, 질적 연구를 이해하는 5개의 범주가 있는데, 설명(description), 해석(interpretation), 이론(theory, 즉 설명), 일반화(generation), 그리고 평가(evaluation)가 그것이다.

하는' 수준을 넘어서도록 노력하여야 한다는 주장을 펴는 학자가 있다 (Punch, 2006, p. 34). 이러한 주장에는 나름의 이유가 있다. 즉, 설명적 지식이 기술적 지식보다 더 강력하기 때문이다. 우리가 어떤 일이 왜또는 어떻게 일어나는가를 알 수 있을 때, 우리는 어떤 일이 일어났다는 그 사실보다 더 많은 것을 이해하게 될 것이며, 이 경우 설명을 바탕으로 예측할 수 있게 된다. 한편, 정반대의 입장도 있다. 주의 깊고 완벽한 수준의 기술은 종종 설명으로 나아가는 매우 가치 있는 첫 걸음이다. 어떤 일이 왜 발생하는가를 설명하기 위해서는 먼저 무엇이 실제로 발생하였는지를 정확하게 기술하는 일부터 시작하여야 한다. 그리고 정확한 기술은 나중에 이론을 세울 때 중요한 역할을 하는 보다 추상적인 개념을 개발함에 있어 매우 큰 도움이 된다. 또한 몇몇 연구의 영역이나 유형의 경우에는 기술적 연구의 의미가 달라진다. 인류학이나 몇몇 응용사회과학 영역에서 이루어지는 민족지학 ethnography 연구는 그 대표적인 예인데, 이 경우 완전한 민족지학적 기술이 곧 연구의 목적이다.

설명은 그 자체로 매우 복잡한 철학적 개념이다. 여기서 말하는 설명은 구체적인 사실이나 경험적 일반화로부터 보다 일반적이고 추상적인 명제로의 유도induction, 즉 귀납추리의 성격을 갖는다. 그러면 경험적 일반화는 보다 일반적인 명제의 구체적인 예이며, 경험적 일반화가 일반적인 명제를 '설명'한다. 흔히 접하는 유용한 다른 설명의 유형으로는 잃어버린 고리missing links 유형이다. 여기서 어떤 사건이나 경험적 일반화는 그것을 일으킨 여러 개의 고리에 의하여 설명된다. 그러므로 예를 들면 사회계층과 학업성취도 사이의 관계는 그 둘 사이의 연결고리인 문화적 자본으로 설명할 수 있다. 또는 사회계층과 자아존중감의 관계는 그 둘 사이를 연결하는 고리인 부모-자녀 관계를 사용하여 설명할 수 있다.

요약하면, 연구계획서를 작성하면서 유념하여야 할 질문은 다음과 같다.

- 연구자가 제안하고 있는 연구가 기술적인가, 설명적인가, 아니면 둘 다인가? 다시 말해, 그 연구가 '무엇'에 관한 질문에 대한 대답을 구하려는 목적을 갖고 있는가, 아니면 그 외에도 '왜'와 '어떻게'에 관한 질문에 대한 대답도 구하려는 목적을 갖고 있는가?
- 연구자가 취하고 있는 입장의 근저에는 어떤 논리가 존재하며, 그 논리는 어떤 식으로 연구계획서를 관통하고 있는가?

2) 이론의 증명과 이론의 생성

이론의 증명theory verification과 이론의 생성theory generation은 사회과학 영역에 따라 그 적용도가 달라진다는 사실이 여기서 다루어야 할 또 하나의 논점이다. 이것은 앞서 언급한 설명explanation과 설명적 이론explanatory theory이라는 두 개념과 밀접한 관련을 맺고 있다. 넓은 의미로 말하자면, 어떤 연구에서 실질적인 설명적 이론substantive explanatory theory이 담당하는 두 가지 역할은 이론의 증명과 이론의 생성이다. 이처럼 이론의 증명과 이론의 생성으로 구별하는 방식은 양적–질적 구분의 관점에서도 설명할 수 있다. 이론의 증명을 목적으로 하는 연구는 양적인 연구 또는 질적인 연구의 형식으로 수행되거나 양적인 연구와 질적인 연구를 혼합한 연구의 형식일 수도 있다. 마찬가지로, 이론의 생성을 목적으로 하는 연구도 양적인 연구, 질적인 연구, 또는 혼합연구의 형식일 수 있다. 연구의 형식을 결정하는 것은 연구 영역, 연구 논제, 또는 연구의 배경이다. 양적인 연구가 질적인 연구보다 더 우월하다는 주장이나 그 반대의 주장은 성립하지 않는다. 그러나 역사적으로 보면, 사회과학에 있어서 이론의 증명을 목적으로 하는 연구는 대체로 양적인 연구의 형식을 취하는 것이 일반적이며, 이론의 생성을 목적으로 하는 연구는 일반적으로 질적인 연구의 형식을 취하는 경우가 많은 것이 사실이다.

여기서 말하는 이론은 실질적인 설명적 이론substantive explanatory theory을 의미한다. 이 입장에서 보면, 이론이란 사실, 즉 관찰 결과, 조사 결과, 또는 경험적 일반화을 설명하는 여러 개의 명제들의 집합을 말한다. 이론은 사실보다 추상화의 정도가 더 높다. 이론과 사실 사이에는 '만약 ~하면 ~한다'의 관계가 존재하고 있다. 즉, 만약 이론이 진실이라면, 사실을 설명하는 명제들도 진실이다. 이러한 사실 명제들은 이론을 증명하는 연구에서 검증하여야 할 가설hypothesis이다.

이론 증명 연구는 이론을 검증하려는 목적을 갖는다. 더 정확히는, 이론 증명 연구는 이론으로부터 도출된 명제, 즉 가설을 검증한다. 전통적으로 양적 연구의 중요성을 강조해온 사회과학 영역에서는 이론 증명 연구가 비교적 흔한 편이다. 이러한 형식의 연구는 먼저 이론으로부터 시작하며, 그로부터 연역적으로 가설을 도출하고, 그 가설을 검증하는 절차를 거친다.

이론을 생성하려는 목적을 지닌 연구는 경험적 현상이나 조사 결과를 설명하는 이론을 만들거나 개발하기 위하여 수행된다. 일반적으로 이러한 유형의 연구는 질문으로부터 시작되며, 이어서 자료를 수집하고, 이론을 생성하는 일로 그 끝맺음을 한다. 이론 생성 연구는 질적인 연구에서 흔히 나타나는 연구 유형이며, 가장 대표적인 예는 근거이론grounded theory이다.

이와 같은 이론의 증명과 이론의 생성이라는 구별은 연구자가 특정 연구에서 무엇을 강조하고 있는가를 알려준다. 이론 증명 연구는 대개 기존 이론의 수정이나 새로운 이론의 생성으로 이어진다. 특히 연구자가 검증하려는 가설이 기각되는 경우에 더욱 그러하다. 이와 비슷하게, 이론 생성 연구도 흔히 이론의 구축 과정에서 증명과 반증falsification의 과정을 거친다. 그러나 연구를 수행함에 있어서 이 두 가지 연구 유형이 뒤얽히는 경우가 있을 수 있으므로, 연구자는 연구계획서를 작성하는 단계에서부터 자신이 수행하는 연구의 초점과 목적이 이론의 증명인지 아니면 이론의 생성인지에 대하여 명확하게 밝히는 것이 좋다.

이론 검증 연구는 검증되어야 할 가설을 갖는다. 가설은 자료를 통해 밝혀질 것으로 기대되는 것을 진술하는 구체적인 예측이다. 가설은 반드시 이론에 바탕을 두어야 하며, 이론으로부터 도출되어야 한다. 즉, 이론으로 설명이 가능해야 한다. 이론에 근거를 두지 않는 가설은 진정한 가설로 인정받기 어려울 것이다.

연구자가 연구계획서 작성단계에서 다루어야 할 질문은 다음과 같다.

- 만약 내가 제안하는 연구의 목적이 어떤 현상의 설명이라면, 내 연구는 이론의 증명과 이론의 생성 가운데 어디에 초점을 맞출 것인가?
- 연구자의 입장 뒤에는 어떤 논리가 존재하며, 그 논리는 어떻게 연구를 관통하고 있는가?
- 만약 나의 연구의 초점이 이론의 증명이라면, 가설은 무엇이며, 그 근거가 되는 이론은 무엇인가?

3. 연구계획서의 작성과 선행연구의 고찰

모든 사회과학 연구에는 선행연구가 존재하기 마련이다. 진공 속에 존재하는 사회과학 연구는 있을 수 없다. 따라서 연구자는 연구계획서를 작성하면서 다음과 같은 일을 수행하여야 할 책무를 지닌다.

- 자신이 수행하려는 연구와 관련 있는 선행연구를 찾아내고 그 내용을 숙지하는 일
- 제안된 연구와 선행연구들 사이의 관련성을 명확하게 밝히는 일

- 연구계획서에서 선행연구를 어떻게 다룰 것인가, 그리고 연구논문에서 선행연구를 어떻게 다룰 것인가를 결정하는 일

이와 같은 과업은 관련 선행연구의 검색, 자신의 연구와 선행연구 사이의 관계, 선행연구의 활용이라는 항목으로 정리할 수 있다. 다음은 각 항목에 대하여 보다 자세하게 살펴본다.

1) 관련 선행연구의 검색

연구자는 자신이 수행하려는 연구와 관련된 선행연구를 찾아내야 한다. 연구 영역, 논제 진술, 일반적인 연구질문에 관한 참고자료가 자료 검색의 출발점이다. 일반적인 연구질문을 중심으로 자신의 연구와 관련 있는 것으로 여겨지는 여러 선행연구를 읽다보면 연구자는 자신의 연구와 선행연구와의 관련성을 평가할 수 있게 된다. 어떤 선행연구는 자신의 연구와 관련성이 매우 높은 반면, 다른 선행연구는 자신의 연구와 중간 정도의 관련성을 보이고, 또 다른 선행연구는 자신의 연구와의 관련성이 비교적 낮아 참고자료로 여겨질 것이다. Rudestam & Newton (2002, p. 64)은 벤다이어그램을 사용하여 자신의 연구와 선행연구와의 관련성 정도를 평가하는 방법을 제시하고 있다 제6장 제2절을 참조할 것. 연구자는 학술지, 세미나 자료, 학위논문 등에 제시된 선행연구에 주목하여 자신의 연구와 선행연구 사이의 이론적 · 역사적 · 배경적 관련성을 밝혀야 한다.

연구자가 선행연구를 검색하면서 유념하여야 할 점은 다음과 같다.

- 연구 영역과 논제에 따라 연구자가 검색하여야 할 관련 선행연구의 양이 다르다. 어떤 영역에는 관련 선행연구가 넘쳐나는 반면, 다른 영역

에는 선행연구가 비교적 드물 수 있다.

- 만약 연구논제가 두 개 이상의 실질적 영역에 걸쳐 있다면, 적어도 두 개 이상의 집단을 대상으로 선행연구를 찾아내야 한다.

- 추상화abstraction의 수준은 종종 제기되는 논점이다. '나의 연구논제와 관련 있는 선행연구가 전혀 없다'라고 말하는 것은 바람직하지 않다. 이 말은 연구자가 상정하고 있는 특정 수준에서는 사실일지 모르지만, 추상화의 정도를 높이면 이 말이 반드시 사실이라고 단언할 수는 없다. 예를 들면, 어느 연구자의 논제가 '한국인 아버지와 베트남인 어머니를 둔 전라남도 장성군 거주 어린이의 학업성취도'라고 가정해보자. 사실 이 논제와 관련 있는 선행연구를 찾기란 쉬운 일이 아닐 것이다. 그런데 베트남인 어머니를 둔 가정은 이른바 다문화 가정이며, 전라남도 장성군은 농촌지역이다. 따라서 '농촌지역 다문화가정 어린이의 학업성취도'라고 선행연구의 검색 범위를 보다 추상적이고 광범위한 영역으로 확대할 경우 선행연구 찾기가 한결 더 용이해진다. 요컨대, 특정 논제와 관련된 선행연구를 찾기 어려울 경우 추상화의 정도를 높이는 방식을 통해 검색 대상인 선행연구의 범위를 확장할 수 있다.

- 고전적인 선행연구의 검색 방법 외에 오늘날에는 인터넷이 자료 검색 및 수집의 수단으로 널리 활용되고 있다. 연구자는 인터넷을 통한 자료 검색방법을 숙달하여야 한다. 사실 인터넷은 자료 검색과 수집에 있어서 필수불가결한 도구로 자리 잡았다고 하겠다.

2) 제안된 연구와 선행연구 사이의 관계

연구자는 자신이 제안하고 있는 연구와 선행연구 사이에는 어떤 관계가 존재하는지 명확하게 밝혀야 한다. 이 관계를 보다 명확하게 이해하기 위해서는 다음과 같은 몇 가지 질문에 대한 대답을 구할 수 있어야 한다. 첫째, 제안된 연구는 어떤 점에서 선행연구와 어울리는가? 둘째, 제안된 연구는 선행연구와 어떤 관련성을 갖고 있는가? 셋째, 어떻게 하면 제안된 연구가 선행연구 또는 우리가 이미 알고 있는 것보다 더 진척할 수 있겠는가?

이상의 질문에는 여러 가지 대답이 가능하다. 몇 가지 예를 들면 다음과 같다.

- 이 연구는 선행연구의 괴리를 메울 수 있을 것이다.
- 이 연구는 선행연구의 주요 추세와 어울리며, 그 추세를 확장시키기 위하여 노력한다.
- 이 연구의 방향은 선행연구의 방향과는 사뭇 다르다.
- 이 연구는 조사결과를 확인하거나 또는 부당성을 증명하려는 목적을 갖는다. 대표적인 예는 복제연구이다.
- 이 연구는 선행연구가 다룬 이론을 검증하거나 확장하는 데 그 목적이 있다.
- 이 연구는 선행연구의 이론적 틀이나 모형을 사용한다.

이 밖에도 얼마든지 다른 대답이 있을 수 있다. 결론적으로, 연구계획서의 작성단계에서 연구자는 '이 연구는 기존의 지식체계에 어떤 기여를 할 것인가?'라는 일반적인 질문을 염두에 두어야 한다.

3) 선행연구의 활용

연구자는 자신의 연구를 수행하는 과정에서 미리 선행연구를 어떻게 다룰 것인가에 대하여 명확한 입장을 가져야 한다. 특히 연구계획서의 작성단계에서 논증을 전개하기 위하여 선행연구를 어떤 순서에 따라 어떤 방식으로 고찰할 것인가를 결정하는 일은 매우 중요하다. 선행연구를 다루는 방법은 다양하며, 연구자에 따라 다르다. 구체적으로, 선행연구를 고찰하고 그 결과를 활용하는 방법은 다음과 같이 매우 다양하다.

- 연구를 본격적으로 진행하기 전에 선행연구를 완전하게 고찰하는 방식이 있다. 이 경우 완벽한 수준의 선행연구 고찰의 결과는 연구계획서의 일부분으로 본문에 포함되거나 부록으로 첨부된다.
- 연구자가 선행연구 고찰의 과업을 미리 수행하기는 하지만 연구계획서의 제출단계까지 그것을 완료하지 못하는 경우도 있다. 이 경우 연구자는 선행연구 고찰 결과의 일부분이나 견본sample 또는 선행연구 고찰에서 다룰 주요 주제만을 연구계획서에 포함하는 것이 좋다.
- 연구가 점차 진행됨에 따라 연구자는 선행연구를 고찰하고 분석하며 그 결과를 구체적으로 기록한다. 특히 연구자료가 분석되고 분석 결과가 논의될 때 선행연구 고찰도 같이 수행된다. 이러한 유형의 대표적인 예는 근거이론 연구이다. 이처럼 미리 선행연구 고찰을 하지 않는 연구를 제안하는 경우라면 연구자는 연구계획서에 그 사실을 명시하고 그 이유를 제시하는 것이 바람직하다.

연구계획서 안에 선행연구 고찰의 결과를 기술하는 가장 중요한 목적은 연구질문과 연구가설의 근거를 확보하는 것이다. 연구자는 "어떻게, 왜 연구질문과 연구가설이 현재의 형태로 만들어졌는가?"와 "왜 연구자가 제안하는 연구의 전략이 선택되었는가?"라는 두 가지 질문에 대답할 수 있는 방향으로 선행연구 고찰의 결과를 기술하여야 한다.

4. 연구가설의 도출[9]

사회조사에서 연구자는 먼저 연구문제나 연구목적을 설정하고 나서 그에 대한 잠정적예측적·가상적 해답이라고 할 수 있는 연구가설을 떠올리게 된다. 사회조사에서, 특히 사회현상을 설명하거나 예측하려는 설명적 연구에 있어서, 가설의 도출 및 검정은 가장 핵심적인 의사결정 절차이다. 여기서 연구자가 명심하여야 할 점은 연구가설은 연구자가 '진공 속에서 독창적으로' 만들어내는 것이 아니라는 점이다. 즉, 가설은 연구자의 독창적인 창의력에 바탕을 두고 새롭게 생성되는 것이 아니라 기존의 이론이나 선행연구로부터 연역적으로 도출되어야 한다. 이 절에서는 가설의 의미, 가설 설정의 필요성, 가설의 진술 형식, 가설의 근거, 바람직한 가설의 조건, 가설의 종류 등에 대하여 살펴본다.

1) 가설의 개념

가설假說, hypothesis은 검증되지 않은 명제이다. 모든 연구에서 반드시 가설을 설정하고 그것을 검증하여야만 하는가? 그렇지 않다. 가설 설정이 모든 조사연구에서 다 필요한 것은 아니다.

양적 조사의 탐색적 연구와 기술적 연구에서는 가설을 설정하는 일이 불가능하거나 가설을 설정할 필요가 없다. 그러나 변수와 변수 간의 관계를 설명하거나 예측하려는 목적을 가진 설명적 연구에서는 연구문제를 설정한 다음에 그에 대한 해답을 찾는 과정의 일환으로서 가설의 설정 및 가설의 검정이 필수적이다.

---

9 이 절은 김경호, 2007, pp. 161-170을 주로 참고하였음.

질적 조사에서는 가설을 설정할 수도 있고 그렇지 않을 수도 있다. 따라서 질적 조사에서는 가설설정을 생략하는 일이 가능하다(최성재, 2005, p. 127).

가설은 글자 그대로 가정적 설명인데, 연구조사에서 밝히고자 하는 가정적 진술을 말한다. 가설은 다음과 같이 네 가지 차원에서 설명이 가능하다(최성재, 2005, p. 128).

첫째, 연구문제와 관련하여 정의하면, 가설은 연구문제에 대한 예측적 또는 가정적 해답이다.

둘째, 진술의 구조와 관련하여 정의하면, 가설은 두 개 이상의 변수들 간의 관계를 예측적으로 진술해놓은 명제_{proposition}이다. 모든 가설이 다 변수와 변수 간의 관계를 진술하는 것이라고 말할 수는 없지만, 거의 대부분의 가설은 변수와 변수의 관계를 서술하고 있다.

셋째, 사실과 관련하여 정의하면, 가설은 개별적 사실들을 일반화시켜 가정적으로 서술해놓은 것이다.

넷째, 경험적 관찰과 관련하여 정의하면, 가설은 둘 이상의 변수들 간의 관계를 경험적으로 검증이 가능하도록 서술해놓은 것이다. 가설은 아직 경험적 검증을 거치지 않았으며 앞으로 경험적 검증이 가능하도록 변수와 변수 간의 관계를 진술하고 있다는 점에서 이미 경험적 검증을 거친 이론과 구별된다. 이론은 많은 경험적 검증을 거쳐 현실과의 부합성 또는 현실적 타당성–가설이 현실적으로 맞을 수 있는 개연성이 높은 것을 의미함–이 높은 것으로 인정된 명제이다(최성재, 2005, p. 129). 그러나 가설은 아직도 경험적 검증을 거친 적이 없으며 그 가설을 설정한 연구자가 장차 경험적 검증 절차를 거치는 명제를 말한다.[10]

---

10 사회과학에서 정확히 몇 번의 경험적 검증을 거쳐야 이론이 되고 그렇지 않으면 아직 가설

이와 같은 가설의 정의를 종합적으로 고려해보면 가설은 다음과 같은 특성을 지니고 있는 개념이다. 가설은 ① 잠정적 명제이고, ② 그 타당성이 아직 검증되지 않았으며, ③ 거의 대부분의 경우 두 개 이상의 변수들 간의 관계를 진술하고 있다.

2) 가설설정의 필요성

모든 조사연구에서 다 가설이 설정되는 것은 아니지만, 대부분의 경험적 연구에서는 가설을 설정하여 검증하는 절차를 밟는다. 그렇다면 조사연구에서 가설을 설정하는 이유는 무엇일까? 가설을 설정하여 검증하는 이유는 다음과 같은 여러 가지 필요 때문이다(최성재, 2005, pp. 131-132).

첫째, 연구문제에 대한 정확한 해답을 얻기 위해서는 가설설정이 필요하다. 연구문제는 대개 추상적이고 일반적이다. 연구문제를 보다 구체화하지 않고서는 현실에 대한 관찰을 통해 연구문제에 대한 해답을 구하기 어렵다. 연구가설은 연구문제에서 다루고 있는 개념을 구체적으로 정의하고 개념 간의 관계를 명확히 함으로써 현실을 보다 구체적으로 관찰할 수 있도록 만든 진술문이다. 다시 말하면, 연구문제는 연구가설의 설정 및 검정을 통해서 정확하고 구체적인 해답을 구할 수 있는 것이다.

둘째, 연구문제의 특정 측면을 명확히 함으로써 그 문제에 연구의 초점

단계에 머물러 있다고 판정하는 기준은 없다(최성재, 2005, p. 129). 일반적으로 말해, 변수와 변수 간의 관계에 관하여 진술하는 명제로서 그것이 경험적 검증을 거쳤으면 이론이고 그렇지 못하면 가설이라고 한다. 그러나 여러 번 또는 수십 번의 경험적 검증을 거친 명제를 아직도 가설이라고 부르는 경우가 있는 반면, 변수들 간의 관계를 설명하는 구조와 형태로 된 명제가 적어도 한 번 이상의 경험적 검증을 거쳐서 이론으로 받아들여지는 경우도 있다. 요컨대, 사회과학의 학문분야나 연구자에 따라 동일한 명제를 때로는 가설로, 때로는 이론으로 부르는 경우가 있다는 점에 주목할 필요가 있다.

을 맞추기 위해서는 가설설정이 필요하다. 앞서의 언급처럼, 연구문제는 추상적이고 일반적으로 서술된 명제인데, 가설설정을 통해 연구문제에서 다루고 있는 개념이나 관계의 특정 측면이 정해지면 그 측면이나 분야에 초점을 두고 조사를 설계하고 자료를 수집하는 등의 구체적인 연구활동이 가능해진다.

셋째, 가설의 설정 및 검정을 통해 이론형성에 기여할 수 있으므로 가설이 필요하다. 사회과학은 기존의 이론 및 다른 가설 등을 논리적 근거로 삼아 이론을 개발하고 수정하는 것을 중요한 목적으로 삼고 있다. 연구자가 기존의 이론과 다른 가설에 근거를 둔 연구가설을 설정하여 이를 검정하는 것은 바로 이론형성에 기여한다.

넷째, 가설을 설정하여 검정함으로써 변수 간의 관계를 찾아내는 데 도움이 된다. 개념 간의 논리적 연관성을 사전에 명확히 가정하지 않고 단순히 수집된 자료에서 논리적 연관성을 찾는 경우는 개념이나 변수 간의 관계가 우연히 나타날 가능성을 배제할 수 없다. 뿐만 아니라, 이 경우 사후 가설 설정의 오류에서도 자유로울 수 없다. 따라서 사전에 변수 간의 관계가 어떨 것이라는 명확한 가정을 해놓고 실제 현실세계의 자료를 수집하여 분석하는 것이 그 가정의 진위를 따지는 변수 간의 관계를 보다 명확하게 밝히는 방법이 될 것이다.

다섯째, 논리적인 면에서 연구문제에 대한 명확한 해답을 얻기 위해서는 가설설정이 필요하다. 양적 연구에서 연구가설을 긍정하거나 부정하는 판단은 먼저 영가설_{귀무가설}을 설정하고 이를 검정한 다음에 그 결과에 따라 간접적으로 연구가설을 검정하는 절차를 거친다. 즉, 논리의 타당성을 확보하기 위해서, 그리고 가설은 증명되는 것이 아니라 반증되는 것이라는 반증의 논리를 적용하는 의미에서 볼 때, 가설 검정의 절차는 '연구가설 설정 →영가설 설정→영가설 검정→연구가설 검정'으로 정리된다. 그러므로 영가설을 설정하여 이를 긍정하면 간접적으로 연구가설을 기각하고, 반대로 영가설을 부정하면 간접적으로 연구가설을 채택하는 방법을 취한다.

3) 가설의 근거

가설 도출의 근거 또는 원천은 연구문제 선정의 근거 또는 원천과 사실상 다르지 않다. 가설은 다음과 같은 다양한 원천으로부터 도출될 수 있다(최성재, 2005, pp. 129-130).

- 이론 및 가설다른 가설
- 기존의 사회조사
- 프로그램 평가
- 사회문제
- 휴먼서비스 실천
- 일상적 연구나 독서활동
- 신념 및 가치관
- 일상생활에서의 관찰
- 연구자 주위의 주요 인물
- 개인적 관심

이처럼 가설설정의 근거는 매우 다양하지만 모두 연구자의 창의적인 상상력에 근거하는 것이 아니라 기존의 이론이나 다른 연구결과 등 실증적 근거를 갖고 있는 것들이다. 가설의 원천 가운데 가장 중요한 것은 기존의 이론 및 다른 가설, 그리고 기존의 사회조사이다. 그리고 이와 같은 가설 도출의 주요 원천에 접근하는 일은 선행연구 고찰, 즉 문헌검토를 통하여 이루어진다.

문헌검토는 가설의 원천에 접근할 수 있는 중요한 통로이지만 문헌검토 그 자체만으로는 가설이 도출되지 않는다. 기존의 이론이나 선행연구를 검토한다고 하더라도 그곳에서 연구자가 자신의 연구에서 규명하고자 하는 새로운 연구가설을 쉽게 발견하는 일은 어려우며, 또는 연구자가 원하는 새로운 연구가설이 기존의 이론이나 선행연구로부터 쉽게 추론되는 것도 아니다. 연구가설을 도출하기 위해서는 상당히 많은 논리적 사고의 과정을 거치지 않으면 안 된다. 이론 서적이나 경험적인 선행연구를 검토하여 변수들 간의 관계를 직접 또는 간접으로 설명하는 이론이나 다른 가설을 발견한 다음에 이를 통합하거나 논리적 추론을 통하여 연구문제에 대한 잠정적 해답이 될 수 있는 변수 간의 관계진술즉, 가설을 만들어내야 한다.

문헌검토를 통해 도출된 가설은 논리적 추론의 결과물이어야 한다. 가설을 설정하는 과정에서 논리적으로 오류가 있거나 논리적 과정을 생략한 채로 가설을 만들어내는 경우 가설이 잘못 설정되어 결국은 연구과정에서 가설이 지지되지 않거나 때로는 가설과 상반된 연구결과가 나올 수도 있다. 연구가설에서는 연구문제에서보다 변수들의 관계가 더욱 구체적이고 상세하게 진술되어야 하고 보다 명확한 논리적인 근거가 제시되어야 한다. 이와 같이 가설의 구체성과 명확성을 확보하는 일은 무엇보다도 문헌검토를 통해서 가능하다.

4) 바람직한 가설의 조건

장차 연구자의 경험적 검정을 통해 진위가 밝혀질 진술문, 즉 검증되지 않은 명제로서 가설이 갖추어야 할 바람직한 조건은 무엇일까? 바람직한 가설의 조건은 다음 여섯 가지이다(최성재, 2005, pp. 132-134; Frankfort-Nachmias & Nachmias, 2000, pp. 56-58).

첫째, 연구가설은 개념적으로 명확하여야 한다. 사회과학에서 개념을 명확하게 정의할 필요가 있는 경우에는 우선 연구문제의 선정단계에서 개념을 정의하는 것이 필요하지만, 연구가설을 설정하는 단계에서 다시 한 번 개념을 명확하게 정의하게 된다. 연구가설에 사용된 개념은 개념적 정의conceptual definition 또는 명목적 정의nominal definition가 명확하게 이루어져야 한다. 따라서 개념정의는 연구자만이 해당 용어의 의미를 이해할 수 있는 방식으로 이루어져서는 안 되며, 연구자뿐만 아니라 일반인 누구나 그 개념을 보편적으로 이해할 수 있도록 이루어져야 한다. 명확한 개념정의를 위해서는 같은 개념을 사용한 선행연구나 조사보고서를 참고하거나 전문가 또는 동료 연구자들과 상의하는 것이 바람직하다.

둘째, 연구가설은 구체적이어야 한다. 가설에 사용된 개념의 범위가 너무 넓거나, 개념이 너무 추상적 또는 일반적이거나, 개념과 개념 간의 관계가 불명확하면 그 개념들을 측정하기 어렵다. 따라서 가능한 한 개념의 범위를 좁혀 관찰이 쉽도록 하고 개념과 개념 간의 관계도 긍정적 방향positive direction인지 부정적 방향negative direction인지를 분명하게 밝힐 필요가 있다.

셋째, 연구가설은 경험을 통하여 검정이 가능하여야 한다. 사회과학은 논리와 경험의 부합성符合性을 바탕으로 체계적으로 쌓은 지식이다. 논리에 바탕을 둔 연구가설은 경험적 자료를 통해 검증이 되어야 비로소 지식형성에 기여할 수 있다. 다시 말해, 경험적 검증이 불가능한 연구가설은 분명 잘못 만들어진 가설이라고 단언할 수 있다. "우리 사회에서는 평등주의가 공리주의보다 더 바람직하다" 또는 "일부일처제도는 폐지되어야 한다" 또는 "남자가 흘리지 말아야 할 것은 눈물만은 아니겠지요" 등과 같은 철학적 과제나 가치를 내포하고 있는 내용은 사회과학의 연구문제나 연구가설로 설정될 수 없으며 그러한 개념을 경험적으로 관찰하기도 어렵다.

넷째, 연구가설에 포함된 개념들의 관계를 측정할 수 있는 방법이 있어야 한다. 아무리 연구가설이 바람직한 것이라 할지라도 그 속에 포함된 개념들을 실제로 측정할 수 있는 방법이나 기술이 없을 때는 그 연구가설은 무용지물이다.

다섯째, 가설은 이론적 체계와 연계되어야 한다. 연구가설은 이론을 발전시키거나 이론을 검정하기 위해 설정되는 경우도 있다. 그러므로 연구가설은 설정단계에서부터 이론적 배경에 기반을 두어야 한다. 또한 가설검정을 통해 연구가설이 긍정 또는 부정되는 것은 관련 이론을 직접 또는 간접적으로 지지하거나 반증하는 결과가 된다. 따라서 연구가설은 이론, 즉 과학적 지식을 계속적으로 재검토하고 수정하고 축적시키는 데 기여한다고 결론지을 수 있다.

여섯째, 실증주의의 입장에 따르면, 과학적인 가설은 가능한 한 가치중립적이어야 한다. 이 입장에서 보면 사회과학에서 가치중립성은 지고지선의 가치이다. 반면에, 가치편향적인 연구가설은 검증하기도 어렵고 검증할 필요도 없다고 본다. 그러나 이와는 전혀 다른 시각도 있다. 사회과학자가 가치중립적인 입장을 견지하는 것은 사실상 불가능하기 때문에 오히려 연구자의 가치를 명확하게 밝히도록 하는 것이 일반인들로 하여금 연구자 개인의 가치관을 알 수 있게 하고 조사 자료의 분석과 결과의 해석에 있어서 연구자의 가치가 개입되었는지의 여부를 판단할 수 있게 하므로 결국은 가치중립성을 더 견고하게 확보할 수 있게 한다는 주장이 그것이다.

5) 가설의 종류

추리통계에서 가설은 연구가설과 영가설로 구분된다. 가설의 형태에 따라서는 서술적 가설과 통계적 가설로 구분된다. 또한 부등호의 존재 유무에 따라서 일방적 가설과 양방적 가설로 구분된다.

(1) 연구가설과 영가설

　가설은 진리라고 생각되는 잠정적인 진술이며, 따라서 가설설정은 기본적으로 의사결정의 한 형태이다. 의사결정의 결과물로서 가설은 연구가설과 영가설로 구분된다. 본격적인 논의를 진행하기에 앞서 먼저 연구가설과 영가설을 지칭하는 다양한 용어와 표기 방식에 대하여 정리할 필요가 있다 〈(표 4-1) 참조〉. 연구가설은 대립가설alternative hypothesis, 조사가설, 대안가설 등으로 불린다. 영가설null hypothesis은 귀무가설歸無假說이라고도 한다.

　연구가설은 연구자가 궁극적으로 검증하려는 가설, 즉 연구자가 연구를 통해 사실이라고 주장하고자 하는 진술을 말한다. 연구 과정에서 보면, 연구문제가 먼저 설정되고 그 연구문제에 대한 해답을 찾는 과정의 일환으로 연구가설이 설정된다. 그리고 앞서 언급한 바와 같이, 연구가설은 연구문제를 단순히 반복하여 표현하거나 연구문제의 내용을 보다 구체화하여 미래형 긍정문의 형식으로 표현한다. 연구가설은 변수들 간에 관계가 있다거나 차이가 있다는 식으로 서술된다.[11] 연구가설은 보통 H_A 또는

| 표 4-1 | **연구가설과 영가설에 관한 다양한 용어**

연구가설	영가설零假說
· 대립가설, 대안가설, 조사가설 · research hypothesis · H_A 또는 H_1	· 귀무가설歸無假說 · null hypothesis · H_0

11　연구가설이 변수들 간에 관계나 차이가 존재한다는 식으로 기술된다는 것은 어찌 보면 자명한 일이다. 연구자가 연구를 통해 주장하고자 하는 진술이 바로 연구가설이라는 점은 주지하는 사실이다. 대개 연구자는 변수와 변수 간의 관계나 차이 등에 주목하기 마

H_1이라는 기호로 표기된다.

연구가설은 영가설이 기각되었을 때 진리로 남는 잠정적 진술을 말하며, 일반적으로 연구자가 연구를 통해 주장하고자 하는 내용이 담긴 가설이다. 연구자가 연구를 통해 주장하고자 하는 가설이기 때문에 연구가설이라고도 불린다.

영가설은 연구가설과 대조되는 가설이다. 영가설은 변수들 간에 관계가 없다거나 차이가 없다는 식으로 서술된다. 영가설은 연구자가 연구를 통해 부인하고자 하는 진술이지만 실제로는 통계분석의 결과에 따라 기각되기도 하고 채택되기도 한다. 영가설은 H_0라는 기호로 표기된다.

한 가지 주의할 점은 연구가설과 영가설이 서로 대조적이기는 하지만 그렇다고 양자가 반드시 서로 반대되는 내용을 담고 있지는 않다는 사실이다. 예를 들면, 연구가설이 '더 크다'는 진술일 경우, 영가설은 '차이가 없다'는 식으로 표현되는 것이 일반적이다. 이 경우 '더 크다'의 반대 개념은 '더 작다'이지 '차이가 없다'가 아니므로 연구가설과 영가설이 서로 반대의 내용이나 서술은 아닌 것이다.

(2) 서술적 가설과 통계적 가설

서술적 가설은 연구자가 검정하려고 하는 연구가설이나 영가설을 모두 문장으로 서술한 것을 말한다. 예를 들면, 전통적 교수법과 새로운 교수법 간에 교육효과의 차이가 있는지에 관하여 가설을 설정한 경우, 다음과 같이 연구가설과 영가설을 서술적 가설로 표현할 수 있다.

런이며, 연구를 통해 변수들 간의 관계가 어떠하고 혹은 어떠한 차이가 있다는 점을 밝히고 싶어 한다. 하등의 관계가 없거나 아무런 차이가 없는 사안에 대해 연구자들이 관심을 갖는 일은 상당히 이례적이고 매우 드문 일일 것이다.

H~A~: 전통적 교수법과 새로운 교수법 사이에 교육효과의 차이가 있다.
H~0~: 전통적 교수법과 새로운 교수법 사이에 교육효과의 차이가 없다.

통계적 가설statistical hypothesis은 서술적 가설을 어떤 기호나 수를 사용하여 표현한 가설을 말한다. 연구가설과 영가설은 모집단의 분포나 모수치에 대한 잠정적 진술이므로 연구가설과 영가설을 통계적 가설의 형태로 표현할 때는 μ, σ 등 모수치parameter로 표현하여야 한다. 통계치statistic로서 연구가설이나 영가설을 표현하는 것은 타당하지 않다.

위에 제시한 교수법의 차이의 예를 들면 통계적 가설은 다음과 같이 표현된다.

$$H_A: \mu_전 \neq \mu_새$$
$$H_0: \mu_전 = \mu_새$$

(3) 등가설양방적 가설과 부등가설일방적 가설

연구가설과 영가설에 부등호가 있으면 부등가설directional hypothesis이라 하고, 부등호가 없으면 등가설non-directional hypothesis이라 한다.

아래 제시된 두 가설은 앞서 전통적 교수법과 새로운 교수법의 학습효과에 관한 내용인데, 각 가설 안에 부등호가 포함되어 있지 않으므로 모두 등가설이다.

$$H_A: \mu_전 \neq \mu_새$$
$$H_0: \mu_전 = \mu_새$$

등가설에 의한 가설검정은 두 교수법 간에 학습효과의 차이가 있는지 없는지를 평가할 뿐이며, 어떤 교수법이 다른 교수법보다 학습효과가 높은지 낮은지 여부를 판명하지는 않는다. 이와 같은 검정절차를 양방적 검정 two-tailed test이라 한다.

한편, 부등가설에 의한 가설검정은 어느 한 교수법이 다른 교수법보다 학습효과가 크다는 것을 가정한다. 만약 연구자가 새로운 교수법이 전통적인 교수법보다 학습효과가 더 크다는 것을 주장하려고 연구를 한다면 연구가설과 영가설의 통계적 가설은 다음과 같이 표현된다.

$$H_A: \mu_{전} < \mu_{새}$$
$$H_0: \mu_{전} \geq \mu_{새}$$

부등가설에 의한 가설검정을 일방적 검정one-tailed test이라 한다. 주의할 점은 부등가설에 의하여 연구가설과 영가설을 설정할 때 등호는 항상 영가설에 존재하여야 한다는 사실이다.

등가설 또는 부등가설에 의한 가설검정, 즉 양방적 검정 또는 일방적 검정은 연구자의 이론적 혹은 경험적 배경에 의하여 결정된다(성태제, 2001, p. 222). 일반적으로 양방적 검정보다 일방적 검정이 보다 강력한powerful 연구가 된다. 따라서 연구자가 연구분야에 대해 깊은 이론적 배경을 갖고 있을 때는 일방적 검정을 실시하는 것이 바람직하다.

5. 선행연구의 종합

연구계획서 안에 들어 있는 선행연구 고찰의 장·절은 연구자가 연구논제에 대하여 어느 정도 숙달하고 있는지를 알려준다. 훌륭한 선행연구 고찰은 관련 선행연구의 단순한 요약이 아니라 그 이상의 것이다. 선행연구의 결과를 요약하는 일이 중요한 것은 사실이지만, 연구자는 다음과 같은 두 가지 점에서 단순한 요약보다 한 걸음 더 나아가야 한다. 첫째, 선행연구 고찰은 논증의 구축을 필요로 한다. 논증하려면 선행연구의 단순한 요약이 아니라 선행연구의 종합이 필수적이다. 둘째, 선행연구 고찰은 비판적이어야 한다. 이것은 연구결과의 일반화 가능성과 관련하여 선행연구가 사용하고 있는 방법론을 조사하고 비평하는 것을 의미한다(Bryant, 2004). 또한 이것은 분석적 접근방법에 따라 선행연구의 구성organization, 완전성completeness, 응집성coherence, 일관성consistency에 대하여 비판적인 시각에서 고찰하는 것을 의미한다(Punch, 2006, p. 41).

선행연구를 읽어나가면서 그 주요 내용을 요약하는 것은 중요한 첫 걸음이다. 문헌자료를 일목요연하게 정리하여 보관하고 그 내용을 체계적으로 요약하는 일은 우선 당장은 귀찮고 힘든 작업이지만 나중에 그 보상을 얻는다. 따라서 선행연구를 읽는 초기단계에서부터 체계화된 자료 보관 시스템을 갖추는 데 적절한 시간을 투자하는 것이 현명하다. 일단 충분한 양의 선행연구를 개관하여 그 내용을 요약한 다음에는 여러 선행연구의 통합integration과 종합synthesis이 필요하다. 종합은 조사 결과findings, 이론theories, 함의implications의 수렴convergence과 확산divergence을 포함한다.

선행연구를 찾아내어 읽어가면서 그것을 다루는 체계적인 틀을 개발하는 일은 선행연구를 비판적·분석적으로 읽는 과업의 일부분이다. 이 과정에서 연구자가 개발하는 선행연구 고찰의 틀은 연구자가 자신의 연구에 관한 개념적 틀을 개발하는 데 도움을 준다. 또한 이 선행연구 고찰의 틀은 단순한 연대순의 요약이 아니라 주제 중심으로 선행연구 고찰의 결과를 기술하는 데 도움을 준다. 연구자는 자신이 제안하는 연구가 여러 선행연구와 상당한 관련성을 갖고 있다는 것을 보여주어야 하며, 이때 비로소 선행연구 고찰은 그 의미를 갖는다. 선행연구를 고찰할 때 통합을 고려하지 않은 연대순의 요약은 피해야 한다. 선행연구 고찰은 '주석 달린 문헌목록'annotated bibliography은 아니다.

선행연구 고찰의 결과는 완성된 구조를 갖추어야 한다. 체계적으로 조직되지 않은 글을 모아놓은 비구조적인 덩어리는 독자들이 필자의 의도를 뒤따르거나 이해하기 어렵게 만든다. 선행연구의 통합과 종합에 의한 선행연구 고찰의 결과는 완성된 구조를 갖출 수 있다. 따라서 선행연구 고찰의 결과를 기술함에 있어서 전체 내용을 주요항목과 세부항목으로 분류하여 체계적으로 조직화하는 것이 바람직하다. 다만 주요항목과 세부항목을 너무 세부적으로 분류하는 일은 피해야 한다. 여기서 고려할 수 있는 것이 독자를 위한 이른바 '선행 조직자'advance organizer의 사용이다. 이것은 연구자가 본격적인 선행연구 고찰의 결과를 설명하기 전에 미리 선행연구 고찰의 구조를 간략하게 설명하는 것을 말하는데, 이는 독자들에게 읽을거리에 관하여 미리 안내하는 '로드맵'road map을 제시하는 역할을 한다. 뿐만 아니라, 선행연구 고찰의 결과를 어떻게 끝맺음할 것인가를 결정하는 일도 중요하다. 선행연구 고찰 결과의 말미에서는 다시 연구의 목적과 연구질문으로 되돌아가서 현재 제안하고 있는 연구가 선행연구와 어떤 관련을 맺고 있는가를 설명하는 것이 좋다.

선행연구 고찰의 중요성은 아무리 강조해도 지나치지 않을 것이다. 선행연구 고찰을 통해 특정 연구분야의 현재의 지식수준이 어떠한지, 어떤 추세인지, 그리고 어떤 괴리가 존재하는지 알 수 있다. 즉, 선행연구 고찰은 현재 학문분야가 어떤 상태인지, 우리가 무엇을 알고 있으며 무엇을 알지 못하고 있는지, 그리고 무엇에 관한 논쟁이 진행되고 있는가를 알려준다. 선행연구 고찰은 어렵고 시간이 많이 걸리는 과업이다. 그러므로 연구자가 다른 사람이 수행한 훌륭한 선행연구 고찰을 발견할 경우 그것을 벤치마 킹하는 것이 좋다. 물론 그 자료의 출처를 명확히 밝히고 올바른 인용의 절 차를 준수하여야 한다.

연구 영역에 따라서는 연구자의 선행연구 고찰이 선택적으로 이루어져야 할 필요가 있다. 특정 논제에 관한 선행연구가 엄청나게 많을 경우 그 모든 선행연구를 고찰의 대상으로 삼을 수 없을 것이다. 이 경우 연구자는 선택 적인 입장을 취할 수밖에 없다. 이때 중요한 것은 연구자가 선행연구 고찰

| 사례 4-1 | **선행연구 고찰의 범위를 구체적으로 제한한 예**

1. 기존 연구 고찰 범위

사회복지조직에서의 직무만족의 연구경향을 분석하기 위해, 본 연구에서는 1990년 이후부터 현재까지의 국내 학술지 발표논문을 검색하였다. 논문검색은 DBpia, Riss4u, Kiss, 뉴논문new nonmun 등 국내 학술지 검색엔진 4곳과 국회도서관 DB를 이 용하였다. 검색 키워드는 '직무만족', '복지'를 동시에 투입하였고 사회복지 분야에서 이루어진 직무만족에 관한 연구는 모두 검토하였다. 논문제목이나 소제목에 '직무만 족'이란 단어가 들어간 논문을 모두 탐색한 결과 총 2,763편의 논문이 검색되었다. '복 지'란 키워드로 다시 범위를 축소하여 142건으로 줄였다. 이 과정에서 사회학이나 경 영학 또는 심리학적 접근에 가까운 연구는 제외하였고 사회복지조직 중 공공 사회복 지조직 종사자와 민간 사회복지조직 종사자 모두를 포함하였다. 그리고 초록과 본 문을 검토하여 사회복지기관에서 일하는 사회복지사들을 대상으로 한 논문만으로 한정하여 연구제목과 일치되도록 범위를 제한하였다. 직무만족이란 개념의 특징상 조 직몰입, 공정성, 이직의도, 소진, 수행, 조직성과 등과 깊이 연관되어 있기 때문에 관련 변수와의 상호관계가 동시에 탐색된 연구가 많았다. 마지막으로 연구의 질적 수준을 확보하기 위해 한국연구재단 등재학술지와 등재후보학술지에 게재된 논문으로 한정 한 결과 모두 31편으로 압축하였고 이들 모두를 본 연구의 분석대상 논문으로 최종 결정하였다.

[자료: 강현주, 조상미, 2010, pp. 306-307.]

의 대상을 선택하는 기준을 명확하게 밝히는 일이다. 즉, 연구자는 자신이 설정한 선행연구 선택의 기준이 무엇이며, 그 기준을 선택한 이유는 무엇인가에 대하여 설명하여야 한다. 여기서 한 가지 권장할 만한 일은 비교적 최근에 수행된 선행연구를 찾아 과연 그 연구에서는 어떤 선택기준을 사용하였는지 알아보는 것이다. 예를 들면, 연구자의 논제와 동일하거나 비슷한 연구논제를 다룬 최근의 학위논문은 연구자에게 많은 아이디어를 제공할 수 있을 뿐만 아니라 적잖은 시간과 노력의 절약에도 기여할 수 있을 것이다. 〈사례 4-1〉은 연구자가 선행연구 고찰의 범위를 어떤 방법으로 설정하였는지 아주 구체적으로 설명하는 예이다.

끝으로, 연구자가 연구계획서의 작성단계에서 선행연구 고찰의 결과를 기술할 때 주의하여야 할 점이 있다. 특히 연구자는 다음과 같은 네 가지 오류를 저지르지 않도록 유념해야 한다.

- 선행연구로부터 지나치게 많은 분량을 인용하는 것은 금물이다. 따옴표를 사용하는 직접 인용의 횟수가 너무 많다거나 직접 인용하는 분량이 너무 길 경우 선행연구 고찰에 관한 연구자의 숙달 능력을 의심받게 된다. 직접 인용은 특별한 영향력을 갖고 있는 어구 혹은 다른 표현으로 바꾸기 어려운 어구에 한정하는 것이 좋다(Rudestam & Newton, 2007, p. 65).
- 연구계획서를 작성하면서 이차자료secondary sources에 너무 많이 의존하는 것은 바람직하지 않다. 대학원생의 학위논문은 될 수 있는 한 연구자가 직접 생산한 자료, 즉 일차자료에 바탕을 두는 것이 좋다. 이차자료의 사용은 예외적인 경우에 한하여 제한적으로 허용되어야 할 것이다. 일차자료를 얻을 수 없거나 그 자료에 접근하기 어려운 경우 또는 이차자료의 사용이 논의의 전개에 매우 의미 있다고 여겨지는 경우

등이 해당한다(Punch, 2006, p. 42).

• 실천가 지향의 선행연구_{practitioner-oriented literature}의 가치를 경시하여서는 곤란하다. 연구 중심의 선행연구가 중요한 것은 사실이지만 사회복지 실천현장 중심의 선행연구도 마찬가지로 중요하다.

• 연구자가 알고 있거나 읽은 내용 모두를 선행연구 고찰의 결과에 기술하려는 유혹을 이겨내야 한다. 선행연구 고찰에서 과욕은 금물이다. 따라서 선행연구 고찰은 적절한 기준에 근거하여 선택적으로 이루어져야 한다. Rudestam & Newton (2007, p. 66)의 지적처럼, 선행연구 고찰은 "도서관을 짓는 것이 아니라 논증을 구축하는 것"_{build an argument, not a library}임을 명심하자.

제5장

연구계획서의 구성 요소

이 장에서는 연구계획서에 무엇을 담을 것인가에 대한 논의가 이루어진다. 연구계획서는 크게 서론, 이론적 근거, 연구방법의 세 부분으로 구성되어 있는데, 각 영역을 채우는 구성요소의 종류 및 세부 내용은 학문적 배경이나 연구목적에 따라 달라진다.

❗ 주요 내용

◆ 연구계획서의 구성 요소

서론	이론적 근거	연구방법
제목, 초록, 머리말도입부, 연구의 배경, 용어의 정의, 문제의 설명, 연구목적, 연구의 중요성, 연구의 제한점	이론적 배경, 선행연구의 고찰	연구문제·연구가설·연구모형, 참여자모집단, 표본, 상황, 행동의 초점처치, 독립변수, 종속변수, 기록도구화, 관찰, 비교와 대조속성 혹은 변화의 측정, 연구 일정, 자료의 수집, 자료의 분석, 예상되는 최종 결과, 소요예산, 윤리적 고려, 참고문헌, 부록

1. 연구계획서의 구성 체계

  연구자의 학문적 배경과 그가 제안하고 있는 연구의 성격이나 목적에 따라서 연구계획서의 형식과 내용은 달라지게 마련이다. 그러나 일반적으로 연구계획서가 다루고 있는 세 개의 영역은 연구자가 제안하고 있는 연구의 소개, 이론적 근거, 연구방법에 대한 설명이다. 연구계획서의 주요 영역에 담아야 할 세부내용은 〈표 5-1〉과 같이 정리할 수 있다.

| 표 5-1 | **연구계획서의 기본 요소**

주요 영역	구성 요소
연구의 소개 (문제의 진술)	• 제목 • 초록(개요) • 머리말(도입부) • 연구의 배경 • 용어의 정의 • 문제의 설명 • 연구 목적 • 연구의 중요성 • 연구의 제한점
이론적 근거	• 이론적 배경 • 선행연구의 고찰(→ 연구가설의 도출)
연구방법	• 연구문제, 연구가설 또는 모형 • 참여자(모집단과 표본) • 상황 • 행동의 초점(처치, 독립변수, 종속변수) • 기록(도구화, 관찰) • 비교와 대조(속성 혹은 변화의 측정) • 연구일정(절차의 구체화) • 자료의 수집 • 자료의 분석 • 예상되는 최종 결과 • 비용(소요예산) • 윤리적 고려 • 참고문헌 • 부록

물론 모든 연구계획서가 이와 같은 기본적인 구성 요소를 하나도 빠짐없이 모두 다루어야 한다는 것은 아니다. 연구자의 학문적 취향이나 그가 제안하는 연구의 성격에 따라 새로운 요소를 추가하거나 위에 제시된 요소 가운데 일부를 제외할 수 있을 것이다.

2. 연구계획서의 작성

1) 제목title

연구의 제목은 여러 면에서 초록과 동일한 기능을 수행하되, 보다 간결한 방식으로 그 역할을 다한다. 연구의 제목은 간결하여야 하며, 특정 학문분야의 전문가가 아닌 보통 사람들이 보더라도 그 내용을 쉽게 짐작할 수 있을 정도로 설명력이 강해야 한다. 일반적으로 연구의 제목에는 전문적 특수용어jargon, 두 뜻으로 해석되는 말double entendre, 경박한 어구flippancy 가 포함되지 않아야 한다(Krathwohl & Smith, 2005, p. 114).

(1) 제목의 중요성

누구나 한 편의 글을 보면 먼저 그 글의 제목부터 훑어보기 마련이다. 독자들, 즉 지도교수나 논문지도위원 또는 동료들이 연구계획서research proposal와 처음으로 마주칠 때 가장 먼저 보는 것이 연구계획서의 제목이다. 우리가 처음 만나는 대상이 사람, 음악, 음식이건 아니면 잠정적인 연구논제이건 간에 첫인상이 매우 중요하다. 첫인상은 다음에 무엇이 이어질 것이라는 강한 기대감을 동반한다. 연구계획서의 제목을 통해 독자들에게 특정 연구의 주제나 영역이 무엇이 될 것이라는 내용을 강하게 암시하고 나서, 정작 연구계획서의 본문에 들어가서는 제목과 전혀 다른 연구의 주제나 영역을 다룰 경우 독자로부터 강한 부정적인 반응이 나타날 수 있다. 제목을 정하는 데 있어 준수하여야 할 첫 번째 규칙은 제목이 불러일으키는 이미지와 연구계획서의 서론부분 사이에 합리적인 균형을 잡는 일이다.

대학원 학생의 경우, 연구계획서의 제목이 곧 석사학위 논문이나 박사학위 논문의 제목으로 연결되는 것이 일반적이다. 따라서 훌륭한 제목을 정하기 위해서는 연구계획서의 제목이 수행하는 기능이 무엇이며, 제목을 평가하는 데 사용되는 기준이 무엇인가에 대하여 심사숙고할 필요가 있다.

연구계획서의 제목이 수행하는 첫 번째 기능은 자료의 검색단계에서 검색하는 사람들에게 해당 연구의 주요 내용을 알려주는 일이다. 일반적으로 논문제목은 전문분야 데이터베이스의 참고문헌으로 색인되고 편집되기도 하므로 핵심 단어만으로 간략하게 작명하는 것이 좋다(김사헌, 2001). 즉, 자료를 검색하는 사람들은 연구계획서의 제목만 보고서도 그 연구가 어떤 내용에 관한 것인지 알게 된다. 최근 들어 정보기술의 발달과 더불어 학위논문을 검색하는 일이 과거보다 훨씬 더 쉬워졌다. 인터넷 기술의 진전 및 확산으로 보다 짧은 시간 안에 보다 넓은 지리적 범위를 대상으로 학위논문 등 미간행 자료들을 검색하는 일이 가능해졌다. 따라서 연구의 제목을 정하는 일이 연구결과의 공유 여부를 결정짓는 중요한 하나의 요인이 되었다.

우리는 지금 정보가 넘쳐나는 세상에 살고 있다. 연구자들은 외견상 자신의 연구와 관련이 있는 것처럼 보이는 방대한 양의 자료들 속에서 자신의 연구에 필요한 것만을 골라내야 하는 업무 부담을 안고 있다. 연구자들은 어떤 문서들을 구체적으로 검색하고 어떤 문서들을 버릴 것인가를 스스로 선택하여야 하며, 그 외에는 마땅히 다른 해결책이 없다. 그러므로 연구자는 선행연구의 제목만 보고 그 내용을 알 수 있어야 하며, 제목을 정하는 사람은 연구의 내용에 알맞은 적절한 제목을 붙여야 한다. 만약 제목이 잘못될 경우 해당 연구는 자료를 검색하는 사람들의 검색 대상 리스트에 오르지 못할 것이다. 요컨대, 연구의 제목이 연구의 내용을 얼마나 간결하고 완전하며 명백하게 전달할 수 있는가에 따라 해당 연구가 학문공동체의 세계로 진입할 수도 있고 세인의 무관심 속에 그냥 방치될 수도 있다.

연구계획서나 연구논문의 제목을 정할 때는 개인의 심미적 판단이나 특별한 사정을 고려하지 말고 사회 일반의 보편적인 용법에 맞도록 단어나 어구를 선택하여야 한다. 몇몇 컴퓨터 검색 시스템은 제한된 수의 검색어 key words를 사용하여 자료의 제목을 분류하는 기능을 갖고 있다. 연구자들은 자신의 연구논제와 관련이 있다고 여겨지는 검색어를 사용하여 가능한 한 많은 자료를 찾아내려 한다. 그러므로 연구계획서를 작성하는 연구자는 보편적인 의미를 지닌 용어를 사용하여 연구의 제목을 정하는 것이 바람직하다. 마찬가지로, 연구논문의 독자들도 보편적인 의미를 지닌 용어를 사용하여 연구의 검색어를 구성하는 것이 바람직하다. 만약 그렇지 못할 경우 연구논문의 독자들과 연구논문의 저자가 연구논문을 통해 가상의 세계에서 서로 만나는 일 자체가 불가능해진다.

연구계획서나 연구논문의 제목은 가능한 한 정확하게 연구의 핵심 요소를 묘사하여야 한다. 그러자면 제목 안에 전문적인 용어가 포함되는 경우도 생길 것이다. 그러나 어떤 경우에도 제목 안에 소수의 연구자들만이 이해할 수 있거나 사용하는 모호한 기술적 용어나 특수용어가 포함되어서는 안 된다.

(2) 연구의 제목 안에 넣기 적합한 요소

연구논문이나 연구계획서의 제목 안에 무엇을 포함해야 할 것인가는 전적으로 연구의 유형과 성격에 달려 있다. 예를 들면, 실험설계에 기반하고 있는 연구의 제목에는 종속변수와 독립변수, 성과 요소, 시행될 처치실험, 연구를 뒷받침하는 모형, 연구의 목적, 연구가 수행되는 특수한 환경예 보건의료기관, 그리고 연구에 대한 특별한 기여 등이 포함될 수 있을 것이다. 반면에, 질적인 현장 연구의 제목에는 보통 연구 참여자, 물리적 환경 및 사회적 환경, 그리고 자료분석의 틀을 알려주는 독특한 연구의 전통이 포함된다 (Locke, Spirduso & Silverman, 2007, pp. 132-133).

현명한 연구자는 연구의 제목 안에 이론과 관련 있는 단어를 포함시킴으로써 독자들에게 해당 연구가 어떤 이론을 검증하고 있다는 정보를 제공할 수 있을 것이다. 예를 들면, "특수학교 제2학년 학생들의 상황관리 및 강화의 일반화 가능성"이라는 제목은 연구자가 특정 모집단을 대상으로 행태이론을 검증하고 있다는 것을 시사하고 있다. '일반화 가능성'이라는 단 하나의 어구가 많은 것을 함축하고 있다.

연구의 제목 안에 연구의 목적, 즉 예측, 관계의 설정, 차이의 측정, 배경의 설명 등을 굳이 구체적이고 명시적으로 포함하지 않더라도 연구의 궁극적인 목적이 암묵적으로 표현되는 경우가 있다. 따라서 연구의 제목은 가능한 한 간결하게 표현되는 것이 바람직하다. 예를 들면, 변수들이 일련의 순서로 표현되어 있을 때는 그 변수들 사이의 관계를 연구하는 것이 연구의 목적이라고 이해하는 것이 일반적이다. 예를 들면, 「중학생의 사이버비행에 영향을 미치는 요인에 관한 연구: 인터넷 중독, 인터넷 윤리의식, 사이버비행의 연쇄적 인과관계를 중심으로」라는 연구의 제목은 이 세 변수들 사이의 '인과관계'를 탐구하는 것이 연구의 목적임을 알려준다. 그러나 이 연구의 제목이 "남녀 중학생의 사이버비행에 영향을 미치는 요인"으로 정해졌다면, 남학생과 여학생 간 사이버비행의 '차이의 측정'이 연구의 목적이라고 볼 수 있다.

방법론 측면에서 매우 특이하다고 여겨지는 연구 혹은 기존의 지식체계에 특별한 기여를 한다고 생각되는 연구의 경우, 그러한 내용을 암시하는 단어나 어구를 제목 안에 넣는 것이 좋다. 예를 들면, 매우 길거나 매우 강도가 큰 처치, 독창적이거나 매우 정확한 관찰의 방법, 매우 독특한 표본 추출방법, 다른 연구와 구별되는 특별한 측정의 장소 등을 제목 안에 넣는 경우가 그에 해당한다(Locke et al., 2007, p. 132).

(3) 연구의 제목 안에 넣기 부적합한 요소

모집단population, 연구설계research design, 도구화instrumentation 등의 요소는 그 것이 다른 연구논문이나 연구계획서와 특별히 차별화되지 않는다면 제목 안에 넣지 않는 것이 바람직하다(Locke et al., 2007, pp. 133-134). 예를 들면, 지금까지 단 한 번도 연구되지 않은 모집단이거나 특정 측면에서 매우 특별한 대상집단이 아니라면 제목 안에 모집단을 넣어 그것을 크게 부각시킬 필요가 없다.

마찬가지로, 연구설계와 도구화도 그것이 측정이나 분석에 관한 매우 특별한 접근법이 아니라면 제목 안에 넣기에 적당하지 않다. '회귀분석을 사용한 국민기초생활보장제도 수급가구의 사회적 배제 경험'이라는 제목 안에 포함된 연구방법인 회귀분석은 너무 평범하므로 이것을 제목에 넣는 것은 바람직하지 않다. 아마 연구의 다른 측면을 나타내는 단어를 제목에 넣을 경우 제목이 더 많은 정보를 전달할 수 있을 것이다. 그러나 '국민기초생활보장 수급가구의 사회적 배제 경험에 관한 문화기술지 연구'(이희연, 2009)라는 제목은 매우 독특하며, 문화기술지 연구라는 어구는 이 연구논문이 특별한 종류의 정보를 담고 있다는 것을 독자에게 알려주는 신호의 역할을 하고 있다.

(4) 제목 정하기

연구계획서나 연구논문의 제목은 간결하고, 독자들이 읽기 편하며, 문법에 맞는 구조이어야 한다. 너무 긴 제목은 핵심 요소의 영향력을 희석시키므로 바람직하지 않다. 제목이 아무리 길어도 두 줄을 넘어서는 것은 곤란하다. 몇몇 검색엔진에서는 검색하려는 제목의 단어 수를 제한하고 있다는 것을 참고할 필요가 있다.

연구논문이라면 당연히 다루어야 할 내용을 암시하는 단어나 어구를 굳이 논문 제목에 넣을 필요는 없다. 예를 들면, "~의 양상Aspects of ~", "~에 대한 설명Comments on ~", "~에 관한 연구Study of ~", "~에 대한 조사Investigation of ~", "~에 대한 탐구Inquiry into ~", 그리고 "~의 분석An Analysis of ~" 등은 모두 중복의 성격을 지니고 있는 어구이므로 가능한 한 제목에 넣지 않는 것이 좋다(Locke et al., 2007, p. 134). 사실 우리나라에서는 이러한 표현 형식이 거의 관행화되어 널리 쓰이고 있지만, 외국의 전문학술지에서는 이런 표현 형식으로 제목을 짓는 일이 거의 없다(김사헌, 2001). 특정 논제topic를 다루는 연구논문에는 당연히 그 논제의 양상이 당연히 포함될 것이므로 굳이 제목에 "~의 양상"이라는 어구를 넣을 필요는 없다. 마찬가지로, 연구논문의 본질적인 기능 가운데 하나가 연구결과에 대한 설명이므로 연구논문의 제목에 "~에 대한 설명"이라는 어구를 넣을 필요도 없다. 너무 당연한 내용을 의미하는 단어나 어구가 포함된 제목은 내용 면에서 중복의 성격을 지니고 있으며 따라서 바람직하지 않다.

연구의 여러 하위논제subtopic를 모두 제목에 넣을 경우 매우 긴 제목이 되고 만다. 특정 하위논제를 제목에 넣을 것인가 말 것인가의 결정은 추상화 abstraction의 관점이 아니라 검색retrieval의 관점에서 이루어져야 한다. 다시 말해, 특정 하위논제를 포함하고 있는 제목이 연구 전반의 내용을 가장 포괄적으로 설명할 경우 이 제목의 추상화의 정도는 높지만, 그러나 제목의 기능과 관련하여 볼 때 추상화가 지고지선至高至善의 가치는 아니다. 제목이 수행하는 기능 가운데 추상화보다 더 중요한 것은 정보 검색의 용이성이다. 따라서 어떤 하위논제를 제목에 넣을 경우 해당 연구논문의 검색이 더 쉬워질 것으로 생각되는 경우에는 당연히 그 하위논제를 제목 속에 포함해야 한다.

제목을 정하는 효과적인 방법 가운데 하나는 먼저 제목에 포함될 수 있는 모든 요소들을 목록으로 만든 다음에 그것을 여러 가지 순서로 조합하여 여러 개의 제목을 만들어 본 후 그 중에서 가장 좋은 제목을 고르는 것이다. 이때 기술적인 기준technical standards과 심미적인 기준aesthetic standards을 모두 충족시키는 제목을 골라야 할 것이다.

2) 초록개요

연구계획서의 초록은 연구의 목적과 절차를 간략하게 설명하는 곳이다. 초록은 연구계획서의 구성 부분 가운데 독자들이 맨 처음 읽는 절이다. 그러므로 초록은 연구에 대한 첫 인상을 제공한다는 점에서 그 중요성을 인정할 수 있다.

초록을 준비하는 일의 중요성을 경시하면 곤란하다. "첫인상을 만들 수 있는 두 번째 기회는 없다"You never get a second chance to make a first impression는 Reif-Lehrer (1995, p. 25)의 말은 연구계획서 초록의 중요성을 웅변으로 말한다.

연구계획서의 초록을 언제 작성할 것인가에 대해서는 두 가지 상반된 시각이 존재한다(Krathwohl & Smith, 2005, p. 113). 하나는 연구계획서를 준비하는 초기단계에서 초록을 작성하여야 한다는 입장이다. 즉, 이 입장에 따르면, 연구자가 마음속으로 연구 프로젝트를 구상할 때부터 간명하고 정확한 초록을 만들 수 있다. 비록 연구자가 이 입장을 따른다 할지라도, 연구계획서의 초안을 완성한 다음에는 초록의 완전성을 담보하기 위하여 다시 한 번 초록을 검토하는 것이 바람직하다. 다른 하나의 입장은 연구계획서를 마무리하는 최종단계에서 초록을 작성하여야 한다는 주장이다. 이것은 대부분의 연구 프로젝트가 연구계획서의 작성 기간 동안에 상당히 많은 내용상의 변화를 겪기 때문에 연구계획서의 골격을 완성한 다음에 연구계획서의 초록을 작성하는 것이 마땅하다는 시각이다.

초록은 연구계획서의 필수 구성요소이다. 즉, 모든 연구계획서에는 초록이 포함되어야 한다. 초록은 연구계획서의 목적과 방향에 관한 간략한 설명을 제공하는 곳이다. 초록은 연구계획서에 어떤 내용이 담기며 그 이유는 무엇인가에 대하여 독자에게 안내하는 역할을 한다.

연구계획서의 초록을 작성함에 있어서 연구자가 유념하여야 할 점은 다음과 같다(Krathwohl & Smith, 2005, p. 113).

- 연구의 목적과 절차를 연구자의 말로 바꾸어서 표현하여야_{paraphrase} 한다. 이때 가능한 한 명료하고 정확한 용어를 사용하여야 한다.
- 초록에는 연구분야의 선행연구를 검색할 때 공통적으로 사용되는 주요 용어_{key terms}를 포함하는 것이 바람직하다.
- 연구계획서의 본문에 사용될 주요 용어를 먼저 초록에 포함시킴으로써 독자들에게 해당 용어의 존재와 활용법을 미리 암시하는 것이 좋다.

- 연구자와 전공분야가 다른 사람들 혹은 그 분야의 전문가가 아닌 사람들이 초록의 독자가 될 수도 있다는 가능성을 염두에 두고 초록을 작성하여야 한다. 다시 말해, 초록은 쉽게 쓰여야 한다.
- 연구자가 무엇을 하겠다는 분명한 의지를 긍정적인 용어로 표현하는 것이 좋다. 시험 삼아 무엇을 한 번 해보겠다는 식의 표현은 바람직하지 않다.

연구계획서 초록에는 연구와 관련된 무엇을, 왜, 어떻게, 그리고 언제에 관한 내용이 담겨야 한다. 즉, 연구자는 초록의 절에 연구의 목적, 연구의 모집단 또는 조사대상자, 연구방법론, 연구일정에 관하여 간략하게 설명하는 것이 좋다.

3) 머리말도입부

머리말 또는 도입부는 사실상 같은 의미를 갖고 있는 단어와 어구이다. 머리말은 연구분야, 연구논제, 연구의 목적에 관한 배경 정보background information를 담는 곳이다. 연구계획서 안에서 연구논제를 소개하는 여러 가지 방법이 있는데, 모든 논제에는 배경과 상황이 존재하기 마련이다. 따라서 연구자는 머리말에 논제의 배경과 상황에 관한 내용을 넣는 것이 좋다.

머리말은 연구의 무대를 설정하는 곳이다. 연구계획서의 설득력을 높이기 위해서는 강력한 머리말이 필요하다. 머리말은 독자들이 연구계획서의 논리를 뒤따르도록 유도하는 도입부lead-in이다. 머리말의 목적은 선행연구를 고찰하는 것이 아니라, 이미 알려져 있는 사실에 비추어 볼 때 제안된 연구가 얼마나 적절한 것인지 보여주는 것이며, 또한 현재의 지식 및 실천과 관련하여 연구자가 제안하는 연구의 위치를 가늠해보는 것이다.

머리말에는 연구분야, 연구논제, 그리고 연구목적에 관한 간략하고 일반적인 진술이 반드시 포함되는 것이 좋다(Punch, 2006, p. 64). 이러한 요소는 나중에 일반적 또는 구체적인 연구질문으로 이어지는 경우가 많다. 또한 제안된 연구의 특징과 그 배경의 중요한 측면에 대한 설명이 여기에서 다루어지기도 한다. 예를 들면, 개인적인 지식과 경험이 연구 상황의 중요한 측면을 형성하고 있다거나, 예비조사 또는 파일럿조사가 실시되었다거나, 제안된 연구가 기존의 자료를 이차 분석할 계획이라면 그와 같은 내용을 언급할 필요가 있다.

머리말은 강력하고 매력적이어야 한다. 다양한 논리적 구조에 따를 수 있지만, 머리말의 구조는 일반적인 논점으로부터 보다 구체적인 논점으로 점진적으로 진행하는 방식, 즉 연구논제와 연구문제의 진술을 서론의 정점, 즉 결승선으로 삼는 방식이 가장 적절하다(Punch, 2006, p. 64). 다시 말해, 도입부에서는 먼저 연구논제를 소개하고, 이어 연구논제를 더욱 구체적으로 설명하는 차원에서 연구문제를 언급하는 것이 좋다.

어떤 방식을 선택하든 간에 연구자는 머리말의 절에서 실제로 연구논제를 소개하고 연구의 후속 절차가 진행될 수 있는 무대를 마련하는set the stage 일을 하여야 한다. 머리말을 너무 길게 서술하면 좋지 않다. 특히 연구의 배경을 설명하는 부분이 너무 길면 좋지 않다. 머리말에 너무 난해한 기술적 용어나 전문용어를 넣는 것도 바람직하지 않다. 연구자들은 이른바 '공손한 도입부'gentle introduction을 만들기 위한 노력을 경주하여야 한다(Locke, Spirduso & Silverman, 2007, p. 8). 머리말을 짤막하게 기술한 다음에는 가급적 신속하게 핵심적인 내용, 즉 연구의 목적과 연구질문을 상세하게 설명하는 부분으로 옮겨가는 것이 바람직하다.

4) 연구 배경

연구 배경에 대한 설명은 연구자가 제안하는 연구를 보다 넓은 상황con-text 안에 넣는 일이다. 연구 배경은 크게 두 가지 측면에서 고려하여야 한다. 첫째, 연구자는 자신의 연구 프로젝트가 어떻게 태동하게 되었는지를 설명하여야 한다. 구체적으로, "왜 이 연구논제가 선택되었는가? 누구를 위한 연구인가? 어디에 응용할 수 있는가? 이 연구로부터 누가 이익을 얻을 것으로 기대하는가?" 등의 질문에 대한 답변이 필요하다.

둘째, 연구자는 자신이 제안하는 연구와 연구분야의 다른 선행연구와의 관련성에 대하여 설명하여야 한다. 구체적으로, 먼저 연구문제의 역사를 간략하게 언급하는 것이 좋은데, 이때 여러 선행연구의 성과에 대한 언급이 뒤따라야 한다. 또한 연구자는 자신이 어디에서 정보를 얻었으며 무슨 자료를 참고하였는지 알리기 위해 간략한 선행연구 고찰의 결과를 포함하는 것이 좋다. 물론 상세한 내용의 선행연구 고찰은 별도의 장이나 절에 넣어야 한다.

5) 용어의 정의

모든 연구계획서는 해당 연구분야 또는 해당 연구계획서에만 국한되는 체계적인 언어를 사용하기 마련이다(Locke et al., 2007, p. 17). 과학의 언어, 특히 연구의 언어language of research는 일상생활에서 사용되는 보통의 언어와는 사뭇 다른 경우가 많다. 연구계획서는 과학의 대화 속으로 진입하기 위한 입장의 계획인 바, 체계 언어system language로 이루어지는 과학의 대화 영역 안에서 개별 단어는 그것이 필자에게나 독자에게 언제나 한 가지 의미만을 갖거나 전달하여야 한다(Locke et al., 2007, p. 127).

이와 같은 관점에서 볼 때 연구계획서 작성자는 용어 사용에 특히 주의하여야 한다. 구체적으로, 연구계획서의 작성자는 주요 개념을 과학적인 정의scientific definition의 관점에서 정의하고, 다른 사람들이 연구자의 측정에 대하여 이해할 수 있도록 변수들을 조작적으로 정의하여야 한다.

연구계획서를 작성하는 일은 곧 연구자가 미지의 세계에 대한 자신의 개인적 시각을 매우 사려 깊은 글쓰기 과정을 통해 구체적인 공적 기록public record으로 전환하는 행위라고 할 수 있다. 연구자가 연구계획서를 작성할 때 주의할 점은 다음과 같이 정리할 수 있다(Locke et al., 2007, pp. 129-130).

- 적절한 기존의 체계 언어가 존재함에도 불구하고 연구자가 새로운 단어를 만들어내는 일은 금물이다. 예를 들면, 기존 단어의 의미가 연구자가 원하지 않는 바는 모두 배제시키고 원하는 바는 모두 포함하고 있다면 그 단어를 사용하는 것이 바람직하며, 굳이 새로운 단어를 만들 필요가 없다.
- 연구자가 사용하기 원하는 단어가 기존의 지식체계에 존재하지 않는다고 여긴다면, 연구계획서의 초반부에 연구자가 만든 용어를 삽입하고 연구계획서의 전반에 걸쳐 그 단어를 사용하는 것이 좋다. 이 경우 연구자가 미리 그 용어의 의미를 설명하지 않는다면 독자는 연구자가 사용한 용어의 의미를 해독하기 위하여 불필요한 시간과 노력을 낭비하게 될 것이다.
- 체계 의미system meaning를 지닌 용어는 그 의미대로 사용되어야 하며, 일상의 의미로 사용되어서는 안 된다. 예를 들면, '유의하다'significant는 단어는 '마음에 새겨 두어 조심하며 관심을 가진다'는 일상적인 의미가 아니라 '통계적으로 보아 단순한 우연이라고 생각되지 않을 정도

로 의미가 있다'는 뜻으로 해석하여야 한다. 추론통계의 영역에서 확립된 체계 언어는 '유의하다'에 이와 같은 불변의 의미를 부여하였는데, 이와 다른 뜻으로 이 단어를 사용하면 큰 혼란이 초래될 것이다.

- 체계 언어에 속하는 어떤 단어가 경우에 따라 때로는 매우 제한된 의미로 사용될 수도 있고, 때로는 매우 확장된 의미로 사용될 수 있다면, 연구자가 이 단어를 처음 사용할 때 그 의미를 명확하게 정의해주어야 한다. 연구계획서나 연구논문의 각주를 사용하여 이러한 용어의 의미를 밝혀주는 것이 좋다.

- 아직 체계 언어 안에 수용되지 않은 어떤 것을 전달하기 위하여 일상 용어의 단어에 불변의 의미invariant meaning를 부여할 필요가 있을 경우, 연구자는 매우 조심스럽게 단어를 선택하여야 한다. 강한 평가적인 의미를 함축하고 있는 단어, 오래 전부터 모호한 의미로 사용되어 오고 있는 단어, 일상적인 의미로 그 용법이 확립된 단어는 모두 그와 같은 용도로는 적당하지 않은 단어들이다. 연구자가 아무리 주의를 기울여 새로운 단어를 조작적으로 정의한다 할지라도 그 단어가 갖고 있는 기존의 의미에 익숙해져 있는 독자들에게 '익숙한 자극에 대한 새로운 응답'new responses to familiar stimuli을 기대하는 것이 과연 타당한 일인지 의문이 들기 때문이다.

- 어떤 단어에 불변의 의미를 할당하는 가장 좋은 방법은 그 단어를 매우 구체적으로 정의하는 것이다. 만약 한두 개 정도의 단어를 정의하여야 한다면, 이것은 연구계획서의 하위 절 가운데 어느 곳에서나 본문으로 다룰 수 있다. 그러나 정의하여야 할 단어의 수가 많다면, '용어의 정의'라는 이름으로 별도의 절을 만드는 것이 좋을 것이다.

6) 문제의 설명

첫인상이 중요하다. 독자들이 처음 접하는 몇 개의 문장이 연구계획서의 첫인상을 결정한다. 즉, 지도교수, 심사위원, 다른 독자들은 연구계획서의 서두 몇 문장을 읽고 나서 이 연구계획서가 흥미를 유발하는 창조적인 작품인지 아니면 판에 박힌 글에 불과한 것인지를 예단한다. 따라서 연구계획서의 초안을 완성한 연구자는 다시 연구계획서의 서론 편으로 되돌아가서, 독자들에게 흥미를 제공할 수 있도록 그 부분을 재가공rework하여야 한다. 연구자가 연구를 통해 다루고자 하는 문제는 매우 중요하다. 연구자가 초점이 잡힌, 효과적인 문제의 진술을 작성하기 위해서는 다음과 같은 가이드라인에 주목할 필요가 있다(Krathwohl & Smith, 2005, pp. 47-49).

첫째, 문제의 중요성을 강조하라. 연구계획서의 서두는 독자들에게 연구 프로젝트의 중요성을 납득시키는 장이다.

둘째, 문제가 기반을 두고 있는 영역 보다 넓은 영역의 관점에서 문제를 설명하라. 예를 들면, '노인복지관의 직무순환'은 '사회복지조직의 인사관

🔍 문제 진술의 착안사항

- 문제의 중요성을 강조하라.
- 문제가 기반을 두고 있는 영역 보다 넓은 영역의 관점에서 문제를 설명하라.
- 문제의 일반성generality에 대하여 언급하라.
- 문제를 한정하라Limit the problem.
- 당연한 것을 너무 강조하지 마라.
- 완전성completeness과 간결성brevity 사이의 균형이 중요하다.
- 독자들에게 연구계획서 전반의 관점을 이해시켜야 한다.
- 준거틀frame of reference을 설정하라.

리'의 영역에서 설명하고, '중학생의 인터넷 중독'은 '사회생태이론'과 '사회복지실천'의 영역에서 설명하는 것이 바람직하다.

셋째, 문제의 일반성generality에 대하여 언급하라. 비록 학위논문의 작성 과정이 대학원 교육과정의 일환으로서의 학습경험을 쌓는 기회로 인정되고 있지만, 원래 학위논문의 본질적인 목적 가운데 하나는 지식에 대한 기여이다. 연구자는 자신이 제안하는 연구가 지식체계에 기여할 것이라는 점을 강조하기 위하여 문제의 일반성과 연구의 일반화 가능성을 설명하는 것이 좋다. 이렇게 하기 위한 가장 좋은 방법은 연구 프로젝트가 이론과 연구현상에 관한 지식knowledge of the phenomenon에 기여하는 바를 설명하는 것이다. 연구자는 연구 프로젝트가 어떤 점에서 선행 이론에 근거하고 있는지 그리고 어떤 점에서 새로운 견해를 추가하고 있는가에 대하여 설명하는 것이 좋다. 연구자는 연구 프로젝트를 연구분야의 크고 중요한 문제와 연결시켜야 한다. 만약 가능하다면, 연구자는 지식을 구체적으로 응용하는 일의 중요성과 그 가치에 대하여 설명하는 것이 좋을 것이다.

넷째, 문제를 한정하라Limit the problem. 연구의 초점을 맞추는 것이 곧 기술이다. 초심자는 연구계획서에 자신이 다루고자 하는 문제를 구성하는 큰 조각들을 모조리 포함해야 한다고 굳게 믿는 경향이 있으나, 사실은 그와 정반대이다. 심사위원들은 종종 연구의 범위를 너무 넓게 잡은 연구계획서에 대하여 불합격 판정을 내린다. 따라서 연구자는 연구대상 문제를 구성하고 있는 다양한 측면 가운데 자신이 다룰 수 있는, 아주 중요한 측면에 초점을 맞추는 것이 무엇보다 중요하다.

다섯째, 당연한 것을 너무 강조하지 마라. 마치 연구계획서의 독자들이 연구논제에 대하여 아무것도 모를 것이라고 가정하여 당연한 내용을 매우 장황하게 설명하는 것은 바람직하지 않다. 연구주제에 관하여 아무 것도 모르는 사람이 연구계획서의 심사위원으로 참여할 가능성은 거의 없다고 보아도 큰 무리가 아닐 것이다. 연구계획서의 독자는 연구자의 연구분야에 대한 지식과 관심을 갖고 있는 사람일 것이므로 연구자가 연구계획서에서 당연한 내용을 구구절절 늘어놓는 일은 지양되어야 한다.

여섯째, 완전성completeness과 간결성brevity 사이의 균형을 잡아라. 연구논제에 대하여 너무 장황하게 설명하는 것도 바람직하지 않고, 반대로 너무 간략하게 설명하는 것도 좋지 않다. 그래서 연구자는 완전성과 간결성이라는 두 가치 사이의 조화를 추구하여야 한다.

일곱째, 독자들에게 연구계획서 전반의 관점을 이해시켜라. 연구자가 사용하고자 하는 접근법을 두세 문장으로 요약하여 설명하는 것이 좋다. 또한 그 접근법의 장점에 대해서도 설명하는 것이 좋다.

끝으로, 준거틀frame of reference을 설정하라. 문제 진술의 절은 연구의 준거틀과 연구계획서에 대한 독자들의 기대치 기준을 설정하는 장소이다. 색다른 의미로 사용된 익숙하지 않은 단어나 어구는 문제를 자초할 우려가 크다. 만약 그러한 단어나 어구를 불가피하게 사용하여야 한다면, 연구계획서의 초반부에 미리 그에 대한 개념정의를 제시함으로써 독자들의 혼란을 예방하는 것이 바람직하다.

7) 연구 목적

이 절에서 연구자는 연구의 목적, 즉 '왜 이 연구를 수행하여야 하는가?'의 질문에 대한 답변을 제시하여야 한다. 다시 말해, 연구자는 연구의 목적을 간략하게 제시하고, 연구의 목적이 왜 적절한 것인지 그 이유를 설명한다. 연구목적은 크게 나누어 '무엇을 개선하려는 의도'desire to improve something에 관한 것과 '무엇을 이해하려는 의도'desire to understand something에 관한 것으로 나누어진다(Locke et al., 2007, p. 9). 물론 이와 같은 실천적이고 이론적인 목적 외에 보다 개인적인 목적, 예컨대 단순한 호기심, 사회적 책임감, 경력발달의 욕구 등과 같은 것이 연구의 목적이 될 수도 있다 (Maxwell, 2005).

연구목적을 설명하는 문장은 직설적이고 단순하며 간명하여야 한다. 연구목적이 연구자의 의도를 매우 상세하게 설명할 필요는 없으며, 연구목적이 연구질문의 형태로 구체적으로 표현될 필요도 없다. 연구의 조사대상이 누구이고 그들을 대상으로 어떤 활동을 전개하여 무엇을 추구할 것인가에 대한 구체적인 설명이면 충분하다. 결국 연구목적이라 함은 '이 연구가 무엇에 관한 것인가?, 그리고 왜 이 연구를 제안하고 있는가?'라는 질문에 대한 답변으로 귀결된다.

한편, 연구자에 따라서는 연구목적을 설명하는 곳에서 연구문제를 함께 설명하는 경우도 있다. 반면에 연구문제를 별도의 절에서 언급하는 경우도 있다.

8) 연구의 중요성

연구자는 자신이 제안하는 연구를 통해 연구분야의 현존하는 지식existing knowledge을 어떻게 다듬거나, 수정하거나, 확장할 것인가에 대하여 설명하여야 한다. 이와 같은 정련, 수정 또는 확장은 실질적·이론적 또는 방법론적인 중요성을 지니고 있다는 점에 대해서도 언급할 필요가 있다. 대부분의 연구는 두 가지 부류의 잠재적인 독자층을 가지고 있는데, 하나는 실천가 집단이며 다른 하나는 동료 전문가 집단이다. 연구자는 자신이 제안하는 연구가 이 두 집단에게 어떤 의미를 지닐 것인가에 대하여 구체적으로 설명할 필요가 있다. 사실 이 절을 쉽게 기술하기란 쉽지 않을 것이다. 연구자는 자신의 연구결과가 학문적 연구, 이론, 실천, 사회복지 개입, 프로그램, 정책 등에 미치는 영향과 그 함의에 대하여 생각해보아야 한다. 연구의 중요성에 관한 절을 작성할 때 연구자는 스스로에게 다음과 같은 질문을 던져야 한다.

- 연구의 이론적 준거틀theoretical framework에서 볼 때 연구결과는 어떤 의미를 지닐 것으로 기대되는가?
- 연구결과로부터 후속연구를 위한 어떤 제안이 나올 것으로 기대되는가?
- 연구결과는 실천현장의 전문가 또는 관리자에게 어떤 의미를 제공할 것으로 기대되는가?
- 연구결과가 프로그램, 방법 그리고 개입에 영향을 미칠 것인가?
- 연구결과가 사회복지 문제 해결에 기여할 것인가?
- 연구결과가 정책결정에 영향을 미칠 것인가?
- 연구결과가 무엇을 개선시키거나 변화시킬 것인가?
- 연구결과가 어떻게 집행될 것인가, 그리고 어떤 혁신이 일어날 것인가?

요컨대, 연구자는 자신이 제안하는 연구의 중요성을 심사위원을 위시한 독자들에게 적극적으로 알려야 한다. 연구의 중요성은 이론적 · 실천적 · 정책적 측면에서 다루어질 수 있다.

9) 연구의 제한점

연구의 제한점limitations과 연구의 한계 설정delimitations을 구분하는 학자들이 있다(Locke et al., 2007, p. 16; Punch, 2006, p. 69). 연구의 제한점은 연구설계에 불가피하게 내재된 것인 반면, 연구의 한계 설정은 연구자의 몫이다.

연구의 제한점은 연구를 제한하는 상황조건 또는 잠재적인 약점을 말한다. 모든 연구는 제한점을 갖게 마련이며, 따라서 연구자는 연구계획서에 연구의 제한점에 대하여 명시적으로 기술하여야 한다. 연구의 제한점을 밝힌다고 하여 연구의 중요성이 훼손되는 것은 아니다. 구체적으로, 자료의 분석방법, 자기 기입self-report의 특성, 측정도구, 표본 등과 관련하여 연구의 제한점이 존재할 수 있다. 또한 내적 타당도internal validity를 위협하는 요소는 제거하거나 최소화하기 어려운데, 이 역시 연구의 제한점이 될 수 있다.

모든 연구는 그 한계가 설정되어야 한다. 연구의 한계 설정은 연구의 한계를 정의하거나 연구의 범위를 설정하는 것을 말한다. 즉, 연구의 한계 설정은 연구결과를 일반화시킬 수 있는 모집단에 대하여 설명하는 일이다 (Locke et al., 2007, p. 16). 다시 말해, 이것은 어떤 것이 연구에 포함되고, 어떤 것은 연구에 포함되지 않는가를 명확하게 밝히는 일이기도 하다. 간혹 독자들의 오해를 미연에 방지하기 위하여 연구의 한계를 설정할 필요가 있다.

모든 연구는 제한점과 한계 설정으로부터 자유로울 수가 없다. 만약 제한점이나 한계 설정의 항목 수가 적을 뿐만 아니라 비교적 명백한 것이라면 연구계획서의 어느 절에서 본문으로 다루는 것이 좋지만, 항목의 수가 많고 설명할 내용이 많다면 '연구의 제한점과 한계의 설정'이라는 별도의 절을 만들 필요가 있다. 어떤 형식을 취하던 간에, 연구의 제한점과 한계 설정이라는 제약조건을 충분히 이해하고 자신이 이 문제를 충분히 고려하였음을 독자들에게 알리는 일은 바로 연구자의 책임이다.

10) 이론적 배경 및 선행연구의 고찰

사회과학 연구에 있어서 이론적 배경 및 선행연구의 고찰은 필수불가결한 절차이다. 선행연구 고찰은 문헌고찰이라고도 불리는데, "연구자, 학자, 실천가에 의해 완성되었고 기록되었으며 현존하는 연구들을 찾아내고, 평가하며, 종합하는 체계적이고 명확한 재현 가능한 방법"이라고 정의할 수 있다(Fink, 2005, p. 3). 이론적 배경 및 선행연구 고찰에 관한 장은 연구계획서에서 '이론적 배경', '선행연구의 고찰', '이론적 배경 및 선행연구의 고찰'로 불리는 것이 보통이다(김경호, 2007, pp. 504-505). 즉, 연구가설 설정 등을 위해 주로 고찰한 근거자료가 무엇이냐에 따라 이 부분을 지칭하는 소제목heading이 달라지는데, 그 근거자료가 '관련이론'일 경우에는 '이론적 배경'이라 이름하고, 그 근거자료가 '선행연구'일 경우에는 이 부분을 '선행연구의 고찰'이라 부르며, 그 근거자료가 '관련이론과 선행연구'일 경우에는 이 부분을 '이론적 배경 및 선행연구의 고찰'이라고 칭하는 것이 일반적이다.

종종 이론적 배경 및 선행연구의 고찰의 장에 연구가설이 제시되기도 한다. 일반적으로 연구가설은 연구방법의 장에서 제시되는 것이 보통이다. 그러나 연구가설은 연구자가 아무런 이론적 근거 없이 독창적으로 창작하는 것이 아니라 기존의 이론이나 선행연구로부터 도출되는 것이다. 이 때문에 연구에 따라서는 이론적 고찰의 결과를 기술하는 곳에 연구가설을 함께 제시하는 경우도 있다.

연구계획서의 '이론적 고찰 및 선행연구의 검토'의 장은 해당 연구계획서가 선행연구에 군건한 기초를 두고 있으며 여러 가지 중요한 측면에서 선행연구보다 진일보할 것이라는 점을 보여줌으로써 독자들이 해당 연구가 다루고 있는 문제를 보다 쉽게 이해할 수 있도록 돕는 역할을 수행한다. 이론적 고찰의 장은 연구자가 자신의 학문적 능력scholarly competence을 보여줄 수 있는 최적의 장소이다. 즉, 이론적 고찰을 훌륭하게 작성하는 능력은 전문적 성숙professional maturity의 징표 또는 신호이다. 연구자는 이론적 고찰을 통해 자신이 연구분야를 완전하게 이해하고 있을 뿐만 아니라 다른 학자들의 연구를 비판적으로 평가하는 방법론적 정교함methodological sophistication을 갖고 있음을 증명한다. 요컨대, 이 장은 연구자의 독서의 넓이와 깊이를 보여준다(Krathwohl & Smith, 2005, p. 49).

이론적 고찰의 장에 구체적으로 어떤 내용을 넣을 것인가를 결정하는 일은 매우 중요하다. 분명한 사실은 어떤 연구 프로젝트도 진공상태에서 출발하는 경우란 있을 수 없다는 점이다. 따라서 이론적 고찰의 장은 연구분야의 지식의 현재 상태를 파악하고 그것을 진일보시키는 데 기여하여야 한다. 이 장을 작성할 때 연구자는 다음과 같은 과업을 수행하는 것이 바람직하다(Krathwohl & Smith, 2005, p. 50).

- 연구자는 자신이 제안하는 연구 프로젝트의 토대가 되는 일련의 선행연구를 정밀하게 조사하여야 한다.
- 연구자는 자신의 연구와 이러한 선행연구들 사이의 관련성을 이해할 수 있도록 상세한 논의를 진행하여야 한다.
- 연구자는 일련의 선행연구가 자신의 연구에 어떠한 기여를 하고 있는가를 설명하여야 한다.
- 연구자는 어떻게 하여 자신의 연구가 선행연구를 넘어 앞으로 나아갈 수 있는가를 설명하여야 한다.

이론적 고찰 및 선행연구의 검토의 장은 연구내용과 연구방법의 두 가지 측면에서 모두 최선의 연구와 최신의 연구를 망라하여야 한다. 너무 오래된 자료의 고찰은 학문성의 추구와 거리가 있다. 간혹 이차적 자료⑩ 다른 연구자의 선행연구 고찰의 결과에 의존하는 것이 적절한 경우도 있지만, 일반적으로 연구자는 혼자 힘으로 연구분야의 핵심적인 선행연구를 비판적인 시각에서 평가할 수 있는 능력을 갖추어야 한다.

선행연구를 논의함에 있어서 연구자는 선행연구에 내포된 기술적·방법론적 흠결을 지적하여야 하며, 자신의 연구에서는 이러한 함정을 어떻게 비켜나갈 것인가에 대하여 설명하여야 한다. 또한 연구자는 선행연구의 저자들이 연구결과를 제대로 해석하였는지, 그리고 선행연구의 연구결과가 자신의 연구에 어떤 영향을 미칠 것으로 기대되는가에 대해서도 설명하여야 한다.

연구자가 염두에 두고 있는 이론적 근거는 이론적 배경의 장에서 다루어져야 한다. 과학이란 체계적으로 축적된 일련의 지식이다. 이론은 개별적인 여러 연구결과를 상호 연결시키며, 더 높은 수준의 일반화를 가능하게 한다. 이 장은 연구자가 자신의 연구분야에 현재 어떤 이론이 개발되어 검증되고 있는가를 충분히 이해하고 있다는 사실을 보여주며, 더 나아가 현재 학계에 정립되어 있는 이론구조의 견고성을 비평하는critique 최적의 장소이다.

선행연구 고찰 및 이론적 검토는 매우 선택적이어야 한다. 즉, 선행연구 고찰의 대상에는 연구자가 제안하는 연구의 근거가 되는 핵심적인 연구만을 선택하여야 한다. 더 많은 것이 항상 더 좋은 것은 아니다. 흔히 범하는 잘못 가운데 하나는 너무 많은 선행연구를 찾아낸 연구자가 개개의 연구를 거의 탐구하지 못하는 현상이다. 연구와 직접 관련이 없는 자료를 연구계획서의 참고문헌 목록에 넣는 것은 명백한 잘못이다.

연구자의 학문분야가 아닌 인접학문 분야에도 연구자가 제안하는 연구와 관련된 선행연구가 다수 존재할 수 있다는 사실을 자각하여야 한다. 따라서 연구자는 다양한 검색엔진을 사용하여 사회과학 전반에서 연구와 관련 있는 선행연구를 검색하여야 한다.

만약 가능하다면, 현재 진행 중인 연구 가운데 연구자가 제안하는 연구와 중복될 가능성이 높은 연구에 대해서도 언급하는 것이 좋다. 현재 연구 분야에서 어떤 연구가 수행되고 있는지 파악할 수 있다는 것은 연구자의 검색 능력을 보여주는 또 하나의 신호이다. 이 경우 연구자는 자신의 연구가 그러한 연구와 어떤 점에서 차이가 나는지, 그리고 자신의 연구는 그러한 연구와 어떻게 조화를 이룰 것인지에 대하여 설명하여야 한다.

11) 연구문제, 연구가설 또는 모형

앞서 문제 진술problem statement의 단계에서 연구자는 일반적인 용어를 사용하여 자신이 연구를 통해 탐구하고자 하는 문제에 대하여 기술하였고, 그 문제의 중요성을 강조하였으며, 보다 넓은 배경과 맥락 안에서 그 문제를 설명하였다. 이론적 고찰 및 선행연구 고찰단계에서 연구자는 지금까지 자신이 연구하고자 하는 분야에 대한 선행연구가 어느 정도 이루어졌는지 설명하였을 뿐만 아니라 그러한 선행연구를 바탕으로 자신이 앞으로 어떤 연구를 수행할 것인가를 암시하였다. 즉, 연구자는 선행연구가 성취한 것을 뛰어넘어야 하고, 새로운 영역을 개척하여야 하며, 연구결과의 일반성을 보여주기 위하여 더 좋은 새로운 방법으로 연구를 복제할 수 있다는 것을 암묵적으로 설명하였다.

연구문제 · 연구가설 · 연구모형을 다루는 절의 주요 내용은 선행연구의 아이디어나 이론으로부터 도출된다. 추론의 연쇄관계를 구성하는 다른 모든 고리와 마찬가지로, 이 절은 연구계획서의 나머지 후속 부분을 평가하는 기초가 된다. 이 절은 연구자가 앞 절에서 제시한 문제를 어떻게 해결한다거나 해결에 기여하겠다는 의도를 표명하는 자리이다. 이 절의 주요 내용을 얼마나 구체적으로 기술할 것인가는 앞 절에서 설명한 내용이 얼마나 구체적인가, 그리고 이론적 배경 및 선행연구의 고찰의 절에 무엇을 담았느냐에 따라 달라진다.

일반적으로 이 절에는 연구질문, 연구가설, 연구모형 중에서 어느 하나를 담는 것이 원칙이나, 연구의 목적과 특성에 따라서는 연구질문, 연구가설, 연구모형이 함께 제시되기도 한다.

- 연구자가 연구대상 영역에 관하여 밝혀낸 내용이 적을 경우 연구자는 연구질문research questions을 제시하거나 보다 구체적인 자료를 찾기 위한 영역에 대하여 설명하는 것이 바람직하다. 즉, 선행연구를 고찰하였으나 풍부한 자료나 정보를 얻지 못하였을 경우에는 연구질문을 설정하는 것이 일반적이다.
- 연구자가 어느 영역에 대하여 어느 정도 자세하게 알게 되었다면, 그러한 내용이 사실인지 자신의 연구를 통해 검증하고 싶은 마음이 생길 것이다. 이 경우 연구자는 자신이 예측하는 바를 연구가설research hypotheses의 형식으로 제시하는 것이 바람직하다.
- 만약 연구자가 연구대상 영역에 대하여 아주 깊게 이해하고 있을 경우 여러 변수들 사이의 인과관계를 설명하는 연구모형research model을 구성할 수 있을 것이다. 따라서 연구자는 자신이 검증하고자 하는 연구모형을 제시하는 것이 바람직하다.

일반적으로 연구문제, 연구가설 또는 연구모형을 설명하는 절은 연구계획서의 초반부에 제시된다. 따라서 연구자는 연구의 전반적인 얼개를 확장시켜나가는 마음가짐을 갖게 되며, 주로 중요한 문제에 관심을 집중하게 되는 반면 아주 구체적인 내용에 대해서는 큰 관심을 두지 않게 된다. 결과적으로, 이 절에서는 연구문제, 가설 또는 모형을 약간 모호하고 광범위하게 설명하는 경우도 있을 수 있다. 그러므로 연구계획서의 초안이 완성된 다음에는 이 절과 바로 앞 단계인 문제의 진술problem statement 단계 사이에 논리적인 흐름이 유지되고 있는가에 대하여 다시 한 번 주의 깊게 확인하여야 한다. 또한 이 절에 포함된 내용이 다음 단계인 절차에서 빠짐없이 모두 적절하게 다루어지고 있는가에 대해서도 꼼꼼히 확인하여야 한다.

(1) 연구문제research questions

사후에 점차 구체화되는 연구, 탐색적인 연구, 어떤 사실fact이나 기술description을 목적으로 수행되는 연구의 경우에는 연구문제를 제시하거나 연구자가 어느 영역에서 무엇을 탐색할 것인지를 설명하는 것이 적합하다. 연구자가 연구문제나 연구대상 영역에 대하여 자세하게 설명할수록 독자들은 그가 선행연구 고찰을 통해 연구논제를 주의 깊게 탐구하였다는 사실을 더 잘 이해할 수 있게 될 것이다.

결론적으로, 연구자가 문헌검색을 통해 별다른 성과를 올리지 못하였으며 따라서 연구가설을 설정할 근거를 확보하지 못하였을 경우, 연구문제나 탐구대상 영역을 제시하는 것이 좋다. 이 경우 연구문제나 탐구대상 영역에 관한 자세한 설명과 더불어 다음과 같은 내용을 추가하는 것이 바람직하다.

- 연구문제 또는 탐구대상 영역이 왜 중요한가에 대한 설명
- 해당 학문 영역의 발전과 관련하여 연구문제와 탐구대상 영역이 갖고 있는 잠재적 시사점
- 다른 대안적인 연구문제나 탐구대상 영역이 연구자의 관심을 끌지 못

하는 이유. 따라서 그것이 연구자가 제안하는 연구에서 다루어지지
않은 이유
- 연구문제를 다루고 그에 대한 대답을 얻는 일 또는 연구대상 영역을
탐구하는 일이 무엇을 시사하는가에 대한 설명

  질적 연구를 수행하는 연구자는 연구의 결론을 도출하기 위하여 선행연
구에 거의 의존하지 않는 것이 일반적이다. 이 경우 연구자는 이 절에서 연
구질문을 제시하거나 자신이 천착穿鑿하게 될 탐구대상 영역을 명시한다.
즉, 연구자는 자신이 제시하는 연구질문의 종류에 대하여 설명하거나 애
초부터 자신이 어느 영역에 주목하였는가에 대하여 설명하는 것이 바람직
하다. 또한 연구자가 왜 다른 연구질문이나 탐구대상 영역 대신에 특정 연
구문제나 탐구대상 영역을 선택하였는가에 대한 설명도 필요하다.

(2) 연구가설research hypotheses

  일반적으로 연구의 목적을 경험적 검증이 가능한 가설의 형태로 표현하
는 것이 연구수행에 도움이 된다. 가설은 가급적 이론적 근거theoretical base를
갖추어야 한다. 연구계획서의 경우, 이론적 고찰 및 선행연구의 검토의 장
에서 가설과 관련된 이론적 근거를 제시하는 것이 원칙이다. 만약 그렇지
않았다면 연구문제, 연구가설, 연구모형을 설명하는 절에서라도 가설의
이론적 근거에 대하여 상술하여야 한다. 즉, 연구자는 기존의 이론으로부
터 연구가설이 어떻게 도출되었는가를 설명하기 위해 기존의 이론을 가다
듬고 확장한다. 가설설정은 기존의 이론으로부터 연구자가 제안하는 연
구로 이어지는 교량을 놓는 일로 비유된다.
  가설은 검증 가능한 형태로 기술되어야 한다. 즉, 가설은 연구결과에 의

해 지지되거나 기각될 수 있는 구체적인 어구로 표현되어야 한다. 가설은 아직 경험적 검증을 거치지 않았으며 앞으로 경험적 검증이 가능하도록 변수와 변수 간의 관계를 진술하고 있다는 점에서 이미 경험적 검증을 거친 이론과 구별된다.

또한 가설은 가치판단을 포함하는 개념으로 구성되어서는 안 된다. 철학적 과제나 가치를 내포하고 있는 내용은 경험적으로 관찰하기 어렵기 때문에 사회과학의 연구가설에 포함되지 않아야 한다.

일반적으로 방향을 나타내는 가설directional hypothesis이 방향이 없는 가설 non-directional hypothesis보다 강력한 연구결과를 산출하는 것으로 인정되고 있다. 방향을 나타내는 가설은 부등가설, 일방적 가설 등으로 호칭되며, 내용 면에서 가설 안에 부등호가 포함되어 있다. 방향을 나타내는 가설에 의한 가설검정의 절차를 일방적 검정one-tailed test라 부른다. 반면에, 방향이 없는 가설은 등가설, 양방적 가설 등으로 불리는데, 가설 안에 등호가 포함되어 있는 가설이다. 방향이 없는 가설에 의한 가설검정의 절차는 양방적 검증two-tailed test이라 한다. 어떤 가설검정의 절차를 따를 것인가는 연구자의 이론적 혹은 경험적 배경에 의하여 결정된다(성태제, 2001, p. 222). 그러나 검정결과의 설명력을 염두에 둘 때 방향을 나타내는 가설이 더 바람직하다. 따라서 연구자가 연구분야에 대해 깊은 이론적 배경을 갖고 있을 경우에는 가능한 한 방향을 나타내는 가설, 즉 일방적 가설을 설정하는 것이 좋다.

(3) 연구모형research models

두 변수 사이의 관계보다 더 큰 그림에 관심을 두고 있는 연구자가 일련의 변수들 사이의 상호관계를 탐구하기 위해서는 특정 모형model을 구성하여야 한다. 일반적으로 연구모형은 선행연구의 기반 위에 구축된다. 연구자는 큰 그림을 구성하는 개별 조각들을 종합하고자 하며, 개별 변수들이 상호 간에 어떤 영향을 주고받는가를 이해하고자 한다. 대개는 이러한 노력의 결과로서 다이어그램이 그려지는데, 여기에는 영향력의 방향을 나타내는 여러 개의 화살표가 포함된다. 연구자가 수행하여야 할 과업은 곧 변수들 사이의 관계가 존재한다는 증거를 제시하고, 영향력의 방향을 확인하며, 영향력의 크기를 추정하는 일이다.

연구자는 연구계획서의 이론적 고찰의 장에 자신이 제안하는 모형에 관한 이론적 근거를 제시하여야 하는데, 이러한 근거는 주로 선행연구의 고찰로부터 얻어진다. 연구자는 어떤 면에서 자신의 모형이 선행연구보다 진일보하였는지, 그리고 자신의 연구가 어느 정도 기존의 지식체계에 새로운 지식을 더할 수 있을 것인가에 대하여 언급하는 것이 좋다. 모형에 대하여 구두로즉, 본문으로 설명함과 동시에 시각적인 설명예 다이어그램을 추가하는 것이 독자의 이해를 돕는 길이 될 것이다. 모형의 구성 부분 가운데 선행연구에 의해 잘 설명되는 분야와 선행연구의 근거가 미약한 부분을 명확하게 적시하는 일도 필요하다. 만약 연구자가 제안하는 모형과 다른 방식으로 개념화된 모형이 있다면 그것을 제시하고 그 근거나 이유를 제시할 필요도 있다.

12) 참여자모집단과 표본

사람을 대상으로 자료를 수집하는 모든 연구에서는 조사대상자가 누구인가에 관한 설명이 연구결과의 일반화 가능성을 판단하는 데 필수적인 요소가 된다. 일반화는 표본을 분석한 결과를 모집단에 확대 해석하는 것을 말한다. 표본의 대표성은 연구자가 연구결과를 얼마나 자신 있게 표본으로부터 모집단으로 일반화시킬 수 있는가를 결정한다.

연구자는 중요 변수와 관련된 표본의 대표성을 확보하기 위하여 특히 노력하여야 한다. 표본추출방법표집방법은 확률표본추출방법과 비확률표본추출방법으로 나눌 수 있는데, 전자의 범주에는 단순무작위 표본추출방법, 체계적 표본추출방법, 층화무작위 표본추출방법, 군집표본추출방법이, 후자의 범주에는 편의표본추출방법, 의도적 표본추출방법, 할당표본추출방법, 눈덩이 표본추출방법이 포함된다. 확률표본추출 방법은 표본의 대표성을 보증할 수 있는 반면, 비확률표본추출 방법은 표본의 대표성을 담보하기 어렵다.

표본의 크기도 중요한 논점 가운데 하나이다. 표본의 크기를 임의로 정하거나 편의표본추출로 우연히 얻은 표본의 크기를 그대로 수용하기 보다는 표본의 크기를 논리적으로 정하는 것이 바람직하다. Power analysis는 그러한 논리를 제공할 수 있는 분석방법 가운데 하나이다.

13) 상황

상황situation 즉, 연구자가 자료를 수집하는 환경setting은 표본sample에 의하여 결정되는 것이 보통이다. 다시 말해, 연구자는 자료를 수집하는 구체적인 환경에 대하여 상술하여야 한다. 독자들은 연구자가 제시한 상황에 대한 설명을 읽음으로써 해당 연구의 결과를 다른 상황에 적용할 수 있을 것인지, 즉 연구의 응용가능성applicability의 정도를 판단할 것이다.

상황에 대한 설명이 독자적으로 주어지는 경우도 있지만, 대개는 연구계획서의 '모집단과 표본'을 설명할 때 상황 설명이 함께 다루어진다. 또한 모집단과 표본이 아닌 연구계획서의 다른 곳◉ '절차'의 절에서 연구의 상황을 설명하는 방안도 있다.

🔍 표본추출방법

〈확률표본추출〉

단순무작위 표본추출 simple random sampling

모집단에 있는 모든 요소들이 표본으로 뽑힐 수 있는 동일한 확률을 가지고 있다. 표본은 모집단을 잘 대표한다. 표본추출 오차를 통계적으로 계산할 수 있다.

체계적 표본추출 systematic sampling

모집단으로부터 일정한 순서에 따라 표본을 추출하는 방법이다. 예를 들면, 모집단에 있는 모든 k번째의 단위들을 표본으로 추출한다(k=N/n).

층화무작위 표본추출 stratified random sampling

하부단위로의 추출 과정을 계층화시킴으로써 소규모의 하위집단들이 적절한 크기로 반드시 표본에 포함될 수 있게 만드는 방법이다. 비례층화표집과 비비례층화표집이 있다.

군집 표본추출 cluster sampling

일련의 물리적 또는 지리적 군집들을 선택한 후, 상위군집에서 하위군집으로 이동하면서 각 군집으로부터 정해진 수만큼의 표본단위를 선택하는 방법이다.

〈비확률표본추출〉

편의표본추출 convenience sampling

우선 연구자가 쉽게 선택할 수 있는 표본을 사용하는 방법이다. 표본단위들이 표본으로 선택될 수 있는 확률은 서로 다르다. 따라서 이 표본은 모집단을 잘 대표하지 못한다.

의도적 표본추출 purposive sampling

조사연구자가 '전형적'이라고 생각하는 표본을 선택하는 방법이다. 선택적 표본추출이라고도 한다. 연구자의 주관적인 판단에 따라 표본이 결정된다.

할당 표본추출 quota sampling

연구자가 선택하려는 표본의 집단별 분포를 미리 알고, 그에 맞추어 각 집단 내에서 할당quota된 수만큼의 표본을 임의로 추출한다. 모집단에서 나타나는 비율을 근거로 할당한다.

눈덩이 표본추출 snowball sampling

최초에는 작은 표본을 선택하지만 연구가 진행되면서 차츰 표본의 크기를 늘려나가는 방법이다. 양적 연구보다는 질적 연구 또는 현장연구에서 더 많이 사용된다.

14) 행동의 초점처치, 독립변수, 종속변수

하나 또는 둘 이상의 처치treatment의 효과, 하나 또는 둘 이상의 독립변수independent variable의 효과, 또는 어떤 조건이 충족되었을 때 발생하는 결과 등 연구자가 관심을 갖고 있는 그 무엇이 모두 연구의 대상이며, 따라서 이들을 모두 행동의 초점focus of action이라고 일컫는다.

사후에 점차 구체화되는 연구emergent study를 예외로 한다면, 행동의 초점은 변수와 변수 간의 인과관계를 설명하는 내용으로 기술된다. 여기서 원인cause은 처치, 즉 독립변수인 반면, 결과effect는 종속변수이다. 또한 실험연구에서는 처치, 즉 실험에 대한 설명이 매우 자세한 것이 일반적이다.

행동의 초점, 즉 처치와 변수에 관한 구체적인 설명은 연구계획서의 어디에선가 자세하게 언급되어야 한다. 그런데 행동의 초점은 별도의 절section로 다루어지기도 하지만, 다른 절에 포함되어 함께 설명되기도 한다. 예를 들면, 행동의 초점에 관한 정보가 도구화나 측정의 절에 포함되어 있는 연구계획서도 흔히 볼 수 있다.

15) 기록도구화, 관찰

연구계획서에는 자료를 수집함에 있어서 이루어지는 기록즉, 측정과 관찰에 관한 내용이 상세하게 설득력 있게 서술되어야 한다. 일반적으로 탐색적 연구, 사후에 점차 구체화되는 연구emergent study 또는 소수의 참여자를 대상으로 진행되는 사례연구에서는 조사도구가 필요하지 않는 경우가 일반적이다. 그러나 확인적인 성격을 지니고, 구조화의 정도가 매우 높으며, 사례 간의 비교를 목적으로 수행되는 대부분의 연구에서는 조사도구를 사용하는 것이 보통이다. 연구계획서 단계에서 미리 도구화instrumentation에 관하여 사려 깊게 생각하고 준비하면 나중에 자료의 수집 및 분석단계에서의 문제점을 예방하는 효과를 기대할 수 있다.

(1) 측정

시간, 거리 등과 같은 변수는 측정에 따른 문제점이 별로 없다. 그러나 사회과학 영역에서 사용되는 대부분의 구성체constructs는 구체적인 행동으로 표현되어야 비로소 그 개념을 측정할 수 있게 된다. 구성체는 넓은 의미에서 변수에 속한다. 구체적으로, 사회경제적 지위, 지능, 학업능력, 생활 만족도, 태도, 성취도 등 추상적인 성격이 강한 변수를 특별히 구성체라고 부른다(이학식, 임지훈, 2005, p. 116). 구성체는 추상성의 정도가 높고 복잡한 구조를 띠고 있는 개념인데, 자연적으로 형성된 것이 아니라 학문적 또는 전문적 활용을 목적으로 의도적으로 만들어낸 개념이다(최성재, 2005, p. 136).

구성체 측정의 예를 들면, 우리가 사람들의 지능을 측정하고자 할 때, 그들의 지능을 직접 측정할 수는 없으며 그들의 행동을 통해 지능을 측정하게 된다. 보통 사람들을 지능검사intelligence test라 불리는 검사도구에 노출시킴으로써 지능을 측정한다. 즉, 지능검사라는 공통의 척도를 통해 어떤 사람들의 행동을 다른 사람들과 비교하는 일이 가능하게 된다. 불안anxiety, 사회경제적 계층socioeconomic class, 한계효용marginal utility 등과 같은 심리적 · 사회적 · 경제적 구성체는 지각할 수 있고 측정할 수 있는 특성으로 해석되어야 한다. 도구화를 기술하는 절은 이와 같은 해석, 즉 조작적 정의를 설명하는 곳이다.

(2) 연구질문, 연구가설, 연구모형에 관한 포괄적인 논의

연구질문, 연구가설, 연구모형과 관련하여 중요한 의미를 지니고 있는 모든 단어를 논의하여야 한다. 만약 연구계획서의 앞부분에서 조금 언급하였지만 다른 곳에서 더 자세하게 설명되지 않은 변수가 존재한다면 이것은 연구자가 중요한 변수를 충분히 다루지 않고 있다는 것을 알려주는 것이다. 따라서 연구자는 필요하다고 인정할 경우, 연구질문, 연구가설, 연구모형과 관련된 포괄적인 논의를 전개할 수 있을 것이다.

(3) 타당도validity

연구계획서에는 조사도구의 타당도를 어떻게 확보할 것인가에 관한 설명을 제시하여야 한다. 조사도구의 타당도란 조사도구, 즉 척도가 측정하고자 하는 바를 정확하게 측정해내는 정도를 말한다. 타당도의 문제는 연구자가 어떤 현상의 특성이라고 정의한 것과 실제로 연구자가 측정의 언어를 사용하여 보고한 것 사이의 '적합도'goodness of fit에 관한 문제이다 (Williams, 1992, p. 29).

타당도는 구성체타당도, 기준타당도, 내용타당도로 분류된다. 연구자는 연구의 목적과 조사도구의 성격에 따라 특정 타당도를 확보하여야 한다.[12]

내용타당도content validity는 액면타당도face validity, 안면타당도face validity, 측

---

[12] 아직 학계에는 타당도의 명칭에 대한 합의가 이루어지지 않은 것으로 보인다. 특정 타당도를 부르는 명칭이 학자마다 다른 경우가 있는가 하면, 아예 학자에 따라 타당도를 분류하는 방법이 다른 경우도 있다. 다수의 선행연구에서는 타당도를 내용타당도, 기준관련 타당도, 구성체타당도의 세 가지로 분류하고 있다(김경호, 2007, p. 231 참조).

정의 내용에 기초한 증거evidence based on test content 등으로 호칭되고 있다. 내용타당도를 확보하기 위한 절차는 다음과 같다(최성재, 2005, p. 334). 첫째, 연구자는 개념적 정의 및 조작적 정의를 통해 연구대상 개념을 여러 개의 하위영역별로 나누고, 각 하위영역에 해당되는 지표를 만들거나 수집함으로써 충분한 수의 지표항목 목록을 만든다. 둘째, 연구자는 해당 개념에 대하여 잘 알고 있을 것으로 기대되는 전문가들을 평가자로 선정한 후, 이들로 하여금 지표항목의 목록 중에서 의미상 가장 적합하고 대표성이 가장 높은 지표항목을 고르게 한다. 셋째, 전문가들 사이에서 가장 합치도가 높은 지표항목을 최종적으로 선택한다.

구성체타당도construct validity는 구성타당도, 구인타당도, 개념타당도, 내적 구조에 기초한 증거evidence based on internal structure 등으로 불린다. 이는 측정하고자 하는 개념이 포함된 전반적인 이론적 틀 속에서 측정도구의 타당성을 경험적으로 검증할 때 사용하는 타당도이다. 즉, 측정하고자 하는 개념을 포함하고 있는 이론에 근거하여 그 개념이 포함된 가설을 세우고, 새로 개발한 척도를 사용하여 가설을 검증한 결과, 이론적으로 예측한 대로 관계가 검증되었을 때 그 척도의 구성체타당도가 확보되었다고 결론짓는다. 구성체타당도에는 수렴적 타당도집중타당도, convergent validity, 판별적 타당도discriminant validity, 기준집단비교 타당도known group techniques라는 세 가지 종류가 있다(최성재, 2005, p. 337 참조).

기준타당도criterion validity는 기준관련 타당도criterion-related validity, 경험적 타당도empirical validity 등의 호칭으로도 불린다. 연구자가 새로 개발한 척도로 측정한 결과치와 연구자가 신뢰할 수 있다고 판단하는 기존의 척도기준이 되는 측정도구로 측정한 결과치 사이의 상관관계가 높은 경우, 연구자가 개발한 척도의 기준타당도가 확보되었다고 판단한다. 여기서 비교의 기준으로 삼는 척도는 이른바 '황금 기준'gold standard이라고 불리는 널리 인정되는 기존의 측정도구를 말한다.

연구자는 연구계획서에 타당도 확보방법에 대하여 명확하게 언급하여야한다. 타당도 검증은 측정의 목적에 따라 측정도구의 적합성을 검증하는절차이므로 자료분석의 기본 절차이다. 타당도 검증을 거치지 않은 척도에 의해 얻어진 자료는 잘못된 결론으로 이어질 수 있다. 타당도를 확보하는 가장 좋은 방법이 미리 정해져 있는 것은 아니다. 연구자는 연구의 목적과 상황조건에 따라 자신의 연구에서 어떤 타당도를 사용할 것인가를 결정하여야 한다(Alston & Bowles, 2003, p. 48). 만약 타당도를 측정하는 우수한 외부기준이 이미 개발되어 활용되고 있다면 연구자도 그것을 사용하는 것이 바람직하다. 만약 연구자가 다루고자 하는 개념 정의가 널리인정되고 있다면, 내용타당도content validity를 사용하는 것이 좋다. 반면에,기존의 이론이 연구자가 다루고자 하는 개념을 널리 사용하고 있다면, 구성체타당도construct validity를 사용하는 것이 바람직하다.

(4) 신뢰도reliability

연구자는 연구계획서에 자신이 사용할 척도가 선행연구에서 어느 정도의 신뢰도를 보였는지 설명하여야 한다. 신뢰도는 측정의 외적 · 내적 일관성external and internal consistency of measurement을 의미한다(Williams, 1992, p. 29). 다시 말해, 신뢰도는 하나의 척도를 동일 대상에 여러 번 적용하였을때 그 결과가 일관성을 나타내는 정도라고 정의할 수 있다.

아무리 잘 만든 측정도구라 할지라도 그 도구의 측정의 신뢰도는 시간,장소, 대상자에 따라 어느 정도 달라진다. 따라서 측정도구는 가능한 한개발 당시의 조건을 갖춘 상태에서 개발 당시의 대상자와 유사한 대상자에게 적용하여야 원 개발자가 주장하는 수준과 비슷한 정도의 측정의 신뢰도를 얻을 수 있다. 그러나 이것은 거의 지켜지기 어려운 가정이다. 따라서 연구자는 아무리 선행연구에서 높은 신뢰도를 보인 척도를 사용한다고 할지라도 자신의 연구 상황에서 해당 척도의 신뢰도를 검사하여야 할 필요가 있다.

신뢰도의 측정기법에 따라 신뢰도의 명칭이 달라진다. 신뢰도에는 여러 측면이 있는데, 도구의 안정성stability 측면, 도구의 동등성equivalence 측면, 내적 일관성internal consistency 측면이 그것이다. 이 가운데 어느 측면을 중시하느냐에 따라 측정기법이 달라지고, 동시에 신뢰도를 부르는 명칭도 달라진다. 대표적인 신뢰도의 종류로는 재검사 신뢰도retest reliability, 동형검사 신뢰도parallel-forms reliability, 반분검사 신뢰도split-halves reliability, 알파계수Cronbach's α 등을 들 수 있다(김경호, 2007, pp. 235-258 참조).

(5) 객관성objectivity

연구에 참여하는 모든 관찰자들이 동일한 현상을 측정하기 위하여 관찰척도observation scales를 동일한 방법으로 사용하여야 한다. 이것은 이른바 객관성의 문제이다. 연구자는 평정의 객관성을 확보할 수 있도록 관찰자들을 어떻게 훈련시킬 것인가, 그리고 관찰자들 사이에 평정의 일치도level of agreement를 어느 정도 확보할 것인가에 대하여 결정하여야 하며, 그 내용을 연구계획서에 담는 것이 바람직하다.

16) 비교와 대조속성 혹은 변화의 측정

비교와 대조comparison and contrast는 속성이나 변화를 지각하는 기본 원리이다. 다시 말해, 비교와 대조는 독립변수 또는 실험 등에 의해 야기된 변화를 측정하는 기본 원리이다. 사전−사후 비교 또는 다른 집단과의 비교가 그러한 예가 될 것이다.

17) 연구일정절차의 구체화

연구일정은 구체적으로 계획된 절차를 말한다. 절차의 설명은 주로 자료수집에 관한 자세한 서술이다. 여기에는 언제, 어디서, 누구에게, 어떤 측정이나 관찰이 어떻게 이루어질 것인지, 그리고 만약 처치가 실시된다면 언제, 어디서, 누구에게, 어떻게 이루어질 것인지 설명하는 내용이 담긴다. 독자들은 이 부분을 읽음으로써 과연 연구자가 무엇을 연구하려는지 그리고 그 연구를 언제, 어떻게 수행할 것인가에 대하여 정확하게 이해할 수 있게 된다.

예상되는 연구일정에는 연구와 관련된 여러 가지 활동이 실제 날짜별로

| 그림 5-1 | **연구일정의 예1**

추진내용	1월	2월	3월	4월	5월	6월	7월
문헌연구	■						
기초자료 수집		■					
노인돌봄서비스 실태조사		■					
전문가 회의				■		■	
기관방문 및 의견수렴		■					
자문회의		■		■		■	
보고서 작성						■	

| 그림 5-2 | 연구일정의 예2

내용 ＼ 월별	3	4	5	6	7	8	9	10	11	12
이론적 고찰	■	■	■	■						
초점집단인터뷰	■									
설문조사		■								
통계분석 및 해석			■	■						
원고초안 작성					■	■				
논문 중간발표							■			
논문심사							■	■	■	
최종논문 제출										■

| 그림 5-3 | 연구일정의 예3

〈예상되는 연구일정〉

연구계획서 1차 제출 ·····································2○○○. 3. 15

연구계획서 수정 ·····································2○○○. 4. 15

연구계획서 최종 제출·····································2○○○. 4. 30

지도교수의 연구계획서 승인 ·····························2○○○. 5. 15

논문지도위원회 구성 ···································2○○○. 5. 31

논문초안 완성 ··2○○○. 8. 31

논문 심사(1심-5심) ···································2○○○. 11. 30

논문 최종 수정 완료 및 제본·····························2○○○. 12. 31

졸업···2○○○. 2. 28

설명되어야 한다. 간혹 연구일정에는 간트 차트 형식의 그래프가 포함되는 경우도 있다(〈그림 5-1〉, 〈그림 5-2〉 참조).

18) 자료의 수집

연구자는 연구계획서의 어디에서인가 자료수집의 절차에 대하여 명확하게 설명하는 것이 바람직하다. 자료수집의 절차라 함은 자료수집의 실제 과정을 의미한다. 만약 자료수집에 도구가 사용된다면, 자료수집의 절차에 관한 문제는 "그 도구를 어떻게 사용할 것인가?"의 질문으로 귀결된다. 다음과 같은 몇 가지 예는 자료수집의 절을 기술할 때 참고할 수 있는 시사점을 던져준다(Punch, 2006, pp. 53-54).

- 만약 표준화된 검사지나 평정척도rating scale를 사용할 계획이라면, 그 것을 구체적으로 어떻게 관리할 것인가?일대일로 조사할 것인가 아니면 집단으로 조사할 것인가? 우편조사를 할 것인가, 전화조사를 할 것인가, 아니면 인터넷조사를 할 것인가?
- 만약 면접조사를 할 계획이라면, 면접은 어디에서 이루어질 것인가? 사무실에서? 가정에서? 아니면 다른 곳에서? 면접은 언제 이루어질 것인가?정상근무시간에? 근무시간 외에? 면접내용을 어떻게 기록할 것인가?손으로 기록할 것인가? 면접 종료 후에 기억을 되살려 기록할 것인가? 녹음기를 사용한 후 녹취록을 만들 것인가?
- 만약 관찰의 방법을 사용할 계획이라면, 참여 관찰인가 비참여 관찰인가? 관찰로 얻은 자료를 어떻게 기록할 것인가?

요컨대, 연구자는 자신이 원하는 자료를 어떻게 수집할 것인가, 그리고 자료의 질을 최상으로 만들기 위해 어떤 절차를 수립하여야 하는가에 대하여 구체적으로 설명하여야 한다.

만약 접근성과 윤리의 문제가 자료의 수집과 관련되어 있다면 그 문제를 여기서 다룰 수도 있다. 반면에, 윤리의 논점과 동의를 다루는 별도의 장에서 접근성과 조사대상자의 보호라는 문제에 보다 일반적인 시각으로 접근하는 것도 가능하다.

19) 자료의 분석

자료의 분석 방법은 연구의 목적 및 설계와 반드시 조화를 이루어야 한다. 예를 들면, 연구의 목적이 어떤 관계의 정도를 밝히는 것이라면, 관계의 크기를 측정하는 것@ 상관관계계수이 합당하다. 그런데 이 경우에 t-검정이나 ANOVA 등 두 집단 또는 셋 이상의 집단 사이의 차이의 통계량을 비교하는 것은 잘못이다.

자료는 통계분석의 가정을 충족시켜야 한다. 예를 들면, ANOVA의 기본 가정은 모집단의 독립성의 가정, 모집단의 정규성의 가정, 모집단의 등분산의 가정이다. 만약 이러한 여러 가정이 충족되지 않는 모집단이라면 ANOVA 대신 비모수통계non-parametric statistics 등 다른 통계분석의 방법을 사용하는 것이 바람직하다.

연구계획서의 자료의 분석 항목에는 무응답 등 결측치missing data를 어떻게 처리할 것인가 그리고 집단들 사이의 셀 크기의 차이를 어떻게 처리할 것인가에 대한 설명도 포함되어야 한다.

연구자가 새로운 분석방법통계분석 기법, 컴퓨터 프로그램, 잘 알려지지 않은 분석 도구 등을 사용하려고 할 때는 그에 관한 상세한 설명을 추가하여야 한다. 특히 연구자는 독자들이 새로운 분석방법의 적합성을 충분히 인식할 수 있도록 새로운 분석방법이 기존의 분석 방법에 비해 어떤 장점이나 우월성을 갖고 있는가를 언급할 필요가 있다.

연구계획서를 작성하는 단계에서는 향후 이러이러한 분석이 필요할 것이라고 정확하게 예측하기 어려운 것이 사실이다. 자료의 분석은 수집되는 자료의 성격에 따라 달라진다. 내용분석의 절차content analysis procedure에서는 특히 그러하지만, 대부분의 통계분석 기법에는 이런 측면이 어느 정도 존재한다. 최선의 전략은 예상되는 여러 가지 문제의 심각성을 밝히고 그에 대한 해결책을 자세하게 설명하는 것이다.

요컨대, 연구자는 이 절에서 분석 절차를 통해 앞으로 수집될 모든 자료가 적절하게 처리될 뿐만 아니라 연구자가 제안하고 있는 연구질문, 연구가설, 연구모형에 관한 증거를 산출할 수 있을 것임을 밝혀야 한다.

20) 예상되는 최종 결과

모든 연구계획서가 예상되는 최종 결과expected end product라는 요소를 반드시 포함하고 있는 것은 아니다. 물론, 예상되는 가장 중요한 최종 결과는 연구논문이나 연구보고서 그 자체이다. 그러나 제안된 연구를 통해 연구논문이나 보고서 외에 다른 결과물이 생산될 것으로 기대한다거나 연구논문이나 보고서가 통상적인 형식이 아닐 것으로 기대되는 경우에는 그것이 무엇이며 어떠한 모습을 하고 있을 것인가에 대한 설명이 필요하다. 예를 들면, 연구의 성과물로서 생산될 표준화된 검사지, 평가의 도구, 교과과정의 재료, 비디오테이프, 오디오테이프, 필름, 팸플릿 등은 비록 연구 프로젝트의 부산물이라 할지라도 연구결과인 연구논문이나 연구보고서 못지않게 중요하다. 따라서 연구자는 연구계획서에 이와 같이 예상되는 성과물에 대하여 상세하게 설명하고 연구 종료 후의 활용방안에 대해서도 언급하는 것이 바람직하다.

21) 비용소요예산

모든 연구에는 비용이 수반되기 마련이지만, 그렇다고 모든 연구계획서

| 표 5-2 | 소요예산의 예

(단위 : 천원)

구 분	소요금액	산 출 근 거	비 고
계	28,600		
연구활동비	12,000	50만원×12월×2년=1,200만원	
연구보조원 인건비	4,800	20만원×12월×2년=480만원	
자료수집비	3,000	국내서적 5만원×20권=100만원 외국서적 10만원×20권=200만원	참고문헌비
회의비	2,000	10만원×10회×2년=200만원	식비
국내여비	2,000	10만원×10회×2년=200만원	
자문회의비	1,200	수당: 10만원×6인×2년=120만원	
수용비	1,000	인쇄비, 복사비, 소모품비, 전화요금	
간접비	2,600		연구비의 10%

가 다 비용항목을 다루고 있지는 않다. 우리나라의 경우, 학위논문 작성을 위한 연구에서는 소요예산에 관한 설명을 생략하고 있는 경우를 종종 보게 된다. 〈표 5-2〉는 연구용역에 수반되는 비용을 설명하는 예이다.

22) 윤리적 고려

모든 사회과학 연구는 사람으로부터 자료를 수집하거나 사람에 관한 연구를 수행하기 때문에 동의, 접근성 또는 윤리와 관련된 논점으로부터 자유스러울 수 없다. 연구자는 연구계획서에 자신이 제안한 연구가 안고 있는 윤리적 논점에 관한 내용을 명시하여야 할 필요가 있다.

모든 연구에는 윤리적 차원이 내포되어 있다. 연구계획서를 작성할 때 윤리적 논점을 다루는 출발점은 연구자가 제안하는 연구에는 수많은 이해 관계인이 존재하고 있음을 자각하는 일이다. 이 범주에는 연구자 외에도 지도교수, 연구계획서 심사위원, 논문심사위원, 대학교, 연구의 참여자, 동료 전문가, 일반 독자 등이 포함된다. 연구자의 목적은, 한편으로는 연구자가 대학교, 연구의 참여자 등의 원만한 협조 아래 연구논문을 완성하는 일이며, 다른 한편으로는 자신의 연구를 통해 지식의 발전 또는 전문적인 실천의 향상에 기여하는 일이다.

연구자의 윤리적 책임에는 학문적 성실과 정직academic integrity and honesty의 원칙과 다른 사람에 대한 존경respect for other people이 포함된다. 또한 연구계획서를 작성함에 있어서 연구자의 윤리적 책임에는 자신의 연구 프로젝트와 관련된 윤리적 논점을 적극적으로 고려하여야 한다는 점도 포함된다. 특히 연구자는 윤리적 논점과 관련된 소속 대학교의 규정을 이해하고 그에 부응하여야 할 뿐만 아니라, 항상 윤리적 논점을 의식하면서 연구계획서를 작성하여야 한다.

연구를 기획하고 수행함에 있어서 윤리적 논점은 접근성, 동의, 참여자의 보호에 집중된다. 만약 연구계획서가 연구의 전반적인 성실, 품질, 연구를 수행할만한 가치를 전달하려면 다음과 같은 주요 논점이 다루어져야 하는데, 그에 수반되는 질문은 다음과 같다(Punch, 2006, pp. 56-57).

- 고지된 동의informed consent. 조사대상자로 선발된 사람들이 해당 연구에 관한 모든 정보를 갖고 있는가? 특히 그들은 자신들이 조사대상자로 선발된 이유와 그 방법에 관한 정보를 알고 있는가? 그들이 자유로이 동의하였는가? 만약 어린이들이 선발되었다면?
- 비밀보장과 익명성confidentiality and anonymity. 어떻게 정보가 보호되고, 조사대상자와 기관의 신원이 보호되는가? 조사대상자와 기관의 익명성은 어떻게 준수되는가?
- 자료와 결과의 소유권ownership of data and conclusion. 자료의 수집과 분석

후에 누가 그 자료와 연구의 결과물을 소유할 것인가? 연구결과를 어떻게 보고하고 전파할 것인가?

- 결과의 사용과 오용use and misuse of results. 연구결과가 적절하게 사용되도록 하기 위해, 즉 오용되지 않도록 하기 위해 연구자는 어떤 의무를 지니고 있는가?
- 정직과 신뢰honesty and trust. 연구자와 조사대상자 사이에는 어떤 관계가 존재하는가?
- 상호성reciprocity. 조사대상자나 연구의 참여자는 연구로부터 무엇을 얻는가?
- 개입과 옹호intervention and advocacy. 만약 연구를 수행하는 동안에 해롭거나 불법적이거나 잘못된 행동을 발견할 경우 연구자는 무엇을 어떻게 하여야 하는가?
- 손해와 위험harm and risk. 연구가 조사대상자나 연구의 참여자에게 해악을 끼칠 가능성이 있는가? 연구에 따라서는 건강과 안전의 논점이 중요할 수도 있다. 어떤 연구에 있어서도 연구활동이 조사대상자나 연구참여자에게 해악을 끼쳐서는 안 된다는 원칙은 다른 원칙에 우선한다.
- 이익의 충돌conflict of interest. 어떤 연구에서는 힘과 의존의 문제가 이익과 신뢰의 문제와 함께 중요하게 여겨진다. 이익의 충돌은 윤리적인 면에서 매우 신중하게 다루어져야 한다.

윤리적 논점은 학문적 글쓰기의 과정에서도 적극 고려되어야 하는데, 다른 사람의 글을 인용할 때 적절하게 출처를 밝히는 일은 학문적 정직과 성실의 일부분이다. 특히 표절이 자행되어서는 안 된다. 또한 학문적인 글을 쓰는 사람은 편향 없는 글쓰기를 추구하여야 한다. 이것은 글쓰기 과정에서 사용된 언어나 글감 안에 어느 특정 집단에 대한 차별이나 억압이 함축되어서는 안 된다는 의미이다. Rudestam & Newton (2007, pp. 284-288)은 편향 없는 글쓰기를 위한 몇 가지 가이드라인을 다음과 같이 제시하고 있는데, 영어 논문 쓰기에 해당되는 제언이지만 우리말 논문을 쓰는 연구자들이 참고할 만한 가치가 충분하다고 여겨지므로 여기에 소개한다.

- 연구계획서 등 학술적인 글에서는 성–편향적 단어gender-biased를 사용하지 말고 성–중립적 단어gender-neutral words를 사용하여야 한다. 영어 글쓰기에서 가장 흔히 볼 수 있는 잘못은 성차별적인 용어를 무심코 사용하는 일이다. 예를 들면, 'chairman', 'mothering', 'mankind'는 모두 성차별적인 의미를 지니고 있으므로 각각 'chairperson', 'parenting', 'humankind'로 대체하는 것이 바람직하다.
- 남성과 여성을 동시에 언급할 때는 남성과 여성에 각각 동일한 비중을 부여하여야 한다. 예를 들면, "5 men and 14 females" 대신에 "5 men and 14 women"이라고 언급하여야 한다.
- 어떤 직업이 성별과 관련되어 있다고 전제하는 것은 옳지 않다. 예를 들면, 과학자는 당연히 남성이라고 전제하여, "scientist ~ he"를 사용하는 것은 바람직하지 않다. 이것은 과학자를 지시대명사로 표현할 때 'he'남성 지시대명사로 받지 말고 'he or she'남성 또는 여성 지시대명사라고 표현하라는 의미이다. 또한 성적인 고정관념도 회피하여야 한다. 예를 들면, "a bright and beautiful female professor"도 옳지 않다.
- 성–편향적인 대명사를 사용하지 말라. 예를 들면, "A consultant may not always be able to see _his_ clients."라는 표현은 좋지 않다. 이 문장을 성차별이 없는 표현으로 나타내면 다음과 같다.
  – 남성과 여성을 동시에 표현한다. 예를 들면, "_his or her_ clients."가 좋다.

- 복수형 대명사를 사용한다. 예를 들면, "Consultants ~ *their* clients."
- 형용사를 제거한다. 예를 들면, "to see clients"가 무난하다.
- 대명사를 제거하기 위해 문장을 다시 쓴다. 수동태 문장으로 바꾸는 것이 하나의 대안이 될 수 있을 것이다. 예를 들면, "Clients may not always be seen by their consultants"가 좋다.
- 남성 또는 여성 대명사를 무성 대명사인 "one"이나 "you"로 바꾼다.
- 불가피한 경우가 아니라면, 사람들을 인종집단이나 민족에 의해 구분하지 마라. 꼭 필요한 경우에는 사회적으로 가장 용인되는 용어를 사용하라.
- 평가를 암시하거나 고정관념을 강화하는 언어를 사용하지 마라. 예를 들면, 어떤 집단을 '문화적으로 박탈된' 집단이라고 부르는 것은 평가적이며, "흑인 학생이 운동경기에서 입상한 것은 놀랄 일이 아니다."라는 말은 고정관념을 강화시키는 언변이다.
- 확실한 과학적 증거 없이 다양한 연령집단에 대한 전제를 만들지 마라. 예를 들면, "노인은 젊은이보다 지적 수준이 낮으며, 정열적으로 일을 계속할 능력이 없다"는 주장은 과학적인 증거가 없는 전제이다.

연구계획서를 제출하기 전에 연구자는 연구의 윤리적 논점에 관한 체크리스트를 만들어 조목조목 확인하는 지혜를 발휘하는 것이 좋다. 특히 연구자의 소속기관에서 공식적으로 윤리 관련 규정을 만들어놓은 경우에는 그것을 충실히 지켜야 할 것이다.

23) 참고문헌

　연구자는 연구계획서 본문이나 부록을 작성하면서 참고한 모든 자료를 일정한 형식의 목록으로 만들어 참고문헌references이나 서지목록bibliography 항목에 넣어야 한다. 일반적으로 단행본, 학술지 논문journal articles, 연구보고서, 용역보고서, 법령, 정부정책 발간물, 각종 세미나와 워크숍 자료집, 인터넷 홈페이지 자료, 통계자료, 백서, 메모 등이 참고문헌에 실리는 자료의 예에 해당한다.

　연구계획서 본문 안에 인용된 문헌과 참고문헌 목록에 수록된 문헌은 정확하게 일대일1:1 대응을 이루어야 한다. 즉, 연구계획서 본문에 인용된 참고문헌이 연구계획서 말미의 참고문헌 목록에 누락되는 일이 생겨서는 안 될 뿐만 아니라, 연구계획서의 본문에 인용하지 않은 자료가 참고문헌 목록에 포함되어서도 안 된다. 간혹, 현재의 연구계획서에는 인용되지 않았지만, 향후 연구를 수행하면서 참고할 것으로 예상되는 자료가 존재하는 경우도 있다. 이 경우 그러한 내용에 관한 설명과 함께 해당 자료를 참고문헌의 목록에 넣을 수 있을 것이다.

　우리말로 된 자료는 가나다순으로, 영문 자료는 알파벳순으로 정렬하는 것이 원칙이다. 구체적으로 참고문헌 자료를 표기하는 여러 가지 방법이 있으나, 가장 중요한 것은 연구자의 소속기관이 정하는 방법을 따르는 것이며, 특별한 규정이 없는 사항에 대해서는 일반적으로 인정되는 표기방법예 APA 방식을 따르면 된다. 특히 후자의 경우에는 한 가지 방식만을 일관적으로 사용하는 것, 즉 일관성을 유지하는 것이 중요하다.

24) 부록

모든 연구계획서에 다 부록appendix이 달려 있는 것은 아니다. 부록은 연구계획서의 추가 부분 즉, 보족afterthought일 뿐만 아니라 중요한 정보를 전달하는 기본적인 구성요소이다. 다음과 같은 내용은 연구계획서의 몸체보다는 부록에 넣는 것이 바람직하다(Krathwohl & Smith, 2005, pp. 112-113).

- 연구계획서의 논리는 단락paragraph에서 단락으로, 절section에서 절로, 그리고 장chapter에서 장으로 물 흐르듯이 연결되어야 한다. 연구계획서의 매끄러운 논리적 흐름을 방해하는 요소는 그것이 무엇이든 간에 부록에 담는 것이 좋다.
- 상세한 정보를 담고 있으나 본문에 포함하기에는 너무 방대한 자료는 부록으로 보낸다.
- 연구자가 읽은 선행연구에 대한 보충 설명 또는 실제로 연구자가 자료 검색을 시도하였으나 검색에 실패한 경우 그에 대한 보충 설명⑩ 찾는 자료의 세부 내용과 검색을 실시한 영역에 대한 설명은 부록에 넣어야 한다. 이로써 연구자는 논문지도위원으로부터 이러한 문제의 해결을 위한 제언을 이끌어내는 효과를 기대할 수 있다.
- 설문지나 검사지의 사본은 부록에 넣는 것이 좋다. 또한 연구도구의 타당도와 연구의 중요한 측면에 관한 다른 기술적인 정보도 부록에 담는다.
- 연구자가 계획하고 있는 측정도구나 인터뷰 스케줄을 구성하는 견본 문항sample question 그리고 항목들의 배치를 새롭게 한 설문지의 견본은 부록에 담는다.

- 부록에서 연구자는 자신이 계획하고 있는 통계방법 및 사용하고자 하는 통계량에 관하여 설명할 수 있다. 특히 연구자는 이 기회를 활용하여 논문지도위원들에게 자신이 염두에 두고 있는 통계분석에 관하여 상세하게 설명한다.
- 연구자의 소속기관 내·외부기관의 관계자로부터 온 연구와 관련된 내용연구의 승인, 자료 제공의 동의, 자료수집을 위한 접근의 허락 등의 편지나 이메일의 사본을 부록에 넣는다.
- 연구계획서에 반복적으로 등장하는 그래프는 부록에 넣되, 쉽게 찾을 수 있도록 연구계획서의 해당 그래프가 있는 페이지에 견출지나 꼬리표.tab를 붙여두는 것이 좋다.
- 연구결과를 예상할 수 있다면, 그 견본을 부록에 넣어두면 좋다.
- 뿐만 아니라, 논문지도위원 등이 의문을 제기하면서 더 자세한 정보를 요구할 가능성이 있는 항목은 그것이 무엇이든 간에 부록에 넣어두는 것이 좋다. 이것은 논문지도위원의 시간을 절약하는 일일 뿐만 아니라 연구자 자신의 시간을 절약하는 일이기도 하다. 또한 이것은 연구자가 논문지도위원 등과 보다 긴밀한 의사소통을 하기 위해 노력하고 있다는 증표로도 해석할 수 있을 것이다.

제6장

선행연구 고찰 결과의 정리

학습 목적

선행연구 고찰이 없는 연구나 논문은 생각할 수 없다. 선행연구 고찰은 연구의 필수불가결한 핵심요소이다. 선행연구 고찰은 누구나 다 하여야 하는 과업이지만 그렇다고 누구나 다 잘하는 것은 아니다. 선행연구 고찰의 결과는 연구자의 숙련도를 알려주는 리트머스 시험지 역할을 한다고 할 수 있다. 그렇다면 선행연구 고찰의 결과를 어떻게 정리할 것인가? 이 과업을 올바로 이해하는 것이 바로 이 장의 학습 목적이다.

! 주요 내용

◆ 선행연구 고찰 장의 구성 체계
◆ 선행연구 고찰 장의 본론 구조

- 역삼각형 피라미드 방식일반적→구체적
- 조각을 합하여 전체를 짜 맞추는 방식patch working
- 공통부분 찾아내기
- 접근법의 유형별로 기술하는 방식
- 연도순으로 기술하는 방식

◆ 선행연구 고찰 장의 작성

- '선행연구 고찰 양식'의 사용
- '문헌고찰 매트릭스'의 사용
- 선행연구 주요 내용을 정리한 노트의 활용

연구계획서 작성 단계에서 가장 어렵고 시간이 많이 걸리는 과업이 선행연구 고찰, 즉 문헌고찰_{literature review}이다. 이 장에서는 선행연구 고찰의 결과를 기술하는 장이 어떤 구성 체계를 갖고 있으며, 그 가운데 특히 본론의 절을 어떻게 조직할 것인가에 대하여 살펴본다.

1. 선행연구 고찰 장의 구성 체계

모든 선행연구는 저마다 다른 독특한 성격을 지니고 있기 때문에 선행연구 고찰의 결과를 기술하는 하나의 공통된 틀을 찾아내기란 사실상 거의 불가능에 가깝다. 그러나 학계에는 연구계획서나 논문을 작성하는 연구자들이 선행연구 고찰의 결과를 기술할 때 참고할 수 있는 몇 가지 의견을 제시하고 있다. 연구자는 선행연구 고찰을 통해 논리적인 주장을 제시하여야 하며, 이 주장은 자연스레 연구자 자신의 연구로 이어져야 한다. 즉, 연구자는 선행연구 고찰의 결과를 재료로 사용하여 자신이 제안하는 연구의 필요성을 입증하고 자신이 사용하고자 하는 연구방법론을 정당화시켜야 한다(Ridley, 2008, p. 82).

연구자는 자신이 생각하는 연구논문의 편제에 맞추어 선행연구 고찰의 결과를 단 하나의 장_{chapter}에 담을 수도 있고, 여러 개의 장이나 절_{section}에 분산시켜 담을 수도 있다. 이 가운데 어떤 형식을 취하든 간에 일반적으로 선행연구 고찰의 결과는 서론, 본론, 결론으로 나누어 기술된다(Machi & McEvoy, 2009, pp. 135-140). 서론은 연구의 윤곽을 제시한다. 이것은 독자들에게 작품의 필수적인 주요 내용을 보여줌으로써 그들의 개입을 유도하는 역할을 한다. 본론은 연구자가 연구 주제를 정당화하기 위하여 논거를 제시하고 그것을 조목조목 정리하는 곳이다. 요약은 연구의 결론을 압축적으로 보여준다. 서론, 본론, 요약은 모두 주제별로 세분된다.

1) 서론introduction

선행연구 고찰의 서론은 연구자가 선행연구 고찰의 결과를 어떻게 구성하고 체계화할 것인가를 설명하는 부분이다. 서론은 다음과 같은 여섯 개의 기본적인 조각이나 구역으로 구성되어 있다.

- 도입 진술introductory statement
- 연구논제 진술study topic statement
- 배경 진술context statement
- 중요성 진술significance statement
- 문제 진술problem statement
- 편제 진술organization statement

첫째, 도입 진술은 독자들을 작품 속으로 이끄는 일을 한다. 도입 진술은 신랄한 예일 수도 있고, 질문에 관한 토론의 핵심일 수도 있으며, 또한 연구에 의해 제기되는 질문일 수도 있다. 독자의 주의를 잡아채려는 교묘한 서두 문구narrative hook는 감정, 태도, 신념을 이용하여 독자들이 글을 계속 읽도록 유도하는 역할을 한다. 다음 예를 보자. "최근 국내의 이혼율이 급증하는 주요 원인 가운데 하나는 배우자의 외도 문제이다. 이것은 가정해체의 주요한 원인임에도 불구하고 사회적 금기로 인식되어 심도 있게 다루지 못한 것이 사실이다. 외도는 이미 은밀하게 확산되어 세간에서는 기혼자들을 두 부류로 나눌 때, 하나는 배우자 외의 애인이 있는 사람과 또 다른 하나는 애인을 구하고 있는 사람이라는 말이 있을 정도이다. 이처럼 전통적인 성 개념이 붕괴돼 가고 이에 따라 가정도 붕괴되고 있는 것이 오늘날 사회 현실이다"(전요섭, 2002, p. 339). 이 예문 속에는 외도에 관한 냉철한 진단과 신랄한 풍자가 들어 있다. 이 주장은 독자로부터 감정적인 반응을 이끌어내 글을 계속 읽도록 흥미를 불러일으키려는 목적이 있다.

둘째, 연구논제 진술study topic statement은 연구의 주제를 정의하는 진술을 말한다. 이 부분은 연구의 핵심 아이디어를 알려주는 간결한 진술이어야 한다. 연구논제 진술은 논제를 다루면서 선택한 초점과 관점을 설명한다. 이 부분은 논제 진술을 구성하는 개개의 주요 아이디어를 각각 명확하게 정의하여야 한다. 연구의 논제를 설명하는 진술의 길이는 2~3개의 단락이 적당하다.

셋째, 배경 진술context statement은 연구의 배경을 다룬다. 배경 진술은 연구문제를 둘러싸고 있는 환경 또는 연구문제를 만들어낸 상황이나 사건을 자세히 설명한다. 이와 같은 환경이나 상황은 대개 학문적 논쟁인 경우가 많지만 실용적 · 실천적인 논점인 경우도 있다. 배경 진술은 연구문제의 환경을 정의하는 정보를 제시하여야 한다.

넷째, 중요성 진술significance statement, 즉 욕구 진술은 연구의 정당성을 제시한다. 이 부분은 연구 주제에 대한 연구자의 개인적 관심을 자세하게 설명하며, 해당 연구가 학계에 기여하는 가치의 정당성을 언급한다. 가치 있는 연구는 해결책을 제시하는 실천적 문제를 다룰 수도 있고, 명료화나 분석을 필요로 하는 학문적 논점일 수도 있다.

다섯째, 문제 진술problem statement, 즉 주제 질문은 해당 연구로부터 대답을 얻을 수 있는 질문이다.

여섯째, 편제 진술organization statement은 서론의 대미를 장식한다. 편제 진술은 독자에게 선행연구 고찰의 본문과 요약 안에 어떤 내용이 담길 것인가를 알려주는 간략한 스케치를 제시한다.

2) 본론body

연구자는 선행연구 고찰의 장의 본론에서 자신이 다룰 연구주제의 논거를 제시한다. 연구자가 본론에서 다룰 중요한 요소는 다음과 같은 두 가지 주장이며, 따라서 선행연구 결과를 기술하는 본론은 이 두 개의 주장을 다루는 구역으로 구성되어 있다.

- 발견 논증discovery argument
- 주장 논증advocacy argument

첫째, 발견 논증discovery argument이라 함은 연구의 논제에 관하여 현재 알려져 있는 것을 설명하는 것을 말하며, 이것은 연구의 배경을 소개하는 일이다(Machi & McEvoy, 2009). 연구 배경은 연구의 줄거리를 알려준다. 본론에서 연구자는 연구의 논제에 관하여 현재 알려져 있는 것을 다루는 주장을 개략적으로 전개한다. 연구자는 연구주제에 관하여 이미 알려져 있는 것을 주장하기 위하여 주장 진술, 증거, 적절한 인용문, 정당한 근거 등을 사용한다. 즉, 연구자는 여러 가지 참조 자료를 이용하여 배경 진술을 작성할 수 있다.

둘째, 주장 논증advocacy argument이라 함은 결론주제으로 이어지는 논증에 대하여 설명하는 것을 말한다(Machi & McEvoy, 2009). 연구자는 이 부분에서 자신의 연구주제를 밝히는데, 다시 말해 자신의 주제 논증thesis argument을 발전시킨다. 또한 연구자는 이 부분에 선행연구 검색과 선행연구 비판의 결과를 기술한다.

3) 결론summation

선행연구 고찰의 장 가운데 결론 부분은 주제 논증을 짤막하게 정리하는 곳이다. 결론 부분은 다음과 같은 세 구역으로 이루어진다.

- 주제 진술thesis statement
- 주제 분석thesis analysis
- 연구의 함의study's implications

첫째, 선행연구 고찰의 결과를 기록함에 있어서 요약summation 부분의 시작은 주제 진술이다. 즉, 요약 부분은 연구 주제를 다시 설명하면서 시작된다.

둘째, 주제 분석thesis analysis을 통해 주제에 대한 비교적 상세한 해석과 설명을 제시한다. 여기서 연구자는 주제의 핵심 아이디어에 대한 설명을 기술하고, 그러한 아이디어에 대한 보충설명을 추가하며, 다양한 관점에서 주제를 탐색한다.

셋째, 연구의 함의라 함은 연구자가 제안하는 연구가 일상생활의 실제적인 논점이나 연구 동기를 부여한 학술적 질문에 미칠 것으로 예상되는 영향력을 말한다. 이 부분에서 연구자는 주제가 어떻게 연구문제를 해결하는가에 관하여 기술한다.

2. 선행연구 고찰 장의 본론 구조

학자들은 선행연구 고찰 장의 본론을 기술할 때 사용할 수 있는 여러 가

- 일반적인 것부터 구체적인 것으로의 순서로 기술하는 방식
- 조각을 합하여 전체를 짜 맞추는 방식patch working
- 공통부분 찾아내기
- 연도순으로 인용하는 방식

지의 기술 방식을 제안하고 있다.[13] 여러 학자들의 견해를 종합한 결과, 위에 제시된 바와 같이 선행연구 고찰 장의 본론을 기술하는 여러 가지 전략과 기법을 확인할 수 있다.

연구자들은 이러한 여러 방식 중에서 자신의 연구에 맞는 방식을 하나만 채택하거나 둘 이상의 방식을 조합하여 사용할 수 있을 것이다.

1) 일반적인 것부터 구체적인 것으로의 순서로 기술하는 방식

선행연구 고찰의 결과를 기술할 때 가장 많이 사용되는 방식은 일반적이고 범위가 넓은 주제나 논제를 다룬 선행연구를 먼저 인용하고, 뒤이어 점차 구체적이고 지엽적인 주제나 논제를 다룬 선행연구를 인용하는 방식이다. 이 기법은 탐구의 범위는 점점 좁아지지만 탐구의 강도는 점점 더 강해

---

13 예를 들면, Weissberg & Buker (1990, pp. 45-46)는 선행연구 고찰의 결과를 정리하는 세 가지 방식을 제안하고 있는데, 구체적으로 보면 접근법의 유형에 따라 기술하는 방식, 먼 것부터 가까운 것 순으로 인용하는 방식, 연도순으로 인용하는 방식이 그것이다. 반면에, Wellington, Bathmaker, Hunt, McCulloch & Sikes (2005, p. 82)는 단계적 확대 (zooming), 공통부분 찾기(finding intersections), 조각을 합하여 전체를 짜 맞추기 (patch working), 깔때기 만들기(funnelling)의 네 가지 방식을 제시하고 있다. 한편, Petrina (2009)는 글쓰기에 대한 일반적인 접근법으로 모래시계(hourglass) 방식, 깔때기(funnel) 방식, 역(逆)깔때기(inverted funnel) 방식을 제안하였다.

| 그림 6-1 | 일반적인 것에서부터 구체적인 것으로의 기술 방식

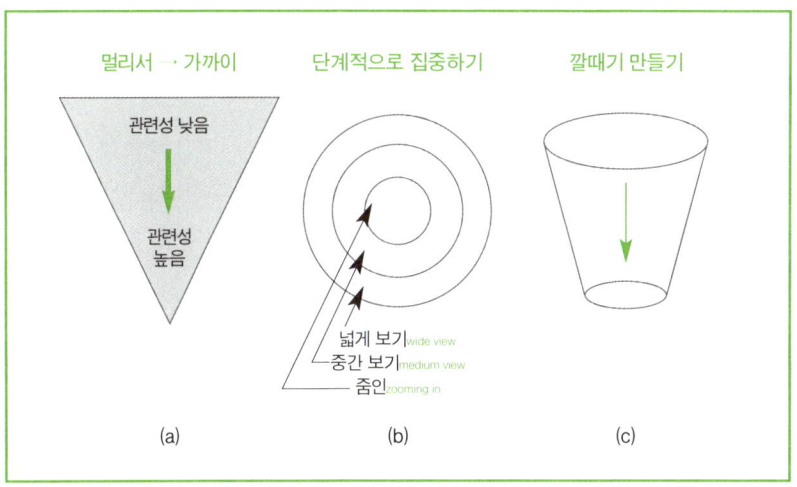

※ 자료: Wellington, Bathmaker, Hunt, McCulloch & Sikes, 2005, p. 82.

지는 특징이 있다. 여러 학자들은 다양한 은유와 논리를 사용하여 이 기술 방식의 타당성과 정당성을 주장하고 있다(<그림 6-1> 참조).

먼저, Weissberg & Buker (1990, pp. 45-46)는 이러한 기술 방식을 '먼 것부터 가까운 것 순distance to close으로 인용하는 방식'이라고 부르고 있는데, 이것은 '가장 먼 것부터 가장 가까운 것 순으로 배열된 인용문'citations ordered from distant to close을 선행연구 고찰의 결과에 포함하는 것을 말한다. 다시 말해, 연구자의 연구주제와 가장 관련성이 낮은 문헌자료부터 인용하기 시작하여, 종국에는 가장 관련성이 높은 문헌자료를 맨 나중에 인용함으로써 극적인 효과를 높이는 것이다. 이러한 기술 방식을 비유적으로 표현하여 '역삼각형 방식'이나 '역逆피라미드 방식'이라고 부르기도 한다(<그림 6-1>의 (a) 참조).

이와 비슷한 맥락에서, Ridley (2008, p. 84)는 '일반적→구체적'의 기술 방식을 '단계적으로 집중(확대)하기'zooming 또는 '깔때기 만들기'funnelling

라고 호칭하였다(<그림 6-1>의 (b)와 (c) 참조). Hofstee (2006, p. 94)는 이것을 '깔때기 방법'funnel method이라고 명명하였다. '단계적으로 집중하기'는 선행연구 고찰의 과정에 영화나 사진 촬영의 기법을 도입한 은유적인 표현인데, 연구자의 연구주제와 선행연구 사이의 관련성의 정도에 따라 '넓게 보기'wide view, '중간 보기'medium view, '줌인'zooming in으로 나누어진다. 이것은 각각 '원거리 촬영'long shot, '중거리 촬영'medium shot, '클로즈업'close-up으로 표현되기도 한다(Rudestam & Newton, 2007, pp. 68-70).

넓게 보기, 즉 원거리 촬영은 연구자가 수행하고 있는 연구주제의 배경에 관한 문헌자료를 고찰하고 기술하는 것을 말한다. 연구의 배경에 관한 선행연구는 선행연구 고찰의 과정 및 기술의 단계에서 비교적 가볍고 짧게 다루어지는 것이 좋다.

중간 보기, 즉 중거리 촬영은 연구자의 연구주제와 어느 정도 관련성이 인정되는 선행연구들을 고찰하고 그 결과를 기술하는 것을 의미한다. 이 기법은 넓게 보기원거리 촬영와 줌인클로즈업의 중간단계의 위치에 놓여 있다. 비록 정밀한 수준의 고찰과 비판적인 평가가 필요한 것은 아니지만, 연구자는 이러한 유형의 연구들을 고찰한 결과가 자신의 연구에 어느 정도의 영향을 미쳤는지를 독자들에게 알릴 수 있을 만큼의 정보를 기술하여야 한다.

줌인, 즉 클로즈업은 연구자의 연구주제와 밀접한 관련이 있는 선행연구들을 비판적인 시각에서 고찰하고 그 결과를 기술하는 것을 말한다. 대개 연구자의 연구주제와 관련된 좁은 범위의 논제에 관한 일련의 선행연구들이 다루어진다. 이러한 연구들은 단순히 요약되어 인용되는 것이 아니다. 연구자는 특정 현상에 대하여 이미 무엇이 알려져 있고, 특정 선행연구의 결론이 얼마나 타당하고 신뢰할 수 있으며, 자신의 연구에서 선행연구 제한점을 어떻게 극복하고 해당 학문 분야에 어느 정도 기여할 수 있는가에 대한 독자들의 이해 수준을 높이기 위하여 선행연구들을 비판적인 시각에

| 사례 6-1 | 내부 고발에 대한 연구 동향

누구에게 있어서든지 자신이 일하고 있는 조직 내의 다른 사람이 부당한 행동을 취할 경우 이를 내부고발할 것인가 말 것인가는 어려운 윤리적 문제이다. 이 경우 그는 공익을 선택할 것인가 아니면 동료, 슈퍼바이저 또는 사용자에 대한 충성을 선택할 것인가를 결정하여야만 한다. 다양한 전문영역을 대상으로 이루어진 많은 수의 내부고발에 관한 연구가 발표된 바 있다. 대부분의 연구는 경영전문직과 행정전문직에 관한 것인데, 예를 들면, 내부감사⑩ Barlas, 1993; Vinten, 1992, 회계, 관리⑩ Barnett, 1992; Brief & Motowidlo, 1986, 행정⑩ Baran, 1979; Jos, 1991 등이 그러한 연구에 해당된다. 또한 내부고발은 공학⑩ Martin, 1992; Pletta, 1986, 법학⑩ Dworkin & Near, 1997; Fox, 1993, 경찰⑩ Kleinig, 1996; Rosecrance, 1988; Williamson, 1993, 공중보건⑩ Fidell, 1988; Lennane, 1993, 환경보호⑩ Blumenfeld, 1989; Matley et al., 1987의 영역에서도 논의된 바 있다.

그러나 원조전문직을 대상으로 이루어진 내부고발에 관한 연구는 상대적으로 그 수가 적은 편이다. 의학⑩ Faunce et al., 2004; Rohdes & Strain, 2004, 간호⑩ Fiesta, 1990a, 1990b; Peternrlj-Taylor, 2003, 심리학⑩ Soeken, 1986, 사회역학⑩ Cwikel, 2006 등의 영역에서는 내부고발을 다룬 소수의 연구가 발표되었을 뿐이다. Hunt의 저서 『Whistle-blowing in the Health Services: Accountability, Law and Professional Ethics』(1995)와 『Whistleblowing in the Social Services: Public Accountability and Professional Practice』(1998b)는 영국 보건의료서비스 분야의 내부고발의 경험, 책임성에 대한 구조적인 장애요인, 책임을 제고하고 내부고발자를 지원하기 위한 법률개혁의 필요성 등을 다룬 가치 있는 소논문들의 집합체이다.

사회복지의 영역에서는 내부고발에 대한 관심의 정도가 더욱 낮은 것처럼 보인다. 저자들이 알고 있는 한, 학술저널에 발표된 내부고발에 관한 연구는 오직 3편에 불과하다. De Maria (1996)는 내부고발을 단행한 호주의 사회복지 전문가들의 곤경에 대하여 조사하였다. Mansbach & Kaufman (2003)은 이스라엘 사회복지협회가 동료들의 비전문가적인 행태를 언론에 내부고발한 사회복지사를 처리하는 방식에 대하여 사례연구를 수행하였다. Greene & Latting (2004)은 내부고발이 옹호의 한 가지 형태이고, 사회복지를 구성하는 본질적인 요소 가운데 하나이며, 따라서 그들이 실천 전문가와 조직을 위한 가이드라인을 제공하여야 한다고 주장한다.

[자료: Mansbach & Bachner, 2009, pp. 1-2; 밑줄은 원문에는 없으며 저자가 추가한 것임.]

서 평가하여야 한다(Rudestam & Newton, 2007, p. 69).

〈사례 6-1〉은 이스라엘에 있는 어느 대학교 사회복지학과 대학생들의 내부고발 의사를 측정하는 연구(Mansbach & Bachner, 2009)의 이론적 배경의 일부분이다. 여기에서는 선행연구 고찰의 초점이 '다양한 전문영역'으로부터 '원조전문직'으로, 다시 '사회복지 분야'로 단계적으로 시야의 폭이 좁아지는 대신 고찰의 강도는 높아지는 모습을 볼 수 있다.

다음 〈사례 6-2〉는 대학생의 노인복지 분야 취업의사에 영향을 미치는 요인을 탐구한 박사학위논문의 일부분이다(박중순, 2010). 이 사례에서는 대학의 진로선택이론과 관련된 선행연구 고찰의 결과를 '일반적→구체적' 접근방식에 따라 기술하고 있다.

〈사례 6-2〉는 전형적인 깔때기 방법(즉, 멀리서→가까이, 단계적으로 집중하기)의 기술을 하고 있는 예이다. 먼저 일반적인 '진로선택의 주요 이론'에 대하여 폭넓게 설명한 다음에 '대학생의 진로결정에 영향을 미치는 요

| 사례 6-2 | 대학생의 진로선택이론에 대한 이론적 고찰

제1절 진로선택이론

1. 진로선택의 주요 이론
    1) 특성이론
    2) 의사결정이론
    3) 인성이론
    4) 사회이론
    5) 발달이론

2. 대학생의 진로결정에 영향을 미치는 요인

3. 사회복지학 전공 대학생의 진로 선택

제2절 (…후략…)

[자료: 박중순, 2010, pp. 10-17; 원문의 본문은 생략하고 소제목만을 제시하였음.]

인'으로 탐구의 범위를 좁혔으며, 결국에는 '사회복지학 전공 대학생의 진로선택'으로 끝맺음을 하고 있다.

2) 조각을 합하여 전체를 짜 맞추는 방식patch working

조각을 합하여 전체를 짜 맞추는 방식은 이론적 배경의 전체 모습을 미리 염두에 두고 그것을 구성하는 요소를 찾아내어 조립하는 기법이다. 이것은 선행연구 고찰 및 기술을 헝겊조각patch을 이어붙이는piece together 행위에 비유한 것이다(<그림 6-2> 참조).

<사례 6-3>은 노인장기요양보험 재가서비스의 문제점과 개선방안에 대한 연구(이준우·서문진희, 2009)의 이론적 배경 가운데서 일부를 발췌한 것이다. 이 연구의 저자들은 노인장기요양보험 재가서비스의 주요 골격에 대하여 전반적으로 설명하는 방식을 취하고 있는데, 구체적으로 보면

| 그림 6-2 | 조각을 합하여 전체를 만드는 기술 방식

| 사례 6-3 | 노인장기요양보험 재가서비스에 대한 전반적인 정리

Ⅱ. 이론적 배경

1. 노인장기요양보험 재가서비스

1) 재가장기요양 서비스 대상자

(1) 재가장기요양 서비스 대상자 추계

(2) 등급판정자 현황

(3) 실제 등급판정자 기준 재가대상자 현황

2) 재가장기요양 급여의 종류 및 내용

3) 재원조달

4) 서비스 전달체계

(1) 관리기구

(2) 재가장기요양기관 인프라

① 재가장기요양기관별 수요자 추계

② 확충 필요시설 추계

③ 등록현황

(3) 서비스 전문인력 인프라

① 요양보호사의 자격

② 요양보호사 교육원 현황

③ 요양보호사 배출현황

2. 선행연구 (…후략…)

[자료: 이준우·서문진희, 2009, pp. 151-155; 원문의 본문은 생략하고 목차만을 정리하였음.]

서비스 대상자, 급여의 종류 및 내용, 재원조달, 서비스 전달체계 등을 일목요연하게 정리하고 있다.

3) 공통부분 찾아내기finding intersections

연구자는 선행연구들과 자신의 연구 사이에 어느 정도의 관련성이 있는가를 기준으로 선행연구를 매우 관련 있는 선행연구, 약간 관련 있는 선행연구, 배경이 되는 선행연구로 구분할 수 있다. 예를 들면, Rudestam & Newton (2007, pp. 68-70)은 세 개의 원이 교차하는 벤다이어그램을 사용하여 선행연구 고찰의 결과를 기술하는 원리를 설명하였다(<그림 6-3> 참조).

벤다이어그램에 있는 세 개의 원은 연구자가 자신이 수행하는 연구에서 다루려고 하는 변수들을 가리킨다. 또한 이 벤다이어그램에는 '다른 원과 전혀 겹치지 않는 영역', '두 개의 원이 서로 겹치는 영역', '세 개의 원이 모두 겹치는 영역'이 있는데, 이들은 각각 '배경이 되는 선행연구', '약간 관련 있는 선행연구', '매우 관련 있는 선행연구'를 의미한다. 즉, 두 개 이상의 원이 서로 겹치는 영역은 모두 선행연구가 연구자가 다루고자 하는 변수를 얼마나 많이 다루고 있는가를 보여준다.

'배경이 되는 선행연구'는 연구자가 다루고자 하는 여러 변수 가운데 오직 하나의 변수만을 포함하고 있는 연구이다. 그 연구에 포함된 다른 변수들은 연구자의 연구주제와는 별 관련이 없는 것들이다. 이러한 유형의 연구는 정밀한 고찰의 대상으로 삼기에는 그 수가 너무 많을 뿐만 아니라, 내

| 그림 6-3 | 선행연구의 공통부분을 기술하는 방식

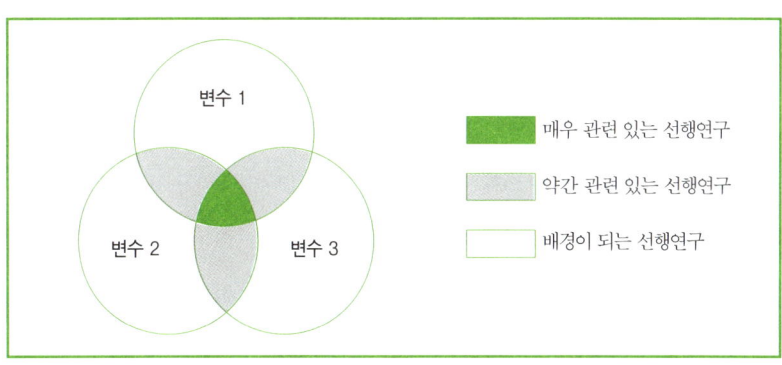

※ 자료: Rudestam & Newton, 2007, p. 70.

| 사례 6-4 | 선행연구에 나타난 공통적인 형평성 기준

형평성에 천착하고 있는 학자의 수만큼이나 많은 형평성의 정의가 존재한다고 하여도 과언이 아닐 것이다. 주로 보건의료서비스 이용의 형평성을 다룬 많은 선행연구에서 다음과 같은 네 가지의 형평성 기준이 거의 공통적으로 제시되고 있는데(Le Grand, 1982; Mooney, 1983, 1992; Whitehead, 1992a; Culyer and Wagstaff, 1993; Donaldson and Gerard, 1993), 이 정의들은 노인복지시설서비스 이용 경우에도 그대로 적용할 수 있을 것이다.

① 건강의 평등

형평성의 여러 정의 가운데 주로 보건의료서비스의 배분/이용과 관련되어 논의되는 정의가 바로 건강의 평등equality of health이다. 서비스 배분/이용의 형평성이란 결과의 평등, 즉 건강의 평등을 의미한다는 입장이다(Le Grand, 1987; Culyer and Wagstaff, 1993; Mooney, 1994). 궁극적으로 보건의료서비스는 수혜자의 건강을 증진하기 위해 생산되어 제공되는 것이므로 보건의료서비스의 최종목표 달성 여부 역시 궁극적 최종산물인 건강상태를 기준으로 판단하여야 한다는 것이다. 즉, 형평성은 그러한 최종목표 가운데 하나이며 보건의료서비스의 이용/배분의 형평성은 건강의 평등이라는 최종산물의 관점에서 정의되는 것이 올바르다는 주장이다.

(…중략…)

② 예산 지출의 평등

형평성을 비용-지출의 평등equality of expenditure으로 정의하는 입장에서는 공공예산 지출이 각 개인에게 동등한 1인당 금액으로 계산되어 배분되어야 한다고 주장한다(Jones and Moon, 1987). 즉, 가용한 예산이 각 지역의 인구 크기에 비례하여 지역별로 배분될 때 형평한 자원배분이 실현된다고 보는 것이다(Whitehead, 1992a). 환언하면, 인구의 상대적 크기가 형평성 있는 자원배분의 가장 중요한 결정인자라고 말할 수 있다(Mooney, 1983).

(…중략…)

③ 동등한 욕구-동등한 이용

동등한 욕구에 따른 동등한 이용equal utilization for equal need이라는 정의는 형평성 기준을 서비스 이용소비 차원에서 해석해야 한다는 입장이다(Wagstaff et al., 1991; Le Grand, 1991; O'Donnell and Propper, 1991; Mullen, 1998).

서비스의 이용utilization은 서비스의 실제 소비(actual consumption)를 의미한다.

실제 소비는 수요와 공급의 균형점에서 이루어지므로 이용은 수요와 공급의 함수라고 말할 수 있다. 모든 수요가 반드시 실제 이용소비으로 이어지는 것은 아니라는 점에서 이용은 수요또는 욕구와 분명히 구별되는 개념이다.

  (…중략…)

④ 동등한 욕구 동등한 접근성

  형평성을 동등한 욕구에 대한 동등한 접근성equal access for equal need의 보장이라고 정의하는 입장은 서비스에 대한 접근성access to service과 서비스의 이용utilization of service 을 명확히 구분한다(Mooney et al., 1991; McGuire et al., 1995). 이 입장에 따르면, 서비스의 이용보다는 서비스에 대한 접근성이 형평성의 올바른 정책적 해석이다. 많은 경험적 연구를 보면, 대부분의 국가의 보건의료제도에 있어서 형평성은 건강의 평등이나 서비스 이용의 평등보다 접근성의 평등이라는 관점에서 정의되고 있다 (McGuire et al., 1995: 72).

  (…후략…)

[자료: 김경호, 2004, pp. 22-25; 독자의 이해를 돕고자 밑줄을 추가하였음.]

용상으로도 연구자의 연구주제와는 직접적인 관련이 없는 경우가 대부분이다. 선행연구 고찰의 결과를 기술할 때 이러한 연구 유형에 대해서는 아주 간략한 언급이 필요하다.

  '약간 관련 있는 선행연구'는 연구자가 다루고자 하는 변수를 몇 개 정도 2개 포함하고 있는 연구를 말한다. 연구자는 이러한 유형의 연구에 대해서는 어느 정도 수준의 자세한 고찰을 하되 그 결과를 비교적 짤막하게 기술하여야 한다. 비유적으로 말하면, 연구자는 선행연구에 대하여 중거리 촬영을 하여야 한다.

  '매우 관련 있는 선행연구'는 연구자가 다루고자 하는 중요한 변수와 구성체를 모두 포함하고 있는 선행연구이므로 이에 대하여 연구자는 매우 높은 수준의 정밀한 고찰을 하여야 한다. 비유적으로 말하면, 연구자는 선행연구를 클로즈업close-up시켜야 한다. 이 단계에서 연구자는 단 하나의 선행연구에 관한 내용으로 여러 개의 단락을 만들 정도로 깊은 고찰을 하는 경우도 있다.

〈사례 6-4〉는 노인복지시설_{생활시설}의 지리적 분포에 관한 연구(김경호, 2004)의 이론적 배경 가운데서 일부를 발췌한 것이다. 이 논문의 저자는 선행연구에 나타난 여러 가지 형평성 기준 가운데 공통적인 요인만을 추출하여 자신의 연구에 활용하고 있다.

위 사례의 경우, 저자는 보건의료서비스 이용에 있어서 형평성을 판단하는 4개의 공통적인 기준을 밝히고 있으며, 이어서 그와 관련된 선행연구들을 조목조목 나열하고 있다.

4) 접근법의 유형별로 기술하는 방식

'접근법_{approach}의 유형별로 기술하는 방식'라 함은 '접근법에 따라 분류된 인용문'_{citations grouped by approach}을 일정한 순서에 따라 선행연구 고찰의 장에 포함하는 것을 말한다. 다시 말해, 선행연구들을 접근법별로 유형 분류한 다음에 그 결과를 선행연구 고찰의 결과에 포함하는 기술 방식이다. 선행연구의 검색 및 고찰의 범위가 광범위한 경우에는 특히 이 기술방식이 유용하다(Weissberg & Buker, 1990, p. 45). 구체적으로 보면, 이 기술 방식은 여러 가지 접근법의 비교와 대조_{comparison and contrast} 또는 관련된 여러 이론이나 연구의 특성을 설명하는 것을 주요 내용으로 하는 설명이다(Rid-

| 그림 6-4 | 접근법 중심의 기술 방식

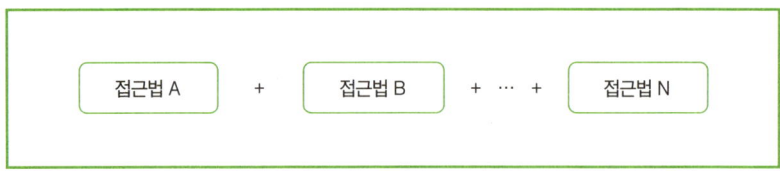

ley, 2008, p. 83). 먼저 특정 접근법에 관한 설명이 제시되고, 이어서 다른 접근법에 관한 설명이 이어지며, 그 다음에는 또 다른 접근법에 관한 설명이 연달아 이어지는 방식이다(<그림 6-4> 참조).

요컨대, 선행연구 고찰의 결과를 기술할 때 가장 유용한 기법 중의 하나가 접근법에 따른 구분이다. 접근법에 따른 분류는 다음과 같이 세분할 수 있다(Swales & Feak, 2000).

- 서로 다른 여러 가지 견해viewpoint, 이론theory, 방법method을 비교하고 대조하기
- 연도순으로 정리하기가장 오래된 자료를 맨 먼저, 가장 새로운 자료를 맨 뒤에 배열함
- 주제 또는 논제별로 정리하기
- 이론적 접근법에 따라 정리하기
- 서로 다른 의견을 갖고 있는 학자들을 대조하기
- 연구방법론에 따라 정리하기
- 유사한 결점이나 장점을 갖고 있는 선행연구들을 분류하기

<사례 6-5>는 사회복지학 전공 대학생의 노인복지분야 종사 의사에 관한 연구(박중순, 2010)에서 일부를 발췌한 것이다. 이 사례에서 논문의 저자는 이론적 접근법에 따라 선행연구의 고찰의 결과를 기술하고 있다.

<사례 6-6>은 중학생의 사이버비행에 영향을 미치는 요인을 연구한 선행연구(차은진, 2011)에서 고른 사례이다.

선행연구의 유형을 분류하여 몇 개의 범주로 나누는 방식도 접근법 중심의 기술방법에 해당된다. <사례 6-7>은 우리나라의 한센병 스티그마 관련 연구동향을 고찰한 선행연구(김경호, 2010)의 일부이다. 이 논문의 연구자는 외국과 우리나라의 한센병 스티그마 연구 유형을 고찰한 다음에

그 결과를 체계적으로 기술하고 있다.

〈사례 6-8〉은 연구의 주요 변수 성격에 따라 선행연구를 분류하여 고찰하는 방식을 취한 예이다(박중순, 2010). 이 연구에서 연구자는 특정 변수가 독립변수인가 아니면 종속변수인가에 따라 해당 선행연구의 유형을 구분하고 있다.

| 사례 6-5 | 대학생의 진로결정을 설명하는 이론적 접근법

대학생들은 여러 측면에서 전 생애의 방향을 결정하는 중요한 선택을 하여야 하는데, 그 중의 하나가 진로의 선택, 즉 직업의 선택에 관한 결정이다. 대학생의 진로결정과정은 다양한 이론적 근거로 설명할 수 있지만, 가장 대표적인 이론적 근거는 의사결정이론과 사회인지진로모형이라고 할 수 있다.

첫째, 의사결정이론의 시각에서 보면 진로결정은 일종의 타협과정이다(김미연 · 방희정, 2005). 진로선택에 관한 의사결정의 경우, 대부분 개인이 원하는 최고의 것을 언제든지 선택할 수 있는 경우는 거의 불가능하거나 매우 드물다. 자신이 원하는 진로와 현실적으로 선택할 수 있는 진로 사이의 격차가 가장 작은 것을 선택하는 것이 곧 최선의 선택이 될 것이다. 그러므로 진로결정은 타협의 과정이라고 할 수 있다. 다시 말해, 개인이 이상적으로 생각하였던 진로와 실제로 선택할 수 있는 진로가 일치하는 것은 아니라는 점에서 진로선택에 관한 의사결정은 일종의 타협과정이다(Gati, 1993).

(…중략…)

둘째, 사회인지진로모형은 다양한 환경요인을 다루는 이론으로서, Bandura (1986)의 사회인지이론에 바탕을 두고 있다. 사회인지진로모형은 학업 및 진로 관련 행동 연구에 있어서 광범위한 사회인지적 메커니즘 과정을 통합하고, 개인이 학업 및 직업과 관련된 영역에서 자신의 흥미를 형성하고 의사결정을 하며 자신의 학업적 · 직업적 성공을 달성해나가는 과정을 설명하기 위해 Lent, Brown & Hackett (1994)가 제시한 이론이다(유나현 외, 2007).

(…후략…)

[자료: 박중순, 2010, pp. 13-15; 밑줄은 원문에는 없으며, 독자의 이해를 돕고자 추가된 것임.]

| 사례 6-6 | 인터넷 중독을 설명하는 이론

과도한 인터넷의 사용이 일상생활에 부정적인 영향을 미친다는 사실이 보고되면서 학자들은 인터넷 중독에 빠지게 만드는 변인들의 특성에 관심을 기울였다. 인터넷 중독을 설명하는 이론은 '인터넷 특성이론'과 '욕구충족이론'으로 크게 나눌 수 있다. 전자는 인터넷에 중독적으로 탐닉하게 만드는 원인을 인터넷 자체의 특성에서 찾는 이론인 반면, 후자는 인터넷 자체의 속성을 통해서 강화되는 인간의 계층적 욕구에 근거하여 인터넷 중독을 설명하는 이론이다.

① 인터넷 특성이론

인터넷 특성이론은 인터넷 중독의 원인을 인터넷 자체의 특성에서 찾는 이론이다(송명준 · 허유정 · 이은정 · 권정혜, 2005; 장일순, 2000; Greenfield, 1999; King, 1996; Young, 1997). 다만, 인터넷 중독을 일으키는 인터넷 자체의 속성이 무엇인가는 학자에 따라 매우 다양하다(〈표 1〉참조).

| 표 1 | 인터넷 중독을 야기하는 인터넷 고유의 속성

연구자	인터넷의 속성
송명준 외(2000)	접근 가능성, 시 · 공간적 한계의 극복, 문자에 기반한 의사소통
장일순(2000)	개방성, 익명성, 쌍방향성
King (1996)	독특한 대인관계 의사소통, 가상세계에서의 잠복성
Young (1997)	사회적 지지, 성적性的 만족, 새로운 인격의 창출
Greenfield (1999)	강한 친밀감, 탈억제, 현실과의 경계상실, 시간 개념의 상실, 통제력 상실

위에 정리된 바와 같이 인터넷 중독에 영향을 미치는 인터넷 고유의 특성은 매우 다양하지만, 일반적으로 인터넷의 특성을 정리하면 다음과 같다.

(…중략…)

② 욕구충족이론

욕구충족이론은 인터넷 중독을 인간의 욕구와 관련지어 설명하는 접근방식인데, 이 이론을 주창하는 대표적인 학자로는 Suler (1996)를 들 수 있다. Maslow (1954)의 욕구단계설Need Hierarchy에 의하면, 인간의 욕구는 생리적 욕구physiological need, 안전 욕구safety need, 사회적 욕구social need, 존경 욕구esteem need, 자기실현 욕구self-actualization need라는 5단계의 욕구로 구성되어 있다. Suler (1996)는 Maslow (1954)의 욕구단계설을 근거로 인터넷 중독의 원인을 설명하고 있다.

(…중략…)

Suler (1996)는 현대 사회가 인간의 기본적 욕구와 진화된 욕구를 충족시켜주는 데 모두 실패하고 있으며 이러한 실제 현실세계에서의 좌절 때문에 인터넷 이용자는 인터넷을 통해 새로운 욕구를 충족하려는 과정에서 허위-자기실현pseudo-self-actualization을 경험할 수 있다고 지적하였다. 즉, 자기실현 욕구를 충족시키지 못하는 사람들이 인터넷 중독에 잘 빠지게 된다고 할 수 있다(한세억 · 박한우 · 고영삼 · 박명진 · 김상준, 2008).

[자료: 차은진, 2011, pp. 36-40. 원문에는 밑줄이 없으나 독자의 이해를 돕기 위해 추가된 것임.]

| 사례 6-7 | 한센병 스티그마 관련 연구 동향

외국에서는 한센병 스티그마에 관한 연구가 비록 제한적이긴 하지만 꾸준히 수행되고 있는 것으로 보인다. 예를 들면, 한센병 스티그마를 다룬 12편의 선행연구를 고찰한 Brakel (2003)의 보고에 의하면, 한센병 스티그마를 다룬 연구는 크게 두 가지 유형으로 구분할 수 있는데, 하나는 한센병 스티그마가 한센인에 미치는 부정적 효과를 다룬 연구들이며, 다른 하나는 한센인에 대한 태도를 측정하는 연구들이다. 반면에, 우리나라에서는 지금까지 한센병 스티그마와 관련된 연구가 거의 이루어지지 않은 것으로 보인다. 광복 이후 한센인에 대한 국가의 강제격리정책이 폐지되고 상대적인 격리정책인 정착촌사업이 실시되면서 우리나라의 한센인 연구는 정착촌의 형성과 변화과정, 한센병에 대한 일반 사회의 인식, 일반 사회의 차별과 배제로 인한 한센인들의 인권침해 실태 등을 중심으로 진행되었다(김재형, 2006). 최근 들어서는 신규환자 수의 감소, 고령 한센인의 사망, 정착촌의 해체 필요성 등 한센인 사회의 변화 현상을 다룬 연구들이 주로 수행되고 있다. 요컨대, 그동안 우리나라의 한센병 연구는 주로 한센인의 생활실태나 인권보장 차원에서 이루어졌으며 한센병 스티그마를 직접 다룬 연구는 거의 수행되지 않았으나, 한센병 스티그마가 한센인에 미치는 부정적 영향력의 강도와 크기를 감안할 때 이제 한센병 스티그마의 본질과 대처방안에 대하여 연구할 필요성이 인정된다.

[자료: 김경호, 2010, p. 67; 밑줄은 원문에는 없으며 독자의 이해를 돕기 위해 추가된 것임.]

| 사례 6-8 | 노화불안에 관한 국내연구의 동향

한편, 노화불안 관련 연구는 노화불안을 독립변수로 다루고 있는지 아니면 종속변수로 설정하고 있는지에 따라 두 집단으로 분류할 수 있다. 첫 번째 집단은 노화불안을 종속변수로 설정하여 그에 영향을 미치는 요인을 탐구하려는 일련의 연구(김명신, 2009; 김순이, 2005; 신유선·김은하, 2009; Cummings, Kropf & DeWeaver, 2000)이며, 두 번째 집단은 노화불안을 독립변수로 설정한 연구로서 노화불안이 노인에 대한 태도 등 다른 변수_{종속변수}에 영향을 미치는 정도를 탐구하는 일련의 연구(박현숙, 2009; Allan & Johnson, 2009; Harris & Dollinger, 2001)이다.

먼저 노화불안을 종속변수로 설정한 연구를 살펴본다. D광역시에 거주하는 65세 이상의 노인 179명을 대상으로 설문조사를 통해 노화불안_{AASE}을 측정한 김순이(2005)의 연구에 의하면, 조사대상자인 노인들의 노화불안은 평균 49.96점_{표준편차 5.5261}로 나타나 선행연구(Watkins, Coats & Ferroni, 1998)의 노화불안 점수인 45.7~46.7점보다 높게 나타났다. (…중략…) 실제로 김순이(2005)의 연구에서는 종교를 갖고 있는 노인들이 그렇지 않은 노인들보다 노화불안의 정도가 더 낮은 것으로 나타났다. 또한 이 연구에서는 질병상태와 노화불안 정도 사이에도 유의한 관계가 있는 것으로 나타났다. (…중략…)

신유선·김은하(2009)의 연구에서는 B광역시 경로당 이용노인(333명)의 노화불안이 비교적 높으며, 이러한 노화불안이 사회인구학적 특성에 따라 차이가 있을 뿐만 아니라 건강증진 행위실천에 부정적인 영향을 미치고 있다는 점이 확인되었다. (…중략…) 한편, 노화에 대한 불안감은 건강증진 행위실천과 유의한 역(-)의 상관관계를 나타냈는데(r=-0.164, p<0.001), 이것은 노인들의 노화불안이 낮을수록 건강증진 행위실천에 적극적이거나, 반대로 건강증진 행위실천에 적극적인 노인일수록 노화불안의 수준이 낮다는 의미이다.

S시의 초등학교 교사 200명을 대상으로 AAS 척도를 사용하여 노화불안을 측정한 김명신(2009)의 연구에 의하면, 사회인구학적 변인에 따라 노화불안의 정도에 있어서 유의한 차이가 나타났다. (…중략…)

다음으로, 독립변수로서의 노화불안이 노인에 대한 태도 등 다른 변수_{종속변수}에 미치는 영향을 탐구한 선행연구를 살펴본다. 일련의 선행연구들은 노화불안이 노인에 대한 태도에 영향을 미치고, 노화불안과 연령 사이에는 밀접한 관련이 있으며, 노화불안은 지각한 건강상태, 학력, 주관적 행복과도 관련이 있다고 보고하고 있다(이명신, 2009: 15).

여고 1학년 학생 304명을 대상으로 노화불안 등 독립변수가 노인에 대한 태도_{종속}

변수에 미치는 영향력의 정도를 탐구한 박현숙(2009)의 연구결과는 노화불안의 하위요인들이 노인에 대한 태도의 하위요인들에게 유의한 영향을 미치고 있음을 확인하였다. (…중략…)

노화불안이 노인에 대한 태도에 영향을 미친다는 사실은 Allan & Johnson (2009)의 연구에서도 확인된 바 있다. 113명의 캐나다 대학생을 대상으로 노화불안과 노인에 대한 태도를 조사한 Allan & Johnson (2009)의 연구에서는 노화불안과 노인차별주의ageism 사이에 긍정적인 양의 상관관계가 확인되었으며(r=0.511, p<0.01), 경로분석 결과에 의하면 노화불안이 노인차별주의에 유의한 정(+)의 영향을 미치는 것으로 나타났다(r=0.417, p<0.01). 이와 같은 연구결과는 높은 수준의 노화불안을 가진 대학생일수록 평균 연령이 70세인 노인집단에 대하여 더 부정적인 태도를 갖고 있다는 사실을 보고한 Harris & Dollinger (2001)의 연구결과와도 일맥상통한다.

[자료: 박중순, 2010, pp. 31-33; 밑줄은 원문에는 없으나 독자의 이해를 돕기 위해 추가된 것임.]

5) 연도순으로 기술하는 방식

앞서 설명한 바와 같이, 선행연구를 연도순으로 정리하는 방식은 접근법의 유형에 따른 분류방식 가운데 하나이기도 하지만 별도의 기법으로 치부되기도 한다. 이하에서는 이 방식을 별개의 기술방식으로 간주하고 예를 들어 설명한다.

'연도순으로 기술하는 방식'은 '연도순으로 배열된 인용문'citations ordered chronologically을 선행연구 고찰의 장에 포함하는 것을 말한다. 즉, 가장 오래된 선행연구를 맨 먼저 인용하고, 그 다음으로 오래된 선행연구들을 순서대로 인용하며, 가장 최근의 선행연구는 맨 나중에 인용한다(<그림 6-5> 참조).

<사례 6-9>는 노인에 대한 태도를 다루고 있는 연구(박중순, 2010)의 선행연구 고찰의 장의 일부이다. 이 논문의 연구자는 우리나라에서 1980

년대 이후 노인에 대한 태도가 연구되기 시작한 배경을 설명하고 있다.

〈사례 6-10〉은 인터넷 중독의 개념에 관한 국내외의 선행연구를 고찰하고 그 결과를 연도별로 정리한 예이다. 즉, 연구자는 여러 학자들이 주

| 그림 6-5 | 연도별로 기술하는 방식

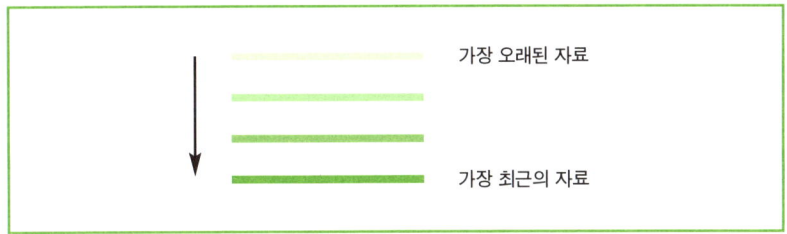

| 사례 6-9 | 노인에 대한 태도가 연구되기 시작한 배경

노인에 대한 태도attitudes toward the elderly는 사람들이 노인에 대하여 갖는 신념들의 강도와 반응에 대한 평가의 함수이다. 노인에 대한 태도는 노인들과의 상호작용이나 노인들과의 직접적인 또는 간접적인 경험 그리고 노인 및 노화과정에 대한 지식 등에 의하여 형성된다. 노인에 대한 태도는 사람들이 갖게 되는 주관적인 평가의 결과이며, 따라서 긍정적인 평가에서 부정적인 평가까지 연속선continuum 상에 위치하는 개념이다(한정란, 2003).

서양에서는 1950년대 Tuckman과 Lorge가 일련의 경험적 연구를 시작한 이래 노인에 대한 연구가 많이 이루어졌다(Tuckman & Lorge, 1952; 1953; 1954; 1958; Kogan, 1961; 이금룡, 2004: 146에서 재인용). 우리나라에서는 도시화와 산업화의 진행과 더불어 인구고령화 추세가 나타나기 시작한 1980년대부터 학자들이 노인에 대한 태도를 연구하기 시작하였다(서병숙·김수현, 1999). 연구 초기에는 노인에 대한 태도에서 감정적인 측면과 인지적인 측면이 명확하게 구분되지 않고 양자가 혼용되었으나, 후기 연구에 이르러서는 태도에 대한 개념을 설정함에 있어서 감정 혹은 정서적인 측면, 인지 혹은 지식적인 측면, 그리고 행위적인 측면이 모두 고려되어야 한다는 주장이 제기되었다(Tronstam, 1986; 이금룡, 2004: 146에서 재인용).

[자료: 박중순, 2010, p. 42; 밑줄은 원문에는 없으며 독자의 이해를 돕기 위해 추가된 것임.]

Goldberg(1996)와 Young(1996b)의 선구적인 연구 이래 인터넷 중독에 관한 수많은 연구가 수행되었고 현재도 진행되고 있지만 우선 인터넷 중독의 개념정의부터 학자들 간에 의견일치를 보지 못하고 있다. 즉, 현재 인터넷 중독과 관련하여 매우 다양한 용어가 사용되고 있는데, 대부분의 용어들이 학문적 정의에 관한 학계의 합의를 얻지 못한 채 사용되고 있다. 앞서 '용어의 정의'의 절에서 살펴본 바와 같이, 인터넷 중독과 유사한 의미를 지닌 관련 용어로는 인터넷 중독 장애Internet Addiction Disorder, IAD, 병리적인 인터넷의 사용Pathological Internet Use, 인터넷 의존Internet Dependency, 강박적 인터넷 장애Compulsive Internet Disorder, 인터넷 과다사용Internet Overuse, 인터넷 증후군Internet Syndrome, 웨버홀리즘Webaholism, 인터넷 중독, 웨버홀릭Webaholic, 인터넷 중독자, 인터넷 관련 장애Internet-related Disorder, 온라인중독Online Addiction, 인터넷 중독Net Addiction, 인터넷 오용Internet Misuse, 컴퓨터 중독Computer Addiction, 컴퓨터 및 가상공간 중독Computer and Cyberspace Addiction, 가상중독Cyber Addiction, Reset 증후군Reset Syndrome 등을 들 수 있다.

현재 학계와 실천현장에는 인터넷 중독에 관한 정의가 확립되지 않아 학자들마다 다소 의견의 차이가 있다. 여러 선행연구에 나타난 인터넷 중독의 정의는 다음과 같이 정리할 수 있다.

① Goldberg (1996): "임상적으로 심각한 손상이나 고통을 일으키는 부적응적인 패턴의 인터넷 사용" (박중규 · 고영삼 · 배성만 · 엄나래, 2008: 3에서 재인용)

② Young (1996): "인터넷 사용자가 약물, 알코올 또는 도박에 중독되는 것과 유사한 방식으로 인터넷에 중독되는 심리적 장애" (박중규 · 고영삼 · 배성만 · 엄나래, 2008: 3에서 재인용)

③ 한국정보문화진흥원(2002): "인터넷을 과다 사용하여 인터넷 사용에 대한 금단과 내성을 지니고 있으며, 이로 인해 이용자의 일상생활 장애가 유발되는 상태"

④ 박효수 · 고영삼 · 김정미(2008: 3): "인터넷 사용에 대한 금단과 내성을 지니고 있으며 이로 인해 일상생활의 장애가 유발되는 현상"

⑤ 최경진 · 김용길 · 서완석 · 성준호 · 김도승(2008: 1): "지나치게 많은 시간을 인터넷 이용에 할애하여 이용자에게 일상생활에서 회복하기 어려운 신체적 또는 정신적 장애가 초래되는 것"

⑥ 한세억 · 박한우 · 고영삼 · 박명진 · 김상준(2008: 6): "지나치게 많은 시간을

인터넷에 할애하여 채팅chatting을 하거나, 대인관계를 현실에서보다는 주로 사이버 공간에서 가지거나, 사이버 공간에서의 도박, 상거래, 정보수집이 과도한 경우, 즉 다양한 행동양상을 가지는 충동조절의 장애"

[자료: 차은진, 2011, pp. 13-15; 밑줄은 원문에는 없으며 독자의 이해를 돕기 위해 추가된 것임.]

장하는 인터넷 중독의 정의를 연도순으로 소상히 소개하고 있다.

3. 선행연구 고찰 장의 작성

일단 선행연구 고찰의 장을 어떠한 구조로 만들 것인가에 대한 결정이 내려졌다면 다음 순서는 실제로 선행연구 고찰의 장을 작성하는 일이다. 선행연구 고찰의 장을 기술하는 과정이나 절차에 관해서는 확립된 원칙이 없다. 그러나 아래에 소개하는 바와 같이 여러 학자들이 선행연구 고찰의 결과를 기술하는 다양한 방법을 소개하고 있으므로 연구자들이 이를 참고할 수 있을 것이다.

연구자들이 선행연구 고찰의 결과를 기술하면서 직면하는 문제 핵심은 과연 어떤 절차와 방법을 사용하면 연구주제와 관련된 수많은 자료와 정보를 가장 체계적이며 효율적으로 정리할 수 있는가 하는 점이다. 선행연구 고찰은 일회성 작업이 아니라 연구계획서 작성의 첫 단계에서부터 최종 원고의 정리단계까지 지속적으로 수행되어야 할 계속적인 과업이다.

1) '선행연구 고찰의 양식' 표를 사용한 논증단계별 정리

선행연구 고찰은 아무런 계획 없이 무작정 진행할 수 있는 과업은 아니다. 일련의 선행연구를 읽고 그 결과를 정리하는 체계적인 계획이 필요하다. '선행연구 고찰의 건축 양식'literature review architecture은 Swales & Feak (2000, pp. 118-124)에 의해 고안된 개념인데, 논증 단계별로 관련된 선행연구의 명칭과 페이지 수를 기록한 표를 지칭한다.

이 방법의 기본원리는 연구자가 먼저 어떤 논증을 설정하고 그 논증의 정당성을 주장하는데 필요한 증거를 확보하기 위하여 선행연구에 의존한다는 것이다. 연구자는 선행연구 고찰 과정에서 선행연구의 저자들로부터 통제를 받는 것이 아니라 오히려 연구자가 자신의 목적을 달성하기 위하여 적극적으로 선행연구를 활용한다(Ridley, 2008, p. 84).

이 방법의 첫 번째 절차는 연구자가 자신의 논증에 관한 개요를 작성하는 일인데, 이것이 바로 선행연구 고찰의 건축 양식architecture이 된다. 연구자는 논증의 각 단계별로 자신의 주장을 지지하거나 증거가 될 수 있는 선행연구들을 한데 모은다. 이때 연구자의 주장을 뒷받침하는 정보를 포함하고 있는 선행연구의 쪽수page numbers를 함께 적어놓는 것이 좋다. 일반적으로 선행연구 고찰의 구조라는 이름의 표는 〈표 6-1〉과 같은 골격을 갖추고 있다.

연구자는 자신이 고안한 논증단계로부터 선행연구 고찰의 장을 구성하

| 표 6-1 | 선행연구 고찰의 건축 양식

논증의 단계	관련 선행연구와 쪽수

※ 자료: Ridley, 2008: 85.

는 소제목headings과 그 아래의 세부제목subheadings을 추론해낼 수 있을 것이다. 〈표 6-1〉과 같은 표를 사용하여 연구자는 먼저 자신의 연구를 전반적으로 관통하는 전반적인 계획을 세우는데, 그것은 선행연구 고찰의 결과를 일목요연하게 표현하는 소제목과 세부제목을 정하는 일이다. 이어서

| 사례 6-11 | 선행연구 고찰의 건축 양식의 예

| 표 1 | 목적-성취 모형models of goal-achievement

논증단계	관련 선행연구
목적이론의 비교에 관한 선행연구의 부족	Bagozzi and Kimmel, 1995; Fredricks and Dossett, 1983; Valois et al., 1988; Cacioppo and Berntson, 1995; Weinstein, 1993
'Rubicon 모형'의 소개: 행동단계(목적이론의 범주화) Predecisional, Preactional, Actional	Heckhausen, 1987; Heckhausen and Gollwitzer, 1986, 1987
Predecisional 행동 단계: 계획된 행동이론;	Ajzen, 1985, 1991; Sheeran, 2002; Bandura, 1977
목적 설정 모형	Locke and Latham, 1990; Carver and Scheier, 1981; Hyland, 1988; Baumeister, Heatherton and Tice, 1994; Emmons and King, 1988; Hook and Higgins, 1988
Preactional 단계: 자기규제이론;	Bagozzi, 1992; Abelson, 1988; Latham and Locke, 1991
실행 의도	Gollwitzer, 1990
Actional 단계: 자기규제의 강점	Baumeister et al., 1994; Luminet et al., 2000; Muraven and Baumeister, 2000; Baumeister et al., 1998; Webb and Sheeran, 2003
정서	Martin and Tesser, 1988, 1996; Keltner and Gross, 1999; Lazurus, 1991; Levenson, 1994; Kuhl, 1996, 2000
사회적 영향력; 수행능력 피드백	Povey et al., 2000; Rutter et al., 1993; Deci and Ryan, 1985; Tauer and Harackiewicz, 1999

※ 자료: Ridley, 2008: 86.

연구자는 그러한 계획에 따라 각 절을 보다 구체적인 내용으로 메우는 절차를 밟는다.

〈사례 6-11〉은 심리학 박사학위 논문의 일부분이다(Ridley, 2008, p. 85). 이것은 선행연구의 고찰의 장 가운데 하나의 절을 인용한 것인데, 연구자가 논증을 어떻게 계획하였으며 그것을 어떻게 발전시킬 것인가를 보여주는 예이다. 연구자는 다양한 목적이론을 충실하게 제시하고 있으며, 따라서 이러한 선행연구 고찰의 장은 앞서 언급한 '조각을 합하여 전체를 짜 맞추기'patch working의 조직 형식에 해당한다.

사람에 따라 선행연구 고찰의 과정을 밟는 순서는 다르다. 어떤 연구자들은 글쓰기 작업을 시작하기 전에 전반적인 계획을 세우는 것을 선호한다. 반면에, 다른 연구자들은 글쓰기 작업을 먼저 시작한 다음에 차츰 글을 써나가면서 선행연구 고찰의 장의 틀을 정교하게 갖추어나가는 방식을 더 좋아한다.

2) 문헌고찰 매트릭스의 활용

매트릭스matrix는 행과 열로 구성된 표를 말하는데, 문헌고찰 매트릭스review matrix는 선행연구의 검토 결과가 정리된 표를 지칭한다. 따라서 문헌고찰 매트릭스 방법이란 연구자가 선행연구의 검토 결과를 매트릭스에 정리하는 방법을 말한다. 〈표 6-2〉와 같이, 문헌고찰 매트릭스의 행column에는 선행연구 검토결과를 주요 항목별로 기록하며, 열row에는 선행연구로부터 발췌한 일련의 내용을 적어 넣는다.

문헌고찰에 있어서 매트릭스 방법을 사용하는 이유는 무엇인가? 한마디로, 문헌고찰 매트릭스는 혼돈에서 질서를 창조해내는 가장 단순하고 효율적인 방법이다. 선행연구를 고찰하면서 부딪히게 되는 문제는 너무 많은

| 표 6-2 | 문헌고찰 매트릭스의 형식

항목 1 (예: 저자, 제목, 학술지명)	항목 2 (예: 발표연도)	항목 3 (예: 연구목적)	항목 4 (예: 연구설계 유형)
학술지 논문 1	2005	간질 약물치료	실험설계 연구
학술지 논문 2	2008	우울 약물치료	사례통제 연구
⋮	⋮	⋮	⋮

단행본, 학술지 논문, 그 밖의 문헌자료로부터 나오는 혼돈과 무질서이다. 연구자는 수많은 정보의 홍수를 질서 있게 정리하고 보존할 수 있어야 하며, 이렇게 정리한 선행연구 검토 결과를 실제로 연구를 수행할 때 효율적으로 활용할 수 있어야 한다. 문헌고찰 매트릭스는 문헌고찰 과정에 있어서 질서를 창조하는 표준화된 구조라고 할 수 있다. 문헌고찰 매트릭스를 만드는 과정은 집을 짓는 과정과 마찬가지이다. 집을 여러 공간으로 나누고 필요한 집기를 구비하듯이, 선행연구를 읽고 나서 발췌한 내용을 문헌고찰 매트릭스의 셀cell 안에 기록한다. 요컨대, 문헌고찰 매트릭스는 선행연구 검토에 관한 '모든 것을 기록하는 표'이며, 연구자는 이 표를 활용하여 선행연구의 정보에 효율적으로 집중할 수 있게 된다.

| 표 6-3 | '감기치료'에 관한 선행연구 고찰의 결과

저자, 제목, 학술지	발행연도	연구목적	방법론 설계
Brown, C. J. "보통감기의 치료", *Journal of Scientific Wonder*	2008	감기치료를 위해 X약의 효과를 위약효과와 비교	무작위 임상실험
White, R. M. "더 좋은 감기치료법" *Journal of Better Science*	2009	감기치료 효과를 증진하기 X약과 Y약의 효과를 비교	무작위 임상실험
⋮	⋮	⋮	⋮

※ 자료: Garrard, 2007: 109.

선행연구 고찰 결과를 기록한 문헌고찰 매트릭스는 〈표 6-3〉과 같은 형식을 취한다. 〈표 6-3〉은 가상의 자료에 대한 문헌고찰 매트릭스를 적용한 예이다.

3) 선행연구의 주요 내용을 정리한 노트 활용

노트 카드note card를 사용하여 선행연구의 주요 내용을 정리하는 기법을 추천하는 학자들이 여러 명 있다(Bell, 2005, p. 71; Blaxter, Hughes & Tight, 2006, p. 12; Walliman, 2005, p. 66; Ridley, 2008, p. 53). 노트 카드란 연구자가 선행연구의 저자, 제목, 학술지 명칭, 발행연도, 쪽수와 더불어 그 선행연구의 주요 내용을 요약하여 정리한 작은 카드를 말한다.

노트 카드는 연구자의 관점과 주장을 지지하는 여러 학자들의 견해와 입장을 일목요연하게 정리하는 데 유용한 기법이다. 연구자는 노트 카드에 기록된 선행연구의 정보들을 직접 살펴보면서 그 중에서 어느 것을 자신의 논증단계 가운데 어느 단계에서 유용하게 활용할 수 있을 것인지 판단할 수 있다.

견본 연구계획서

이 장은 제1장 또는 제6장에서 학습한 내용을 건본 연구계획서에서 실제로 확인하여 봄으로써 연구계획서 작성의 전 과정에 대한 이해의 폭을 넓히는 데 그 목적이 있다.

! 주요 내용

◆ 연구계획서의 구성 체계장 · 칠 편성에 대한 이해
◆ 연구계획서의 개요의 의의 및 작성 요령
◆ 목차 만들기
◆ 서론연구의 배경, 목적, 범위, 의의 등의 구성
◆ 이론적 배경의 장을 정리하는 방법
◆ 이론과 선행연구로부터 가설을 도출하는 방법
◆ 연구방법의 장을 작성하는 방법
◆ 분석결과, 논의, 결론의 장에 담을 내용을 소개하는 방법
◆ 인용 및 참고문헌 정리APA 방식의 소개

중학생의 사이버비행에 영향을 미치는 요인
Factors Associated with Middle School Students' Cyber Delinquency

연구계획서의 제목

제목은 연구계획서의 핵심 요소를 가능한 한 간결하게 압축적으로 표현하는 것이어야 한다. 독자들은 위 제목으로부터 연구자가 계획하고 있는 연구가 사이버비행에 관한 양적 연구임을 짐작할 수 있을 것이다. 즉, 위 제목은 이 연구의 종속변수가 사이버비행이며, 이에 영향을 미치는 요인, 즉 독립변수가 무엇인지 규명하는 것이 이 연구의 목적임을 암시하고 있다. 또한 제목이 "중학생의 사이버비행에 영향을 미치는 요인에 관한 연구"가 아니라 "중학생의 사이버비행에 영향을 미치는 요인"임을 유의할 필요가 있다. 이 책의 제5장에서 상술한 바와 같이, 연구논문이라면 당연히 다루어야 할 내용을 암시하는 단어나 어구를 굳이 제목에 넣을 필요는 없다. 즉, 누가 보아도 연구임이 분명한데 굳이 '…에 관한 연구'라는 어구를 제목 안에 넣을 필요는 없다.

학위논문의 연구논제가 갖추어야 할 조건

일반적으로 학위논문의 연구논제가 갖추어야 할 조건은 ① 필요성과 중요성이 인정되는 연구, ② 이론적 기반에서 출발하는 연구, ③ 적절한 연구방법론을 적용할 수 있는 연구, ④ 소정의 기한 내에 마무리 지을 수 있는 연구, ⑤ 잠재적 연구결과의 대칭성을 예상할 수 있는 연구, ⑥ 연구자의 능력과 관심에 상응하는 연구, ⑦ 전문 직업적인 발전이 가능한 영역에 관한 연구 등이다. 독자 여러분은 이 견본 연구계획서의 연구논제가 위 조건을 어느 정도 충족하고 있는가를 판단해보기 바란다.

연구계획서의 개요

현대 지식정보화 사회에서 인터넷은
불가피한 실용의 도구이면서 동시에 문
제행동을 야기하는 야누스적인 매체로
자리매김 되었다. 인터넷은 무한한 가
능성을 제공하는 사이버공간이지만, 인
터넷의 역기능과 인터넷 윤리의식의 부
재로 인한 청소년의 사이버비행은 사회

연구계획서의 개요

연구계획서의 개요는 연구자가 자신의 연
구와 관련하여 왜(why), 무엇(what)을, 어
떻게(how), 언제(when) 할 것인가에 관한
내용을 담는 공간이다. 연구계획서의 개요
에는 연구의 필요성(배경), 연구의 목적, 연
구 방법 등이 포함되어 있으며, 특히 연구
방법의 단락에는 변수의 정의, 연구가설의
도출, 설문지의 구성, 조사대상자의 정의,
자료수집의 시기 및 분석방법 등이 설명되
어 있다.

문제로 부각되기도 한다. 따라서 인터넷 이용의 부정적 결과로 나타나는
인터넷 중독, 인터넷 유해환경 속에서 형성된 부정적 인터넷 문화, 그리고
인터넷 윤리의식의 부재로 인해 발생하는 청소년의 사이버비행을 탐구하는
연구는 그 자체로서 중요한 의미를 지닐 뿐만 아니라 청소년 보호와 관련
하여 이론적 · 실천적인 차원에서 실용적인 의의를 갖는다.

이 연구는 생태체계이론의 관점에서 중학생을 대상으로 인터넷 중독, 인
터넷 윤리의식, 사이버비행의 실태를 파악하고 이 변수들 간의 연쇄적 인과
관계를 탐구하기 위한 연구이다. 구체적으로 본 연구는 다음과 같은 연구
목적을 갖고 있다. 첫째, 인터넷 중독에 영향을 미치는 외생잠재변인을 규
명한다. 둘째, 외생잠재변인, 인터넷 중독, 인터넷 윤리의식, 사이버비행의
실태를 측정하고, 이 변수들 사이의 인과관계를 파악한다. 끝으로, 가설검
증 및 논의를 바탕으로 이론적 · 실천적 · 정책적 함의를 도출한다.

본 연구는 다음과 같은 연구방법에 따라 수행될 계획이다. 먼저 이론적
고찰 및 선행연구의 검토를 통해 변수를 설정하고 연구가설을 도출한다.
이어서 변수를 측정하기 위하여 각 변수를 조작적으로 정의하고, 설문 문
항을 작성하며, 설문지를 구성한다. 본격적인 자료수집에 앞서 예비조사

를 실시하고, 그를 바탕으로 설문을 재구성한 다음에 본 조사를 실시한다. 자료수집을 위하여 G광역시의 중학생을 대상으로 집단조사group survey 방식으로 설문조사를 실시할 계획이다. 자료수집은 2○○○년 ○월부터 ○월까지 실시할 예정이며, 배포할 설문지는 600부이다. 회수된 설문지 가운데 불성실 응답과 이상치를 제거한 후 통계분석을 실시한다. 수집된 자료는 요인분석, 신뢰도분석, 빈도분석, t-검정 등의 통계기법을 사용하여 분석하고, 변수 간 상관관계분석과 더불어 구조방정식을 이용한 연구모형의 검증 등을 수행한다.

실제 연구수행의 단계에서 예상되는 주요 분석결과는 조사대상자의 일반현황, 측정도구의 검증, 주요 변수의 기술통계량, 연구모형의 검증결과 등이며, 이를 바탕으로 가설검증, 이론적 · 정책적 함의의 도출, 결론의 도출 등의 과업을 수행하고자 한다.

주요어: 생태체계이론, 인터넷 중독, 인터넷 윤리의식, 사이버비행

연구계획서의 목차

Ⅰ. 서론

1. 연구의 배경 및 목적

1) 연구의 필요성

2) 연구의 목적

2. 연구의 범위 및 의의

1) 연구의 범위

2) 연구의 의의

tip 연구계획서의 목차

연구계획서의 목차는 글자 그대로 연구 프로포절의 목차이므로 실제 연구의 결과물인 논문의 목차와는 다르다. 따라서 제1장 서론, 제2장 이론적 배경 및 선행연구의 고찰, 제3장 연구방법 중심으로 내용이 구성된다. 그러나 제4장 분석결과, 제5장 논의, 제6장 결론에서 다룰 내용들을 간략히 언급하도록 한다.

Ⅱ. 이론적 배경 및 선행연구의 고찰

1. 생태체계이론

1) 생태체계이론의 개념 및 체계수준

2) 사회복지 영역에서의 생태체계이론

3) 생태체계적 관점에서 본 인터넷 이용

2. 인터넷 중독

1) 인터넷 중독의 개념

2) 인터넷 중독 관련 국내외 연구 동향

3) 인터넷 중독의 증상 및 구성요소

4) 인터넷 중독 관련 이론

5) 인터넷 중독의 측정도구

6) 인터넷 중독의 실태

7) 인터넷 중독에 영향을 미치는 요인

8) 인터넷 중독의 부정적 효과

3. 인터넷 윤리의식

   1) 인터넷 윤리의 개념

   2) 인터넷 윤리의 필요성

   3) 인터넷 윤리의 기본원리

   4) 인터넷 윤리의 범위와 내용

   5) 인터넷 윤리의식의 측정도구

   6) 인터넷 윤리의식에 영향을 미치는 요인

   7) 인터넷 윤리의식과 사이버비행의 관계

4. 사이버비행

   1) 사이버비행의 개념

   2) 인터넷 중독과 사이버비행의 관계에 대한 이론적 논의

   3) 사이버비행의 측정도구

   4) 사이버비행에 영향을 미치는 요인

Ⅲ. 연구방법

1. 변수 및 연구가설의 설정

   1) 변수의 설정

   2) 연구가설 및 연구모형

   3) 변수의 조작적 정의 및 설문지의 구성

2. 조사대상자 및 표본추출

3. 자료의 수집 및 분석

   1) 자료의 수집

   2) 자료의 점검

   3) 자료의 분석

Ⅳ. '분석결과'에서 다룰 내용

1. 조사대상자의 일반현황

1) 사회인구학적 특성

2) 인터넷사용 현황 및 특성

3) 인터넷 관련 강의 수강 및 이용 현황

2. 측정도구의 검증

1) 모형의 변인별 정규성 검증

2) 주요 변수 간의 상관관계분석

3) 신뢰도 분석

3. 주요 변수의 기술통계량

1) 외생잠재변수

2) 인터넷 중독

3) 인터넷 윤리의식

4) 사이버비행

4. 연구모형의 검증 결과

1) 연구모형의 적합성 평가 방법

2) 주요 변인들의 직접효과, 간접효과 및 총효과

3) 연구모형의 적합성 검증 결과

4) 집단 간 경로계수 비교

5) 경쟁모형의 적합성 검증결과

Ⅴ. '논의'에서 다룰 내용

1. 가설 검증의 함의

1) 채택된 가설의 시사점

2) 사이버비행에 이르는 경로의 탐색 및 함의

3) 기각된 가설의 시사점

2. 집단 간 경로계수 비교 결과의 함의

1) 성별에 따른 집단 간 경로계수 비교의 시사점

2) 학년에 따른 집단 간 경로계수 비교의 시사점

3. 이론적 · 정책적 함의

1) 이론적 함의

2) 정책적 함의

VI. '결론' 에서 다룰 내용

1. 연구의 요약 및 결론

1) 연구의 요약

2) 연구의 결론

2. 연구의 기여도 및 제한점

1) 연구의 기여도

2) 연구의 제한점

3. 제언 및 향후 연구방향

1) 제언

2) 후속연구의 필요성

참고문헌

부록: 설문지

ABSTRACT

Ⅰ. 서론

1. 연구의 배경 및 목적

1) 연구의 배경

인터넷은 컴퓨터를 매개로 전자신호 또는 디지털 신호를 주고받는 네트워크 속에 존재하는 가상공간이다. 인터넷 이용 시스템만 갖추어져 있다면 누구나 시간과 공간의 장애나 제약 없이 언제 어디서나 접속이 가능하기 때문에 인터넷은 지리적·물리적 차원을 넘어 무한

연구의 배경

연구의 배경은 연구자가 자신의 연구가 어떻게 태동하게 되었는지, 그리고 자신의 연구가 선행연구와 어떤 관련을 맺고 있는지를 설명하는 곳이다. '연구의 배경'에서 연구자는 인터넷 이용의 양면성(순기능과 역기능)을 설명하면서, 특히 인터넷 이용의 부정적 결과인 인터넷 중독, 인터넷 윤리의식의 부재, 사이버비행 사이의 관계를 탐구하는 연구가 필요하다는 점을 언급하고 있다.

의 지적 가치를 얻을 수 있는 심리적 공간이기도 하다. 특히 청소년들에게는 현실과 다른 '나'를 표현하며 자아정체감과 가치관을 형성하는 공간이 될 수도 있다. 요컨대, 인터넷의 사이버공간은 청소년에게 있어 놀이문화이고, 스트레스 해소공간이며, 새로운 방식의 인간관계를 추구하는 의사소통 공간이고, 정보와 지식의 취득공간이다.

현대의 지식정보화 사회에서 인터넷은 불가피한 실용의 도구이면서 동시에 문제행동을 야기하는 야누스적인 매체로 자리매김 되었다(김광수, 2009, p. 144)*. 먼저, 인터넷의 순기능을 보면, 초고속 인터넷망의 조기구축으로 인해 생활정보, 원격 온라인 교육, 인터넷 쇼

＊인용 방식 Ⅰ

학술논문에서 연구자는 자기의 이론이나 주장을 전개하기 위하여 다른 사람의 논문이나 저서 가운데 문장 일부를 그대로 또는 그 내용을 다르게 표현하여 자신의 글 속에 삽입하는데 이것을 인용(citation)이라 한다. 대학교나 학회에 따라 인용방식이 따로 정해져 있는데, 물론 연구계획서의 작성에 있어서도 정해진 인용방식을 따라야 한다. 단락에 제시된 인용방식은 미국 APA 방식이다.

핑, 인터넷 뱅킹(금융전자상거래), 전자우편, 인터넷 전자문서, 다양한 영역의 예매 등 폭넓은 커뮤니티가 형성되는 등 인터넷은 우리 생활의 많은 부문에 편의를 제공하고 있다. 또한 인터넷은 정치·경제·사회·문화의 모든 영역에서 급속한 생활양식의 변화를 초래하였다.

한편, 인터넷은 나름의 역기능을 갖고 있다. 특히 청소년에게 있어 인터넷의 역기능은 매우 심각하다. 현재의 청소년들은 1990년대 중반부터 상용화가 시작된 한국 사회에서 유년기부터 인터넷과 접촉하기 시작한 경험을 갖고 있는 첫 세대이며, 이러한 인터넷의 양면성을 고스란히 경험하고 있는 대표적인 연령집단이다.[1] 오늘날 청소년들은 어느 연령대보다 더 높은 99.9%의 인터넷 이용률을 보이면서 인터넷 중독이라는 역기능에 노출되어 있다. 인터넷 중독 실태 조사 결과를 보면 국내 인터넷 중독률은 8.5%, 중독자 수는 1백91만3천 명으로 특히 청소년의 인터넷 중독률은 12.8%로 더 높다. 이 가운데 고위험군은 2.6%, 잠재적 위험군은 10.2%로 밝혀졌다(한국정보화진흥원, 2010)**. 빠른 인터넷 보급과 정보격차 해소를 위한 정부의 노력과는 반대로 인터넷 오남용으로 인한

> **tip**
> ****인용 방식 II**
> 단체의 저서를 인용하는 방식은 (단체명, 연도)의 형식을 취한다.

인터넷의 역기능적인 문제들, 즉 인터넷 중독, 음란물 유포, 해킹, 바이러스 유포, 스팸메일, 악성 댓글, 개인정보 침해, 엽기·자살사이트, 저작권 침해, 정보 과부하, 청소년 유해사이트, 청소년 사이버사기, 청소년 사이버비행 등의 문제들이 발생하고 있다.

방송통신심의위원회가 2009년 5월에 발표한 「인터넷 불법·유해정보

---

1 1994년 6월 한국통신이 'kornet'라는 인터넷 상용서비스를 제공하면서부터 우리나라에서 인터넷 상용화가 시작되었다. 2010년 현재 중학교 1학년에 재학 중인 학생의 출생년도는 1997년이다. 그러므로 현재 중학생들은 유년기부터 인터넷을 접한 이른바 '클릭 세대'라고 할 수 있다.

월별신고현황」 자료에 의하면, 음란·선정 관련 신고가 9,031건으로 가장 많았고, 사행심 조장 관련 신고가 6,805건을 차지하고 있다. 다시 말해, 청소년은 인터넷 유해환경 중 음란·선정관련 사이트에 가장 많이 노출되었다고 볼 수 있다. 이러한 인터넷 음란물들은 성sexuality에 대한 가치관이 형성되지 않은 아동·청소년들에게 악영향을 미치고 있다. 또한 2009년 정보통신윤리위원회가 발표한「인터넷 불법·유해정보 신고 동향 분석」자료에 따르면, 권리침해 737건(47.2%), 음란·선정 345건(22.1%), 사행심 조장 272건(17.4%), 사회질서 위반 200건(12.8%), 폭력·잔혹·혐오 8건(0.5%) 순으로 신고·접수되었다. 인터넷 윤리의식의 부재와 같은 부정적 측면은 폭력 성향, 게임중독, 인터넷을 통한 성매매의 증가 등 청소년의 성장발달에 유해한 환경적 요소의 증대로 이어지고 있다. 이처럼 인터넷은 우리들에게 일상생활의 편리함을 제공하는 문명의 이기로 간주하고 있지만 그 이면에는 사이버범죄가 양산되고 비행양상이 점점 다양해지며 피해의 강도가 더 심각해진다는 어두운 모습이 자리하고 있다.

익명성과 비대면성을 특징으로 하는 사이버공간은 불건전 정보의 유통, 허위정보의 유포, 정보시스템 불법침입 및 파괴, 사생활의 침해, 지적재산권의 침해, 사이버중독 등의 윤리적 문제를 일으키고 있으며, 앞으로 각종 정보사회의 윤리적 문제들은 더욱 심각해질 것이다. 정보사회 속에서 사회의 구조와 조직이 다원화되고 다양화되면서 인간의 삶은 다원적으로 복잡하게 얽혀있고 불가피하게 상호 의존되어 있다. 이처럼 자기만을 알고, '너'가 없는, 폐쇄적이고 이기적인 삶은 인터넷이라는 가상세계에서 새로운 윤리적 문제를 야기하고 있다. 또한 사이버 공간cyberspace은 여러 영역에서 우리에게 무한한 가능성을 제공하고 있다. 사이버공간은 취미와 관심영역이 같은 사람들이 인터넷을 통해 새로운 대인관계를 맺는 문화와 사교의 장이 되기도 하고, 인터넷을 통해 수요와 공급이 이루어지는 새로운 시장市場

의 역할을 하기도 하며, 생활의 편리함을 제공하고 있다. 하지만 사이버 공간은 무한한 가능성을 제공하는 반면에, 인터넷의 역기능과 인터넷 윤리의식의 부재로 인한 사이버비행은 사회문제로 부각되기도 한다.

따라서 인터넷 이용의 부정적인 결과로 나타나는 인터넷 중독과 인터넷 유해환경 속에서 형성된 부정적 인터넷 문화 그리고 인터넷 윤리의식의 부재로 인해 발생되는 청소년 사이버비행을 탐구하는 연구는 그 자체로서 중요한 의미를 지닐 뿐만 아니라 청소년 보호와 관련하여 이론적 · 실천적 · 정책적인 차원에서 실용적인 의의를 갖는다고 하겠다.

2) 연구의 목적

지금까지 사회복지학 영역에서 인터넷 중독을 대상으로 수많은 연구들이 수행된 바 있으나, 대부분 인터넷 중독에 영향을 미치는 영향요인을 찾는 단편적인 연구 또는 인터넷 중독이 사이버비행과 인터넷 윤리의식 등에 미치는 인과관계를 탐구한 단편적인 연구의 성격을 지닌 연구들이었다. 반면에, 인터넷 중독과 관련된 변인들 간의 통합적인 인과관계를 설명하는 연구는 비교적 제한적으로 수행되었다고 할 수 있다.

본 연구는 생태체계이론의 관점에서 인터넷 중독, 인터넷 윤리의식, 사이버비행에 접근하려는 시도이다.* 먼저 문헌고찰을 통해 청소년의 인터넷 중독

> **tip**
> **연구의 목적**
> 연구의 목적은 이 연구가 무엇에 관한 것이며, 왜 연구자가 이 연구를 수행하여야 하는지에 관한 설명이다. 연구목적은 독자들에게 조사대상자가 누구이고, 그들을 대상으로 어떤 활동을 전개하여, 무엇을 추구할 것인가를 알려줄 수 있어야 한다. 연구목적은 간략하고 명확하여야 한다. 따라서 연구자는 직설적이고, 단순하며, 짧은 문장으로 연구목적을 기술하는 것이 좋다.

> **tip**
> ***이론적 배경에 기반을 둔 연구**
> 연구목적이나 연구문제는 모두 이론적 배경을 갖추어야 한다. 이론적 근거가 전혀 없는 연구문제/연구목적은 지속가능성을 갖추지 못한 것이다. 따라서 연구자는 자신이 제안하는 연구의 기본관점(즉, 패러다임, 메타이론)이 무엇인지 체계적으로 설명하여야 한다. 이 연구의 바탕이론은 생태체계이론임을 알 수 있다.

에 영향을 미치는 체계수준을 개인요인, 가정요인, 학교요인, 인터넷 환경요인으로 분류한 다음, 각 요인별로 한 개씩의 변인을 선정하여 이 변인들이 인터넷 중독에 미치는 영향을 실증적으로 분석하고자 한다. 이어서 인터넷 중독과 인터넷 윤리의식 및 사이버비행 사이에 존재하는 일련의 연쇄적 인과관계를 실증적으로 파악하고, 그 분석결과를 바탕으로 실천적 · 정책적 함의를 도출하고자 한다.

이와 같은 맥락에서 연구자는 다음과 같은 연구목적을 설정하였다. 첫째, 생태체계학 관점에서 인터넷 중독에 영향을 미치는 요인외생잠재변인을 탐구한다. 둘째, 인터넷 중독의 영향요인외생잠재변인, 인터넷 중독, 인터넷 윤리의식, 사이버비행의 실태를 측정하고, 이 변수들 사이의 연쇄적 인과관계를 탐구한다. 셋째**,

가설검증 및 논의를 바탕으로 이론적 · 실천적 · 정책적 함의를 도출한다.

요컨대, 실증분석을 통해 이상과 같은 연구목적***을 달성함으로써 본 연구는 청소년의 인터넷 중독을 예방하고, 인터넷 윤리의식을 고양시키며, 사이버비행을 예방하거나 감소시키는 등 건전한 가치관을 형성하는 데 기여할 수 있는 기초자료를 제공할 수 있을 것이다.

2. 연구의 범위 및 의의

1) 연구의 범위

본 연구는 시간, 공간, 내용 면에서 일정한 범위를 갖고 있다. 연구의 범위는 연구의 수행방식에 영향을 미칠 뿐만 아니라 연구결과의 해석에도 일정한 영향을 미칠 것이다.

> **tip**
> **연구의 범위 설정**
> 연구의 범위를 설정한다는 것은 곧 연구의 모집단의 한계를 정의한다는 뜻이다. 즉, 연구의 범위는 모집단과 관련하여 시간, 공간, 내용 면에서 연구의 한계(limit)를 상세하게 설명한 것이다.

첫째, 시간적 범위에서 보면, 본 연구는 2○○○년의 자료에 바탕을 두고 있다. 즉, 2○○○년 상반기에 1회의 횡단면적 자료수집 방법cross-sectional data collection method을 사용하여 자료를 수집할 계획이다.

둘째, 공간적 범위에서 보면, 본 연구는 G광역시를 대상으로 한 지역연구의 성격을 갖는다. 따라서 향후 연구결과를 해석함에 있어서 지역적 한계의 문제를 유념하여야 할 것이다.

셋째, 내용 면에서 보면, 본 연구는 인터넷 중독과 인터넷 윤리의식 및 사이버비행과 관련하여 이론적 고찰, 선행연구 검토, 자료수집 및 실증분석, 분석결과에 대한 논의 및 함의 도출이라는 일련의 과정을 거치는 종합적 응용연구의 성격을 갖는다. 구체적으로, 후술하는 바와 같이, 본 연구의 외생잠재변수독립변수는 자기통제력, 부모 양육태도, 학업 성취감, 인터넷 기대이며, 이러한 요인들이 인터넷 중독에 미치는 영향을 규명하고, 이어서 인터넷 중독, 인터넷 윤리의식, 사이버비행 사이의 연쇄적 인과관계를 탐구하고자 한다. 한편, 본 연구는 중학생을 대상으로 한 실증연구이다.

2) 연구의 의의

오늘날 우리 사회의 사이버문화의 주
류는 다름 아닌 청소년 계층이다. 청소
년은 기성세대에 비해 컴퓨터에 익숙할
뿐만 아니라 청소년의 인터넷 이용률은
거의 100%에 육박한다. 그만큼 청소년
은 인터넷 중독의 위험성에 더 많이 노
출되어 있다고 할 수 있다.

본 연구는 생태체계학 관점에서 청소년들의 인터넷 중독에 영향을 미치
는 요인들을 찾아냄으로써 청소년들의 생활의 일부이자 가장 중요한 놀이
문화인 인터넷의 역기능을 최소화하고 인터넷의 긍정적인 기능을 최대화할
수 있는 방안을 도출하기 위한 연구라는 점에서 중요한 의의가 있다. 또한
본 연구는 청소년의 인터넷 이용과 관련된 정책개발에 참고할 수 있는 유
용한 기초자료를 제공하거나 의미 있는 시사점을 제공할 수 있을 것이다.

아울러, 최근 증가하고 있는 청소년 사이버비행은 정보통신의 빠른 확산
과 보급률의 증가 그리고 사이버 공간이라는 특수상황에서의 구체적인 제
재나 규범이 없는 인터넷 윤리의식의 부재에서 비롯된 것이라 할 수 있다(김
수정, 2003). 본 연구에서는 인터넷 윤리의식과 사이버비행에 관한 실증분
석을 통해 인터넷 중독 상담자와 교사들에게 필요한 기초자료 및 관련 정
보를 제공함으로써 그들이 효과적으로 청소년 내담자들을 지도하고 상담
하는 데 도움을 줄 수 있을 것이다. 한편, 본 연구는 인터넷 중독 및 사이
버비행 관련 연구자들이 후속 연구를 계획하고 실행하는 데 필요한 지식과
정보를 제공할 수 있을 것이다.

우리 사회는 인터넷의 상용화와 더불어 유비쿼터스 사회로 빠르게 진입

하고 있다. 이에 따라 청소년의 인터넷 윤리의식의 부재는 청소년의 사이버 비행에 부정적인 영향을 미칠 것으로 전망되는데, 이는 사회문제인 동시에 국가차원에서 대응하여야 할 중요한 문제가 아닐 수 없다. 청소년의 건전한 발달과 성인으로의 성공적인 이행을 촉진하는 청소년정책은 매우 중요한 국가적 과제이다. 특히 앞으로의 유비쿼터스 시대에는 아동·청소년이 국가 정보화수준의 도약을 책임질 핵심 세대로 부상될 것이기 때문에, UN Ubiquitous Network 세대의 잠재력을 키울 수 있는 건전한 인터넷 환경을 조성하는 일은 그 어느 때보다도 중요하다.

Ⅱ. 이론적 배경 및 선행연구의 고찰

1. 생태체계이론

1) 생태체계이론의 개념 및 체계 수준

생태체계이론ecological systems theory은 사회복지실천 분야에서 가장 영향력 있고 포괄적인 이론일 뿐만 아니라 가장 널리 사용되고 있는 이론 가운데 하나로서, 이 이론의 가치와 의미에 관한 연구들도 활발하게 이루어지고 있다(김동배, 이희연, 2003; 박명숙, 1999). 생태체계이론은 생태학ecology과 일반체계이론general systems theory에 그 뿌리를 두고 있다. Bronfenbrenner (1979)는 인간발달을 분석하고 설명하기 위하여 생태학과 체계이론을 접목한 생태체계이론이라는 용어를 주조하여 사용하였으며, 이것을 Germain & Gitterman (1980)이 사회복지실천 모델에 도입하면서 이 이론이 사회복지 영역에 자리 잡게 되었다.

생태체계이론은 생태학으로부터는 개인과 환경 사이에 존재하는 상호적응mutual adaptation의 개념을 차용하였고,

> **tip**
>
> **이론적 배경 및 선행연구의 고찰**
>
> 논문은 논리적·체계적 구조물이다. 이론적 배경의 장은 그러한 구조물을 구성하는 하나의 요소이므로 논문 전체를 관통하는 논리적 흐름에 맞도록 작성되어야 한다. 결론부터 말하자면, 이론적 배경의 장에는 서론에서 다루는 연구문제(연구목적) 및 연구방법에서 다루는 연구가설과 관련 있는 내용이 들어가야 한다. 이론적 배경은 연구문제(연구목적)와 연구가설을 연결하는 교량의 역할을 수행한다. 연구문제에 대한 대답이나 가설 검증과 관련 없는 내용은 불가피한 경우가 아니라면 굳이 이론적 배경의 장에 들어갈 필요가 없다.
>
> **연구의 이론적 관점**
>
> 이 절을 보면 연구자가 제안하고 있는 연구의 관점(패러다임, 메타이론)이 생태체계이론임을 알 수 있다. 따라서 독자들은 연구자가 생태체계이론의 관점에 따라 일련의 가정을 설정하고, 생태체계이론의 관점에서 특정 의미체계를 수용하고 다른 의미체계는 거부하며, 생태체계이론의 맥락 안에서 특정 논점에 집중하거나 특정 연구문제를 제기하게 될 것임을 짐작할 수 있다. 또한 연구자는 생태체계이론의 시각에서 연구의 담론과 연구방법론을 선택한다. 끝으로, 연구자는 생태체계이론의 관점에서 연구결과를 평가하는 기준을 선택하기도 한다.

일반체계이론으로부터는 체계systems와 관련된 다양한 개념들을 빌려왔다. 생태체계적 관점의 기본 전제는 인간의 행동은 그들이 숨 쉬고 있는 사회체계를 떠나서는 설명할 수 없다는 사실이다. 즉, 인간의 행동을 제대로 이해하기 위해서는 인간이 살고 있는 사회체계와 그것의 영향을 함께 이해하여야 한다. 따라서 생태체계이론에서는 인간은 환경과 끊임없는 상호작용을 지속하는 진화적이고 적응적인 존재로 여겨지며, 적응, 적합성, 상호교환, 적소niche 등을 중요한 실천적 개념으로 간주한다(김동배, 이희연, 2003, p. 35). 따라서 적응은 환경에 대한 수동적인 반응이 아니라 환경과의 적절한 관계를 유지하기 위한 적극적인 노력을 의미한다.

생태체계이론은 사회복지실천의 상위모형으로 인정받고 있는데, 개인과 환경 사이의 상호작용을 중시하는 이 이론은 고유의 관점에 따라 사회복지전문직이 통합될 수 있도록 다양한 이론과 모형을 체계적으로 연결시키는 틀을 제시할 뿐만 아니라, 사회복지실천의 핵심 가치인 '상황 속의 인간'이라는 관점을 명확하게 설명할 수 있다는 장점을 갖고 있다(김동배 · 이희연, 2003, p. 29). 또한 생태체계이론은 인과론적 단선 개념보다는 상호교류의 순환적 개념을 강조하는 이론이며, 기존의 개인 심리 중심의 병리적 관점에서 강점 관점으로의 패러다임의 전환을 가져온 이론이다(박명숙, 1999). 요컨대, 생태체계적 접근법은 다양한 실천 이론들을 모두 수용할 수 있기 때문에 사회복지사가 특정 상황을 억지로 어떤 실천 이론에 끼워맞추는 것이 아니라 그 상황에 적합한 관점, 모델, 방법, 기법을 사용하여 클라이언트와 문제를 사정할 수 있다는 장점을 지니고 있으며, 이 때문에 점점 더 그 유용성을 인정받고 있다.

한편, 생태체계이론은 연구자에 따라 생태체계를 구성하는 체계 수준이 서로 달라 연구 결과에 대한 실증적 합의를 이루지 못하는 단점이 있다(김광수, 2009, p. 146). 예를 들면, Bronfenbrenner (1979)는 유기체와 상호작용하는 환경체계를 미시체계microsystem, 중간체계mesosystem, 외체계ex-osystem, 거시체계macrosystem, 시간체계chronosystem로 나누고 그들 사이의 상호관계를 관찰하였다. 반면에, Buckley (1967)는 체계의 조직적 속성인 전체성의 수준을 기준으로 개인체계, 가족체계, 사회와 문화체계로 나누었으며, 각 체계들이 서로 상호작용할 뿐만 아니라 전체로서의 생태체계에도 영향을 미치는 것으로 파악하였다. 한편, 직장에서의 건강증진 프로그램의 설계와 관련하여 생태적 접근법을 제안한 McLeroy, Bibeau, Steckler & Glanz (1988)에 따르면, 건강문제 또는 특정 이슈에 영향을 미치는 요인은 ① 개인 내부 수준intrapersonal level, ② 대인관계 수준interpersonal level, ③ 조직·기관 수준organizational/institutional level, ④ 지역사회 수준community level, ⑤ 사회구조·공공정책 수준social structure/public policy level으로 구별된다.

2) 사회복지영역에서의 생태체계이론

오늘날 생태체계이론은 인간과 환경 사이의 관계를 강조함으로써 특정 문제에 대한 광범위한 접근을 가능하게 하는 종합이론grand theory으로서의 역할을 수행하고 있다(박명숙, 1999a, p. 135). 특히 이 접근법은 '관계'에 초점을 맞추고 있다는 점에서 사회사업분야에서 널리 활용할 수 있는 매우 유용한 도구로 평가받는다. 국내 연구 중 생태체계적 접근법을 적용한 연구는 비교적 많은 편이다(김정란, 김경신, 2003; 김정희, 2007; 박명숙, 1999b*; 박병금, 2006; 배나래, 박충선, 2009; 최선희, 김희선, 2006). 이와 같은 생태체계적 접근에 기반한 여러 선행연구는 대략 다음과 같은 두 집단으로

> **tip**
> ***인용 방식Ⅲ**
> APA 인용방식에 의하면, 한 저자가 동일연도에 저작한 2개 이상의 자료는 식별을 위해 발행연도 뒤에 'a, b, …'를 부기한다. 박명숙의 1999년 저작은 2개이므로 각 자료를 구분하기 위해 발행연도인 1999에 a와 b를 붙였다. 물론 참고문헌 목록에도 박명숙의 저작을 1999a와 1999b로 정리하였다.

분류할 수 있다.

첫째, Bronfenbrenner (1979)의 분류체계를 따른 일련의 선행연구가 있다(김정란, 김경신, 2003; 박명숙, 1999b; 배나래, 박충선, 2009). 예를 들어, 김정란, 김경신(2003)은 아내학대 체계를 연구함에 있어서 생태체계를 유기체_{부부의 사회인구학적 특성, 부부의 가정폭력 노출경험, 남편의 적대감, 남편의 음주, 부부 성역할 태도, 남편의 아내학대 태도, 남편의 사회적 폭력 인식도}, 미시체계_{혼인기간, 부부 의사소통 효율성, 부부갈등}, 중간체계_{부부 사회적 지지, 남편의 직무스트레스, 남편의 대인관계스트레스}, 외체계_{지역 내 가정폭력 서비스 기관 유무}, 거시체계_{부부의 가정폭력 지식 정도} 등으로 나누어 탐구하였다. 이 연구의 연구결과에 의하면, 유기체 변인 6개_{남편의 성장기 가정폭력에의 노출경험, 아내의 성장기 가정폭력에의 노출경험, 남편의 적대감, 남편의 음주, 남편의 아내학대 태도 및 사회적 폭력 인식도}, 미시체계 변인 1개_{부부갈등}, 중간체계 변인 1개_{남편의 대인관계스트레스}가 아내학대에 유의한 영향을 미치는 요인으로 확인되었다.

또한 박명숙(1999b)은 한국 이민 어머니들의 아동의 신체적 학대에 대한 태도를 조사하기 위하여 아동과 어머니의 생태체계를 미시체계_{어머니의 특성, 아동의 특성, 어머니와 아동 사이의 관계}, 중간체계_{가족 외 다른 집단(친척, 친구, 이웃, 학교, 사회집단)과의 상호작용}, 외체계_{사회경제적 지위, 사회적 스트레스, 사회지지 집단}, 거시체계_{체벌에 대한 사회적 태도, 아동에 대한 문화적 가치, 인식되는 차별대우}로 나누어 개인적 · 상호작용적 · 환경적 접근을 모두 포괄하는 관점에서 아동학대 현상을 연구하였다. 연구결과에 의하면, 한국 이민 어머니들의 아동학대에 대한 태도는 미시_{micro} 수준에서 거시_{macro} 수준에 이르기까지 모든 생태체계 수준에서 다양한 요인들에 의해 영향을 받고 있는 것으로 조사되었다.

마찬가지로, 배나래, 박충선(2009)은 노인의 삶의 질과 관련된 생태체계 요인의 구성요인을 파악하고 이들이 노인의 삶의 질에 어떠한 영향을 미치고 있는지 규명하기 위하여 노인의 생태체계를 개인체계_{자기효능감, 자아존중감, 건강상태, 생활수준}, 미시체계_{배우자와의 친밀감, 자녀와의 친밀감, 자녀의 효의식}, 중간체계_{노인의}

사회참여, 지역사회환경, 거시체계가족우선주의 가치관, 자녀중심주의 가치관, 노인차별주의 가치관로 나누었다. 이 연구결과에 의하면, 개인체계 요인 3개자기효능감, 건강상태, 생활수준, 미시체계 요인 3개배우자와의 친밀감, 자녀와의 친밀감, 자녀의 효 의식, 중간체계 요인 1개지역사회환경, 거시체계 요인 1개노인차별주의 가치관가 각각 노인의 삶의 질에 유의한 영향을 미치는 독립변인으로 확인되었다.

위에 설명한 세 개의 선행연구는 학자에 따라 약간의 차이는 있으나 모두 Bronfenbrenner (1979)의 분류체계에 따라 생태체계를 '겹구조'로 파악하고 있다는 공통점을 갖고 있다. 즉, 이들 연구에서는 연구대상자가 생활하고 있는 생태체계를 개인체계유기체, 미시체계, 중간체계, 거시체계로 구분하고 있다.

둘째, 다른 일련의 선행연구는 Buckley (1967)의 분류체계를 따르고 있다. 가장 대표적인 연구는 박병금(2006)의 청소년 자살생각에 관한 연구와 최선희, 김희수(2006)의 아동의 비행행동 연구이다. 먼저, 박병금(2006)은 상황적 · 환경적 맥락에서 청소년의 자살생각을 이해하기 위하여 청소년의 생태체계를 개인체계자아존중감, 우울, 무망감, 종교 유무, 음주 · 흡연 · 약물사용 경험, 가족환경체계가족관계, 부모폭력 목격경험, 학대경험, 자살의 가족력, 가족의 상실경험, 가족구조, 경제수준, 학교환경체계학교스트레스, 주관적 학업성취도, 최근의 성적저하, 학교폭력경험, 친구환경체계친구스트레스, 친구자살자 유무, 대중매체환경체계자살사이트 방문경험, 유명인 자살보도의 영향로 나누어 접근하였다. 이 연구에 의하면, 개인체계자아존중감, 우울, 가족환경체계부모폭력 목격경험, 학대경험, 대중매체환경체계자살사이트 방문경험, 유명인의 자살 수준의 요인들이 청소년의 자살생각에 유의한 영향을 미치는 것으로 확인되었으며, 학교환경과 친구환경은 영향력이 없는 것으로 조사되었다.

또한 최선희, 김희수(2006)는 아동의 비행행동에 대한 효과적인 개입방안을 탐구하기 위한 연구의 일환으로 아동의 비행행동과 관련된 생태체계적 요인들의 다차원 상호작용효과를 규명하였다. 이 연구에서 독립변수로

투여된 주요 요인은 개인요인충동성, 가족체계 요인주양육자의 양육행동, 또래체계 요인부정적 또래관계, 학교체계 요인교사와의 관계, 학업적응이었다. 이 연구의 연구결과에 의하면, 비행행동을 많이 하는 아동과 그렇지 않은 아동을 구분하는데 작용한 변수들의 상호작용은 '비행또래친구여부×충동성×학업적응'으로 밝혀졌다. 즉, 비행또래친구가 있고, 충동성이 높으며, 학업적응을 못하는 아동이 비행발생률이 가장 높았다. 반면에, 비행행동이 가장 적게 나타나는 변수들의 상호작용은 '비행또래친구 여부×학업적응×부모의 양육행동×교사와의 관계'로 나타났다. 즉, 비행또래친구가 없고, 학업적응이 높으며, 부모의 양육행동이 좋고, 교사와의 관계가 좋은 아동이 비행발생률이 가장 낮았다.

요컨대, 위의 두 연구는 Buckley (1967)의 분류체계에 따라 연구대상자의 생태체계를 분류하고 있다. 즉, 학자에 따라 약간의 차이는 존재하지만, 대체로 생태체계를 개인체계, 가족체계, 친구체계또래체계, 학교체계, 지역사회체계 등으로 구분하고 있다.

3) 생태체계이론의 관점에서 본 인터넷 이용

생태체계이론은 인터넷 중독을 이해하는 데 유용한 접근법으로 인정되고 있다. 비록 연구자가 자신의 연구방법론과 관련하여 생태체계적 접근법이라는 용어를 명시적으로 사용하지 않은 경우라 할지라도 몇몇 국내 선행연구는

> tip
> **이론적 배경은 역 피라미드 방식으로 정리**
>
> 앞서 제시된 생태체계이론에 관한 이론적 배경은 역 피라미드 방식(즉, 멀리서 → 가까이, 일반적→구체적, 또는 깔때기 만들기)으로 정리되어 있다. 연구자는 연구논제와 관련성이 낮은 내용부터 시작하여 점차 관련성이 높은 내용을 점진적으로 초점을 옮겨가는 기술 방식을 사용하고 있다.

생태체계이론의 관점에서 인터넷의 이용 또는 인터넷 중독에 접근하고 있음을 알 수 있다. 국내의 인터넷 중독 관련 선행연구 가운데 생태체계이론의

개념을 직접 적용하였거나 원용하고 있는 연구들을 연도순으로 정리하면, 인터넷 섹스중독 청소년의 심리사회적 특성과 정신건강을 연구한 이상준 (2003)의 연구, 제주지역 중고생의 인터넷 중독에 영향을 미치는 요인을 연구한 진연주, 김혜연(2003)의 연구, 개인적 변인과 환경적 변인이 초등학생의 인터넷 게임중독 경향에 미치는 영향을 탐구한 이경님(2004)의 연구, 중·고등학생의 인터넷 중독에 영향을 미치는 변인을 연구한 전영자, 서문영 (2006)의 연구, 대도시지역 초등학교 고학년의 인터넷 중독 관련 변인을 연구한 김수정, 박원모, 박상복(2007)의 연구, 농어촌지역 청소년의 인터넷 중독에 영향을 미치는 생태체계 변인을 연구한 김광수(2009)의 연구, 대도시지역 청소년의 인터넷환경이 인터넷 중독에 미치는 영향을 탐구한 이동수, 김효순, 김은희(2009)의 연구 등이 그러한 범주에 속할 것이다.

2. 인터넷 중독

1) 인터넷 중독의 개념

Goldberg (1996)는 DSM-IV (APA, 1995)의 물질중독 기준을 준거 삼아 처음으로 '인터넷 중독 장애'Internet Addiction Disorder, IAD라는 용어와 개념적인 진단의 준거를 만들었다. 최근 들어 그는 이 용어 대신에 '병리적인 컴퓨터 사용' pathological computer use이라는 용어를 사용하고 있

> **tip**
> **이론적 배경에 기반을 둔 연구가설 설정**
>
> 연구목적/연구문제와 연구가설은 논문의 전개방향을 안내하는 가이드의 역할을 수행한다. 이론적 배경의 장에는 연구목적/연구문제 및 연구가설과 상당한 관련이 있는 이론만을 담아야 한다. 반대로 말하면, 연구목적/연구문제 또는 연구가설과 직접적인 관련이 없는 이론적 서술은 될 수 있는 한 이론적 배경의 장에 넣지 않는 것이 좋다.

다. 즉, 처음에는 인터넷 사용을 일종의 독립된 중독 장애의 영역으로 보았

다가 최근에는 이를 과도한 컴퓨터 사용의 한 양태라고 보고 있다. 비슷한 시기에 Young (1996a, 1996b)*도 DSM-Ⅳ(APA, 1995)의 '병적 도박'의 진단기준을 준거로 삼아 인터넷에 대한 강박적인 사고, 내성과 금단, 의도한 것 이상의 과

*인용 방식Ⅳ
동일 저자의 두 개 이상의 저작은 콤마로 구분한다. 즉, Young의 두 저작은 Young (1996a, 1996b)의 형식으로 기재되었다.

도한 인터넷 사용, 지속적인 욕구, 다른 활동에 대한 흥미의 감소, 과도한 인터넷 사용으로 인한 부정적인 결과에 대한 무시 등을 인터넷 중독의 진단기준으로 삼았다. Young(1996a, 1996b)은 인터넷 중독이라는 용어보다 '병리적인 인터넷 사용'이라는 용어를 더 선호하였다.

세계보건기구WHO의 정의에 따르면, 중독addiction이란 "자연 혹은 인공적인 약물의 반복적인 사용으로 야기되는 일시적 혹은 만성적인 중독intoxication 상태"를 의미한다(김청택, 김동일, 박중규, 이수진, 2002, p. 30).** 이처럼 '중독'은 본래 알코올, 코카인, 마리화나 등과 같은 각종 중독성 물질의 사용으로 인한 생리적인 의존성, 기존과 동일한 효과를 얻기 위해서 사용하는 의존 물질의

**직접 인용 큰따옴표(" ") 사용
직접인용(direct quotation)의 예이다. 직접 인용이란 연구자가 다른 사람의 논문이나 저서에 들어 있는 문장 일부를 그 표현 그대로 자신의 논문 속에 삽입하여 자신의 논리를 뒷받침하는 것을 말한다. 이 경우 인용되는 문장 부분은 큰따옴표(" ") 안에 넣어야 하며, 큰따옴표 다음에 출처, 발행연도, 면수를 반드시 기재하여야 한다.

양을 증가시켜야 하는 내성tolerance, 그리고 사용하던 의존 물질을 중단했을 때 불안이나 초조함 등을 경험하는 금단withdrawal 현상 등을 동반하여 일반적인 사회생활, 직업생활 등이 불가능하다고 느껴지는 경우를 나타내는 용어이다. 반면에, 물질의 사용으로 인한 중독과 달리 도박, 섹스, 쇼핑 등과 같이 물질이 개입되지 않은 상태에서 본인에게나 다른 사람에게 해가 될 수 있는 행위를 수행하려는 충동, 욕구, 유혹에 저항하지 못하는 행동에 대해서는 '충동조절장애'로 구분하는 입장이 더 설득력이 있어 보인다. 현재 인터넷의 과도한 사용을 일컫는 인터넷 중독은 학문적으로 명백하게

독자적인 중독현상으로 정의되어 있지는 않다(한세억, 박한우, 고영삼, 박명진, 김상준, 2008, p. 6).

Goldberg (1996)와 Young (1996b)의 선구적인 연구 이래 인터넷 중독에 관한 수많은 연구가 수행되었고 현재도 진행되고 있지만 우선 인터넷 중독의 개념정의부터 학자들 간에 의견일치를 보지 못하고 있다. 즉, 현재 인터넷 중독과 관련하여 매우 다양한 용어가 사용되고 있는데, 대부분의 용어들이 학문적 정의에 관한 학계의 합의를 얻지 못한 채 사용되고 있다. 앞서 '용어의 정의'의 절에서 살펴본 바와 같이, 인터넷 중독과 유사한 의미를 지닌 관련 용어로는 인터넷 중독 장애Internet Addiction Disorder, IAD, 병리적인 인터넷의 사용Pathological Internet Use, 인터넷 의존Internet Dependency, 강박적 인터넷 장애Compulsive Internet Disorder, 인터넷 과다사용Internet Overuse, 인터넷 증후군Internet Syndrome, 웨버홀리즘Webaholism, 인터넷 중독, 웨버홀릭Webaholic, 인터넷 중독자, 인터넷 관련 장애Internet-related Disorder, 온라인중독Online Addiction, 인터넷 중독Net Addiction, 인터넷 오용Internet Misuse, 컴퓨터 중독Computer Addiction, 컴퓨터 및 가상공간 중독Computer and Cyberspace Addiction, 가상중독Cyber Addiction, Reset 증후군Reset Syndrome 등을 들 수 있다.

현재 학계와 실천현장에는 인터넷 중독에 관한 정의가 확립되지 않아 학자들마다 다소 의견의 차이가 있다. 여러 선행연구에 나타난 인터넷 중독의 정의는 다음과 같이 정리할 수 있다.

① Goldberg (1996): "임상적으로 심각한 손상이나 고통을 일으키는 부적응적인 패턴의 인터넷 사용"(박중규, 고영삼, 배성만, 엄나래, 2008, p. 3에서 재인용). *

② Young (1996): "인터넷 사용자가 약물, 알코올 또는 도박에 중독되는 것과 유사한 방식으로 인터넷에 중독되는 심리적 장애" (박중규,

고영삼, 배성만, 엄나래, 2008, p. 3에서 재인용)

*재인용 시 제2차 출처 명확히 제시

재인용의 예이다. 재인용의 경우에는 원출처와 제2차 출처(secondary source)가 무엇인지 명확하게 표현하여야 하며, 특히 제2차 출처를 기재할 때 면수를 함께 기록하여야 하고, '재인용'임을 명기하여야 한다. 해당 원출처는 Goldberg(1996)이며, 제2차 출처는 박중규, 고영삼, 배성만, 엄나래(2008)이고, 해당 면수는 p. 30이다. 또한 원출처의 내용을 직접 볼 수 없어서 제2차 출처로부터 재인용하였음을 밝히고 있다.

③ 한국정보문화진흥원(2002): "인터넷을 과다 사용하여 인터넷 사용에 대한 금단과 내성을 지니고 있으며, 이로 인해 이용자의 일상생활 장애가 유발되는 상태"

④ 박효수, 고영삼, 김정미(2008, p. 3): "인터넷 사용에 대한 금단과 내성을 지니고 있으며 이로 인해 일상생활의 장애가 유발되는 현상"

⑤ 최경진, 김용길, 서완석, 성준호, 김도승(2008, p. 1): "지나치게 많은 시간을 인터넷 이용에 할애하여 이용자에게 일상생활에서 회복하기 어려운 신체적 또는 정신적 장애가 초래되는 것"

⑥ 한세억, 박한우, 고영삼, 박명진, 김상준(2008, p. 6): "지나치게 많은 시간을 인터넷에 할애하여 채팅chatting을 하거나, 대인관계를 현실에서보다는 주로 사이버 공간에서 가지거나, 사이버 공간에서의 도박, 상거래, 정보수집이 과도한 경우, 즉 다양한 행동양상을 가지는 충동조절의 장애"

한편, 인터넷 중독과 매우 밀접한 관련이 있는 개념으로 '인터넷 게임중독'을 들 수 있다. 기존의 연구들에서는 인터넷 중독과 인터넷 게임중독을 구분하는 명쾌한 기준이 부재하였을 뿐만 아니라, 게임중독을 어떻게 정의하고 개념화할 것인가에 대한 합의 자체가 이루어지지 않았다. 예컨대, 대부분의 선행연구들은 인터넷 중독의 정의에 근거하여 인터넷 게임중독을 설명하고 있으며(김유정, 2002; 문성원, 김성식, 2003; 이소영, 2000; 정유

정, 2001), 온라인 게임중독을 인터넷 중독의 하위개념의 하나로 다루었다
(권정혜, 2005; 남영옥, 2005; 이형초, 2001; 조아미, 방희정, 2003). 그러
나 최근 들어 인터넷 게임중독의 역기능 문제가 심각하게 대두되면서 인터
넷 중독과 구분되는 인터넷 게임중독에 대한 연구의 필요성도 제기되고 있
다(이기봉, 설수영, 원형중, 설민신, 2009, p. 13). 선행연구에 나타난 인
터넷 게임중독의 정의는 다음과 같다. (…중략…)

　지금까지 살펴본 인터넷 중독 및 인터넷 게임중독의 다양한 정의가 암시
하듯이, 학자들에 따라 인터넷 이용과 인터넷 게임을 바라보는 시각이 매
우 다양하다. 사실 단순히 온라인에 접속한 시간이나 인터넷 게임이 소모
한 시간의 양만으로 인터넷 중독이나 인터넷 게임중독 장애를 겪고 있다고
판단하기에는 무리가 있다. 왜냐하면 어떤 사람들은 다른 사람보다 훨씬
더 많은 시간을 독서, TV 시청, 직장생활에 소비하고 있지만, 이것을 중독
이라고 보지는 않기 때문이다. 다만, 인터넷을 이용하는 사람들 가운데 일
부에게는 인터넷 중독 혹은 인터넷 게임중독이라고 부를 만한 객관적인 문
제 상황이 존재한다는 것은 분명한 사실이다. 이러한 맥락에서 인터넷의 정
의에 대한 이해의 수준을 높이기 위해서는 다음 절에서 인터넷 중독의 전형
적인 증상에 대하여 고찰할 필요가 있다.

2) 인터넷 중독 관련 국내외 연구동향

　최근 들어 국내외를 불문하고 디지털 신기술의 비약적인 발전에 힘입어
인터넷의 사용이 급속히 확산되고 있으며 그에 따라 생활 전반에 걸쳐 많
은 변화가 이루어지고 있다. 인터넷은 국민의 생활공간이자 놀이공간으로
서의 긍정적인 기능을 수행하는 문화적 도구로 널리 인정되고 있는 반면,
다른 한편으로는 인터넷 이용의 확산과 비례하여 인터넷과 관련된 비행, 범

죄, 중독과 같은 새로운 사회문제가 야기되는 부정적인 측면도 존재한다. 신체적·정신적으로 성장단계에 있는 청소년들은 인터넷을 통해 게임, 채팅, 음란물 접촉 등에 지나치게 몰입하는 등 이른바 인터넷의 중독적 이용에 노출되어 있는 실정이다. 본 연구에서 연구자가 주목하고자 하는 것은 인터넷 이용의 역기능으로서의 청소년 인터넷 중독과 그것이 인터넷 윤리의식 및 사이버비행에 미치는 영향이다. 아직까지 인터넷 중독 관련 연구는 형성단계에 머물러 있으며 따라서 인터넷 중독의 정의와 진단체계가 확립되지 않았다고 볼 수 있다. 이러한 상황 배경 아래서 인터넷의 중독적 이용과 관련된 국내외 연구동향을 살펴보는 것은 인터넷 이용의 실상을 이해하고 관련 영향요인들 사이의 인과관계를 이해하는 데 도움이 될 것이다.

(1) 우리나라

우리나라의 인터넷 중독 관련 연구는 매우 다양한 학문분야에서 매우 다양한 시각으로 이루어지고 있다. 한 선행연구(권재환, 2008)에 의하면, 우리나라에서 인터넷 중독 관련 연구가 이루어지기 시작한 2000년부터 2007년까지 학술진흥재단 등재 및 등재후보 학술지에 게재된 인터넷 중독 관련 논문은 47종류의 학술지에 게재된 173편으로 조사되었다. 인터넷 중독 관련 논문이 게재된 학술지의 학문분야는 심리학, 아동학, 청소년학, 신문방송학, 교육학, 사회복지학, 가정학, 정신의학, 간호학, 사회학, 경영학, 의류학, 체육학 등이다. 이처럼 여러 학문분야에서 인터넷 중독 관련 연구가 폭증하기 시작하였다는 점은 그만큼 우리 사회가 인터넷 중독의 폐해와 부작용에 대하여 매우 심각하게 인식하기 시작하였다는 방증傍證이라고 할 수 있다.

연도별로 보면, 2000년에는 단 1편에 불과하던 인터넷 중독 관련 연구가 2001년, 2002년, 2003년에 각각 8편, 13편, 24편으로 증가하였으며, 2004년과 2005년에는 각각 36편과 37편으로 정점을 이루었다. 이후 2006년 23편, 2007년 31편으로 약간 줄기는 하였으나 여전히 인터넷 중독 관련 연구는 활발하게 이루어지고 있다.

학회지에 게재된 선행연구를 평가하기 위해 여러 학문분야의 학자들은 다양한 평가기준을 사용하고 있다. 예를 들면, 우리나라의 상담심리학 연구 동향을 분석한 조성호(2003)의 연구에서는 연구진이 제작한 '학회지 게재논문 평정 지침서'의 준거틀에 따라 연구내용, 사용도구, 피험자, 통계분석 방법, 참고문헌의 5가지 영역이 평가기준으로 사용되었다. 우리나라의 인터넷 중독 연구동향을 분석한 몇몇 선행연구(권재환, 2008; 박승민, 김창대, 천명재, 2000)의 연구결과에 의하면, 인터넷 중독 관련 선행연구는 연구내용, 연구대상자, 연구방법, 자료의 분석 방법, 측정도구의 평가 등의 기준으로 분류할 수 있다.* 우리나라 인터넷 중독 관련 연구는 다음과 같은 경향을 보이고 있다.

첫째, 연구의 내용을 보면, 우리나라의 청소년 인터넷 중독 연구는 석 · 박사 학

tip

* 선행연구 고찰의 결과

제6장에서 강조한 바와 같이, 선행연구 고찰의 결과는 체계적으로 정리되어야 하며, 그 방법은 꽤 다양하다(예: 역 피라미드 방식, 조각을 합하여 전체를 짜 맞추는 방식, 공통부분 찾아내기, 접근법별로 기술하기, 연도순으로 정리하기).

위논문, 학술지 논문, 상담관련 기관 발행 논문을 포함하여 한 해에 수십 편의 논문이 나올 정도로 활발하게 진행되고 있으나, 내용면에서는 특정분야에 연구가 집중되는 현상이 나타나고 있다(박승민 외, 2000). 우리나라의 청소년 인터넷 중독 관련 연구는 '인터넷 중독 실태 및 특성', '인터넷 중독 관련 변인', '인터넷 중독 원인 및 결과', '프로그램 효과', '인터넷 중독 척도 개발', '인터넷 중독 이론 및 개관', '인터넷 중독 사례', 기타의 연구 등으로 분류할 수 있다(권재환, 2008). 권재환(2008)의 연구에 따르면, 2000년 이후에 이루어진 우리나라의 인터넷 중독 관련 연구 173편 가운데 '인터

넷 중독 관련변인'과 '인터넷 중독 원인 및 결과'에 관한 연구가 각각 38.2%(66편)와 38.7%(67편)를 차지하고 있다. 그런데 인터넷 중독의 원인과 결과도 인터넷 중독과 관련된 변인으로 볼 수 있으므로, 결론적으로 2000년 이후에 이루어진 우리나라 인터넷 중독 관련 연구 가운데 다수(76.9%)는 인터넷 중독과 관련된 변인을 탐구하는 연구임을 알 수 있다. 반면에 다른 영역에 대한 연구는 상대적으로 많이 이루어지지 않았는데, 예를 들면 '인터넷 중독 척도 개발' 15편(8.7%), '인터넷 중독 실태 및 특성'과 '프로그램 효과'가 각각 6편(3.5%), '인터넷 중독 사례' 4편(2.3%), '인터넷 중독 이론 및 개관' 2편, 기타 7편(4.1%)의 연구가 발표된 바 있다. 우리 사회에서 인터넷이 대중화된 역사가 아직 일천하고 인터넷 중독도 최근 들어 연구가 활발하게 이루어지는 신생 연구 주제이기 때문에 주로 인터넷 중독의 원인이나 결과 그리고 관련 변인에 대한 연구가 이루어지는 것은 어찌 보면 당연한 현상이라고 해석할 수 있을 것이다.

둘째, 연구대상자 관련 정보는 학교급과 성별로 나눌 수 있다. 권재환(2008)의 연구결과에 의하면, 2000년 이후 학술지에 발표된 173편의 선행연구 가운데 연구대상자의 특성을 명시한 논문은 167편으로 확인되었다. 학교급별로 보면, 중·고등학생을 대상으로 수행된 연구가 22.8%(35편)로 가장 높은 빈도를 보였으며, 그 뒤를 이어 중학생 16.8%(28편), 초등학생 16.2%(27편), 고등학생 14.4%(24편)의 순서를 보였다. 또한 초·중·고등학생과 일반 성인을 대상으로 한 연구가 각각 5.4%(9편)를 차지하였다. 반면에, 대학·대학원생 4.8%(8편), 대학생 3.6%(6편), 중·고·대학생 2.4%(4편), 초·중학생 1.8%(3편), 고·대학생 0.6%(1편) 등 이들을 대상으로 한 연구는 상대적으로 낮은 빈도를 보였다. 한편, 연구대상자를 명확하게 구분하지 않은 연구는 6.0%(10편)로 조사되었다. 이와 같은 연구대상자의 특성을 학교급별로 재정리하면, 중학생 82편(전체 167편의 49.1%), 고등학생 76편(45.5%), 초등학생 39편(23.4%), 대학생 19편(11.4%) 등으로 분류되는데, 이로써 우리나라의 인터넷 중독 관련 연구는 중학생과 고등학생을 대상으로 한 연구가 가장 큰 비중을 차지하고 있음을 알 수 있다. 한 가지 주목할 점은 최근 들어 일반 성인을 대상으로 한 인터넷 중독 관련 연구가 늘어나는 현상이다. 최근까지도 청소년 연령대를 대상으로 수행된 연구가 가장 많은 것은 사실이지만, 2004년을 정점으로 중 · 고등학생을 대상으로 한 연구논문은 감소추세로 돌아선 반면 대학생 이상의 성인 연령대를 대상으로 한 연구논문은 꾸준히 증가하고 있다(권재환, 2008: 153).

연구대상자의 성별로 보면, 167편의 선행연구 가운데 남녀 모두를 대상으로 한 연구가 84.4%(141편)로 대부분을 차지하였으며, 남성을 대상으로 한 연구는 4.2%(7편), 여성을 대상으로 한 연구는 1.2%(2편)에 불과하였다. 한편, 연구대상자의 성별을 명확하게 밝히지 않은 연구는 10.2%(17편)로 조사되었다.

셋째, 연구방법은 크게 나누어 양적 연구와 질적 연구로 구분할 수 있는데, 우리나라의 인터넷 중독 관련 연구는 양적 연구가 대부분을 차지하고 있다. 2000년 이후에 발표된 173편의 논문 가운데 양적 연구가 94.2%(163편)인 반면, 질적 연구는 5.8%(10편)에 불과하였다(권재환, 2008). 구체적으로 보면, 양적 연구 가운데 질문지에 의한 연구가 154편으로 전체 양적 연구의 94.5%를 차지하였으며, 실험연구는 9편으로 5.5%를 차지하였다. 질적 연구의 경우, 문헌연구 4편, 사례연구 4편, 문화기술적 연구와 근거이론이 각각 1편씩 발표되었다.

연구방법은 연구의 주제 및 내용과 관련이 깊다. 앞서 언급한 바와 같이, 인터넷 중독 관련 연구가 주로 인터넷 중독의 원인이나 관련 변인을 중심으로 이루어져왔으며 따라서 그러한 주제 및 내용을 다루기 적합한 연구방법에 크게 의존하였기 때문에 연구방법의 편중현상이 나타난 것으로 보인다. 그러나 조성호(2003)의 지적과 같이, 국내의 인터넷 중독 관련 연구자들이 연구 수행의 편의성이나 자료수집의 수월성을 고려하여 보다 쉽게 수행할 수 있는 연구를 선호하고 있는 경향을 반영하는 것일 수도 있다. 즉, "의미 있고 중요한" 연구보다는 "손쉽게 수행할 수 있는" 연구에 대한 선호경향이 연구방법의 편중현상으로 나타났다는 것이다(조성호, 2003, p. 828).

넷째, 자료분석방법에 있어서도 특정 방법에 매우 의존하는 편중 현상이 나타나고 있다. 앞서 언급한 권재환(2008)의 연구에 의하면, 자료분석 방법을 보면, 2000년 이후에 발표된 173편의 선행연구 가운데 통계분석 방법을 사용한 논문은 163편으로 확인되었으며, 나머지 10편의 논문은 자료분석 방법이 제시되지 않은 논문이거나 문헌고찰, 개관연구, 사례연구 등에 관한 연구로 조사되었다. 이 163편의 논문에서 사용된 통계분석 방법은 452개로 확인되었으며, 따라서 논문 한 편당 평균 2.8가지의 통계분석 방법을 사용하고 있음을 알 수 있다. 구체적으로 보면, 변량분석ANOVA을 사용한 논문이 전체 88편(전체 452개의 19.5%)으로 가장 빈도가 높았으며, 이어서 t-검정 84편(18.6%), 기술통계 79편(17.5%), 상관관계분석 76편(16.8%), 회귀분석 53편(11.7%)의 순서를 보였다. 반면에, 카이제곱분석(20편, 4.4%), 요인분석(16편, 3.5%), 구조방정식모형(12편, 2.7%), 경로분석(11편, 2.4%), 교차분석(5편, 1.1%), 군집분석(4편, 0.9%), 판별분석(4편, 0.9%) 등의 통계분석 방법은 사용 빈도가 상대적으로 낮았다.

다섯째, 연구에 사용된 측정도구*는 유형과 도구의 양호도에 관한 정보에 따

tip
＊선행연구의 접근 유형별로 고찰 정리

선행연구 고찰의 결과를 연구자(사람)를 중심으로 정리하고 기술하는 것은 가장 초보적인 수준에 해당하므로, 될 수 있는 한 이 방법은 지양되어야 한다. 이 견본 연구계획서에서, 연구자는 선행연구 고찰의 결과를 접근법의 유형별로 정리할 것임을 밝히고 있다.

라 분류할 수 있다. 먼저, 연구에 사용된 측정도구의 유형은 명목척도, 서열척도, 등간척도, 비율척도로 구분할 수 있다. 2000년 이후에 발표된 173편의 선행연구 가운데 측정도구를 사용한 논문은 163편으로 확인되었다. 이 가운데 등간척도를 사용한 논문이 전체의 95.1%(155편)를 차지하고 있으며, 이어서 명목척도 50.1%(83편), 서열척도 49.7%(81편)의 순서를 보이고 있다. 반면에, 비율척도를 사용한 선행연구는 전혀 보고되지 않았다(권재환, 2008).

어떤 측정도구를 사용할 것인가는 연구의 목적이나 연구방법에 따라 결정된다. 즉, 측정도구의 선택은 연구주제나 연구방법과 관련이 깊은데, 최근의 연구주제가 주로 인터넷 중독의 원인이나 관련 변인의 탐구에 관한 것이기 때문에 기존의 표준화된 측정도구를 많이 사용하고 있다고 추론할 수 있다.

측정도구의 양호도를 나타내는 기준은 신뢰도와 타당도이다. 163편의 선행연구 가운데 측정도구의 신뢰도만을 보고한 경우가 145편으로 전체의 90.0%를 차지하고 있다(권재환, 2008). 반면에 신뢰도, 요인정보, 준거타당도를 모두 보고한 논문은 3.7%(6편), 신뢰도와 준거타당도를 제시한 논문은 2.5%(4편), 신뢰도와 요인정보를 제시한 논문은 1.8%(3편)에 그쳤다. 한편, 신뢰도와 타당도에 대하여 전혀 언급하지 않은 논문은 3.1%(5편)로 나타났다.

(2) 외국

미국 등 외국에서는 1996년 이후에 인터넷 중독에 관한 연구가 본격화되기 시작하였다(Chou, Condron & Belland, 2005, p. 366). 외국에서 수행되고 있는 인터넷 중독 관련 연구동향을 파악하기 위해서는 영문 자료를 중심으로 선행연구를 고찰할 필요가 있다. 이하에서는 인터넷 중독 사정도구의 개발과 인터넷 중독 관련 연구주제를 중심으로 외국의 연구동향을 탐구한다. (…중략…)

3) 인터넷 중독의 증상 및 구성요소

과도한 인터넷 이용이 야기하는 부정적 증상에 대해서는 현재 학자들 사이에 명확한 입장이 정리되어 있지 않다. 일군의 학자들은 '인터넷 중독의 증상'에 관심을 갖는 반면(정보통신부, 한국정보문화진흥원, 2006), 다른 학자들은 '인터넷 중독의 구성요소'라는 개념에 주목하고 있다(이순묵, 반재천, 이형초, 최윤경, 이순영, 2005). 인터넷 중독의 개념과 관련 증상을 이해하기 위해서는 이 두 가지 입장을 고찰할 필요가 있다.

(1) 인터넷 중독의 증상

현재 인터넷 중독의 정의와 진단체계가 확립되어 있지 않아 학자들마다 의견이 다르지만, 인터넷 중독은 강박적 사용과 집착, 내성과 금단증상, 일상생활의 부적응, 일탈행동 및 현실구분 장애 등과 같은 증상을 수반하는 것으로 알려져 있다(정보통신부, 한국정보문화진흥원, 2006, pp. 4-5). (…중략…)

(2) 인터넷 중독의 구성요소

인터넷 중독의 개념과 증상을 이해하기 위해서는 실제로 인터넷 중독 척도 문항을 구성하고 있는 요소들에 주목할 필요가 있다. 국내외의 인터넷 중독 관련 척도에 포함되어 있는 요소들을 정리하면 대략 아래와 같은 13가지 요소로 구분할 수 있다(이순묵 외, 2005, pp. 5-7). 다만, 인터넷 중독의 구성요소라는 범주에는 인터넷 중독을 설명하는 원인, 과정, 결과의 요소들이 혼재되어 포함되어 있다는 특징이 있다. (…중략…)

4) 인터넷 중독 관련 이론

(1) 인터넷 중독을 설명하는 이론

과도한 인터넷의 사용이 일상생활에 부정적인 영향을 미친다는 사실이 보고되면서 학자들은 인터넷 중독에 빠지게 만드는 변인들의 특성에 관심을 기울였다. 인터넷 중독을 설명하는 이론은 '인터넷 특성이론'과 '욕구충족이론'으로 크게 나눌 수 있다. 전자는 인터넷에 중독적으로 탐닉하게 만드는 원인을 인터넷 자체의 특성에서 찾는 이론인 반면, 후자는 인터넷 자체의 속성을 통해서 강화되는 인간의 계층적 욕구에 근거하여 인터넷 중독을 설명하는 이론이다.

| 표 1 | 인터넷 중독을 야기하는 인터넷 고유의 속성

연구자	인터넷의 속성
송명준 외(2000)	접근 가능성, 시 · 공간적 한계의 극복, 문자에 기반한 의사소통
장일순(2000)	개방성, 익명성, 쌍방향성
King (1996)	독특한 대인관계 의사소통, 가상세계에서의 잠복성
Young (1997)	사회적 지지, 성적性的 만족, 새로운 인격의 창출
Greenfield (1999)	강한 친밀감, 탈억제, 현실과의 경계상실, 시간 개념의 상실, 통제력 상실

① 인터넷 특성이론

인터넷 특성이론은 인터넷 중독의 원인을 인터넷 자체의 특성에서 찾는 이론이다(송명준, 허유정, 이은정, 권정혜, 2005; 장일순, 2000; Greenfield, 1999; King, 1996; Young, 1997). 다만, 인터넷 중독을 일으키는 인터넷 자체의 속성이 무엇인가는 학자에 따라 매우 다양하다(<표 1 참조>).

위에 정리된 바와 같이 인터넷 중독에 영향을 미치는 인터넷 고유의 특성은 매우 다양하지만, 일반적으로 인터넷의 특성을 정리하면 다음과 같다.

첫째, 인터넷은 기존의 다른 미디어와 달리 높은 자극high stimulation 또는 흥분성을 갖고 있다. (…중략…)

② 욕구충족이론

욕구충족이론은 인터넷 중독을 인간의 욕구와 관련지어 설명하는 접근 방식인데, 이 이론을 주창하는 대표적인 학자로는 Suler 소문자(1996)를 들 수 있다. Maslow (1954)의 욕구단계설need hierarchy에 의하면, 인간의 욕구는 생리적 욕구physiological need, 안전 욕구safety need, 사회적 욕구social need, 존경 욕구esteem need, 자기실현 욕구self-actualization need라는 5단계의 욕구로 구성되어 있다. Suler (1996)는 Maslow (1954)의 욕구단계설을 근거로 인터넷 중독의 원인을 설명하고 있다.

인터넷 이용자는 성적 희롱과 역할 전환 등을 통해 욕구단계 중 가장 하위욕구인 '생리적 욕구'와 '안전 욕구'를 익명으로 충족할 수 있다. 다음 상위단계 욕구인 '사회적 욕구'는 온라인상에서 만나는 사람들과의 대인관계, 사회적 인지, 소속감 등을 통해 충족할 수 있다. 예를 들면, 소속감은 게임집단에 소속됨으로써 얻을 수 있다. 그 다음 상위단계 욕구인 '존경 욕구'는 자신이 스스로를 가치 있고 능력 있는 존재로 느끼고 싶어 하며, 남들도 자신을 그렇게 대해주기를 바라는 것인데, 인터넷 이용자는 온라인을 통해 자신이 한 일에 대해 즉각적인 피드백을 받고 자신이 타인에게 끼친 영향을 즉시 파악할 수 있다. 즉, 온라인을 통해 개인은 새로운 성격을 창조하고 이를 유명하게 만듦으로써 존경의 욕구를 충족시킨다. 끝으로, 인터넷 이용자가 인터넷을 통해 자신의 정체성identity에 대한 질문을 해결할 기회를 갖게 되고, 자신의 내적인 관심과 태도 그리고 인터넷을 이용하기 전에는 알 수 없었던 자신의 성격 측면을 깨닫게 됨으로써 욕구단계의 정점에 있는 '자기실현의 욕구'를 충족할 수 있다. 이처럼 인터넷은 인간 욕구의 모든 측면을 두루 충족시켜줄 수 있는 도구이기 때문에 인터넷 이용자 가운데 일부는 인터넷을 중독적으로 탐닉한다.

Suler (1996)는 현대 사회가 인간의 기본적 욕구와 진화된 욕구를 충족시켜주는데 모두 실패하고 있으며 이러한 실제 현실세계에서의 좌절 때문에 인터넷 이용자는 인터넷을 통해 새로운 욕구를 충족하려는 과정에서 허위-자기실현pseudo-self-actualization을 경험할 수 있다고 지적하였다. 즉, 자기실현 욕구를 충족시키지 못하는 사람들이 인터넷 중독에 잘 빠지게 된다고 할 수 있다(한세억, 박한우, 고영삼, 박명진, 김상준, 2008).

(2) 인터넷 중독 과정의 구조모형

앞서 고찰한 이론적 배경에 따라 실제로 미시적인 측면에서 인터넷 중독의 과정을 설명하는 이론 모형이 구축되어 있다. 인터넷 이용자의 인터넷 중독 과정을 설명하는 가장 대표적인 이론 모형은 김청택, 김동일, 박중규, 이수진(2002, p. 99)의 모형과 Davis (2001)의 인지—행동 모형cognitive-behavior Model이다.

먼저, 인터넷 중독의 진행과정을 설명하기 위하여 김청택 외(2002, p.

| 그림 1 | 인터넷 중독 과정의 구조모형

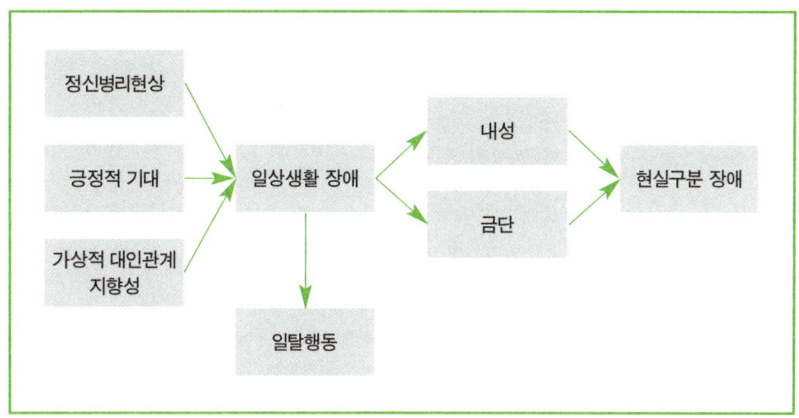

99)는 인터넷 중독 하위요인들 사이의 인과모형을 구성하였다(<그림 1> 참조). 이와 같은 인터넷 중독 과정의 구조모형은 다양한 후속연구에 의해 응용된 바 있다(고영삼, 김정미, 2009; 박중규 외, 2008; 박효수 외, 2008).

김청택 외(2002)의 모형에 따르면, 먼저 일반적인 정신병리적 현상과 인터넷 사용에 대한 긍정적 기대와 더불어 가상적 대인관계 지향성이 인터넷 사용으로 인한 일상생활 장애에 영향을 미친다. 인터넷 사용으로 인한 일상생활 장애가 더 심해지면 인터넷의 중독적 사용으로 인한 일탈행동deviate behavior이 유발되거나, 인터넷의 사용에 더 빠져드는 내성과 인터넷을 하지 않으면 견딜 수 없는 금단현상이 나타난다. 인터넷 사용에 대한 내성과 금단이 심해질수록 인터넷 이용자는 인터넷이라는 가상공간과 현실생활을 구분하는 데 어려움을 느끼는 현실구분 장애disturbance of reality testing를 보이게 된다.

한편, Davis (2001)의 인지-행동 모형은 병리적 인터넷 사용의 악순환을 설명하는 이론이다(<그림 2> 참조). 인터넷 노출예 이용 횟수, 이용 시간은 이용자의 정신병리예 우울, 사회적 불안, 약물남용 요인이나 인터넷 이용을 강화하는

| 그림 2 | Davis (2001)의 병리적 인터넷 이용의 인지-행동 모형

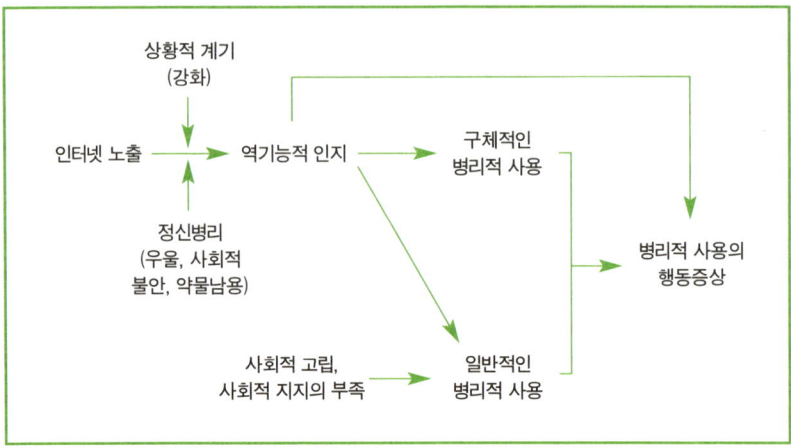

※ 자료: Davis, 2001, p. 190.

상황적 계기와 상호작용하여 역기능적 인지를 만들어내고 인터넷의 병리적 이용을 부추긴다. 구체적으로, 인터넷 이용에 대한 역기능적 인지는 구체적인 병리적 사용specific pathological internet use 또는 일반적인 병리적 사용generalized pathological internet use에 영향을 미친다. 또한 사회적 고립이나 사회적 지지의 부족으로 인해 일반적인 병리적 사용이 늘어날 수도 있다. 끝으로, 구체적인 병리적 사용과 일반적인 병리적 사용이 늘어날수록 병리적 이용의 행동증상으로 나타나고, 이 증상이 심할수록 역기능적 인지는 더욱 깊어지는 악순환이 반복된다.

   Davis (2001)의 인지-행동 모형의 타당도를 검증하기 위한 일련의 연구가 계속 이루어지고 있다(Caplan, 2002; Davis, Flett & Besser, 2002). 우리나라의 경우 이순묵 외(2005)의 성인 인터넷 중독 진단 척도를 개발하기 위한 연구에서 이 모형의 타당도를 확인하였다.

5) 인터넷 중독의 측정도구

　현재까지 개발된 인터넷 중독 척도는 그리 다양하지 않은 편이다. 우리나라에서 사용되고 있는 대표적인 인터넷 중독 척도는 Young (1996)의 인터넷 중독 척도, 이형초(2001)의 인터넷 게임중독 진단척도, 강만철, 오익수(2001)의 인터넷 중독 진단척도, 김청택, 김동일, 박중규, 이수진(2002b)의 한국형 인터넷 자가진단척도K-척도, 김유정(2002)의 청소년 인터넷 게임중독 척도, 문성원, 김성식(2004)의 다차원형 병리적 인터넷 이용 척도 등을 들 수 있다.

　첫째, 가장 먼저 개발되었으며 우리나라에서 가장 많이 쓰였던 척도는 Young (1998a)의 인터넷 중독 척도이다. 1996년 DSM-IV의 병적 도박 준거를 기초로 미국의 정신의학자 Young에 의해 개발된 이 척도는 인터넷 중독을 설명하는 8가지 진단기준을 제시하고, 이 가운데 5개 이상에 해당하는 사람들을 의존적인 인터넷 이용자dependent internet user로 분류하였다. 이후 이를 바탕으로 인터넷이나 통신의 사용과 관련된 강박적 행동, 경제적 어려움, 학업/직업의 부진, 가정에의 소홀, 대인관계에서의 문제, 행동상의 문제, 정서적 변화 등을 포괄하는 5점 척도 20문항으로 구성된 평가지가 만들어졌다. 이 척도의 측정 결과가 70점 이상은 심각한 인터넷 중독자로 분류되며, 40점 이상은 초기 인터넷 중독자로 분류된다.

　Young (1998a)의 척도는 인터넷 중독에 대한 임상적 접근을 통해 인터넷 중독의 정도를 파악하기 위한 초기의 척도라는 점에서 매우 중요한 의미를 지니고 있으나 측정도구 자체의 문제점과 사용 과정에서의 문제점이 지적되고 있다(강만철, 오익수, 2001b; 김청택 외, 2002b; 지희정, 2004; 황상민, 황희영, 이수진, 2001). 첫째, 이 척도는 DSM-IV의 병적 도박의 준거기준을 원용하여 인터넷 중독의 증상을 나열하기만 하고 정확한 심리측정이론의 검증을 거치지 않았다는 지적을 받고 있다. 둘째, 전체적인 문항 내용이 인터넷 통신과 관련된 미국의 상황에서 발생된 인터넷 중독의 양상들을 포함하고 있어서 우리나라 상황에 적용하거나 국내의 인터넷 환경의 문제점을 척도를 통하여 확인하기에는 적절하지 않다. 셋째, 대부분의 문항이 성인의 인터넷 중독 사례를 바탕으로 구성되었기 때문에 청소년들의 인터넷 중독 실태를 분석하는 도구로는 부적절한 성격을 갖고 있다. 넷째, 국내에서의 표준화 작업을 거치지 않고 연구자의 편의에 따라 5점 척도를 진위형으로 바꾸어 사용하거나 중독의 정도를 분류하는 기준에도 차이가 있어 연구결과가 과다 추정되는 등의 문제점도 노정되었다. 또한 연구자마다 번역과정에서 다른 해석을 하는 경우가 있었으며 선택문항 수에 있어서도 다양한 차이를 보였다.

둘째, 우리나라의 인터넷 사용 상황에 맞고 전 연령대에 적용할 수 있는 객관적인 인터넷 중독 측정도구를 개발하려는 시도는 강만철, 오익수(2001a, 2001b, 2001c, 2002)의 인터넷 중독 진단척도의 개발로 이어졌다. 이 척도는 Young (1996)과 Goldberg (1996)의 인터넷 중독 진단기준에 포함되어 있는 문항들과 기존의 다른 척도에 포함되어 있는 문항들을 분석한 후 집착, 강박적인 인터넷 사용, 재발, 내성 및 의존성, 생활 장애의 5개 하위요인별로 문항이 구성되었다. 최종적으로 내적 합치도 분석을 통해 2점 척도로 된 25개 문항이 채택되었으며, 개발 당시의 신뢰도는 =0.85이었다. 또한 초등학생부터 일반 성인까지 전국 표집으로 표준화를 실시하였으며 진위형 문항의 점수에 따라 '정상'0-9점, '경계'10-13점, '중독의 심'14-19점, '중독'20-25점의 5개 집단으로 분류하였다.

이 척도는 인터넷의 대표적 이용 형태인 게임, 채팅, 정보검색이라는 주요 활동을 다루었고 국내 인터넷 이용자들을 대상으로 척도를 개발하였다는 점에서 그 가치와 성과가 인정된다. 그러나 이 척도는 Young (1996)의 척도에 대한 의존성이 지나치게 높기 때문에 Young (1996)의 척도처럼 증상이나 행동만을 기술하는 문항들로 구성되었다는 지적으로부터 자유스러울 수 없다(강만철, 오익수, 2001b). 또한 이 척도는 Young (1996)의 척도에서 미흡하다고 지적된 통계적 절차의 문제점을 극복하기 위하여 통계적 기법에만 의존하여 척도를 개발하였다는 지적도 받고 있다(김청택 외, 2002b).

셋째, 2002년 정보통신부 산하 한국정보문화진흥원에서 전국의 9~18세 미만의 청소년 2,300명 대상으로 인터넷 중독 자가진단의 목적으로 개발된 한국형 인터넷 자가진단척도K-척도가 있다. 이 척도는 김청택 외 (2002b)에 의해 개발되었는데, 연구자들은 Young (1996)의 척도, Davis(2001)의 온라인 인지척도, 국내에서 개발된 다른 척도, 한국정보문화센터 등에서 수행된 선행연구, 인터넷 중독상담센터의 임상경험 및 내원환자, 각종 매스컴에 보고된 사례 등을 종합적으로 분석하여 인터넷 중독자들의 인지적 · 행동적 · 성격적 특성을 측정하는 총 7개 요인의 4점 척도 40개 문항을 구성하였다. 구체적인 하위요인은 일상생활 장애Disturbance of Adaptive Functions 9문항, 현실구분 장애Disturbance of Reality Testing 3문항, 긍정적 기대Addictive Automatic Thought 6문항, 금단Withdrawal 6문항, 가상적 대인관계 지향성Virtual Interpersonal Relationship 5문항, 일탈행동Deviate Behavior 6문항, 내성Tolerance 5문항이다. 이 척도는 인터넷 중독 성향자를 고위험 사용자군, 잠재적 위험사용자군, 일반 사용자군으로 나눈다.

K-척도는 심리측정 방법론을 적용하여 척도 개발과정에서 드러날 수 있는 문제점을 최소화하고 자기보고검사에서 생길 수 있는 응답 편향response bias을 보완하기 위해 복수의 연구 표본을 사용하였다는 점에서 그 의의를 인정할 수 있다. 그러나 설문의 문항 수가 지나치게 많다는 점, 잠재적 위험사용자군 내의 하위 2개 집단의 구분이 모호하여 분류상의 어려움이 있

다는 점, 하나의 검사에 많은 하위요인이 내재하고 있다는 점 등이 문제점으로 지적되고 있다(이순묵 외, 2005, p. 19).

요컨대, 지금까지 국내외에서 개발된 대부분의 척도들은 청소년 또는 아동을 대상으로 개발된 척도인 반면, 성인을 대상으로 인터넷 중독의 정도를 측정하기 위한 척도는 매우 드문 실정이다. 또한 대부분의 척도들이 기존의 척도, 특히 Young (1996)의 척도와 비슷한 내용의 문항을 지나치게 많이 포함하고 있어 인터넷 중독의 다양한 측면을 다루지 못할 가능성이 크다. 뿐만 아니라, 충분한 표준화 작업과 타당화 작업을 거치지 않은 채 개발된 척도들이 적지 않고, 따라서 각 척도의 점수가 인터넷 중독의 정도를 정확하게 기술하지 못하므로 인터넷 중독에 대한 객관적인 기준치를 제시하는 것이 불가능하다는 지적도 있다(이순묵 외, 2005, p. 20).

한편, 한국정보문화진흥원(2008)은 기존의 K-척도40문항의 단점을 보완하여 초등학교 고학년 및 중·고등학생의 인터넷 중독 수준을 보다 간편하고 정확하게 측정할 수 있도록 'K-척도 청소년 자기진단'을 개발하였다. 이 척도는 4점 척도 20문항으로 이루어져 있는데, 총점 범위는 20~80점이다. 또한 이 척도는 기존 K-척도의 7개 하위요인 가운데 '현실구분 장애' 요인을 제거한 6개의 하위요인일상생활 장애 6문항, 긍정적 기대 1문항, 금단 4문항, 가상적 대인관계 지향성 3문항, 일탈행동 2문항, 내성 4문항으로 구성되어 있다. 신뢰도는 중학생의 경우, Cronbach's α값이 .909이며, AMOS 프로그램을 사용하여 분석된 결과 6개의 요인구조가 타당한 것으로 조사되었다. K-척도 청소년 자기진단 척도에 대한 구체적인 채점기준은 〈표 2〉와 같다(〈표 2〉는 생략함). 지금까지 고찰한 국내·외의 인터넷 중독 척도들을 간략하게 정리하면 〈표 3〉과 같다(〈표 3〉은 생략함).

6) 인터넷 중독의 실태

우리나라의 인터넷 중독 실태는 연구자에 따라 매우 다양한 결과를 보이고 있다. 구체적으로, 조사대상이 누구인가 그리고 어떤 척도를 사용하였는가에 따라 인터넷 중독자의 비율은 매우 다양한 수준으로 보고되고 있다.

조사대상자는 초등학생, 중학생, 고등학생, 중·고생, 초중고생, 청소년, 대학생, 일반성인 등 매우 다양하다. 사용된 척도는 Young (1996, 1999)의 인터넷 중독 척도, 강만철, 오익수(2001)의 척도, 한국형 인터넷 중독 자가진단척도K-척도, 인터넷 중독예방상담센터(2005)의 척도, 한국정보문화진흥원(2006)의 척도 등이다. 또한 연구자에 따라 중증중독, 심한 중독, 중독자각, 중독경향, 경계집단, 초기중독, 중독경향성, 중독부정 등 인터넷 중독을 분류하는 체계가 상이하다는 점도 주목할만하다. 이처럼 조사대상자와 사용척도 그리고 분류체계가 다르기 때문에 연구결과를 서로 비교하는 것이 용이하지 않을 뿐만 아니라 큰 의미도 부여하기 어려운 실정이다. 국내의 인터넷 중독에 관한 선행연구들을 연도별로 정리한 표는 〈부록 2〉에 제시되어 있다(〈부록 2〉는 생략함).

7) 인터넷 중독에 영향을 미치는 요인

선행연구에 의해 실증적으로 밝혀진 인터넷 중독의 관련 요인은 매우 다양하다(김광수, 2009; 한세억, 박한우, 고영삼, 박명진, 김상준, 2008). 그 중에서 특히 생태체계모형에 따르면 인터넷 중독에 영향을 미치는 요인은 개인 요인, 가정 요인, 학교 요인, 인터넷 환경 요인, 지역사회 요인으로 나뉜다(김광수, 2009).

(1) 개인 요인

인간은 환경 속의 존재이다. 그러나 동일한 환경의 자극에 노출되었다고 하여 모두 동일한 반응을 보이는 것은 아니다. 이것은 '환경 속의 개인'이라는 역학관계 안에서 개인과 환경의 상호작용뿐만 아니라 개인에 대한 환경의 영향 그리고 개인의 특성 그 자체도 중요한 변인이 될 수 있다는 의미이다(김광수, 2009: 147). 선행연구에 따라 매우 다양한 개인 요인이 인터넷 중독의 관련요인으로 확인되었는데, 예를 들면, 자존감, 우울, 공격성, 충동성, 대인관계 곤란, 감각추구 성향 등이다(한세억 외, 2008, p. 10). 이와 같은 다양한 개인 요인은 크게 보아 인구학적 변인과 개인심리적 변인으로 나눌 수 있다.

① 인구학적 변인

다양한 인구학적 변인들이 인터넷 중독에 영향을 미치는 것으로 알려져 있으나, 가장 대표적인 변인은 성별과 연령이다.

가. 성별

다수의 선행연구에서 성별은 인터넷 중독에 유의한 영향을 미치는 변인으로 확인되었다. 그러나 성별과 인터넷 중독의 관계를 탐구한 선행연구의 결과는 일관적이지 않다.

먼저, 많은 선행연구는 남성이 여성보다 인터넷 중독 성향이 더 강하다*는 연구결과를 보고하고 있다(강석기, 한상

> **tip**
>
> *선행연구 고찰의 결과를 '독립변수 중심으로 정리'
>
> 선행연구 고찰의 결과를 정리할 때, 독립변수와 종속변수와의 관계는 인구학적 변인, 즉 독립변수별로 정리하는 것이 바람직하다. 연구자(사람) 중심으로 정리하는 것은 매우 초보적이고 서투른 방식이다. 여기서는 먼저 성별이 인터넷 중독에 미치는 영향을 일목요연하게 정리하고 있다. 이어서 연령이 인터넷 중독에 미치는 영향에 대한 선행연구 고찰의 결과가 뒤따르고 있음을 알 수 있다.

훈, 2005; 김광수, 2009; 김은정, 이세용, 오승근, 2003; 김진숙, 2000; 안정임, 김동규, 2000; 박영숙, 송현종, 2002; 한미영 외, 2006; 한기홍 외, 2006). 예를 들면, 이수진, 박중규, 홍세희(2005, p. 13)의 연구에서 남자청소년은 여자청소년보다 인터넷 중독 위험군에 속할 가능성이 약 2배가량 더 높은 것으로 보고된 바 있다. 마찬가지로, 권순희, 권순녀(2008)의 연구에서 성별에 따른 게임중독수준의 차이를 보면, 잠재적 위험군은 남학생이 여학생보다 6배 이상 높았고, 고위험군은 남학생이 여학생보다 5배이상 높게 나타났다. 또한 중 · 고등학생을 대상으로 인터넷 중독의 실태를 조사한 강만철(2005)의 연구에서는 인터넷 중독 의심집단까지 포함할경우 남학생의 18.9%, 여학생의 10.3%가 인터넷 중독으로 나타나 남학생이 여학생보다 인터넷 중독 성향이 더 높았다.

그러나 드물기는 하지만 여성이 남성보다 인터넷 중독의 정도가 높다**는 연구도 있다(김형준, 이상준, 우정익, 조항석, 권혁중, 2002).

한편, 성별에 따라 인터넷 중독 정도의 차이를 확인할 수 없었다는 연구도 드물지 않다(류진아, 김광웅, 2004; 양소남, 1997; 전영자, 서문영, 2006; 조은영, 2005; 황상민, 황희영, 이수진, 2001). 예를 들면, 황상민 외(2001)의 온라인 게임 리니지를 중심으로 한 웹서베이의 경우, 중독수준은 남자가 7.6%, 여자가 6.7%이며, 중독가능자 비율은 남자 62.7%, 여자 64.6%로 나타나 뚜렷한 성차를 확인할 수 없었다.

나. 연령

여러 선행연구의 연구결과에 의하면, 연령이나 학년급 또는 학교급은 인터넷 중독에 영향을 미치는 유의한 변수로 확인되었다(강란혜, 2008; 강만철, 2005; 강석기, 한상훈, 2005; 권순희, 권순녀, 2008; 박영숙, 송현종, 2002; 변성희, 2007; 황상민 외, 2001). 그러나 아동이나 청소년의 인터넷 중독에 관한 선행연구 결과는 각기 다른 결과를 보고하고 있다.

먼저, 아동이나 청소년의 연령이 높을수록 인터넷 중독의 정도가 더 높아진다는 연구결과가 보고된 바 있다. 김형준 외(2002)의 연구에 의하면, 청소년의 경우 학년이 올라갈수록 인터넷 중독의 가능성은 더 높은 것으로 확인되었다. 또한 아동과 청소년을 대상으로 인터넷 중독의 실태를 조사한 강만철(2005)의 연구에서는 초등학생의 1.3%, 중학생의 3.3%, 일반고 학생의 2.5%, 실업고 학생의 3.3%가 인터넷 중독으로 확인되었는데, 이로써 중학생과 실업고 학생 집단에서 인터넷 중독 현상이 더 높다는 것을 알 수 있다.

반면에, 연령이 높을수록 인터넷 중독의 정도가 더 낮아진다는 연구결과도 있다. 예컨대, 청소년의 과잉행동과 대인관계가 인터넷 중독에 미치는 영향을 연구한 한 연구에서는 학년이 저학년일수록 인터넷 중독 성향이 높은 것으로 나타났다(강석기, 한상훈, 2005).

그러나 연령이나 학년에 따라 일관된 연구결과를 보이지 않는 선행연구도 있다. 예를 들면, 황상민 외(2001)의 연구 등 다수의 연구는 10대 청소년의 인터넷 중독 성향이 두드러진다는 점을 보고하고 있다.

한편, 연령과 인터넷 중독 사이에는 유의한 상관관계가 존재하지 않는다는 연구결과도 있다. 예를 들면, 김은정 외(2003)의 연구에서는 연령이 청소년의 인터넷 중독을 설명하는 유의한 변인으로 확인되지 않았다. 또한 부모의 양육태도와 학습된 무기력이 컴퓨터 게임중독에 미치는 영향을 연구한 한 선행연구에서는 초등학생의 학년급에 따라 인터넷 중독 정도에 있어서 유의한 차이가 나타나지 않았다(권순희, 권순녀, 2008). 이러한 연구결과가 나온 이유는 조사대상자들이 초등학생 4, 5, 6학년이라는 거의 비슷한 시기의 학년급이었기 때문인 것으로 해석된다.

② 개인심리적 변인

선행연구에 따라 인터넷 중독에 영향을 미치는 다양한 개인심리적 변인을 보고하고 있으나, 가장 대표적인 변인으로는 자기통제력을 들 수 있다.

가. 자기통제력

자기통제력self-control은 개인이 처한 선택의 상황과 관련 있는 개념이다. Logue (1995)에 의하면, 자기통제력은 "지연되지 않은 작은 결과보다 더 지연되지만 더 큰 결과를 선택하는 것"으로 정의된다(김광수, 2009, p. 148에서 재인용). 자기통제력의 반대개념은 충동성이다. 충동성은 "지연된 큰 결과보다 지연되지 않은 작은 결과를 선택하는 것"이다(김세윤, 최서윤, 김범수, 2007, p. 51). 따라서 자기통제의 실패는 충동조절장애 또는 중독 현상으로 이어질 수 있다. 자기통제력이 낮은 사람일수록 일을 차근차근 처리하거나 욕구충족을 위해 기다리지 못하고 가상공간을 통해 즉각적으로 목표를 달성하려는 경향을 더 많이 갖기 때문에 그만큼 더 중독적 성향을 보일 가능성이 크다.

자기통제력과 인터넷 중독과의 관계를 조사한 다수의 선행연구에서는 인터넷 이용자의 자기통제력이 낮을수록 인터넷 중독의 성향은 더 높아지는 것으로 밝혀졌다(김세윤 외, 2007; 류진아, 김광웅, 2004; 송원영, 1998; 이계원, 2001; 이숙진, 2007; 이지항, 2005; 전영자, 서문영, 2006; 조은영, 2005). 특히 송원영(1998)의 연구에서는 인터넷 중독에 영향을 미치는 여러 요인 가운데 가장 큰 설명력을 가진 변인은 자기통제력으로 확인되었다. 마찬가지로, 인터넷을 이용하는 일반 성인 760명을 대상으로

스트레스 수준에 따른 인터넷 중독의 실태를 탐구한 김세윤 외(2007)의 연구에서는 자기통제력 점수가 낮을수록 인터넷 중독 점수가 높게 나타났는데, 이것은 더 큰 만족을 위해 욕구를 지연하기보다는 즉각적인 만족을 추구하고 충동적이며 집중력이 부족한 집단이 그렇지 않은 집단보다 인터넷에 중독되기 더 쉽다는 것을 의미한다.*

tip

*선행연구 고찰 후 가설 도출

가설은 명확한 이론적 배경과 선행연구의 근거를 갖추어야 한다. 즉, 연구자는 가설에 포함된 변수들(독립변수, 종속변수) 사이의 관계(인과관계나 상관관계)를 확인할 수 있는 경험적 근거를 제시하여야 한다. 여기에서는 인터넷 이용자의 자기통제력이 낮을수록 인터넷 중독 수준이 높아진다는 것을 보고한 선행연구를 8편 소개하고 있으며, 그 중 두 편의 선행연구에 대해서는 상대적으로 많은 지면을 할애하여 자기통제력과 인터넷 중독 사이의 관계에 대하여 상술하고 있다. 이런 점에서 가설은 창작하는 것이 아니라 이론이나 선행연구로부터 도출된다고 말한다.

이상의 선행연구 고찰 결과를 토대로 다음과 같은 가설을 도출할 수 있다.

> 가설: 자기통제력은 인터넷 중독에 유의한 영향을 미칠 것이다.

(2) 가정 요인

청소년의 문제행동은 청소년 개인만의 문제가 아니라 총체적인 가정의 문제로 보아야 한다는 시각이 설득력을 얻고 있는데, 이 경우 청소년의 가정환경이 매우 중요한 고려 요인이 된다(한세억 외, 2008, p. 10). 청소년에게 있어 가정은 정서적·물질적 지지를 제공하는 생활의 장場일 뿐만 아니라 청소년의 사회화가 이루어지는 공간이기도 하다. 즉, 청소년은 가정생활을 통해 가족구성원들과 중요한 상호작용과 변화를 공유한다. 청소년의 인터넷 중독과 관련된 가정 요인으로는 부모의 양육태도를 들 수 있다(김경신, 김진희, 2003; 김광수, 2009; 정경란, 2002; 정민희, 2003; 조아미, 방희정, 2003; 한세억 외, 2008).

① 부모의 양육태도

양육태도라 함은 부모 혹은 그 대리인이 자녀를 양육할 때 보편적으로 보이는 태도를 말하는데, 부모의 양육태도는 청소년의 심리적·행동적 발달에 중요한 영향을 미치는 것으로 알려져 있다(Gegas & Seff, 1981). 여러 선행연구에서는 부모의 감독 등 양육태도가 청소년의 문제행동에 관하여 높은 설명력을 나타내고 있다. 예컨대, 부모의 영향권 밖에서의 자녀의 활동에 주의를 기울이고 조절하는 감독자로서 부모의 역할을 자녀의 문제행동을 예방하는 데 중요한 요인으로 작용한다. 인터넷에 대한 기본적인 이해와 관심을 갖고 있는 부모는 자녀들의 인터넷 사용에 긍정적인 영향을 미치거나 부정적인 환경에의 노출을 최소화함으로써 인터넷을 자녀교육의 중요한 도구로 활용할 수 있는 반면, 자녀의 인터넷 사용을 무제한으로 방임하거나 지나치게 간섭하는 부모는 청소년 자녀들의 음성적인 인터넷 활용을 조장하거나 가정에의 소속감을 약화시키는 등 이들의 사회심리적 발달에 부정적인 영향을 미친다(한세억 외, 2008, p. 11).

일반적으로 부모의 양육태도가 거부적·적대적·제한적·비관적이면 아동의 사회적 능력이 낮은 반면, 부모의 양육태도가 애정적이고 자녀에게 관심을 보이며 일관성이 있는 양육태도를 보일 때 아동의 사회적 능력이나 일반적 능력이 높다고 한다(김경신, 김진희, 2003).

학자에 따라 부모의 양육태도를 다양한 하위범주로 분류하고 있다. 몇몇 선행연구에서는 부모의 양육태도를 '수용−거부', '자율−통제'의 두 차원으로 나누었으며(이승국, 1998; 최효순, 2001), 다른 연구에서는 '권위적·수직적 태도−민주적·수평적 태도'로 나누었고(조춘범, 2001), 또 다른 연구에서는 '적대지향−애정지향'의 수준으로 나누어 조사하였다(정진태, 2003).

여러 선행연구는 부모의 양육태도와 자녀의 인터넷 중독 사이에 유의한 관계가 존재함을 보고하고 있다. 예를 들면, 부모의 양육태도가 비합리적이고(박정은, 2001), 비성취적이며(오현화, 2002), 거부—통제적일수록(류진아, 2003) 자녀의 인터넷 중독 정도가 심한 것으로 나타났다. 또한 청소년이 부모의 양육태도를 애정 지향적으로 지각할 때 인터넷 중독 수준이 낮았다(정진태, 2003). 또한 부모의 양육태도와 학습된 무기력이 컴퓨터 게임중독에 미치는 영향에 관한 연구에서 부모의 양육태도가 폐쇄적이고 거부적일수록 컴퓨터 게임중독 경향이 높게 나타났다(권순희, 권순녀, 2008).*

> **tip**
>
> **＊선행연구 고찰 후 가설 도출**
> 가설은 연구자가 머릿속으로 창작하는 것이 아니라 이론이나 선행연구로부터 도출된다는 사실을 다시 한번 강조한다. 연구자는 연구계획서에서 이 점에 대하여 명확하게 밝혀야 한다. 여기에서는 부모의 양육태도가 자녀의 인터넷 중독에 영향을 미친다는 경험적 사실로부터 가설이 도출되었음을 알 수 있다.

이상의 선행연구 고찰 결과를 토대로 다음과 같은 가설을 도출할 수 있다.

> 가설: 부모의 양육태도는 인터넷 중독에 유의한 영향을 미칠 것이다.

(3) 학교 요인

학교는 청소년들의 일상생활의 장이다. 청소년들이 또래집단친구, 학교 선생님, 이성 친구 등 '중요한 타자' 집단과 상호작용하는 학교생활은 그들의 사회심리적 발달과 자아발달에 많은 영향을 미치게 된다. 선행연구에 나타난 인터넷 중독에 영향을 미치는 학교 요인으로는 학업 성취감을 들 수 있다(이계원, 2001; 이선애, 2001; 한복희, 2001).

① 학업 성취감
좋은 학업 성적을 얻지 못하는 청소년들은 학교를 싫어하게 되고 학교의 권위를 거부하게 되며, 결과적으로 비행행동을 하게 된다고 알려져 있다. 학업성취의 부진은 학교와 교사에 대한 애착을 감소시키고, 교육적 목표에 대한 관여와 교육에 대한 열망 수준을 낮게 하며, 결국에는 학교에 대한 애착이 낮아져 비행친구와 접촉하게 되고, 결국 비행으로 이어질 수 있다.

일반적으로 인터넷 중독이 학업성취도를 떨어뜨리는 원인이 된다는 지적이 있으나, 반대로 여러 선행연구는 낮은 학업성적이 인터넷 중독을 부추긴다는 연구결과를 내놓고 있다. 실제로 학업성적이 낮을수록 청소년들이 인터넷에 중독될 개연성이 더 크다는 사실이 여러 선행연구에 의해 보고된 바 있다(류진아, 김광웅, 2004; 이숙진, 2007; 이해경, 2002b; 조춘범, 2001). 예를 들면, 한정선 외(2006)의 연구에 의하면, 학업성취도와 인터넷 중독 사이에는 역(-)의 관계가 존재하고 있음이 확인되었다. 즉, 학업성취도가 낮은 학생들이 그렇지 않은 학생들보다 인터넷 중독 위험에 더 많이 노출된 것으로 조사되었다.*

tip
*선행연구 고찰 후 가설 도출
연구자는 먼저 인터넷 중독이 학업성취감을 낮추기도 하지만 반대로 낮은 학업성취감이 인터넷 중독을 야기할 수도 있다는 개연성을 먼저 제기한 다음에, 후자의 입장과 관련된 일련의 선행연구들의 결과를 인용하면서 그에 근거하여 가설을 제시하고 있음을 알 수 있다.

이상의 선행연구 고찰 결과를 토대로 다음과 같은 가설을 도출할 수 있다.

가설: 학업 성취감은 인터넷 중독에 유의한 영향을 미칠 것이다.

(4) 인터넷 환경 요인

청소년의 인터넷 중독에 영향을 미치는 대표적인 인터넷 환경 요인으로는 인터넷 기대를 들 수 있다(강만철, 2005; 구본희, 최무진, 2006; 김윤희, 2005; 김형준 등, 2002; 류진아, 2003; 안석, 2000; 이소형 외, 2000; 한상철, 2003; 홍윤진, 2002).

① 인터넷 기대

인터넷 이용에 영향을 미치는 중요한 심리적 요인 중 하나는 인터넷 기대, 즉 인터넷 이용 경과에 대한 기대감이다(Lin, Ko & Wu, 2007). 다시 말해, 인터넷을 이용할 때 어떤 결과가 나타날 것이라고 기대하는 정도에 따라 인터넷을 이용하는 정도가 달라진다.

몇몇 선행연구에서는 인터넷 기대와 인터넷 중독 사이에 유의한 관계가 있다는 사실이 확인되었다. 예를 들면, 이소형 외(2000)의 연구에서는 인터넷 기대가 인터넷 중독을 가장 많이 설명하는 변인으로 나타났다. 즉, 인터넷 기대의 하위요인인 '갈등 해소', '자신감 획득', '정보획득', '인간관계 증진' 가운데 '갈등 해소'가 인터넷 중독 변량의 33.4%를 설명해 가장 설명력이 높은 변인으로 확인되었다. 또한 홍윤진(2002)의 연구두 이와 비슷한 연구결과를 보고하였는데, 가상공간에서 유용성을 높게 인식할수록 인터넷 중독에 빠질 가능성이 큰 것으로 조사되었다. 이것은 인터넷 사용에 대한 이점을 높게 인식할수록 수용자의 저항이 낮고 결과에 대한 효능기대가 높아져서 인터넷의 사용빈도를 높이기 때문이라고 해석할 수 있다.*

이상의 선행연구 고찰 결과를 토대로 다음과 같은 가설을 도출할 수 있다.

가설: 인터넷 기대는 인터넷 중독에 유의한 영향을 미칠 것이다.

(5) 지역사회 요인**

생태체계모형에 의하면, 청소년의 인터넷 중독은 지역사회 요인에 의해서도 유의한 영향을 받는다. 지역사회는 주민들이 일정한 지역을 기반으로 연대의식을 가지고 사회적 상호작용을 하면서 삶을 영위하는 상호의존적 생활공동체를 의미한다.

지역사회의 과외학습 환경, 여가 및 놀이문화 환경, 기타 요인 등이 청소년의 의식과 행동양식에 영향을 줄 수 있는 요인으로 부각되면서 지역사회 요인의 중요성이 새롭게 인식되고 있다. 그러나 아직 청소년의 인터넷 중독과 관련하여 지역사회 요인의 영향력을 탐구한 선행연구는 매우 드물다(김광수, 2009, p. 152).

인터넷 중독에 영향을 미치는 지역사회 요인으로는 '청소년의 지역사회 여가공간의 활성수준'과 'PC방 이용환경의 영향력'을 들 수 있다(강만철, 오익수, 2002; 김형준 외, 2002; 류진아, 김광웅, 2004, 조은영, 2005). 먼저, 조은영(2005)의 연구에서는 지역사회 여가공간의 활성수준과 인터넷 중독 사이에는 유의한 관계가 확인되지 않았다. 그러나 다른 일련의 연구(강만철, 오익수, 2002; 김형준 외, 2002; 류진아, 김광웅, 2004)에서는 PC방 이용환경의 영향력이 인터넷 중독에 정(+)의 영향을 미치고 있음을 확인하였다.

8) 인터넷 중독의 부정적 효과

인터넷에 중독적으로 몰입한 결과 인터넷 이용자에게 어떤 부작용이 발생하는가를 탐구한 여러 선행연구의 결과는 매우 다양하다. 박승민, 김창대, 천명재(2005)가 1999~2005년 사이에 국내에서 이루어진 청소년의 인터넷 중독 관련 석 · 박사논문 322편과 학술지 및 관련기관 연구지에 발표된 논문 53편을 분석한 결과에 의하면, 국내의 연구자들이 인터넷 중독 부작용으로는 시력저하 등의 건강 악화, 사회적 부적응, 낮은 문제해결 능력과 의사소통의 문제, 충동성, 내성, 대인관계의 문제, 가족관계의 악화, 자아정체감의 문제, 사이버비행, 학교 부적응 등이 확인되었다. 또한 이수진, 박중규, 홍세희(2005, pp. 9-13)는 인터넷 중독자의 심리적 특성으로 우울, 충동성, 낮은 자아존중감, 낮은 문제해결 능력을 지적하였다. 한편, 2007년 한국정보문화진흥원의 인터넷 중독 실태조사 결과에 의하면, 인터넷의 과다사용으로 인해 발생할 수 있는 부작용으로 건강 악화, 생활 파괴, 스트레스, 사회생활 위축, 경제적 궁핍, 성격 변화, 현실과 인터넷 가상공간의 혼동 등인 것으로 조사되었다(김병구, 고영삼, 김상준, 2007). 뿐만 아니라, 여러 선행연구에서는 인터넷 중독이 직간접적으로 정보윤리의식에 유의한 영향을 미친다는 것으로 보고한 바 있다(구본희, 2006; 김문구, 박종현, 2008; 양돈규, 2000; Mann & Sutton, 1998). 이와 같은 선행연구 고찰의 결과를 바탕으로 인터넷 중독이 야기하는 부정적 효과는 우울, 충동성, 낮은 자아존중감, 문제해결 능력의 감소, 사이버비행의 증가, 인터넷 윤리의식의 감소 등으로 정리할 수 있을 것이다.

(1) 우울의 증가

인터넷 중독의 정도와 우울의 정도 사이에 유의한 양(+)의 상관관계가 있음을 밝힌 선행연구는 적지 않다(김종범, 한종철, 2001; 윤재희, 1998; Young, 1996b). 인터넷 중독과 우울 사이의 관계는 높은 상호작용성이라는 특성을 지니고 있다. 즉, 인터넷 중독이 우울에 영향을 미치고, 동시에 우울이 인터넷에 영향을 미치는 악순환의 고리가 존재한다(Young, 1996b).

황상민, 황희영, 이수진(2001)은 인터넷 사용자를 중독 자각자, 중독 부정자, 중독 과민자, 비중독자의 4가지 유형으로 분류하여 집단별로 우울 성향의 차이를 비교하였는데, '중독 자각자'의 우울 성향이 가장 높았고, 그 다음이 '중독 과민자'의 순이었다. 연구자들은 이것을 중독 자각자와 중독 과민자가 현실의 인간관계에서 소속감 욕구를 충족시키지 못하기 때문에 상대적으로 높은 우울 성향을 보일 가능성이 있다고 해석하고 있다.

(2) 충동성의 증가

선행연구 고찰의 결과에 의하면, 인터넷 중독은 충동성에 영향을 미치는 요인 가운데 하나임이 확인된 바 있다(김춘경, 1991; 이소영, 2000; 한기홍, 최은구, 안권순, 2006). 충동성impulsivity이란 위험이나 불이익이 발생한다는 사실이 명백함에도 불구하고 일단 시작한 행동을 중단하거나 조절하지 못하는 성격 차원(Gray, 1987), 위험을 감수하려는 행동을 하거나 별 생각 없이 일을 시작하고 보는 성격 특질(Eysenck & Eysenck, 1985), 반응 시간이 빠르고 행동에 대한 제지가 어려우며 미래 상황에 대한 계획을 제대로 세우지 못하는 계획능력의 결여(Barratt & Patton, 1983) 등으로 정의되는 개념이다(이수진 외, 2005, p. 11에서 재인용). 즉, 충동성은 상황적인 요구에 적합한 행동을 하기 어려우며, 미래의 더 좋은 결과를 얻기 위해 즉각적인 만족이나 충동을 억제하고 인내하는 능력이 부족하여 즉각적인 만족을 원하는 것으로써, '자기통제력'과는 반대되는 개념이다.

일반적으로 충동성이 높은 청소년들은 인터넷 중독 성향을 보다 많이 경험하는 경향이 있다(조영란 외, 2004). 선행연구 결과에 의하면, 게임을 사용하는 아동들은 그렇지 않은 아동들보다 더 충동적인 성향을 갖고 있는 것으로 확인되었다(김춘경, 1991). 또한 게임을 중독적으로 사용하는 집단이 그렇지 않은 집단보다 더 높은 수준의 충동적 성향을 보였다. 그밖에 여러 연구에서도 인터넷 중독의 중요 변인인 충동성이 인터넷 중독에 영향을 미친다는 것을 보고한 바 있다(강란혜, 2008; 강만철, 2002; 서부덕 외, 2008).

(3) 자아존중감의 감소

자아존중감이란 자신이 유능하고 가치 있다고 생각하는 것, 즉 자신의 가치에 대한 자기 자신의 평가를 의미한다. 인터넷 중독과 낮은 자아존중감 사이에는 밀접한 관련이 있음을 보고한 여러 선행연구들이 있다(구본희, 최무진, 2006; 박현숙, 2007; 안차수, 2008; 이형초, 2001). 인터넷 중독과 자아존중감 사이에는 쌍방향성이 존재하고 있다. 즉, 낮은 자아존중감 때문에 인터넷에 탐닉하게 되거나, 인터넷 중독으로 인해 자아존중감의 감소를 경험하게 되는 것을 알 수 있다.

인터넷 중독이 자아존중감을 낮춘다는 것을 밝힌 대표적인 연구는 주애란(2007)의 연구이다. 중학생의 인터넷 중독과 자아존중감을 탐구한 이 연구에서 인터넷 중독과 자아존중감이 사이에는 통계적으로 유의한 수준의 음(-)의 상관관계가 확인되었다. 일반적으로 인터넷 중독 경향이 높은 청소년들은 대체로 낮은 자아존중감을 보이고 있는데, 이와 관련하여 인터넷 중독이나 게임 중독에 빠지게 되면 친구 등 다른 사람들의 약속을 어기거나 아예 약속을 하지 않기 때문에 다른 사람과의 상호작용을 하지 않게 되며 이 때문에 자아존중감이 감소하는 것으로 해석된 바 있다(주애란, 2007).

(4) 문제해결 능력의 감소

인터넷 중독은 다른 중독증과 마찬가지로 문제해결 능력의 저하를 초래한다. 예를 들면, 게임을 중독적으로 사용하는 집단이 그렇지 않은 집단에 비해 문제 지향과 문제해결 기술과 같은 전반적인 사회적 문제의 해결에 있어서 자신을 더 부정적으로 평가하고 있으며, 실제 문제해결 상황에서는 유능성이 더 떨어지는 것으로 밝혀졌다(고유진, 2001). 또한 이들은 문제 상황에서 대인관계의 협상능력이 더 낮으며(이소영, 2000), 이 때문에 인터넷 중독자는 실제생활에 적응하지 못하고 인터넷이라는 가상세계에 더욱 더 몰입하게 된다.

(5) 인터넷 윤리의식의 감소

최근 들어 인터넷의 등장은 인간의 일상적 삶의 유형을 급속도로 변화시키기 때문에 전통적인 규범윤리학으로는 새로운 문제에 대처하기 어렵다는 인식이 널리 확산되고 있다. 컴퓨터와 인터넷의 등장은 새로운 윤리, 즉 인터넷 윤리를 등장하게 만들었는데, 이는 컴퓨터와 인터넷에 관련된 행동의 기준을 다룬다. 일반적으로 인터넷 윤리는 정보통신 윤리, 사이버 윤리, 컴퓨터 윤리와 비슷한 외연을 갖는다(성장환, 장윤수, 이강화, 이창희, 2010).

인터넷 윤리는 넓게는 응용윤리학의 한 분야로 분류할 수 있다. 인터넷 윤리는 정보통신 매체로서 인터넷 기술의 본성과 사회적 영향력에 대한 분석, 인터넷을 윤리적으로 사용하기 위한 정책을 정립하고 정당화하는 작업에 초점을 맞춘다. 인터넷 윤리는 정보화 사회에서 야기되고 있는 윤리적 문제들을 해결하기 위한 규범체계로서, 단순히 인터넷을 다루는 데 있어서 뿐만 아니라 정보화 사회를 살아가는 데 있어서 옳고 그름, 좋고 나쁨, 윤리적인 것과 비윤리적인 것을 올바르게 판단하여 행동하는 데 필요한 규범 체계라고 할 수 있다(추병완, 2001).

인터넷 중독이 인터넷 윤리에 유의한 영향을 미친다는 사실은 다양한 선행연구에 의해 널리 알려져 있다(구본희, 최무진, 2006; 양돈규, 2000; 주정순, 2004, Mann & Sutton, 1998). 예를 들면, 중학생의 인터넷 중독과 정보윤리를 탐구한 주정순(2004)의 연구는 중학생들의 인터넷 중독 정도에 따라 정보윤리 의식에 있어서 유의한 차이가 있었으며, 인터넷 중독 성향이 강한 학생들이 다른 학생들보다 인터넷을 불건전하게 사용하고 있는 것으로 조사되었다.

또한 구본희, 최무진(2006)은 4년제 대학생 200명을 대상으로 인터넷 중독의 영향요인, 인터넷 중독 구성요인, 그리고 정보윤리 구성요인 사이의 관계를 조사하였는데, 이 연구에서는 인터넷 중독이 정보윤리에 미치는 직접효과와 간접효과가 모두 유의하다는 사실이 통계적으로 검증되었다. 즉, 인터넷 중독의 영향요인이 정보윤리에 직접적으로 영향을 미치기도 하지만, 인터넷 중독의 영향요인이 인터넷 중독의 구성요인을 거쳐 궁극적으로 정보윤리에 영향을 미치는 것으로 확인되었다.

요컨대, 다양한 선행연구의 연구결과를 종합적으로 고려하면, 인터넷 중독은 인터넷 윤리의식에 유의한 영향을 미친다고 가설적으로 결론지을 수 있다. 이것은 인터넷의 과도한 사용이 정보화 사회에서 야기되는 윤리적 문제들의 원인 가운데 하나임을 시사하는 것이다. 따라서

> **tip**
> **＊선행연구 고찰 후 가설 도출**
> 여러 번 강조한 바와 같이, 연구가설은 진공 상태에서 창작되는 것이 아니라 이론적 근거나 선행연구의 결과에 바탕을 두어야 한다. 인터넷 중독이 인터넷 윤리의식에 부정적인 영향을 미친다는 것을 보고한 선행연구에 근거하여 가설이 설정되었음을 밝히고 있다. 한편, 인터넷 윤리의식의 감소 외의 다른 부정적 효과(우울의 증가, 충동성의 증가, 자아존중감의 감소, 문제해결 능력의 감소, 인터넷 윤리의식의 감소)는 연구가설과 직접 관련이 없으나 인터넷 중독의 부정적 효과를 설명하는데 필요한 요소이므로 본문에 포함되었다.

본 연구에서는 인터넷 중독의 부정적인 효과와 인터넷 윤리의식 사이에 다음과 같은 가설적인 관계가 존재하고 있다는 것을 가정하고자 한다.*

가설: 인터넷 중독은 인터넷 윤리의식에 유의한 영향을 미칠 것이다.

(6) 사이버비행의 증가

청소년 비행은 사회적 · 법률적 · 도덕적, 그리고 교육적 측면에서 청소년에 의해 행해지는 위반행동 또는 그릇된 행동을 말하는데, 그 범위는 흔히 지위비행으로 일컬어지는 상대적으로 가벼운 문제행동부터 범죄행동(범죄적 비행)에 이르기까지 매우 넓다. 최근 들어 청소년의 사이버비행이 증가하고 있다(양돈규, 2000). 즉, 컴퓨터와 인터넷의 급속한 보급 및 확산에 따라 인터넷에 과도하게 몰입하는 청소년들이 인터넷과 관련된 다양한 비행에 관여하고 있는 것으로 알려지고 있다.

인터넷은 범죄 및 범죄기술의 유포에 매우 효과적인 매체로 이용될 수 있다(Mann & Sutton, 1998). 따라서 인터넷을 이용하고 있는 청소년들도 학교 및 가정생활에의 부적응, 전화비의 과도한 지출과 그에 따른 부모와의 갈등, 음란사이트 접속 및 채팅을 통한 비윤리적 행동, 사이버 폭력 등 인터넷과 관련된 다양한 문제행동 또는 비행에 빠질 위험에 노출되어 있다(양돈규, 2000).

선행연구들은 이와 같은 사이버비행이 인터넷 중독의 부정적 결과 가운데 하나임을 밝히고 있다(김계원, 서진완, 2009; 라민오, 2001; 안석, 2001; 양돈규, 2000). 예를 들면, 초중고생 469명을 대상으로 인터넷 중독경향과 인터넷 관련 비행 간의 상관성을 연구한 양돈규(2000)의 연구결과에 의하면, 인터넷 중독경향과 인터넷 관련 비행 간에는 유의한 정적 상관관계가 존재하고 있었으며[r=.539, p<.001], 이 두 변인은 여학생 집단에 비해 남학생 집단에서, 그리고 저학년 집단에 비해 고학년 집단에서 더 높은 경향을 나타냈다.

마찬가지로, 서울지역 중고생 362명을 대상으로 인터넷 중독과 사이버 범죄 사이의 상관관계를 탐구한 김계원, 서진완(2009)의 연구에서도 인터넷 중독과 사이버비행의 관계를 유추할 수 있는 연구결과가 보고된 바 있다. 구체적으로, 이 연구에서는 인터넷 중독수준과 사이버 범죄의 원인 변수, 즉 우울감, 주위 낙인, 유희적 성취감, 개인 윤리의식, 범죄 친구 접촉, 사이버 공동체 윤리 사이에는 통계적으로 유의한 정(+)의 상관관계가 존재한다는 사실이 확인되었다.

이상의 선행연구 고찰 결과를 종합하건대, 청소년의 인터넷 중독은 사이버비행에 영향을 미친다는 가설적인 결론을 내릴 수 있다. 인터넷의 중독적 사용은 청소년의 비행에 직접적인 영향을 주며, 특히 청소년의 가족, 학교, 사회의 모든 영역에서 문제행동을 유발하는 강한 효과를 갖는다(라민오, 2001; 안석, 2000). 따라서 본 연구에서는 인터넷 중독과 사이버비행 사이의 관계에 대하여 다음과 같은 가설을 설정한다. *

> **tip**
> **＊선행연구 고찰 후 가설 도출**
> 인터넷 중독이 사이버비행에 미치는 영향력을 검증한 선행연구의 결과를 소개함으로써 두 변수 사이의 인과관계에 관한 실증적 근거를 제시하고 있다.

> 가설: 인터넷 중독은 사이버비행에 유의한 영향을 미칠 것이다.

3. 인터넷 윤리의식

1) 인터넷 윤리의 개념

인터넷이 가진 특성, 즉 시공간의 초월성, 개방성, 익명성, 비대면성 등의 특성으로 말미암아 인터넷 공간에는 현실 공간에서의 윤리적 가치만으로는 해결할 수 없는 새로운 윤리 문제가 등장하고 있으며, 이러한 문제들은 사이버 범죄 등으로 이어져 심각한 사회문제로 대두될 개연성이 있다. 따라서 사이버 공간에서는 그에 맞는 윤리, 다시 말해 '인터넷 윤리'가 새롭게 정립되어야 할 필요성이 인정된다. 인터넷 윤리의 가장 큰 특징은 현실공간의 전통적인 윤리개념에 기초하면서 인터넷의 기술적·이용행태적 특성을 반영하는 성격을 갖는다는 점이다(김문구, 박종현, 2008: 4).

인터넷 윤리를 한 마디로 정의한다는 것은 쉬운 일은 아니다.[2] 이것은 정보사회의 인터넷 윤리가 철학, 정치학, 사회학, 신문방송학, 컴퓨터공학 등 다양한 학문분과들과 관련을 맺고 있기 때문이다(추병완, 2001).

---

[2] 역사적으로 볼 때, 정보사회의 윤리를 지칭하는 용어는 시대의 맥락에 따라 다양하게 사용되었으며, 지금도 여러 가지 용어가 혼용되고 있다(성동규, 2006). 먼저, 컴퓨터의 등장과 함께 새롭게 등장한 윤리적 문제의 대두로 인하여 '컴퓨터 윤리'라는 용어가 처음 사용되었으며, 1990년대 중반부터는 정보기술의 발달, 새로운 매체의 등장, 매체들 간의 통합 등의 환경변화에 부응하여 '정보 윤리'라는 용어가 널리 사용되기 시작하였다. 또한 인터넷의 등장 및 급속한 확산과 더불어 1990년 말부터는 '사이버 윤리'라는 용어가 등장하였으며, 다른 한편으로는 인터넷의 보편화 현상에 수반되는 역기능이 사회문제화 됨에 따라 '인터넷 윤리'라는 용어도 사용되기 시작하였다. 한편, 정부기관인 정보통신윤리위원회는 정보사회에 필요한 윤리로서 '정보통신 윤리'를 제정하고 이에 대한 교육 및 조사연구를 지속적으로 수행하고 있다. 반면에, 한국정보문화진흥원과 한국정보처리학회에서는 각각 '정보 윤리'와 '인터넷 윤리'라는 용어를 사용하고 있다. 본 연구에서는 청소년의 인터넷 이용을 중심으로 다양한 윤리적 문제점과 역기능이 파생되고 있다는 점에 주목하여 정보사회에 필요한 윤리를 '인터넷 윤리'라는 용어를 사용할 계획이며, '인터넷 윤리', '정보통신 윤리', '컴퓨터 윤리', '정보 윤리', '사이버 윤리'가 모두 동일한 의미를 갖는 것으로 간주한다.

본 연구에서는 구본희, 최무진(2006)의 개념 정의를 바탕으로 인터넷 윤리의식을 "인터넷 중심의 정보화 사회에서 야기되는 윤리적 문제들을 해결하기 위한 기본적 규범"이라고 정의하고자 한다. 이러한 정의는 사이버 윤리를 "정보사회에서 야기되고 있는 윤리적 문제를 해결하기 위한 규범체계로, 단순히 정보통신기기를 다루는 데 있어서 뿐만 아니라 정보생활을 영위하는 데 있어서 옳고 그름, 좋고 나쁨, 윤리적인 것과 비윤리적인 것을 올바르게 판단하여 행동하는 데 필요한 규범적인 기준 체계"라고 정의한 추병완(2001)의 정의와 일맥상통한다.

2) 인터넷 윤리의 필요성

인터넷은 기존의 윤리적 가치만으로는 해결할 수 없는 새로운 윤리의 필요성을 제기한다. 정보사회에서 인터넷 윤리의 필요성은 다음과 같다(정진욱, 2006).

첫째, 인터넷 이용자들에게는 비대면적인 만남이라는 인터넷의 특성에 적합한 새로운 윤리가 필요하다. 인터넷 시스템의 구축으로 인해 인터넷 이용자들은 시공간을 초월하여 행동의 범위를 무한히 확장할 수 있으며, 수많은 이용자들과 비대면의 만남을 통해 교류할 수 있다. 따라서 대면상태에서 제한된 수의 사람들과의 만남을 위해 정립된 전통적인 윤리로서는 사이버 공간에서 인간의 행위를 규정하는 데 일정한 한계가 있을 수밖에 없을 것이다. 다시 말해, 익명성, 자율성, 개방성에 의해 특징지져지는 사이버 공간에 현실 공간의 윤리를 기계적으로 적용시키는 어렵다(추병완, 2001). 이것은 인터넷 시대에 새로운 윤리가 필요하다는 사실을 일깨워준다고 할 수 있다.

둘째, 인터넷의 기술적인 특성에 적합한 새로운 행동준칙이 필요하다. 기존의 윤리학은 도덕 판단의 기준으로서 주로 행위의 결과보다는 행위의 동기나 의도를 중요하게 여겼다(성동규, 2006, p. 50). 그러나 인터넷의 확산과 더불어 행위의 동기나 의도 못지않게 행위의 결과를 중요하게 여기는 사회 일반의 인식상의 변화가 일어나고 있다. 왜냐하면, 인터넷상에서의 잘못된 행위는 다수의 사람들에게 매우 광범위하고 무차별적인 피해를 주기 때문이다. 설령 악의 없는 의도로 이루어진 행동이라 할지라도 그것이 결과적으로 의도하지 않은 나쁜 결과를 가져온다면 그 파장은 한 나라 전체 또는 전 세계로 미칠 수 있다. 따라서 인터넷 이용자들은 이와 같은 인터넷의 기술적 특성을 이해하고 그에 적합한 윤리 규범을 모색하여야 할 필요가 있다.

끝으로, 인터넷 시대에는 인터넷이 만들어낸 새로운 사물을 모두 아우르는 새로운 윤리가 필요하다. 기존의 윤리학은 인간 중심이며, 행위의 주체와 객체가 모두 인간이었다. 그런데 인터넷의 시대에 이르러 사이버 세계에는 수많은 새로운 개념의 사물이 등장하고 있다. 비록 인터넷 이용자들로부터 만들어진 것이긴 하지만 이러한 새로운 사물들은 윤리의 주체와 객체, 즉 윤리의 대상이 되어야 마땅하다. 이는 환경 윤리에서 환경이 윤리의 대상이 되는 것과 마찬가지 이치이다. 구체적으로, 인터넷상에서의 소프트웨어로 구현된 로봇이나 아바타, 사이버 머니, 사이버 도시, 사이버 정부 등이 모두 새로운 윤리의 대상이 된다. 요컨대, 인터넷의 시대에는 인터넷이 창조한 행위의 주체와 객체를 모두 포함하는 새로운 윤리가 필요하다.

결론적으로, 사이버 공간에서는 가상공간의 특성에 부합하는 윤리규범의 정립이 필요하다(추병완, 2001). 사이버 공간의 행위자들은 현실 세계와는 달리 타자의 실질적이고 독립적인 존재를 인정함으로써 진입하게 되는 상호 의존과 책임의 관계를 거부하려는 경향이 있으며, 이 때문에 일상의 도덕적인 자기 규제가 사실상 어려운 실정이다. 따라서 상대방을 볼 수 없는 타자의 실종, 탈육체화된 정체성, 익명성 등과 같은 인터넷의 특성에 맞은 새로운 윤리규범을 정착시켜 나가야 할 필요가 있다.

3) 인터넷 윤리의 기본원리

학자에 따라 인터넷 윤리의 기본원리는 다양하다. 일례로 Spinello (1995)는 인간 완성이라는 궁극적 목표를 달성하기 위한 원리로서 존중, 책임, 해악금지, 정의를 제시하고 있다. 추병완(2001b)은 여러 선행연구의 논의를 정리하여 정보사회에 필요한 인터넷 윤리의 기본원리는 존중respect, 책임responsibility, 정의justice, 해악금지non-maleficence가 되어야 한다고 주장하면서, 이 네 가지 기본원리를 'RRJN 원리'라고 명명하였다(<그림 3> 참조).

① 존중의 원리
존중 또는 존경은 본래 사람이나 사물이 지닌 고귀한 가치에 대하여 경의를 표하는 것을 말한다. 사이버 공간은 익명적 의사소통 및 타자의 상실에 의해 상대방에 대한 존중심이 약해질 수 있는 가능성이 많은 공간이므

| 그림 3 | RRJN 원리

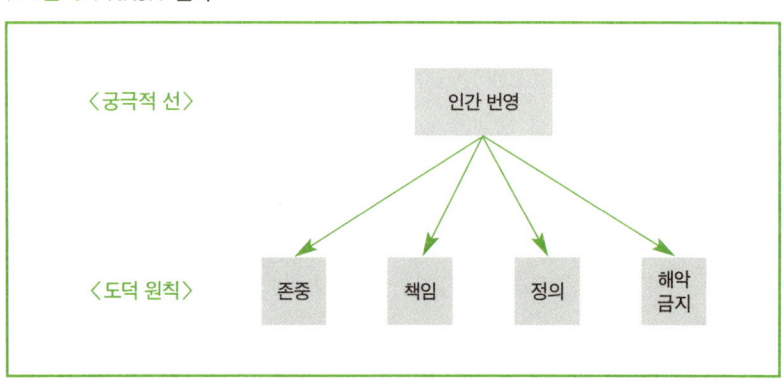

※ 자료: 추병완, 2001b: 15.

로 특히 눈에 보이지 않는 상대방의 견해나 실체를 존중하려는 자세가 더욱 필요한 공간이다(추병완, 2001b).

존중의 대상에는 먼저 인터넷 이용자 자신이 포함되어야 하며, 그 다음에 인터넷을 이용하는 타인이 포함된다. 자신에 대한 존중이라 함은 인터넷 이용자가 자신의 몸과 마음을 소중한 것으로 대우하여야 한다는 의미이다. 따라서 사이버 공간에 지나치게 몰입하여 심신의 건강을 잃는 일은 육체와 정신의 합체로서의 자신에 대한 존중의 원칙에 위배되는 것이 된다. 또한 존중의 대상 범주에는 다른 사람에 대한 존중이 포함된다. 이것은 다른 사람의 지적재산권, 사생활, 다양성을 인정하고 존중하여야 한다는 의미이다. 다시 말해, 다른 사람들도 우리와 같은 존엄성과 권리를 가진 인간으로 대우하여야 함을 말한다.

요컨대, 인터넷 공간에서는 상대방을 볼 수 없는 '타자의 상실' 속에서 모든 행동과 상호작용이 일어나므로 상대방의 실체와 가치를 인정하려는 존중의 원칙이 지켜져야 한다. 이 원칙이 지켜지지 않을 경우 사이버 공간은 모든 참여자들이 자기 이익의 극대화를 위하여 비윤리적으로 경쟁하는 '만인 대 만인의 투쟁'의 장소가 될 것이다(추병완, 2001b, p. 16).

② 책임의 원리

책임은 '반응할 수 있는 능력'이라는 사전적인 의미를 갖고 있다. 즉, 책임이란 다른 사람을 회피하지 않고 향하는 것, 그들에게 관심을 기울이는 것, 그들의 필요에 적극적으로 응하는 것을 뜻한다. 따라서 책임은 서로를 보살피고 관심을 가져야 할 우리의 적극적인 행동을 강조하는 개념이다(추병완, 2001b, p. 16). 사이버 공간에서는 통일적 정체감의 상실과 역할의 상실에 따른 책임 회피가 쉽게 일어날 수 있으므로 현실공간에 비해 더욱 높은 수준의 책임의식이 필요하다.

사이버 윤리의 원칙으로서의 도덕적 책임은 예상적 책임prospective responsibility과 소급적 책임retrospective responsibility으로 나눌 수 있다(추병완, 2001b). 예상적 책임이란 행위자가 어떤 행위를 하기 전에 주의를 기울여야 할 혹은 관심을 가져야 할 문제와 관련이 있는 개념이다.[3] 인터넷 이용자는 누구나 사이버 공간에서 예상적 책임을 져야 한다. 소급적 책임이란 어떤 사건이 일어난 후에 특정 행위자에게 사건의 원인이 돌려질 경우, 그 행위자에게 사건이나 결과에 대해 책임을 지우는 것을 말한다. 일반적으로 우리가 인터넷상에서 의도적으로 행한 행위에 대해서는 우리 모두는 소급적 책임을 지고 있다.

추병완(2001b)에 의하면, 사이버 공간은 인류에게 있어서 새로운 책임 문화의 정립을 위한 실험대가 되고 있다. 모두를 위한 기회opportunities for all 가 가능한 사이버 공간은 모두로부터의 책임responsibilities from all과 모두를 위한 책임responsibilities for all을 요구하는 사회적 공간으로 자리매김 되고 있다.

③ 정의의 원리

선善의 절대적 개념으로서의 정의는 '공정'과 '옳음'을 의미한다. 정의는 보편적 덕목이며 동시에 권리의 규범으로 이해할 수 있다.

먼저, 보편적 덕목으로서의 정의는 크게 보아 세 가지의 의미를 지니고 있다(김태훈, 1999). 첫째, 정의는 공정한 것 자체를 추구하려는 사람의 태도를 말한다. 둘째, 정의는 함께 살아가는 다른 사람과의 관계에 관련하여 이타적인 삶의 태도를 뜻한다. 셋째, 정의는 정해진 규칙과 법을 준수하지만, 때에 따라서는 옳지 못한 규칙인 법에 저항하는 것을 의미한다.

한편, 권리의 규범으로서 정의는 도덕적인 관점에서 공동생활의 규칙을

---

3 예를 들면, 수영장의 구조요원은 수영장 이용자들의 안전에 대하여 예상적 책임이 있으며, 이때 구조요원은 미래에 놓여 있는 책임을 진다는 의미이다(추병완, 2001b, p. 16).

절대적으로 정당화하거나 비판할 수 있는 기준이 되고 있다. Rawls의 '공정으로서의 정의' 이론에 의하면, 정의란 모든 인간이 자율적 의지로서 공정하다고 인정할 수 있는 기준이라고 정의되며, 여기에는 평등한 자유의 원리, 공평한 기회의 원리, 차등의 원리가 포함된다. 이것을 인터넷 공간에 적용하면, 모든 인간은 각 개인의 기본적 자유를 최대한으로 펼칠 동등한 권리를 갖고 있으며, 공평하고 동등한 기회와 자유로운 분위기의 보장에도 불구하고 능력의 차이 때문에 결과에 대해서는 오히려 차등의 원리에 따라 능력과 결과에 적합한 보상을 하여야 한다고 해석할 수 있다(추병완, 2001b). 즉, 인터넷 공간에서 이용자들은 정의의 원리에 따라 참되고 공정한 정보를 교환하여야 하고, 정보화의 혜택이 고르게 보편적으로 돌아갈 수 있게 하여야 하며, 타인의 권리를 함부로 침해하여서는 안 된다. 또한 공평하고 동등한 기회와 자유로운 분위기의 보장에도 불구하고 능력의 차이 때문에 생기는 결과에 대해서는 차등의 원리에 따라 능력과 결과에 적합한 보상을 해주어야 한다(성동규, 2006).

④ 해악 금지의 원리

해악 금지란 남에게 피해를 주지 않는 것을 말한다(Severson, 1997). 남에게 해로움을 주지 말라는 소극적 의미에서의 해악 금지는 보통 '최소한의 도덕'이라고 지칭된다. 한편, 적극적 의미로서의 해악 금지는 우리가 다른 사람의 복지를 증진시키는 방향으로 행동하여야 한다는 것을 의미한다.

인터넷상에서 이루어지는 바이러스 유포, 사이버 폭력, 해킹 등과 같은 행위는 타인에게 명백한 해로움을 주는 것이므로 마땅히 지양되어야 할 행동이다. 사이버 공간에서의 비도덕적 행동은 불특정 다수인에게 매우 큰 피해를 줄 수 있다는 점에서 해악 금지의 원리가 철저하게 지켜져야 한다.

요약하면, 인터넷 이용자들은 위에서 고찰한 네 가지의 도덕적 원리에 입각하여 판단하고 행동함으로써 인간의 고결함과 존엄성을 유지함과 동시에 인간의 번영을 지향해야 하는 당위성을 갖고 있다(추병완, 2001b). 즉, 인터넷 이용자들은 네 가지 기본원리를 사이버 공간에서 발생하는 구체적인 문제들에 적용하여 도덕적인 답을 찾아나가려는 적극적이고 자기성찰적인 삶의 태도를 지녀야 할 도덕적 책무를 지고 있다.

4) 인터넷 윤리의 범위와 내용

인터넷 윤리가 정보화 사회를 살아가는 구성원들에게 필요한 포괄적인 규범체계이다. 학자에 따라 인터넷 윤리의 범위와 내용은 다소 차이가 있다. 선행연구에 나타난 인터넷 윤리의 범위와 내용은 다음 <표 4>와 같다(<표 4>는 생략함).

이처럼 인터넷 윤리의 범위와 내용은 학자마다 조금씩 다르다. 일반적으로 인터넷 윤리는 인터넷 이용자의 윤리, 인터넷 통신 전문가의 윤리, 인터넷 통신 사업자의 윤리 등으로 나눌 수 있다. 이처럼 인터넷 윤리의 대상을 어떻게 구분하는가에 따라 인터넷 윤리의 범위와 내용상의 차이가 나타나는 것으로 보인다. 위와 같은 선행연구 고찰을 종합하면, 인터넷 윤리의 내용과 범위는 정보에 대한 권리와 의무, 프라이버시, 지적 소유권, 컴퓨터 전문가들의 직업윤리, 컴퓨터의 사회적 의미, 시스템 및 소프트웨어의 품질과 정확성, 책임과 통제, 컴퓨터 관련 범죄와 보완, 책임과 통제 등으로 정리할 수 있다.

5) 인터넷 윤리의식의 측정도구

인터넷 윤리의식은 정보화 사회를 살아가는 사회구성원들에게 포괄적인 규범을 만들고 그에 대한 사회구성원 개개인의 인식 정도를 측정한 것이다. 여러 학자들이 인터넷 윤리의식을 측정하기 위한 도구를 개발하였는데(백승익, 조남재, 이인, 강진우, 김봉준, 2007; 추병완, 2001), 가장 최근에는 김성식 외(2009)의 인터넷 윤리의식 척도개발 연구가 있다.

먼저, 추병완(2001)의 연구에서는 인터넷 윤리를 측정하는 세부요인을 타인존중인터넷 공간의 타인에 대한 언어 예절 및 인사예절, 책임성개인정보보호, 바이러스 및 해킹 등에 대한 윤리적 책임감, 건전성불건전한 인터넷 사용에 대한 자기통제으로 명명하였으며, 인터넷 윤리를 관통하는 4가지 도덕 원리로서 존중, 절제, 정의, 해악금지를 제시하였다. 또한 프라이버시 침해, 소유권, 컴퓨터범죄, 정확성과 건전성, 접근성, 해킹과 바이러스를 정보사회의 윤리문제로 지적하였다(추병완, 2001; 이춘우, 2001).

한편, 김민선, 백승익(2004)은 사이버 윤리지수 평가 도구의 개발 연구에서 Mason (1986)의 주장을 근거로 정보화시대의 윤리적 이슈가 사생활privacy, 정확성accuracy, 재산권property, 접근성accessibility로 구성되어 있다고 보고 이를 PAPA라고 부르고 있다. 김민선, 백승익(2004)은 Mason (1986)의 연구를 바탕으로 사이버 윤리지수 평가도구를 개발하였는데, Mason (1986)의 연구가 비교적 오래 전에 수행된 것이기 때문에 그가 제시한 4가지 이슈가 지금 현재의 일반적인 정보통신 윤리의식을 측정하기에 타당한지에 대해서는 논의의 여지가 있다. 또한 이 도구는 20대 대학생 위주의 표집으로 연구를 진행하였기 때문에 일반적인 인터넷 이용자의 정보통신 윤리의식을 측정하는 도구로는 미흡하다는 지적이 있다.

끝으로, 김성식 외(2009)는 '중학생용 정보통신 윤리의식 검사의 개발 및 타당화 연구'에서 청소년의 정보통신 윤리의식 수준을 타당하고 신뢰성 있는 측정문항을 개발하기 위하여 전문가 협의와 문헌연구, 델파이 조사, 예비연구와 본연구를 통해 영역별 측정문항을 개발하였다. 이 연구에서 인터넷 윤리의식을 측정하는 전체 46개 문항은 절제9문항, 존중9문항, 책임16문항, 참여12문항라는 4개의 하위요인으로 구분되었으며, 척도 전체의 신뢰도는 α=.861, 하위요인별 신뢰도는 각각 α=.784, α=.783, α=.881, α=.850으로 조사되었다.

6) 부모의 양육태도가 인터넷 윤리의식에 미치는 영향

앞서 인터넷 중독의 부정적 효과에 대한 이론적 검토 및 선행연구 고찰의 과정에서 인터넷 중독은 인터넷 윤리의식의 감소로 이어질 수 있음을 확인하였으며, 그에 따라 "인터넷 중독은 인터넷 윤리의식에 유의한 영향을 미칠 것이다"의 가설이 도출된 바 있다. 즉, 선행연구 고찰을 통해 인터넷 중독은 인터넷 윤리의식에 영향을 미치는 독립변인임을 확인할 수 있었다. 그런데 인터넷 중독 외에도 인터넷 윤리의식에 영향을 미치는 다양한 변인이 있을 수 있다.

아직까지 인터넷과 정보통신의 역사가 일천한 까닭에 대부분의 선행연구가 인터넷 윤리의 이론적 본질을 파악하거나 인터넷 윤리의 역기능에 관한 실태조사에 그치고 있으며, 인터넷 윤리에 영향을 미치는 요인들을 규명하려는 실증연구는 매우 제한적으로 이루어졌다(김문구, 박종현, 2008, p. 6). 선행연구 고찰의 결과에 의하면, 인터넷 윤리의식에 영향을 미치는 요인들을 정리하면 다음과 같다.

먼저, 인터넷 이용자의 성별, 연령, 학력, 소득, 직업 등과 같은 인구통계학적 변인이 인터넷 윤리의식에 영향을 미친다는 사실을 보고한 선행연구가 다수 있다(김성식 외, 2009; 장진경, 2002; 정경수 외, 2002; 주정민, 2006; 진연주, 김혜연, 2002). 예를 들면, 김성식 외(2009)의 연구에서는 연구대상자인 중학생들의 성별과 학년에 따라 정보통신 윤리의식의 차이가 나타났다. 구체적으로, 여학생의 정보통신 윤리의식 점수가 남학생보다 더 높았으며, 학년별로는 3학년의 점수가 가장 높았고 2학년의 점수가 가장 낮았다. 그러나 김문구, 박종현(2008)의 연구에서 성인을 대상으로 인터넷 윤리의식을 측정한 결과, 남성이 여성보다 더 높은 수준의 윤리수준을 갖고 있는 것으로 나타났다. 한편, 정경수 외(2002)의 연구에서도 성별, 연령, 학년에 따라 인터넷 윤리의식에 있어서 집단별로 유의한 차이가 관찰된 바 있다.

또한 인터넷의 이용 빈도 및 이용 시간 등 인터넷 이용 특성은 인터넷 윤리의식에 유의한 영향을 미칠 수 있다는 사실도 다수의 선행연구에 의해 확인된 바 있다(구본희, 최무진, 2006; 김문구, 박종현, 2008; 김진희, 김경신, 2006; 장진경, 2002; 정경수 외, 2006; 주정민, 2002; 진연주, 김혜연, 2002). 예컨대, 김문구, 박종현(2008)의 연구에서는 월 평균 인터넷 이용 빈도가 더 높거나 1회 이용시간이 더 긴 성인들의 인터넷 윤리수준이 그렇지 않은 집단보다 상대적으로 더 낮다는 사실이 확인되었다.

한편, 자아개념 및 대인관계성과 같은 자아 및 관계 특성이 인터넷 윤리의식에 영향을 미친다는 것을 보고한 선행연구들도 다수 존재한다(구본희, 최무진, 2006; 김문구, 박종현, 2008; 김진희, 김경신, 2006; 신미진, 이재운, 김성식, 2006). 예를 들면, 신미진 외(2006)의 연구에서는 사이버 공간에서의 자아정체성이 정보통신 윤리의식의 함양에 유의한 영향을 미치는 것으로 분석되었다. 또한 구본희, 최무진(2006)의 연구에 의하면, 개인의 '자아존중감'이나 '자기표현성'과 같은 자아특성이 인터넷 이용에 긍정적인 영향을 미친다는 사실이 확인되었다. 마찬가지로, 김문구, 박종현(2008)의 연구에서는 자아개념과 대인관계성이 모두 인터넷 윤리수준에 정(+)의 영향력을 미치는 것으로 확인되었다.

끝으로, 다수의 선행연구는 인터넷 윤리 지식 및 경험 특성도 인터넷 윤리의식에 영향을 미치는 유의한 변수임을 확인하였다(김문구, 박종현, 2008; 성동규, 김도희, 이윤석, 임성원, 2006; 이혜연, 2006). 예컨대, 김문구, 박종현(2008)의 연구에서는 인터넷 윤리지식이 높은 응답자일수록 상대적으로 더 높은 수준의 인터넷 윤리의식을 갖고 있는 것으로 분석되었다.

한편, 위에서 설명한 독립변수 외에도 인터넷 윤리의식에 영향을 미치는 요인들이 있을 수 있다. 본 연구와 관련하여 사회생태이론의 관점에서 청소년(중학생)의 인터넷 윤리의식에 영향을 미치는 변인으로 부모의 양육태도를 들 수 있다.

부모-자녀관계에 대한 이론적 고찰의 결과에 의하면, 부모의 양육태도는 미성년 자녀의 인터넷 윤리의식에 중요한 영향을 미치는 요인 가운데 한 요인임을 유추할 수 있다. 따라서 부모의 양육태도는 청소년의 인터넷 윤리의식에 영향을 미치는 여러 요인 가운데 가장 중요한 요인이라고 볼 수 있다.

몇몇 선행연구는 부모의 양육태도가 청소년의 인터넷 윤리의식에 유의한 영향을 미친다는 사실을 확인하였다(홍주원, 2004). 권위적인 양육태도는 민주적인 양육태도보다 인터넷 윤리의식에 더 부정적인 영향을 미친다. 예를 들면, 거부적 양육태도를 갖는 부모는 자녀에 대한 무관심이나 적대감을 표출하는데, 이러한 양육태도 아래서 성장한 자녀는 부모에 대한 반항, 공격적 행동, 혹은 다른 유형의 문제행동을 일으키기 쉽다(최인재, 2006). 또한 부모의 거부적 양육태도는 인터넷 윤리의식에도 부정적인 영향을 미칠 개연성이 있으나 이에 관한 실증적인 증거는 아직 충분하지 않은 실정이다. 따라서 본 연구에서는 부모의 양육태도와 인터넷 윤리의식 사이의 인과관계를 실증적으로 규명하기 위하여 다음과 같은 연구가설을 설정하였다.*

> tip
> *선행연구 고찰 후 가설 도출
>
> 인터넷 윤리의식에 영향을 미치는 요인은 다양하지만, 연구자가 제안하는 연구의 목적과 관련하여 중요한 변수는 부모의 양육태도이다. 따라서 연구자는 부모의 양육태도가 인터넷 윤리의식에 미치는 영향력을 검증한 선행연구들을 고찰하고 그 결과에 근거하여 연구가설을 도출하였음을 밝히고 있다.

7) 인터넷 윤리의식과 사이버비행의 관계

사이버비행을 예방하고 처방하며 궁극적으로 인터넷을 보다 인간 중심의 서비스로 진화시켜 인간의 삶의 질과 사회복리에 기여하기 위해서는 인터넷 윤리의 정립과 확산이 중요하다(김문구, 박종현, 2008, p. 5). 사이버비행에 대응하기 위한 각종 제도나 법적인 조치는 사전예방보다는 사후제재의 측면이 강하기 때문에 어느 정도의 한계를 지니고 있으며, 따라서 사이버비행을 경감하거나 해결하기 위해서는 인터넷 윤리에 기반을 둔 건전한 인터넷 문화를 창달하는 것이 지름길이다. 즉, 인터넷 윤리는 사이버비행을 미연에 막는 예방적 가치를 지닌다.

인터넷 윤리의식과 사이버비행 사이의 관계를 규명한 일련의 선행연구는 양자 사이에 부(-)의 관계가 존재한다는 사실을 밝히고 있다. 즉, 인터넷 이용자의 인터넷 윤리의식이 높을수록 사이버비행에 빠질 위험성이 더 낮아진다는 것이다.

예를 들면, 김문구, 박종현(2008)의 연구에 의하면, 성인의 인터넷 윤리수준과 인터넷 폭력 가해경험 사이에는 부(-)의 관계가 존재하는 것으로 확인되었다. 즉, 성인의 인터넷 윤리수준이 낮을수록 인터넷 폭력가해 경험이 많은 것으로 밝혀졌다. 이러한 연구결과는 개인의 인터넷 윤리 수준이 사이버비행을 해결하거나 경감하는데 주요한 역할을 수행하며, 더 나아가 정보사회에서 인터넷의 역기능을 해소하기 위해서는 체계적인 인터넷 윤리 교육이 필요하다는 것을 지지하는 연구결과이다. 마찬가지로, 청소년을 대상으로 인터넷 윤리의식과 사이버비행의도를 규명한 이성식(2008)의 연구에서도 인터넷 윤리의식은 사이버비행의도에 음(-)의 영향력을 미치는 것으로 조사되었다.

이상의 선행연구 고찰 결과를 종합하여 본 연구에서는 인터넷 윤리의식이 사이버비행에 영향을 미친다는 가설을 도출하였다. 대다수의 선행연구에서는 인터넷 이용자의 인터넷 윤리의식이 높을수록 사이버비행을 저지를 가능성은 더 낮아지는 것으로 확인되었는데, 다음 가설은 이것을 본 연구에서 다시 한번 확인하고자 하는 의도를 갖고 있다.*

> **tip**
> **＊선행연구 고찰 후 가설 도출**
> 연구가설은 이론적 배경이나 선행연구 고찰의 결과로부터 도출된다. 위의 예에서, 연구자는 인터넷 윤리의식이 낮아지면 사이버비행이 증가한다는 것을 보고한 선행연구들의 연구결과를 고찰한 다음, 그에 근거하여 위 연구가설을 도출하였음을 밝히고 있다.

> 가설: 인터넷 윤리의식은 사이버비행에 유의한 영향을 미칠 것이다.

4. 사이버비행

1) 사이버비행의 개념

청소년의 사이버비행cyber-delinquency이란 사이버 공간에서 일어나거나 사이버 공간과 관련된 청소년 비행을 말한다. 일반적으로 사이버 공간에서 발생하는 범죄를 일컬어 '컴퓨터 범죄', '정보통신 범죄', '사이버 범죄', '하이테크 범죄' 등으로 부르고 있는데, 특히 가해자가 청소년의 경우에는 '범죄'crime 대신에 '비행'delinquency이라는 용어를 사용하는 경향이 있다(이정숙, 안윤영, 2005). 이는 청소년의 규범 위반을 법적인 측면에서 범죄로 재단하기보다는 넓은 의미에서의 사회현상의 일종으로 간주하려는 사회적 경향을 반영하고 있는 것으로 보인다.

현재 사이버비행이라는 용어는 보편적으로 사용되고 있지 않다. 그 이유는 청소년의 사이버비행이 최근에 급부상된 사회문제일 뿐만 아니라 아직 그에 관한 실증적인 연구 실적이 많이 축적되지 않았기 때문이다. 또한 사이버비행의 개념 정의 및 유형 분류의 문제가 쉽지 않은데, 그것은 지금도 새로운 형태의 사이버비행이 발견되고 있으며, 종종 여러 가지 유형이 결합된 형태의 사이버비행도 나타나고 있기 때문이다.

여러 선행연구에 의하면, 일반적으로 청소년의 사이버비행은 지위비행, 성비행, 재산비행, 폭력비행으로 나눌 수 있다(라민오, 2001; 이정숙, 안윤영, 2005). 지위비행은 청소년이 인터넷 상에서 지위_{연령}에 맞지 않는 행위를 하는 것을 가리키는데, 예를 들면, 나이를 속이고 대화방에 들어가거나 인터넷을 사용하기 위해 수업을 빼먹는 경우가 그에 해당한다. 성비행은 음란한 대화, 성교, 음란물 접촉 등 성_性과 관련된 행위를 말하는데, 예컨대, 채팅 과정에서 음란한 대화를 나누거나 웹상에 음란물을 올리는 것이 그에 해당한다. 재산비행은 다른 사람의 물질적 · 지적 재산을 훔치는 행위로서, 여기에는 인터넷으로 물품을 구입하기 위해 다른 사람의 아이디를 도용하거나 다른 사람의 계좌나 신용카드 등을 사용하는 행위가 포함된다. 폭력비행은 폭언이나 폭행 등과 같은 부적절한 행위를 의미하는데, 채팅 과정에서 다른 사람에게 욕설을 하거나 게임을 통해 팀을 결성하여 다른 게이머를 공격하는 행위가 여기에 해당한다.

2) 인터넷 중독과 사이버비행의 관계에 대한 이론적 논의

인터넷 중독과 사이버비행의 관계에 대한 이론적 논의는 그리 활발하지 않다. 일반적으로 인터넷 중독이 사이버비행을 조장한다는 이론적 입장이 있는 반면, 인터넷 중독이 오히려 사이버비행을 감소시킨다는 주장도 있으며, 양자 사이에는 유의한 관계가 존재하지 않는다는 전혀 다른 시각도 있다(이성식, 2005).

① 청소년비행유발론

인터넷 중독은 청소년들의 현실세계에서의 생활적응을 저해하고 사회관계를 해치기 때문에 청소년 비행의 직접적인 원인이 될 수 있다는 것이 청소년비행유발론의 요지이다(이성식, 2005, p. 37). 청소년비행유발론은 크게 나누어 긴장이론, 사회유대이론, 비행기회이론으로 나눌 수 있다.

긴장이론은 일상생활에서의 긴장과 스트레스를 비행의 원인으로 보는 이론이다(Agnew, 1992). 이 이론에 따르면, 인터넷에 과도하게 몰입된 청소년들은 가정에서 부모와의 갈등이 커지고 학업 문제 등으로 일상적인 긴장이 증가하며 이는 화나 우울 등 부정적 감정을 유발하여 결국에는 비행으로 이어진다. 여기서 말하는 비행에는 현실세계에서의 비행과 사이버비행이 모두 포함된다.

사회유대이론은 사회적 유대관계의 부족이 비행을 유발한다는 입장이다(Hirschi, 2001). 다시 말해, 학교, 친구, 부모와의 애착 및 유대가 약한 청소년들이 그렇지 않은 집단보다 더 쉽사리 비행을 지른다는 것이다. 이 이론에 의하면, 인터넷에 과도하게 노출된 청소년들은 인터넷 사용시간이 많아지고 그 때문에 부모나 의미 있는 다른 사람들과의 유대관계가 약해지며 결과적으로 비행을 저지르게 된다. 여기서 말하는 비행에도 현실 비행과 사이버비행이 모두 포함된다.

비행기회이론은 청소년들이 비행기회를 많이 접할수록 실제로 비행을 저지르는 빈도가 높아진다는 이론이다(Sampson & Lauritsen, 1990; 이성식, 2005, p. 37에서 재인용). 즉, 이 이론은 집밖에서 보내는 시간이 많거나 친구들과 자주 어울려 다니거나 밤늦게 유흥가를 배회하는 청소년들은 그만큼 우연한 비행위험에 많이 노출되어 있으며 결과적으로 비행을 저지르는 빈도가 높아지게 될 것이라고 본다. 이 이론에 의하면, 인터넷 중독에 빠진 청소년들은 그렇지 않은 청소년들보다 인터넷 상에서 보내는 시간이 더 많고 우연한 사이버비행에 더 많이 노출되므로 그만큼 사이버 공간에서 비행을 저지르는 빈도가 높아진다. 다만, 인터넷 중독 청소년들은 인터넷에서 많은 시간을 보내는 대신 현실에서 보내는 시간은 상대적으로 적을 것이므로 비행기회이론이 말하는 청소년 비행은 현실 비행보다는 사이버비행일 경우가 훨씬 더 많을 것이다.

② 청소년비행감소론

현실 생활에 적응하지 못하는 청소년들이 인터넷에 몰입하게 될 경우 과거의 부정적인 문제들이 어느 정도 해결되고 자긍심도 높아지게 때문에 오히려 비행의 동기가 줄어든다고 보는 것이 청소년비행감소론의 주요 내용이다(이성식, 2005, p. 38). 즉, 청소년들이 현실에서의 긴장과 부적응 그리고 사회적 유대관계의 부족 등을 극복하기 위하여 인터넷에 몰입하게 되며, 인터넷 이용을 통해 어느 정도 그러한 문제들이 해결되면서 비행의 동기가 사라진다고 간주한다.

이 이론은 인터넷 중독보다는 '인터넷 몰입'이라는 용어를 선호하며, 인터넷 몰입을 긍정적으로 해석하는 경향이 있다. 즉, 인터넷에 몰입하는 청소년들은 인터넷 공간에서 얻게 되는 새로운 자아를 통해 자신의 존재가치를 깨닫게 되고 지지와 위안을 받게 되며 자긍심을 회복하기 때문에 현실의 문제가 해결되고 결과적으로 실제 비행의 가능성은 줄어든다. 청소년비행감소론은 인터넷 몰입이 비행의 감소라는 긍정적인 효과를 나타낸다고 믿는 점에서 인터넷 중독이 비행을 유발한다는 청소년비행유발론과는 대척점을 이루고 있다.

청소년비행감소론의 작동기제는 긴장완화의 논리에 바탕을 두고 있다 (이성식, 2005, p. 40). 즉, 이 이론은 가정 또는 학교생활에서 문제를 겪는 청소년들이 인터넷에 몰입하게 되면서 어느 정도 긴장문제가 해결되기 때문에 그들의 비행동기가 오히려 줄어든다고 본다. 따라서 청소년의 인터넷 중독인터넷 몰입은 현실 비행과 사이버비행 모두에게 부(-)의 영향을 미친다고 가정한다.

그러나 청소년비행감소론은 실증적인 연구결과에 의해 지지되지 못하고 있으며, 그만큼 설명력이 약하다는 지적이 있다(이성식, 2005, pp. 38-39). 왜냐하면, 다수의 국내 연구는 인터넷 중독이 현실 세계의 문제를 극복하는 수단으로서의 기능을 제대로 수행하지 못하고 있을 뿐만 아니라, 인터넷 중독과 청소년 비행 사이에 정(+)의 관계가 존재히고 있음을 보고하고 있기 때문이다.

③ 청소년비행과의 무관론

다수의 선행연구에는 인터넷 중독과 청소년 비행은 서로 무관하다는 것, 즉 양자 사이에는 유의한 관계가 존재하지 않는다는 것을 보고하고 있다 (이성식, 2005, p. 39). 실제로 기존의 청소년비행 연구들에서는 청소년의 다양한 환경적 또는 성향적 요인들이 인터넷 중독의 원인이며 동시에 청소년 비행의 원인임을 밝히고 있다. 따라서 이러한 직접 원인(즉, 환경적·성향적 요인)을 도외시 한 채, 인터넷 중독이 바로 청소년 비행의 원인이라고 주장하는 것은 타당하지 않다고 보는 것이 바로 인터넷 중독과 청소년비행의 무관론이다.

앞서 언급한 바와 같이, 긴장이론이나 사회유대이론은 인터넷 중독으로 인해 일상생활에서 긴장을 경험하거나 사회적 유대관계가 낮은 청소년들이 청소년 비행을 저지른다고 가정한다. 그러나 청소년비행과의 무관론에 따르면, 이 경우에도 청소년 비행의 직접적인 원인은 청소년에게 긴장을 야기하거나 사회적 유대관계를 손상시키는 환경적 · 상황적 · 성향적 요인이지 인터넷 중독이 원인은 아니다.

인터넷 중독과 청소년 비행이 무관하다는 입장은 Gottfredson & Hirschi (1990)의 범죄의 일반이론General Theory of Crime에 논리적 근거를 두고 있다. 이 이론은 대부분의 청소년 비행은 순간만족과 욕구에 따라 충동적으로 일어나는데, 순간만족과 충동성을 통제하고 조절할 수 있는 능력, 즉 자기통제력의 부족이 청소년 비행의 직접적인 원인이자 유일한 원인이라고 본다. 흔히 긴장이론이나 사회유대이론에서는 청소년 비행의 원인으로 가정, 학교, 친구 요인을 강조하는데, 범죄의 일반이론은 그것들을 청소년 비행의 원인으로 인정하지 않는 대신 모든 청소년 비행의 공통 원인은 자기통제력의 부족이라고 본다.

Gottfredson & Hirschi (1990)은 자기통제력 부족이라는 내적 성향은 부모의 부적절한 양육에 의해 어릴 때 형성되며, 청소년기에 이르러 자기통제력의 부족이 안정적 성향으로 자리 잡으면서 청소년 비행의 유일한 원인이 된다고 본다. 즉, 자기통제력이 낮은 청소년들은 청소년 성장기에 부모와의 관계에 문제가 있고 학업실패를 경험하며 비행친구와 사귀게 되고 결과적으로 여러 문제행동이나 비행을 저지른다.

요컨대, 범죄의 일반이론에서 보면, 인터넷 중독은 청소년 비행의 원인이 될 수 없으며, 청소년 비행의 유일한 원인은 자기통제력의 부족이다. 이 이론에 의하면, 외견상 인터넷 중독과 청소년 비행 사이에 유의한 관계가 있는 것처럼 보인다 할지라도, 자기통제력이 고려될 경우 인터넷 중독과 청소년 비행의 관계는 급속히 줄어들어 양자의 관계는 '허위관계'가 될 가능성이 높아진다(이성식, 2005, p. 39). 만약 인터넷 중독과 청소년 비행이 서로 무관한 관계라면 양자 사이의 관계를 설명하는 공통요인이 존재할

| 그림 4 | 인터넷 중독에서 사이버비행에 이르는 과정

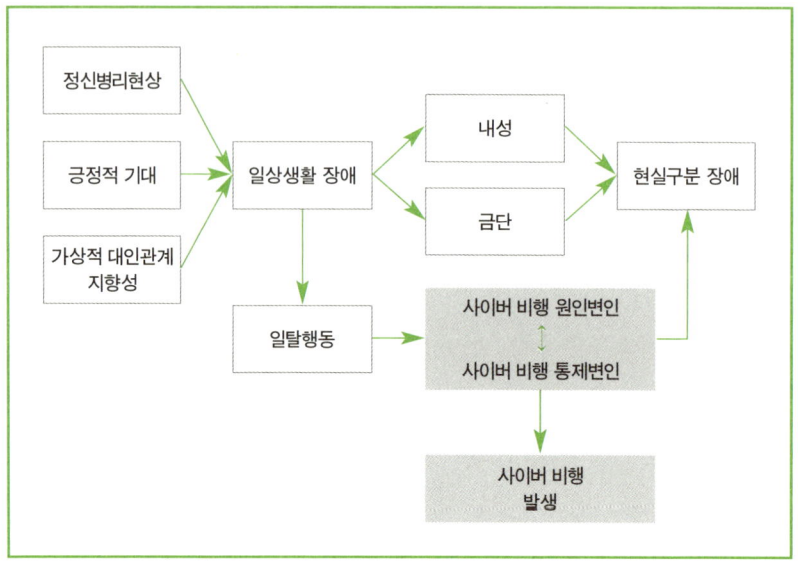

수 있다는 점에서 범죄의 일반이론은 '공통요인이론'이라고 부를 수 있을 것이다.

인터넷 중독에서 사이버비행에 이르는 이론적인 과정은 〈그림 4〉에 제시되어 있다. 즉, 인터넷 중독의 결과로 초래되는 일탈행동과 현실구분 장애가 사이버비행의 원인변인과 통제변인이 상호작용하여 사이버비행으로 이어질 수 있다(김계원, 서진완, 2009).

3) 사이버비행의 측정도구

사이버비행의 측정 대상자가 누구인가에 따라 사이버비행 척도의 내용이 차이를 보이고 있다. 청소년의 사이버비행을 측정하는 가장 대표적인 도구는 심응철(1992)의 척도를 컴퓨터 사용과 관련된 문항으로 재구성한 라민오(2001)의 척도가 대표적이다. 이 척도는 '지위비행'10문항, '성비행'8문항, '재산비행'9문항, '폭력비행'8문항의 4가지 하위 비행요인으로 구성되어 있다.

〈지위비행〉

① pc방에서 게임 혹은 인터넷 사용으로 인해 귀가시간을 어긴 적이 있다.

② 심야 시간에 번개(즉석미팅)를 한 적이 있다.

③ 인터넷 쇼핑몰에서 성인용품을 구입해본 적이 있다.

④ 인터넷 사용으로 인해 수업(학교, 학원)을 빼먹은 적이 있다.

⑤ 인터넷 사용으로 부모의 허락 없이 외박을 해본 적이 있다.

⑥ 자신의 나이를 속이고 성인 대화방에 들어간 적이 있다.

⑦ 성인 사이트에 접속하기 위해 자신의 정보를 허위 입력해본 적이 있다.

⑧ 성인 유료 사이트에 가입한 적이 있다.

⑨ 성인 인터넷 방송을 시청해본 적이 있다.

⑩ 자살 사이트를 보고 자살 유혹을 느낀 적이 있다.

〈성비행〉

① 포르노 사이트에 들어가 본 적이 있다.

② 번개즉석미팅를 통해 만난 이성과 성적 행동예 키스, 애무, 성관계을 해본 적이 있다.

③ 채팅 사이트를 통해 원조교제를 경험한 적이 있다.

④ 채팅을 통해 상대방에게 성관계를 요구한 적이 있다.

⑤ 돈을 마련할 목적으로 원조교제를 한 적이 있다.

⑥ 채팅을 통해 음란한 대화를 나눈 적이 있다.

⑦ 음란물을 웹에 올린 적이 있다.

⑧ 음란한 대화를 나누기 위해 대화방을 만든 적이 있다.

〈재산비행〉

① 통신 및 인터넷으로 불법 복제물을 팔아본 적이 있다.

② 통신 및 인터넷으로 불법 복제물을 사본 적이 있다.

③ 머드_{MUD, multiuser dungeon} 게임을 통해 무기를 금전적으로 거래해본 적이 있다.

④ 타인의 아이디를 도용한 적이 있다.

⑤ 인터넷 도박을 해본 적이 있다.

⑥ 해킹을 해본 적이 있다.

⑦ 소프트웨어나 다른 방법을 통해서 타인의 신상정보를 도용한 적이 있다.

⑧ 인터넷 게임을 통해 다른 사람의 무기나 아이디를 훔친 적이 있다.

⑨ 인터넷으로 물품을 구입하기 위해 타인의 계좌나 신용카드를 사용한 적이 있다.

〈폭력비행〉

① 인터넷이나 통신을 통해 알게 된 사람에게 욕설을 한 적이 있다.

② 번개를 통해서 만난 사람과 언어적·신체적으로 싸운 적이 있다.

③ 동호회를 결성하여 다른 동호회의 구성원에게 욕설을 한 적이 있다.

④ 채팅을 하면서 자신의 어떤 면을 왜곡하여 말하거나 거짓말을 한 적이 있다.

⑤ 인터넷 게임을 통해 팀을 결성하여 다른 게이머들을 공격한 적이 있다.

⑥ 채팅을 통해 다른 사용자에게 심한 욕설을 한 적이 있다.

⑦ 폭탄 메일을 보내 본 적이 있다.

⑧ 바이러스가 담긴 메일을 타인에게 보낸 적이 있다.

이정숙·안윤영(2005)은 라민오(2001)의 척도 문항 중 성비행과 재산비행의 일부 문항을 삭제하여 초등학생에 맞도록 28문항으로 축소·수정하여 사용하였는데, 각 문항은 '예/아니요'의 형식으로 구성되었으며 점수가 높을수록 사이버비행이 많다는 것을 의미한다. 이 연구에서 전체 척도의 신뢰도는 α=0.78로 분석되었으며, 하위요인, 즉 지위비행, 성비행, 폭력비행, 재산비행의 신뢰도는 각각 α=0.67, α=0.64, α=0.86, α=0.64로 나타났다.

4) 자기통제력이 사이버비행에 미치는 영향

앞서 기술한 바와 같이, 이론적 고찰 및 선행연구 검토를 통해 인터넷 중독과 인터넷 윤리의식이 사이버비행의 원인이 될 수 있다는 사실이 확인되었으며, 그로부터 두 개의 가설, 즉 "인터넷 중독은 사이버비행에 영향을 미칠 것이다"와 "인터넷 윤리의식은 사이버비행에 영향을 미칠 것이다"가 도출되었다. 그런데 선행연구 고찰에 의하면 인터넷 중독과 인터넷 윤리의식 외에도 사이버비행에 영향을 미치는 요인은 매우 다양하다.

일반적으로 청소년 비행의 주요 요인은 크게 나누어 사회환경요인, 개인성향요인, 비행기회요인으로 구분한다(이성식, 2009). 이성식(2006, 2009)의 연구결과에 의하면, 청소년의 사이버비행에 영향을 미치는 세 가지 요인은 일상긴장, 자기통제력, 인터넷 사용시간으로 확인되었다. 여기서 일상긴장은 대표적인 사회환경요인이고, 낮은 자기통제력은 대표적인 개인성향요인이며, 인터넷 사용시간은 대표적인 비행기회요인으로 볼 수 있다. 또한 이 세 가지 요인들이 사이버비행에 영향을 미치는 논리구조는 각각 일반긴장이론, 범죄의 일반이론_{자기통제이론}, 비행기회이론의 시각에서 설명이 가능하다.

첫째, 일상긴장은 청소년의 사이버비행의 원인이 된다. 일반긴장이론에 의하면, 현실 세계에서의 청소년 비행은 일상긴장과 부정적 감정으로부터 유발된다(Agnew, 1992). 마찬가지로, 일반긴장이론은 사이버 세계에서의 청소년 비행의 원인이 일상생활의 긴장이라고 본다. 즉, 부모와의 갈등이나 학업상의 문제 등 현실에서 긴장을 겪는 청소년들이 사이버 공간에 의존하면서 그곳에서 자신의 불만을 해소하는데, 그것이 사이버비행의 형태로 나타난다. 인터넷 공간에서는 사회적 실재감이 낮고 비대면의 상황에서 상호작용이 이루어지므로 청소년들은 인터넷상에서는 각종 비행을 저지르더라도 발각될 가능성이 낮다고 믿는 경향이 있으며, 이와 같은 사이버 공간에 대한 청소년의 인식이 현실 비행보다 사이버비행을 더 조장하는 측면도 있다. 실제로 이성식(2006)의 연구에서는 일상긴장이 비록 간접적이긴 하지만 청소년의 현실 비행보다 사이버비행을 더 잘 설명하는 것으로 확인된 바 있다. 아무튼 여러 선행연구는 일상생활의 긴장이 사이버비행에 영향을 미치는 원인임을 밝히고 있다(남영옥, 2005; 윤영민, 2000; 이성식, 2006, 2009).

둘째, 낮은 자기통제력은 청소년의 사이버비행에 영향을 미치는 요인이다. 이것을 가장 잘 설명하는 이론이 Gottfredson & Hirschi (1990)의 범죄의 일반이론인데, 이에 따르면 대부분의 범죄나 비행이 순간의 만족이나 쾌락을 추구하려는 사려 깊지 않은 청소년에 의해 즉흥적으로 발생한다고 여겨진다. 이것은 낮은 자기통제력이 청소년 비행의 가장 큰 원인이자 유일한 원인이라는 의미도 내포하고 있다. 범죄의 일반이론은 현실 비행과 사이버비행을 모두 설명할 수 있는 이론적 틀이다. 특히 청소년들의 경우 사이버 공간에서는 비행을 저지르더라도 상대적으로 발각되거나 처벌될 가능성이 낮다고 믿는 경향이 있기 때문에 현실 세계에서보다 더 많은 사이버비행을 저지를 소지가 크다. 실제로 여러 국내연구에서는 낮은 자기통제력이나 높은 충동성이 청소년의 사이버비행을 설명하는 유의한 영향요인으로 밝혀졌다(김진희, 김경신, 2003; 라민오, 2001; 민수홍, 2005; 이성식, 2006, 2009).

셋째, 인터넷 사용시간은 사이버비행에 영향을 미치는 요인 가운데 하나이다. 양자 사이의 관계는 비행기회이론을 통해 설명할 수 있다. 아무리 비행동기가 강하고 비행성향이 높다고 하더라도 비행을 저지를 기회 자체가 없다면 청소년 비행은 실제로 일어나기 어렵다. 따라서 비행기회이론에 의하면, 우연한 비행기회에의 노출이 바로 비행의 가장 중요한 원인이 된다(이성식, 2009). 오프라인 세계에서의 예를 들면, 집밖에서 보내는 시간이 많고 친구들과 자주 어울려 다니거나 밤늦게 유흥가를 배회하여 비행 위험에 노출되어 있는 청소년들이 그렇지 않은 집단보다 사소한 말다툼에서 시작되는 폭력사건에 휘말릴 기회가 더 많듯이, 인터넷에서 많은 시간을 보내는 청소년이나 인터넷에 과도하게 몰입된 청소년이 그렇지 않은 집단보다 우연한 사이버비행 기회에 더 많이 노출되기 때문에 사이버비행을 저지를 가능성이 그만큼 더 높다고 할 수 있다. 실제로 다양한 선행연구에서는 인터넷 중독이나 인터넷의 과도한 이용이 사이버비행의 원인이 된다는 것을 보고하고 있다(김민, 2002; 이성식, 2005; 2009).

요컨대, 여러 선행연구는 일상생활의 긴장, 자기통제력, 인터넷 사용시간이 청소년의 사이버비행에 유의한 영향을 미치는 원인변수라는 사실을 알려주고 있다. 다시 말해, 일상생활에서 긴장을 경험하는 청소년들은 인터넷에 의존하여 자신의 긴장을 해소하고 불만을 표출하는 과정에서 사이버비행을 저지르게 되고, 낮은 자기통제력을 가진 청소년들은 순간의 쾌락이나 만족을 추구하는 과정에서 우발적으로 사이버비행을 저지르게 되며, 인터넷에 과도하게 몰입된 청소년들은 그만큼 우연한 비행기회에 많이 노출되기 때문에 사이버비행을 저지를 가능성이 상대적으로 더 높다고 결론지을 수 있다.

한편, 본 연구과 관련하여 사회생태이론의 관점에서 보면, 청소년의 사이버비행에 영향을 미치는 중요한 독립변인으로 자기통제력을 들 수 있다.

지금까지 자기통제력과 사이버비행 사이의 직접적인 인과관계를 밝히려는 선행연구는 매우 제한적으로 이루어진 것으로 보인다. 욕구좌절이론에 따르면, 자기통제력이 낮은 사람들은 욕구충족을 못하게 될 때 충동을 억제하지 못하고 좌절하게 되며 결국에는 공격적인 행동을 표출하게 되는데 그것이 사이버비행으로 이어진다고 본다(송지원, 1997). 이성식(2005b)의 연구에서는 청소년의 낮은 자기통제력이 사이버 공간에서의 비행에 유의한 정(+)의 영향력을 행사하는 것으로 조사되었다. 마찬가지로, 초등학생들의 사이버비행에 영향을 미치는 요인을 규명한 이성식(2009)의 연구는 낮은 자기통제력이 사이버비행을 설명하는 주요 요인인 것으로 확인되었다. 즉, 연구자는 낮은 자기통제력을 가진 아이들이 우발적으로 사이버비행을 저지르는 것으로 해석하였다.

한편, 일련의 선행연구들은 자기통제력의 하위요인 또는 관련 요인이 사이버비행에 영향을 미친다는 사실을 보고함으로써 자기통제력과 사이버비행 간의 간접적인 인과관계를 탐구하였다(김동기, 전지영, 이선주, 2008; 김준호, 김선애, 1996; 남영옥, 2002; 라민오, 2001; 양승남, 2003; 전동일, 위수경, 최종복, 오봉욱, 2008; 탁수연, 박영신, 김의철, 2007). 예를 들어, 서울지역 고등학생을 대상으로 충동성과 사이버비행 사이의 관계를 조사한 라민오(2001)의 연구에서는 충동성과 모든 하위유형의 사이버비행 사이에 유의한 정(+)의 상관관계가 존재하는 것으로 밝혀졌다. 여기서 충동성은 자기통제력과 관련 있는 개념이다. 라민오(2001)의 연구에서는 충동성이 한편으로는 직접 사이버비행의 가능성을 높이며, 다른 한편으로는 인터넷 중독 경향을 높임으로써 간접적으로 사이버비행의 가능성을 높이는 것으로 확인되었다. 또한 김동기 외(2008)의 연구는 인터넷 이용 청소년의 공격성이 사이버비행에 정(+)의 영향을 미친다는 사실을 확인하였다. 여기서 공격성은 충동성과 폭력성이라는 두 하위요인으로 구성되어 있으며, 이 가운데 충동성은 자기통제력과 밀접한 관련이 있는 개념이다. 결국 김동기 외(2008)의 연구는 자기통제력이 사이버비행에 유의한 정(+)의 영향을 미친다는 사실을 암시한다. 뿐만 아니라, 남영옥(2002)의 연구는 청소년의 충동성이 사이버 성중독에 정(+)의 영향을 미친다는 사실을 확인하였다. 앞서 언급한 바와 같이, 충동성은 자기통제력과 밀접한 관련이 있는 개념이며, 사이버 성중독은 사이버비행과 관련이 있는 개념이다. 특히 사이버 성중독은 인터넷 중독의 하위유형이지만, 실제로 음란 사이트 및 음란 채팅 등을 통해 성적 욕구를 해결하려고 시도하는 경우에는 사이버비행의 한 양태로도 볼 수 있다. 남영옥(2002)의 연구결과에 의하면, 충동성이 사이버 성중독에 정(+)의 영향을 미치는 것으로 확인되었는데, 이는 자기통제력이 사이버비행에 유의한 영향을 미친다는 것을 암시하고 있다. 또한 전동일 외(2008)의 연구에서는 청소년의 자아통제가 낮을수록 사이버비행이 증가하는 것으로 분석되었다. 이상과 같은 선행연구 고찰의 결과를 바탕으로 본 연구에서는 자기통제력과 사이버비행 사이의 관계에 대하여 다음과 같은 가설을 설정하였다.*

> **tip**
> **＊선행연구 고찰 후 가설 도출**
> 연구자는 자기통제력이 사이버비행에 유의한 영향을 미친다는 경험적 사실을 보고한 여러 선행연구를 고찰한 다음, 그 결과를 바탕으로 연구가설을 도출하였음을 밝히고 있다.

> 가설: 자기통제력은 사이버비행에 유의한 영향을 미칠 것이다.

Ⅲ. 연구방법

1. 변수 및 연구가설의 설정

본 연구는 청소년들의 인터넷 중독에 영향을 미치는 변수를 탐구하고, 이어서 이러한 요인들과 인터넷 중독, 인터넷 윤리의식, 사이버비행 사이의 연쇄적인 인과관계를 탐구하려는 목적이 있다. 이와 같은 연구목적을 달성하기 위하여 이론적 고찰 및 선행연구의 검토를 통해 변수와 연구가설을 설정하였다. 또한 가설검증을 위한 자료를 수집하기 위하여 변수를 조작적으로 정의하고 설문 문항을 구성하였다.

연구방법

연구방법의 설계는 곧 연구목적의 달성을 위한 수단을 구축하는 것이다. 즉, 연구자는 연구방법이 연구목적을 달성하기 위한, 더 구체적으로는 연구가설을 검증하기 위한 준비 과정임을 늘 명심하여야 한다. 일반적으로 제1장 서론에는 연구목적/연구문제가 제시되고, 이론적 배경의 장이나 연구방법의 장에 연구가설이 제시된다. 연구자는 어떤 인구방법을 구축하면 가장 효과적으로 연구목적을 달성하거나 연구가설을 검증할 수 있을 것인지 심사숙고하여야 한다. 즉, 연구자가 연구방법을 설계할 때 추론의 연쇄관계(chain of reasoning)라는 절차적 논리구조를 늘 염두에 두는 것이 바람직하다.

1) 변수의 설정

본 연구에서는 연구문제 및 연구가설과 관련하여 여러 개의 변수를 설정하였다. 구체적으로, 본 연구에서 다루는 변수는 내생잠재변수_{종속변수}, 외생잠재변수_{독립변수}, 매개변수로 구분할 수 있다.

첫째, 본 연구의 내생잠재변수_{종속변수}는 중학생의 사이버비행이다.

변수 설정

연구가설이 변수와 변수 간의 관계를 표현하는 진술문임을 고려할 때, 연구가설을 도출하기 위해서는 먼저 변수가 설정되어야 한다. 따라서 연구자는 연구가설, 연구모형, 자료수집 및 분석 등을 종합적으로 감안하여, 독립변수 · 종속변수 · 매개변수 · 조절변수 등을 명확하게 설정하여야 한다.

둘째, 본 연구의 외생잠재변수_{독립변수}는 인터넷 중독에 영향을 미치는 개인요인이다. 구체적으로, 본 연구에서는 자기통제력, 부모 양육태도, 학업성취감, 인터넷 기대라는 4개의 변수를 외생잠재변수로 설정하였다.

셋째, 본 연구의 매개변수는 인터넷 중독과 인터넷 윤리의식이다. 이론적 검토 및 선행연구 고찰에 의하면, 인터넷 중독은 외생잠재변수들과 인터넷 윤리의식을 매개하거나 외생잠재변수들과 사이버비행을 매개한다. 또한 인터넷 윤리의식은 인터넷 중독과 사이버비행을 매개하는 변수이다.

2) 연구가설 및 연구모형

이론적 고찰 및 선행연구 검토를 통하여 연구가설을 설정하였다. 본 연구에서 설정한 외생변수와 내생변수 관련 9개의 가설은 다음과 같다.

> **tip**
> **연구가설에 따른 연구모형 제시**
> 연구가설은 아직 검증되지 않은 잠정적 형식으로 표현되는 일종의 예측이다. 연구가설은 변수와 변수 간의 관계를 설명하는 것이어야 하며, 경험적인 검증이 가능한 것이어야 한다. 또한 연구자는 여러 개의 연구가설을 조합함으로써 변수들의 상호관계를 시각적으로 설명하는 연구모형을 제시하기도 한다.

- H-1: 부모 양육태도는 인터넷 중독에 유의한 영향을 미칠 것이다.
- H-2: 인터넷 기대는 인터넷 중독에 유의한 영향을 미칠 것이다.
- H-3: 학업 성취감은 인터넷 중독에 유의한 영향을 미칠 것이다.
- H-4 : 자기통제력은 인터넷 중독에 유의한 영향을 미칠 것이다.
- H-5: 부모 양육태도가 인터넷 윤리의식에 유의한 영향을 미칠 것이다.
- H-6: 인터넷 중독은 인터넷 윤리의식에 유의한 영향을 미칠 것이다.
- H-7: 인터넷 중독은 사이버비행에 유의한 영향을 미칠 것이다.
- H-8: 자기통제력은 사이버 비행에 유의한 영향을 미칠 것이다.
- H-9: 인터넷 윤리의식은 사이버비행에 유의한 영향을 미칠 것이다.

| 그림 5 | 연구모형

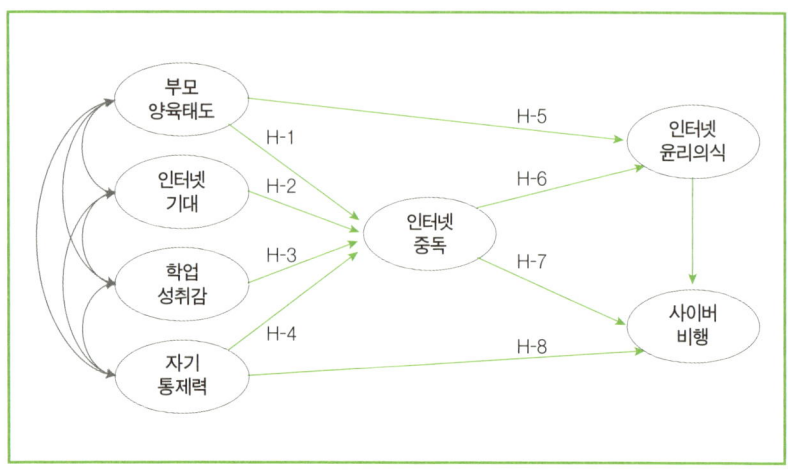

요컨대, 이론적·경험적 근거를 바탕으로 여러 변수들 사이의 인과관계를 반영한 연구모형을 구성하였으며, 성별·학년을 조절변수로 설정하였다. 구체적으로, 선행연구 고찰을 통해 도출된 가설들로 구성된 후보 모델들을 대상으로 모형 찾기model specification의 과정을 거쳐 가장 적합한 모형을 찾기를 실시하였다(〈그림 5〉 참조).

3) 변수의 조작적 정의 및 설문 문항의 구성

앞서 연구모형에 제시된 바와 같이, 본 연구에서 외생잠재변수독립변수는 자기통제력, 부모 양육태도, 학업 성취감, 인터넷 기대이며, 매개변수는 인터넷 중독, 인터넷 윤리의식이며, 내생잠재변수종속변수

tip

변수의 개념적 정의와 조작적 정의

연구자는 연구대상 변수에 대하여 개념적 정의(conceptual definition)와 조작적 정의(operational definition)를 하여야 한다. 개념적 정의는 주요 용어에 대한 구체적인 묘사이지만 추상적인 성격을 띠고 있다. 따라서 각 개념에 대한 개념적 정의를 내린 다음에는 이 개념들에 대한 경험적인 측정이 가능하도록 조작적 정의를 해주어야 한다. 또한 조작적으로 정의된 각 변수를 실제로 측정하기 위해서는 설문문항을 구성하여야 한다.

는 사이버비행이다.

(1) 부모의 양육태도

본 연구에서는 부모의 양육태도를 바람직한 태도와 바람직하지 못한 태도로 구분하여 측정하고자 한다. 구체적으로, 부모의 양육태도를 측정하기 위한 척도는 김효순(2009)이 '수용-거부', '자율-통제'의 2가지 차원으로 측정한 4문항을 사용하였다.* 이 척도는 5점 Likert 척도이며, 김효순(2009)의 연구에서 신뢰도계수는 α=.733이었다. 이 척도에서는 점수가 낮을수록 민주·자율적이고, 점수가 높을수록 권위·통제적인 양육태도를 나타낸다. 문항의 구성내용은 다음과 같다.

> **tip**
> ***조작적 정의에 따른 척도 구성**
> 부모의 양육태도는 수용-거부와 자율-통제라는 두 가지 차원으로 측정하기로 조작적으로 정의하였으며, 구체적인 문항은 선행연구자가 사용한 척도를 가져다 쓰고 있음을 밝히고 있다. 선행연구에서 사용된 척도의 경우, 몇 문항인지, 몇 점 척도인지, 점수의 방향, 신뢰도 등이 함께 소개되고 있음도 알 수 있다.

① 부모님께서 화가 나면 나에게 고함을 지르거나 심하게 벌을 준다.
② 부모님은 나를 너무 어린애로 다루는 것 같다.
③ 부모님은 내가 하는 일에 간섭하실 때가 많다.
④ 부모님은 내가 하는 일이 옳아도 부모님 마음에 들지 않으면 못하게 하신다.

(2) 인터넷 기대

인터넷 기대란 사람들이 인터넷을 사용한 후 경험할 수 있는 결과에 대한 기대감을 말한다. 인터넷 기대를 측정하기 위해 이시형 등(2000)이 제작하고 김효순(2009)이 사용한 인터넷 기대척도 4문항을 그대로 사용하였다. 각 문항은 '전혀 그렇지 않다'1점에서 '매우 그렇다'5점의 5점 척도로 구성되어 있으며, 점수가 높을수록 인터넷 기대가 높다는 것을 의미한다. 각 문항의 점수를 합하여 인터넷 기대 지각 점수를 산출하기 때문에 인터넷 기대의 총점은 3점에서 15점까지의 점수분포를 나타낸다. 각 문항은 1점에서 5점까지의 5점 Likert 척도이며, 김효순(2009)의 연구에서 신뢰도 계수는 α=.868이었다.

① 내 자신을 좀 더 멋있는 사람으로 꾸밀 수 있다.
② 인터넷을 하는 동안 나는 더욱 자신감이 생긴다.
③ 사람들과 어울리는 것이 더 쉬워진다.
④ 실제에서 보다 인터넷에서 만난 사람들을 더 잘 이해하게 된다.

(3) 학업 성취감

학업 성취감은 공부에 대한 헌신을 의미하는 것으로 정선경(1998)이 개발하고 김효순(2009)이 수정·보완하여 사용한 문항 중 4문항을 사용하였다. 각 문항은 '전혀 그렇지 않다'1점에서 '매우 그렇다'5점의 5점 척도로 구성되어 있으며, 점수가 높을수록 학업 성취감이 높다는 것을 의미한다. 각 문항의 점수를 합하여 학업 성취감 지각 점수를 산출하기 때문에 학업 성취감의 총점은 3점에서 15점까지의 점수분포를 나타낸다. 김효순(2009)의 연구에서 척도의 신뢰도는 Cronbach's α=.767로 나타났다. 학업 성취감을 측정하는 척도의 구성내용은 다음과 같다.

① 좋은 성적을 받는 것은 나에게 무척 중요하다.

② 수업시간에 선생님 말에 집중하는 편이다.

③ 학교수업에 흥미를 느낀다.

④ 나는 공부를 열심히 하려고 노력한다.

(4) 자기통제력

본 연구에서는 자기통제력을 측정하는 척도로 Heppner & Petersen (1982)의 문제해결척도PSI, Problem-Solving Inventory 가운데 자기통제력personal control을 측정하는 5문항을 사용하였다. PSI는 원래 사람들이 일상생활에서 직면하는 개인적인 문제에 어떻게 반응하는가를 스스로 측정하기 위하여 개발된 35항목으로 구성된 도구이다. 여기서 말하는 개인적인 문제란 친구관계, 우울한 생각, 직업의 선택, 이혼 여부의 결정 등과 같은 개인적인 일을 의미한다. PSI는 개인의 실제적인 문제해결 기술이나 능력을 직접적으로 측정하는 도구가 아니라 문제해결 능력에 대한 평가적 자각evaluative awareness의 수준을 측정하는 도구이다. 즉, 이 척도는 개인이 실제로 어느 정도의 문제해결 능력을 갖고 있는가를 측정하는 것은 아니며, 개인이 자신의 문제해결 능력에 대하여 스스로 어떻게 평가하고 있는가를 측정하는 것이다.

요인분석 시, PSI는 문제해결에 대한 자신감11문항, 접근-회피 유형16문항, 개인적 통제력5문항이라는 세 개의 하위요인으로 구성되어 있다. 단, 추가적인 3문항은 filter item이며 채점하지 않았다. 개발 당시 PSI의 신뢰도는 매우 높게 조사되었는데, 척도 전체의 신뢰도는 α=.90이었으며, 하위요인별 신뢰도는 α=.72 내지 α=.85이었다.

이미 언급한 바와 같이, 본 연구에서는 PSI 35문항 가운데 개인적 통제력을 측정하는 5문항을 사용하였다. 각 문항은 6점 척도1점: 전혀 그렇지 않다. 6

점: 매우 그렇다이며, 점수가 높을수록 자기통제력이 낮다는 의미이다. 척도 문항의 구성내용은 다음과 같다.

① 어떤 문제를 해결하기 위한 나의 첫 번째 시도가 실패할 경우, 나는 그 상황을 다루는 내 능력에 대하여 거북하게 느낀다.
② 나에게는 간혹 시간을 들여 문제의 해결방안을 궁리하기보다는 갈피를 못 잡고 헤매는 경우가 생긴다.
③ 비록 문제를 해결하려고 노력하기는 하지만, 간혹 나는 내가 더듬거리거나 방황하고 있기 때문에 본격적인 일처리에 착수하지 못한다고 느낀다.
④ 나는 성급한 결정을 내리고 나중에 그것을 후회한다.
⑤ 간혹 나는 너무 감정에 이끌린 나머지 내 문제를 해결하는 여러 가지 방법들을 다 고려하지 못한다.

(5) 인터넷 중독 관련 척도

인터넷 중독 관련 척도는 한국정보문화진흥원(2008)에서 개발한 한국형 인터넷 중독 자가진단 프로그램, 즉 K-척도 20문항을 사용하였다. 이 척도는 6개의 하위요인으로 구성되어 있다. 각 문항은 4점 Likert 척도인데, 점수가 높을수록 인터넷 중독의 정도가 높다는 의미이다. 한국정보문화진흥원(2008)의 연구에서 K-척도의 신뢰도를 분석한 결과, 중학생 집단은 α=.909로 나타났다. 문항의 구성내용은 다음과 같다.

〈일상생활 장애〉
① 인터넷 사용으로 건강이 이전보다 나빠진 것 같다.

② 인터넷을 너무 사용해서 머리가 아프다.

③ 인터넷을 하다가 계획한 일들을 제대로 못한 적이 있다.

④ 인터넷을 너무 사용해서 시력 등에 문제가 생겼다.

⑤ 다른 할 일이 많을 때에도 인터넷을 사용하게 된다.

⑥ 인터넷을 하다가 계획한 일들을 제대로 못한 적이 있다.

〈긍정적 기대〉

① 인터넷을 하는 동안 나는 더욱 자신감이 생긴다.

〈금단〉

① 인터넷을 하지 못하면 생활이 지루하고 재미가 없다.

② 인터넷을 하지 못하면 안절부절못하고 초조해진다.

③ 인터넷을 하고 있지 않을 때에도 인터넷에 대한 생각이 자꾸 떠오른다.

④ 인터넷을 할 때 누군가 방해를 하면 짜증스럽고 화가 난다.

〈가상적 대인관계 지향성〉

① 인터넷에서 알게 된 사람들이 현실에서 아는 사람들보다 나에게 더 잘해준다.

② 오프라인에서보다 온라인에서 나를 인정해주는 사람이 더 많다.

③ 실제에서 보다 인터넷에서 만난 사람들을 더 잘 이해하게 된다.

〈일탈행동〉

① 인터넷 사용시간을 속이려고 한 적이 있다.

② 인터넷 때문에 돈을 더 많이 쓰게 된다.

<내성>

① 인터넷을 하다가 그만 두면 또 하고 싶다.

② 인터넷 사용 시간을 줄이려고 해보았지만 실패한다.

③ 인터넷 사용을 줄여야 한다는 생각이 끊임없이 들곤 한다.

④ 주위 사람들이 내가 인터넷을 너무 많이 한다고 지적한다.

(6) 인터넷 윤리의식 척도

인터넷 윤리의식 척도는 김유미(2007)가 개발한 20문항을 그대로 사용하였다. 이 척도의 하위 영역은 존중, 책임, 정의, 해악금지의 4개 영역으로 구성되어 있다. 이 척도는 5점 Likert 척도이며, 점수가 높을수록 인터넷 윤리의식이 낮다는 것을 의미한다. 김유미(2007)의 연구에서는 척도의 신뢰도가 α=.771이었으며, 문항의 구성내용은 다음과 같다. *표는 역채점 문항이다.

<존중>

① 대화방에 들어 갈 때나 나올 때 꼭 인사를 한다.

② 대화방에서는 주로 존댓말을 사용한다.

③ 대화방에서 또는 이메일 등을 이용하여 욕설을 한 적이 있다.*

④ 인터넷상에서 다운받은 음악자료를 친구들에게 들려주기 위해 홈페이지에 올리거나 복사하여 돌린다.*

⑤ 필요한 컴퓨터 프로그램이 있으면 사지 않고 복사하거나 친구에게 빌려서 설치한다.*

〈책임〉

① 친구끼리 서로 ID를 빌려주고 빌리는 것이 가능하다고 생각한다.*

② 우연히 친구의 개인 정보ID, 비밀번호, 주민등록번호를 알게 되었는데 다른 친구가 자꾸 알려달라고 조르면 알려준다.*

③ 비밀번호는 정기적으로 교체하고 관리한다.

④ 불필요한 메일예 장난, 행운의 편지 등을 다른 사람에게 보낸 적이 있다.*

⑤ 친구가 자꾸만 다른 친구의 험담흉을 게시판에 올리자고 하면 올린다.*

〈정의〉

① 다른 사람의 아이디와 비밀번호로 필요한 사이트에 가입하여 사용한다.*

② 회원을 등록하거나 메일을 보낼 때 본인 이름을 사용하지 않고 닉네임을 사용한다.*

③ 게시판에 글이나 자료를 올릴 때 확실한 정보인지 알아보고 올린다.

④ 다른 사람들로부터 관심을 끌기 위해 거짓 제목을 올리거나 남을 비방한다.*

⑤ 인터넷을 하다가 불건전 사이트에 접하게 되면 계속 본다.*

〈해악금지〉

① 인터넷에서 다운받은 자료가 바이러스에 걸린 것을 알았다. 그런데 그 자료를 친구가 메일로 보내달라고 하면 보내준다.*

② 스팸 필터나 유해정보차단 프로그램을 설치하여 사용한다.

③ 친구가 다른 전산망에 침입하여해킹 필요한 자료를 가져왔다면 괜찮다고 생각한다.*

④ 실제 현금을 주고 게임 아이템을 구입하거나 판매하는 것이 정당하다고 생각한다.

⑤ 사이버 공간에서의 범죄도 현실 세계에서의 범죄와 같이 위험하다고 생각한다.

(7) 사이버비행 관련 척도

본 연구에서는 청소년의 4가지 비행, 즉 '지위비행', '성비행', '재산비행', '폭력비행'을 측정하기 위하여 라민오(2001)가 제작하고 조남근, 양돈규(2001)가 수정한 35개 항목의 질문지를 사용하였다. 전체 척도는 '지위비행' 10문항, '성비행' 8문항, '재산비행' 9문항, '폭력비행' 8문항으로 구성되어 있다. 응답자에게 예0점, 아니오1점로 대답하게 하였으며, 점수 범위는 0~35점이다. 이 척도는 점수가 높을수록 비행행동 수준이 낮다는 것을 의미한다. 조남근, 양돈규(2001)의 연구에서 척도의 신뢰도는 α=0.90로 조사되었다. 문항의 구성내용은 다음과 같다.

〈지위비행〉
① pc방에서 게임 혹은 인터넷 사용으로 인해 귀가시간을 어긴 적이 있다.
② 심야 시간에 번개를 한 적이 있다.
③ 인터넷 쇼핑몰에서 성인용품을 구입해본 적이 있다.
④ 인터넷 사용으로 인해 수업학교, 학원을 빼먹은 적이 있다.
⑤ 인터넷 사용으로 부모의 허락 없이 외박을 해본 적이 있다.
⑥ 자신의 나이를 속이고 성인 대화방에 들어간 적이 있다.
⑦ 성인 사이트에 접속하기 위해 자신의 정보를 허위 입력해본 적이 있다.
⑧ 성인 유료 사이트에 가입한 적이 있다.
⑨ 성인 인터넷 방송을 시청해본 적이 있다.
⑩ 자살 사이트를 보고 자살 유혹을 느낀 적이 있다.

〈 성비행 〉

① 포르노 사이트에 들어가 본 적이 있다.

② 번개를 통해 만난 이성과 성적 행동<small>(예)</small> 키스, 애무, 성관계을 해본 적이 있다.

③ 채팅 사이트를 통해 원조교제를 경험한 적이 있다.

④ 채팅을 통해 상대방에게 성관계를 요구한 적이 있다.

⑤ 돈을 마련할 목적으로 원조교제를 한 적이 있다.

⑥ 채팅을 통해 음란한 대화를 나눈 적이 있다.

⑦ 음란물을 웹에 올린 적이 있다.

⑧ 음란한 대화를 나누기 위해 대화방을 만든 적이 있다.

〈 재산비행 〉

① 통신 및 인터넷으로 불법 복제물을 팔아본 적이 있다.

② 통신 및 인터넷으로 불법 복제물을 사본 적이 있다.

③ MUD 게임을 통해 무기를 금전적으로 거래해본 적이 있다.

④ 타인의 아이디를 도용한 적이 있다.

⑤ 인터넷 도박을 해본 적이 있다.

⑥ 해킹을 해 본 적이 있다.

⑦ 소프트웨어나 다른 방법을 통해서 타인의 신상정보를 도용한 적이 있다.

⑧ 인터넷 게임을 통해 다른 사람의 무기나 아이디를 훔친 적이 있다.

⑨ 인터넷으로 물품을 구입하기 위해 타인의 계좌나 신용카드를 사용한
  적이 있다.

〈 폭력비행 〉

① 인터넷이나 통신을 통해 알게 된 사람에게 욕설을 한 적이 있다.

② 번개를 통해서 만난 사람과 언어적 · 신체적으로 싸운 적이 있다.

③ 동호회를 결성하여 다른 동호회의 구성원에게 욕설을 한 적이 있다.

④ 채팅을 하면서 자신의 어떤 면을 왜곡하여 말하거나 거짓말을 한 적이 있다.

⑤ 인터넷 게임을 통해 팀을 결성하여 다른 게이머들을 공격한 적이 있다.

⑥ 채팅을 통해 다른 사용자에게 심한 욕설을 한 적이 있다.

⑦ 폭탄 메일을 보낸 적이 있다.

⑧ 바이러스가 담긴 메일을 타인에게 보낸 적이 있다.

2. 조사대상자 및 표본추출

본 연구에서는 표본의 대표성을 확보하기 위하여 G광역시에 소재하는 중학교 가운데 1개 중학교를 무작위 추출할 계획이다. 현재 G광역시의 경우 무작위 추첨방식을 사용하여 초등학교 졸업생을 중학교에 배정하고 있으므로, G광역시 지역의 초등학교 졸업생 모두가 특정 중학교에 배정될 동일한 확률을 갖고 있는 것이다. 그러므로 본 연구의 조사대상기관으로 선정된 중학교는 G광역시 중학교 집단을 대표하는 중학교라고 말할 수 있다.

> **tip**
> **조사연구의 대상자 선정**
> 조사연구의 대상자가 누구이며, 이들 모집단을 대상으로 어떤 방식으로 표본을 추출할 것인가를 결정하는 것은 매우 중요한 과업이다. 이와 같은 논점은 연구결과의 해석 및 일반화와 관련하여 중요한 의미를 갖는다.

한편, 연구자는 최근 중학생의 인터넷 중독이 증가하고 있다는 점에 주목하여 중학생을 대상으로 연구를 수행하게 되었다. 한 선행연구(고영삼, 2006)의 연구결과에 의하면, 최근 초등학생과 고등학생의 경우는 인터넷 중독이 감소하고 있는 반면, 중학생의 인터넷 중독은 증가하는 추세에 있다고 한다. 따라서 연구자는 중학생을 대상으로 인터넷 중독, 인터넷 윤리의식, 사이버비행의 실태와 상호 간의 인과관계를 분석하고자 하는 관심을 갖게 되었다.

본격적인 자료수집에 앞서 예비조사를 실시하고자 한다. 예비조사는 구성 개념의 내용타당도를 확립하기 위한 목적으로 실시될 것이다. 먼저, 인터넷 중독, 인터넷 윤리의식, 사이버비행에 관한 설문문항을 개발한 후 중학생 50명을 대상으로 사전조사를 실시할 계획이다. 이어서 사전조사 자료에 대한 탐색적 요인분석과 신뢰도 분석을 통하여 설문을 재구성한 다음에 본 조사를 실시할 것이다. 본 조사의 자료수집은 집단조사group survey 방식을 사용하고자 한다. 즉, 연구자가 설문조사 대상 중학교를 방문하여 자료수집 활동을 수행할 것이다.

3. 자료의 수집 및 분석

구조방정식모형을 사용하는 연구가 어떤 정해진 절차를 밟아 진행되어야 한다는 원칙이 확립된 것은 아니다. 학계에는 학문영역과 학자에 따라 구조방정식모형의 분석단계에 관한 다양한 의견이 존재한다. 본 연구에서는 선행연구(김주환, 김민규, 홍세희, 2009, p. 144)의 제언에 따라 다음과 같은 절차를 거쳐 연구모형의 설정 및 자료의 분석을 실시할 계획이다.

① 본 연구자가 관심을 갖는 현상과 관련된 변인 간의 관계를 개념화한 다음에 연구모형과 경쟁모형을 설정한다. 연구모형과 경쟁모형은 모두 이론적으로 정당화된 모형이다.
② 연구모형과 경쟁모형을 검증하기 위해 자료를 수집한다.
③ 수집된 자료의 점검을 통해 분석에 문제가 없는지 파악한다.

④ 자료를 연구모형과 경쟁모형에 대입한 후, 자료 그리고 연구모형과 경쟁모형의 적합성을 파악한다.

⑤ 적합도 지수를 기준으로 연구모형과 경쟁모형을 비교하며, 더 나아가 모형의 수용 여부를 결정한다.

⑥ 모형의 적합도가 만족할만한 수준이면 최종모형으로 선정한다.

⑦ 모형의 적합도가 기준에 미치지 못할 경우, 연구모형과 경쟁모형을 수정하거나 재설정한다.

⑧ 최종모형을 채택하고 해석한다.

다음은 자료의 수집, 자료의 분석, 자료의 점검으로 나누어 구체적으로 설명한다.

1) 자료수집

설문조사는 2○○○년 ○월부터 ○월까지 약 ○○주에 걸쳐 진행될 예정이다. 설문지의 배포 예정 부수는 600부이다. 회수된 설문지 가운데 불성실 응답과 이상치가 있는 설문지를 제외하고, 유효 설문지만을 통계분석에 사용하고자 한다.

> **tip**
> **자료수집 절차**
> 연구자는 자료의 수집을 설명하는 곳에서 실제로 언제, 어디서, 어떻게 자료를 수집할 것인가에 대하여 구체적으로 언급하여야 한다. 다시 말해, 연구자는 질 높은 자료를 수집하기 위한 절차를 구체적으로 소개하는 것이 바람직하다. 또한 자료의 수집과 관련하여 접근성과 윤리의 문제가 있다면 여기서 그 문제를 거론할 수도 있다.

2) 자료점검

먼저 SPSS 프로그램을 사용하여 결측값의 분석 및 추정 작업을 실시할 계획이다. 본 연구에서는 회귀regression 방식, 즉 변수들 사이의 관련성에 근거하여 무응답치의 값을 예측하는 방법을 사용하고자 한다. 또한 본 연구에서는 AMOS 프로그램을 사용하여 변수들의 정규성과 이상치를 점검할 계획이다. 즉, 측정변수의 첨도와 왜도를 측정하고 정규성을 검증하기 위해 다변량 정규성

tip
수집된 자료의 검증

연구자는 수집이 완료된 자료를 대상으로 입력의 정확성 점검, 결측값의 처리, 정규성 검증, 이상치 확인 등의 점검 절차를 수행할 계획을 밝히는 것이 좋다. 즉, 연구자는 수집된 자료의 질을 최상으로 만들기 위해 어떤 절차를 취할 것인가에 대하여 구체적으로 설명한다.

과 이상치 검정tests of normality and outliers을 실시한다. 이 과정에서 문제점이 드러난 사례와 불성실 응답 사례를 제거한다.

3) 자료분석

측정도구의 검증을 위해 타당도 분석과 신뢰도 분석을 실시할 계획이다. 또한 조사대상자의 일반 현황, 주요변수의 기본통계량 등을 검증하기위하여 기술통계, t-검정, ANOVA 등을 실시하고자 하며, 아울러 상관관계분석, 구조방정식 모형의 검증 등을 수행하고자 한다.

tip
자료분석의 단계

자료분석의 단계에는 연구자가 계획하고 있는 통계분석(statistical analysis)이나 구두분석(narrative analysis)에 관한 내용을 기술한다. 자료분석의 방법은 연구의 목적 및 연구설계와 조화를 이루어야 한다. 또한 어떤 자료분석의 방법을 선택할 것인가는 추론의 연쇄관계의 맥락에서 검토되어야 한다. 즉, 연구자는 연구가설을 가장 효과적으로 검증할 수 있는 분석방법을 선택하여야 한다.

Ⅳ. '분석결과'에서 다룰 내용

1. 조사대상자의 일반현황

분석단계에서는 조사대상자의 사회인 구학적 특성, 인터넷 사용 특성, 인터넷 관련 강의 수강경험 및 인터넷 이용 현황 등을 분석할 계획이다.

첫째, 사회인구학적 특성으로는 조사 대상자의 성별, 학년, 부모님의 맞벌이 여 부, 학교성적, 가정의 경제력, 아버지의

tip

'분석결과'에서 다룰 내용

여기에서 연구자는 자신이 예상하고 있는 '분석결과'의 핵심적인 내용이 무엇이 될 것인지에 관하여 간략하게 설명할 필요가 있다. 물론 연구계획서를 작성하는 단계에서 향후 분석결과가 어떻게 나오리라고 완전하게 예측하기는 어려운 것이 사실이다. 따라서 표본의 특성(조사대상자의 현황), 측정도구의 검증, 주요 변수의 기술통계량, 연구모형의 검증 등을 중심으로 예상되는 분석결과를 간략하게 작성하는 것이 좋다.

최종학력, 어머니의 최종학력, 한 달에 인터넷 이용에 쓰인 돈 등의 빈도분 포를 조사할 계획이다.

둘째, 조사대상자의 인터넷 사용 현황 및 특성을 분석하기 위하여 지금 까지 인터넷을 사용해 온 기간, 주당 인터넷 사용시간, 가정 내 컴퓨터 설 치 장소, 인터넷 이용 장소**예** 우리 집, 친구 집, PC방 등, 평일에 혼자 있는 시간, 주 말에 혼자 있는 시간, 인터넷 차단 프로그램 유무, 가정에서의 인터넷 사용 통제 여부 등의 빈도분석을 실시할 것이다.

셋째, 인터넷 관련 강의 수강 및 이용 현황을 분석하기 위하여 인터넷 중 독 관련 강의의 수강 경험 여부, 인터넷 윤리의식 관련 강의의 수강 경험 여 부, 인터넷 활용 순위**예** 웹서핑, 성인물, 정보검색, 게임, 온라인쇼핑, 동호회/카페, 채팅 메신저, MP3 혹은 영화 다운로드, 이메일/카드, 미니홈피/블로그, 영화ㆍ음악ㆍ동영상 즐기기 등, 다른 사람의 주 민등록번호 도용 경험, 부모님과의 갈등의 원인**예** 갈등 없음, 학업성적, 진학 및 진로, 친 구관계, 컴퓨터 사용 문제, 이성문제, 여가생활 관련 문제 등의 빈도분석을 실시할 계획이다.

2. 측정도구의 검증

분석단계에서는 주요변수들을 대상으로 정규성을 검증할 것이다. SPSS
와 AMOS 프로그램을 통해 이상치와 정규성을 점검하고자 하는데, 각 변
수의 왜도와 첨도가 정규성의 기준에서 심각하게 벗어나는 문항을 제거할
계획이다.

또한 주요 변수들 간의 상관관계를 분석하고자 한다. 즉, 외생잠재변수
자기통제력, 부모 양육태도, 학업 성취감, 인터넷 기대와 인터넷 중독 변인일상생활장애, 금단, 내성,
일탈행동, 인터넷 윤리의식변인존중, 정의, 책임, 해악금지, 사이버비행 변인폭력비행, 성비행
들 간의 상관관계를 분석할 것이다.

끝으로 본 연구의 변수들을 대상으로 Cronbach's α계수 방법에 의한 신
뢰도 분석을 실시하고자 한다. 구체적으로, 외생잠재변수자기통제력, 부모의 양육
태도, 학업 성취감, 인터넷 기대, 인터넷 중독일상생활장애, 긍정적 기대, 금단, 가상적 대인관계 지향성,
일탈행동, 내성, 인터넷 윤리의식존중, 책임, 해악금지, 정의, 사이버비행지위비행, 성비행, 재산비
행, 폭력비행 척도의 전반적인 신뢰도와 하위영역별 신뢰도를 측정할 것이다.

3. 주요 변수의 기술통계량

외생잠재변수, 인터넷 중독, 인터넷 윤리의식, 사이버비행의 평균과 표준
편차를 측정하고자 한다. 또한 집단별로 기술통계량의 차이를 알아보기
위하여 평균을 비교할 것이다. 여기서 말하는 집단은 성별, 학년, 성적, 인
터넷 사용시간, 인터넷 윤리 수강경험, 유해 차단 프로그램 유무, 주민등
록 도용 여부 등에 따른 구분된 집단을 의미한다.

4. 연구모형의 검증

연구모형의 검증단계에서는 다음과 같은 과업을 수행하고자 한다. 첫째, 카이제곱 검증을 이용하는 방법과 적합도 지수를 이용하는 방법을 모두 고려하되, 모형의 간명성과 해석 기준의 명확성 등을 감안하여 연구모형의 적합성을 검증한다. 둘째, 주요 변수들 간의 영향관계를 알아보기 위하여 변수들 간의 직접효과, 간접효과, 총효과를 계산하고 해석한다. 셋째, 연구가설을 검증하고 그 결과를 논의하고 해석한다. 넷째, 집단 간 경로계수를 비교 · 분석하고 해석한다. 끝으로, 성별 · 학년별 조절효과를 검증하고 해석한다.

Ⅴ. '논의'에서 다룰 내용

1. 가설검증의 함의

논의의 단계에서는 본 연구의 가설검증 결과를 선행연구의 검증 결과와 비교하면서 그 의미를 해석하고 추론할 계획이다. 첫째, 분석결과에 의해 '지지된' 일련의 가설이 시사하는 바를 해석하고 거기에 의미를 부여한다. 둘째, 분석결과에 의해 '기각된' 일련의 가설이 시사하는 바에 대해서도 해석하고 논의한다. 셋째, 가설검증 결과를 바탕으로 외생잠재변인으로부터 사이버비행에 이르는 유의한 경로를 탐색하고 그 함의를 도출한다.

> **tip**
> **'논의'에서 다룰 내용**
> 논의(discussion)는 분석결과의 장에 제시된 결과를 평가하고 해석함으로써 유용한 정보를 이끌어내는 과정을 기록한 결과물이다. 논의에서 다루어지는 내용은 연구의 목적, 연구가설, 연구방법 등에 따라 달라질 것이므로 논의의 장의 구성요소에 관한 확립된 틀을 제시하기는 어렵다. 더구나 연구계획서의 작성단계에서 논의의 내용을 정확히 예측한다는 것은 거의 불가능에 가깝다고 본다. 그러므로 연구자는 여기에서 가설검증의 결과 및 그 함의, 연구결과의 해석, 선행연구와의 비교, 연구문제와 관련된 주요 논점에 대한 논의 등을 중심으로 논의에서 다룰 내용을 간략하게 예측하는 것이 좋다.

2. 집단 간 경로계수 비교의 함의

필요하다고 판단되면, 집단 간 성별, 학년별 경로계수를 비교하고 그 의미를 해석할 수 있을 것이다.

3. 이론적 · 정책적 함의

사회생태이론의 관점에서 이론적 · 정책적 함의를 도출할 계획이다. 첫째, 가설검증 및 경로분석의 결과로부터 이론적 함의를 얻을 수 있을 것이다. 즉, 본 연구결과는 중학생의 사이버비행과 관련된 여러 변인들의 인과관계에 대한 이해의 폭을 넓히는 데 기여할 것으로 기대되는데, 실제 연구단계에서 이에 대하여 자세히 언급하고자 한다. 둘째, 사회생태이론의 관점에서 사이버비행을 예방하거나 완화하기 위한 정책적 개입방안을 마련할 필요가 있을 것이다. 이와 관련하여 본 연구결과를 바탕으로 사이버비행과 관련한 실천적 · 정책적 함의를 도출하고자 한다.

VI. '결론'에서 다룰 내용

1. 연구의 요약 및 결론

연구의 결과를 요약하고, 연구의 결론을 도출한다.

2. 연구의 기여도 및 제한점

본 연구가 이론적 · 실천적인 면에서 기여하는 바와 본 연구의 제한점에 대하여 기술하고자 한다.

3. 제언 및 향후 연구방향

중학생의 인터넷 중독과 인터넷 윤리의식 및 사이버비행과 관련하여 정책당국의 긍정적 개입을 위한 제언을 제시한다. 또한 연구방법, 연구결과의 해석 등과 관련하여 후속연구의 필요성을 제언하고자 한다.

참고문헌

강란혜. (2008). 아동의 인터넷 중독에 영향을 미치는 부모와의 의사소통 및 아동의 심리적 변인. **한국가족복지학, 13**(3), 129-148.

강만철. (2005). 청소년 인터넷 중독 실태 분석. 사회연구, 1/2, 249-265. [1]

강만철, 오익수. (**2001a**). 청소년의 인터넷 중독. 사회연구, 2, 35-62.

강만철, 오익수. (**2001b**). 청소년 인터넷 중독 진단 척도 개발(I). 교육심리연구, 15(4), 5-21.

강만철, 오익수. (**2001c**). 인터넷 중독 척도 개발을 위한 기초 연구. 청소년상담연구, 9, 114-135. [2]

---

[1] 연속간행물의 저자가 1인, 즉 1인 논문의 경우

　APA 방식에 따르면, '연구자명. (발행연도). 논문명. **자료명**(발행단체명), **권**(호), 논문수록면수.'의 형식과 순서로 기재한다.
- 연구자명: 개인이나 단체명을 기재한다. 개인의 경우, 후술하는 바와 같이, 연구자가 1인, 2-6인, 7인 이상인 경우 기재방식이 다르다.
- 발행연도: 간행 빈도에 따라 연도, 계절명, 월, 일 등을 기재한다.
- 논문명: 본논문명 외에 부논문명이 있는 것은 '본논문명: 부논문명' 형식으로 기재한다.
- 자료명(발행단체명): 논문이 수록된 논문집 명이나 연속간행물 명을 기재한다. 자료명만으로 식별이 곤란한 것은 발행단체명을 (　)안에 부기한다. 동양자료의 경우 자료명을 진하게 표시한다.
- 권(호): 논문이 수록된 권(volume)과 호(number)를 기재한다. 국내자료의 경우 권은 진하게 기재하고 호는 (　)에 묶어 진하지 않게 기재한다.
- 논문수록면수: 논문이 수록된 처음 면수와 마지막 면수를 '00-00'의 형식으로 기재한다.

[2] 동일 년도에 저작한 두 개 이상의 연속간행물 자료를 인용하는 경우

　참고문헌에서는 식별을 위해 연도 다음에 a, b, c, …를 부기(附記)한다.

강석기, 한상훈. (2005). 청소년의 과잉행동과 대인관계가 인터넷 중독에 미치는 영향: 대전·충남지역 대학생을 중심으로. 청소년복지연구, 7(1), 111-128.

고영삼, 김정미. (2009). **장애청소년의 인터넷 중독과 인터넷이용특성: 비장애청소년과의 비교를 중심으로** (KADO 이슈리포트 09-03). 서울: 한국정보문화진흥원.[3]

고유진. (2001). **인터넷 중독집단의 성격특성 및 자기개념연구: 대학생 집단 중심으로.** 석사학위논문, 성신여자대학교.[4]

구본희, 최무진. (2006). 인터넷 중독과 정보윤리에 영향을 미치는 요인에 관한 연구: 자아특성 및 인터넷 인지특성을 중심으로. 정보시스템연구, 15(3), 233-252.[5]

구현영, 김성숙. (2007). 중학생의 인터넷 중독에 따른 성태도와 남녀평등 의식의 차이. 아동간호학회지, 13(2), 157-165.

권순희, 권순녀. (2008). 부모의 양육태도, 학습된 무기력이 컴퓨터 게임중독에 미치는 영향. 한국컴퓨터정보학회논문지, 13(4), 59-69.

---

[3] 기관이나 사설단체 보고서의 경우
　'연구자명. (발행연도). **보고서명.** 발행지: 발행자.'의 형식으로 기재한다.

[4] 미공간 학위논문Unpublished thesis/dissertation의 경우
　'연구자. (수여연도). **논문명.** 학위명, 수여기관명, 소재지.'의 형식으로 기재한다.
- 연구자: 학위를 수여받은 연구자의 성명을 기재한다.
- 수여연도: 학위논문의 표제지에 표시된 서기연도를 기재한다.
- 논문명: 본논문명 외에 부논문명이 있을 경우, '본논문명: 부논문명' 형식으로 기재함. 동양어로 된 제목은 진하게 표시한다.
- 학위명: '석사학위논문', '박사학위논문' 또는 전공명을 포함하여 '사회복지학박사학위논문', '철학박사학위논문' 등으로 기재한다.
- 수여기관명: 학위를 수여한 대학 명을 기재함. 특수대학원의 경우는 대학원 명까지 기재하기도 한다.

[5] 연속간행물의 저자가 2-6인, 즉 2-6인 공동논문의 경우
　공저자의 성명을 6인까지 모두 기재한다.

권재환. (2008). 국내 인터넷 중독 연구동향: 학술지 게재논문 분석. 청소년학연구, 15(3), 137-157.

김계원. (2009). 인터넷 중독과 사이버범죄의 상관관계에 관한 연구: 분석모형의 탐색을 중심으로. **한국정책학회 하계학술대회 자료집**, 193-219.[6]

김계원, 서진완. (2009). 인터넷 중독과 사이버범죄의 상관관계에 관한 연구: 중고등학교 재학생을 중심으로. 한국정책학회 추계학술대회 자료집, 123-148.

김연구, 박민호, 박재원, 송준호, 심성균, 이주형, 외. (2004). 한 집단 농원 한센병 환자들의 우울장애. 한국농촌의학회지, 29(1), 133-145.[7]

박광준. (2002). **사회복지의 사상과 역사: 마녀재판에서 복지국가의 선택까지**. 파주: 양서원.[8]

---

[6] 학술대회에서 발표한 미발행논문
'연구자명. (발행년월). 발표논문명. 학술대회명을 포함한 설명적 어구, 개최지명.'의 형식으로 기재한다.

[7] 연속간행물의 저자가 7인 이상, 즉 7인 이상의 공동논문인 경우
공저자의 성명을 6인까지 기재하고, '외', '등', '他'를 부기한다.

[8] 1인 저서의 경우
'저자명. (역할어). (발행연도). **표제**(역할을 달리한 저자)(판차). 발행지: 발행사.'의 형식과 순서로 기재한다.
- 저자명: 개인명이나 단체명을 기재한다.
- 역할어: 저(著) 이외의 편, 역, 주 등의 역할어를 기재한다.
- 발행연도: 인쇄년이 아닌 최종 발행년을 서기년도로 기재한다. 발행할 예정인 경우는 [발행예정]으로, 발행미정은 [발행연도 미정]으로 표시한다.
- 표제: 본표제, 부표제, 장 제목, 총서 표제를 기재한다. 동양어로 된 표제는 진하게 표시한다. 부표제가 두 개 이상일 때는 처음 부표제는 ':'으로, 두 번째 이하는 ';'으로 구분하여 기재한다.
- 역할을 달리한 저자: 부차적인 저작자 명은 역할어와 함께 표제 다음에 (   )로 기재한다.
- 판차: 개정판의 경우에 기재한다.
- 발행지: 발행사의 지명을 기재한다.
- 발행사: 식별이 가능한 범위에서 간략히 기재한다.

보건복지부. (연도미상). **의약분업실시에 따른 영향분석 설명자료**. 2000
　　년 6월 25일 인용, http://www. mohw.go.kr. [9]

우용길, 김인수, 유철중, 장옥배. (2002). 통계의 이해 (수정판). 서울: 학
　　문사. [10]

이현주, 강혜규, 노대명, 신영석, 정경희, 유진영, 외. (2007). 주민생활지
　　원서비스 업무수행체계 분석 및 개선방안. 서울: 한국보건사회연구원,
　　보건복지부. [11]

한국도서관협회[한도협]. (1993). **도서관정보관리편람**. 서울: 동 협회. [12]

Agnew, R. (1992). Foundation for a general strain theory of crime
　　and delinquency. *Criminology, 30*, 47-87. [13]

---

9 전자 문서의 경우
　'저자명. (발행년도). **전자문서명**. 인용일자, 웹사이트주소'의 형식으로 기재한다.
　• 저자명: 개인이나 단체명을 기재한다.
　• 발행연도: 확인된 발행연도를 기재함. 확인할 수 없는 경우에는 '연도미상'으로 기재한다.
　• 전자문서명: 표제는 진하게 표시한다.
　• 인용일자: 자료를 검색한 연월일을 기재한다.
　• 웹사이트주소: 웹사이트나 이메일 주소를 기재한다.

10 2-6인 공저서의 경우
　공저자의 성명을 6인까지 모두 기재한다.

11 7인 이상의 공저서의 경우
　참고문헌에는 공저자의 성명을 6인까지 기재하고 '외', '등'을 부기한다.

12 단체의 저작의 경우
　'단체명. (발행연도). 서명. 발행지: 발행자'의 형식과 순서로 기재한다. 단체명이 길어서 축약
　된 형식으로 내주에 기록할 때는 처음 한 번은 완전명과 축약명을 함께 기재하고, 두 번째 이
　하에서는 축약된 단체명을 기재한다. 단체가 저작하고 발행한 경우는 저자명에 기재된 단체명
　을 발행자로 반복 기재하지 않고 '동 협회'로 간단히 기재한다.

13 연속간행물의 저자가 1인, 즉 1인 논문의 경우
　APA 방식에 따르면,'연구자명. (발행년). 논문명. 자료명(발행단체명), 권(호), 논문수록면
　수.'의 형식과 순서로 기재한다.
　• 자료명(발행단체명): 논문이 수록된 논문집 명이나 연속간행물 명을 기재한다. 자료명만으
　　로 식별이 곤란한 것은 발행단체명을 ( ) 안에 부기한다. 영어 자료명은 이탤릭체로 기재
　　한다.

Bandura, A. (1977). Self-efficacy: Toward a unifying theory of behavioral change. *Psychological Review, 84*, 191-125.

Barratt, A. T., & Patton, J. H. (1983). Impulsivity: Cognitive, behavioral, and psychophysiological correlates. In M. Suckerman (Ed.), *Biological bases of sensation seeking, impulsivity, and anxiety.* Hillsdale, NJ: Erlbaum.[14]

Belsky, J. (1999). *The psychology of aging: Theory, research, and interventions* (3rd ed.). Pacific Grove, CA: Brooks/Cole Publishing Company.[15]

Bluemke, M., Friedrich, M., & Zumbach, J. (2010). The influence of violent and nonviolent computer games on implicit measures of aggressiveness. *Aggressive Behavior, 36*, 1-13.[16]

Bronfenbrenner, U. (1979). The ecology of human development: *Experiments by nature and design*, Cambridge, MA: Harvard University Press.

Buckley, W. (1967). Systems and entities. In Buckley, W. (ed.), *So-*

- 권(호): 논문이 수록된 권(volume)과 호(number)를 기재한다. 영어자료의 경우 권은 이탤릭체로 기재하고, 호는 ( )에 묶어 기재한다(호는 이탤릭체가 아니다).

14 내용제목의 경우
'주저자명. (발행연도). 내용제목. In 저자명 (Ed.), 단행본명. 발행지: 발행자.'의 형식으로 기재한다.

15 1인 저서의 경우
'저자명. (역할어). (발행년). **표제**(역할을 달리한 저자)(판차). 발행지: 발행사.'의 형식과 순서로 기재한다.
- 표제: 영어표제는 처음 문자와 고유명사 외는 모두 소문자로 기재하되 이탤릭체로 나타낸다.

16 연속간행물의 저자가 2-6인, 즉 2-6인 공동논문의 경우
공저자의 이름을 6인까지 모두 기재한다. 공저자의 영어 형식은 '성, 이름(이니셜)'으로 기재하고, 마지막 공저자 명에는 '&' 또는 'and'를 앞세워 기재한다.

ciology and modern systems theory, Upper Saddle River, NJ: Prentice-Hall.

Caplan, S. E. (2002). Problematic internet use and psychosocial well-being: Development of a theory-based cognitive-behavioral measurement instrument. *Computers in Human Behavior, 18*, 553-575.

Check, J., Perlman, D., & Malamuth, N. M. (1985). Loneliness and aggressive behaviour. *Journal of Social and Personal Relationships, 2*, 243-252.

Chen, K., Tarn, J. M., & Han, B, T. (2004). Internet dependency: Its impact on online behavioral patterns in E-commerce. *Human Systems Management*, 23, 49-58.

Chen, S. H. (2000). *Gender differences of internet addiction in Taiwan*. Poster presented at the 108th American Psychology Association Annual Convention, Washington, DC, USA.[17]

Chou, C., Chou, J., & Tyan, N. N. (1999). An explorative study of internet addiction, usage and communication pleasure - The Taiwan's case. *International Journal of Educational Telecommunications, 5*(1), 47-64.

Chou, C. and Hsiao, M. C. (2000). Internet addiction, usage, gratifications, and pleasure experience - *The Taiwan college students' case. Computer Education, 35*(1), 65-80.

---

17 학술대회에서 발표한 미발행논문의 경우
'연구자명. (발행년월). 발표논문명. 학술대회명을 포함한 설명적 어구, 개최지명.'의 형식으로 기재한다.

Goldberg, I. (1996). *Internet addiction disorder* [Electronic version]. Retrieved January 1, 2011, from http://www-usr.rider.edu/~suler/psycyber/supportgp.html.[18]

International Monetary Fund [IMF]. (1977). *Surveys of African economies: Vol. 7. Algeria, Mali, Morocco, and Tunisia.* Washing DC: The Fund.

Kettner, P. M., Moroney, R. M., & Martin, L. L. (2008). *Designing and managing programs: An effectiveness-based approach* (3rd ed.). Los Angeles, CA: Sage Publications.[19]

National Head Start Association. (1990). *Head start: The nation's pride, a nation's challenge. Alexandria*, VA: Author.[20]

Parker, S. P., Biderman, A., Weil, J., Fox, E. J., Faulk, J., Kotowski, F. Jr., et al. (Eds.). (1988). *McGraw-Hill encyclopedia of electronics and computers* (2nd ed.). New York: McGraw-Hill Book Co.[21]

[18] 전자문서의 경우

'저자명. (발행연도). 전자문서명. 인용일자, 웹사이트주소'의 형식으로 기재한다.
- 발행연도: 확인된 발행연도를 기재한다. 확인할 수 없는 경우에는 'n. d.'로 기재한다(이것은 no date를 의미한다).
- 전자문서명: 영어표제는 처음 문자와 고유명사 외는 모두 소문자로 기재하되 이탤릭체로 나타낸다.

[19] 2-6인 공저서 경우

공저자의 이름을 6인까지 모두 기재한다. 공저자의 영어 형식은 '성, 이름(이니셜)'으로 기재하고, 마지막 공저자 명에는 '&' 또는 'and'를 앞세워 기재한다.

[20] 단체의 저작의 경우

'단체명. (발행연도). 서명. 발행지: 발행자'의 형식과 순서로 기재한다. 단체가 저작하고 발행한 경우는 저자명에 기재된 단체명을 발행자로 반복 기재하지 않고 'Author', 'The Association' 등의 식별될 수 있는 용어로 간단히 기재한다.

[21] 7인 이상의 공저서의 경우

참고문헌에는 공저자의 이름을 6인까지 기재하고 'et al.', 'and others'를 부기한다.

Song, K. (2005). *Prevalence of client violence toward child & family social workers and its effects on burnout, organizational commitment, and turnover intention: A Structural Equation Modeling Approach.* Unpublished doctoral dissertation, Columbia University, New York.[22]

VandenBox, G. (2001). Role of reference elements in the selection of resources by psychology undergraduates [Electronic version]. *Journal of Bibliographic Research, 5,* 117-123. Retrieved October 1, 2002, from http://jbr.org/articless.html.

Wolchik, S. A., West, S. G., Sandler, I. N., Tein, J., Coatsworth, D., Lengua, L., et al. (2000). An experimental evaluation of theory-based mother and mother-child programs for children of divorce. *Journal of Consulting and Clinical Psychology, 68,* 843-856.[23]

---

[22] 미공간 학위논문Unpublished thesis/dissertation의 경우
  '연구자. (수여연도). 논문명. 학위명, 수여기관명, 소재지.'의 형식으로 기재한다.
  • 논문명 : 본논문명 외에 부논문명이 있을 경우, '본논문명: 부논문명' 형식으로 기재한다. 논문명은 이탤릭체로 표시한다.
[23] 연속간행물의 저자가 7인 이상인 경우
  공저자의 이름을 6인까지 기재하고, 'et al.', 'and others'를 부기한다.

중학생의 인터넷 중독과 인테넷 윤리의식 및 사이버비행에 관한 설문조사

안녕하십니까?

이 설문지는 중학생을 대상으로 인터넷 중독, 사이버비행, 인터넷 윤리의식의 실태를 파악하기 위한 목적으로 작성되었습니다. U-사회를 살아가는 청소년들의 건전한 인터넷 환경은 무엇보다 중요하며, 인터넷의 유해한 환경이 야기하는 청소년의 사이버비행은 우리 사회의 중요한 이슈로 등장하고 있습니다.

학생은 소정의 표본추출절차에 의하여 설문조사의 대상자로 선정되었습니다. 본 설문지는 여러분의 의견을 묻는 문항으로 구성되어 있으며 각 문항에는 정답이 없으니 여러분의 의견에 따라 솔직하고 성실하게 응답하여 주시기 바랍니다. 또한 학생의 응답 자료는 통계 처리되어 종합적으로 분석되므로 개인의 신분이 노출되는 일은 절대 없으며, 학생의 응답 내용은 조사연구 외의 다른 목적으로는 이용되지 않을 것입니다.

이 설문조사에 응답하는데 대략 20여 분이 소요될 것으로 예상됩니다. 바쁘시겠지만 이 설문조사에 성실히 응답해주시기를 정중히 당부드립니다.

감사합니다.

2○○○. ○월.

연구자 : ○○대학교 대학원 사회복지학과 박사과정 ○○○

연락처: 휴대폰 010-1234-5678, 이메일 abc123@mail.com

일반적으로 설문지는 표지 편지(cover letter), 도입부, 본론(설문지의 몸체), 결론으로 구성된다. 먼저 표지 편지에는 연구자의 인사말씀, 설문조사의 취지, 연구의 중요성, 표집방법에 대한 설명, 개인정보 및 응답결과에 대한 비밀유지 약속, 당부 및 감사의 말씀 등이 포함된다.

설문지의 주요 요소

앞서 언급한 바와 같이, 설문지의 주요 요소는 도입부, 본론(몸체), 결론이다.

〈도입부〉
- 설문지의 도입부는 무대를 설치하는 자리이며, 앞으로 어떤 종류의 문항이 이어질 것인지를 암시하는 역할을 한다. 즉, 도입부는 응답자에게 설문지를 통해 구하고자 하는 정보의 유형과 응답 임무가 무엇인지 알려준다.
- 도입부에는 모든 조사대상자에게 다 적용되는 매우 일반적인 질문이 배치된다. 모든 응답자가 다 응답하여야 하는 질문으로서 누구나 빠르고 쉽게 응답할 수 있는 질문이 도입부에 나오는 것이 바람직하다. 응답자가 위협을 느낄 수 있는 질문, 민감한 질문, 난해한 질문은 도입부에 넣어서는 절대로 안 된다.

〈본론〉
- 설문지의 본론에서는 설문조사의 실질적이고 세부적인 내용을 다루는데, 일반적으로 도입부나 결론보다 더 길다. 여기에서는 일련의 질문들이 논리적이고 의미있는 순서에 따라 조사대상자들에게 제시된다. 하나의 주제 또는 논점으로부터 다음 주제 또는 논점으로 순탄하게 이동하는 것이 바람직하다.
- 본론에서는 전체 문항들을 특성과 본질에 따라 여러 개의 하위영역으로 그룹핑(grouping)한 다음에 주제별로 순차적으로 배열하는 것이 일반적이다.

〈결론〉
- 설문지의 결론부분에는 두 가지 종류의 문항이 배치된다. 하나는 가장 민감하고 미묘한 질문, 즉 응답자에게 위협이 될 수 있는 주제나 논점에 관한 질문이다. 다른 하나는 응답자의 인구통계학적 특성을 묻는 질문인데, 이 역시 가장 민감한 질문이라 할 수 있다(예: 응답자의 소득을 묻는 항목).
- 민감한 질문을 맨 나중에 제시하는 이유는 다음과 같다. 첫째, 설문지의 후반부에 이를 즈음에는 응답자가 문답에 어느 정도 익숙해져 있으며, 가장 높은 수준의 신뢰감(rapport)이 형성되어 있을 것이므로 민감한 질문에도 응답할 가능성이 그만큼 더 높아진다. 둘째, 어떤 응답자는 이 단계에서 민감한 질문에 응답하지 않겠다고 결심하고 응답을 중단할 수도 있으나 그 응답자가 그 때까지 응답한 내용(즉, 설문지의 도입부와 본론에 있는 응답자료)은 그 자체로서 가치가 있으며, 연구자는 이 자료를 분석에 활용할 수 있을 것이다.

Q. 아래의 문항은 개인적인 요인에 대해 여러분과 일치하는 곳의 해당 숫자에
  ○표 하세요.

	Ⅰ. 자기통제력 척도	전혀 그렇지 않다	대체로 그렇지 않다	조금 그렇지 않다	조금 그렇다	대체로 그렇다	매우 그렇다.
1	어떤 문제를 해결하기 위한 나의 첫 번째 시도가 실패할 경우, 나는 그 상황을 다루는 내 능력에 대하여 거북하게 느낀다.	1	2	3	4	5	6
2	나에게는 간혹 시간을 들여 문제의 해결방안을 궁리하기보다는 갈피를 못 잡고 헤매는 경우가 생긴다.	1	2	3	4	5	6
3	비록 문제를 해결하려고 노력하기는 하지만, 간혹 나는 내가 더듬거리거나 방황하고 있기 때문에 본격적인 일처리에 착수하지 못한다고 느낀다.	1	2	3	4	5	6
4	나는 성급한 결정을 내리고 나중에 그것을 후회한다.	1	2	3	4	5	6
5	간혹 나는 너무 감정에 이끌린 나머지 내 문제를 해결하는 여러 가지 방법들을 다 고려하지 못한다.	1	2	3	4	5	6

Q. 아래의 문항은 가정적 요인에 대해 여러분과 일치하는 곳의 해당 숫자에 ○
  표 하세요.

	Ⅱ. 부모의 양육태도 척도	전혀 그렇지 않다	그렇지 않다	보통 이다	그렇다	매우 그렇다
1	부모님께서 화가 나면 나에게 고함을 지르거나 심하게 벌을 준다.	1	2	3	4	5
2	부모님은 나를 너무 어린애로 다루는 것 같다.	1	2	3	4	5
3	부모님은 내가 하는 일에 간섭하실 때가 많다.	1	2	3	4	5
4	부모님은 내가 하는 일이 옳아도 부모님 마음에 들지 않으면 못하게 하신다.	1	2	3	4	5

Q. 아래의 문항은 학교환경에 대해 여러분과 일치하는 곳의 해당 숫자에 ○표
   하세요.

	III. 학업 성취감 척도	전혀 그렇지 않다	그렇지 않다	보통 이다	그렇다	매우 그렇다
1	좋은 성적을 받는 것은 나에게 무척 중요하다.	1	2	3	4	5
2	수업시간에 선생님 말에 집중하는 편이다.	1	2	3	4	5
3	학교수업에 흥미를 느낀다.	1	2	3	4	5
4	나는 공부를 열심히 하려고 노력한다.	1	2	3	4	5

Q. 아래의 문항은 인터넷 환경에 대해 여러분과 일치하는 곳의 해당 숫자에 ○
   표 하세요.

	IV. 인터넷 기대척도	전혀 그렇지 않다	그렇지 않다	보통 이다	그렇다	매우 그렇다
1	내 자신을 좀 더 멋있는 사람으로 꾸밀 수 있다.	1	2	3	4	5
2	인터넷을 하는 동안 나는 더욱 자신감이 생긴다.	1	2	3	4	5
3	사람들과 어울리는 것이 더 쉬워진다.	1	2	3	4	5
4	실제에서 보다 인터넷에서 만난 사람들을 더 잘 이해하게 된다.	1	2	3	4	5

Q. 다음은 여러분의 인터넷 이용에 관한 질문입니다. 각 문항을 읽고 해당 숫자에 ○표 하세요.

	V. 인터넷 중독 척도	전혀 그렇지 않다	때때로 그렇다	자주 그렇다	항상 그렇다
1	인터넷 사용으로 건강이 이전보다 나빠진 것 같다.	1	2	3	4
2	인터넷을 너무 사용해서 머리가 아프다.	1	2	3	4
3	인터넷을 하다가 계획한 일들을 제대로 못한 적이 있다.	1	2	3	4
4	인터넷을 하느라고 피곤해서 수업시간에 잠을 자기도 한다.	1	2	3	4
5	인터넷을 너무 사용해서 시력 등에 문제가 생겼다.	1	2	3	4
6	다른 할 일이 많을 때에도 인터넷을 사용하게 된다.	1	2	3	4
7	인터넷을 하는 동안 나는 더욱 자신감이 생긴다.	1	2	3	4
8	인터넷을 하지 못하면 생활이 지루하고 재미가 없다.	1	2	3	4
9	인터넷을 하지 못하면 안절부절못하고 초조해진다.	1	2	3	4
10	인터넷을 하고 있지 않을 때에도 인터넷에 대한 생각이 자꾸 떠오른다.	1	2	3	4
11	인터넷을 할 때 누군가 방해를 하면 짜증스럽고 화가 난다.	1	2	3	4
12	인터넷에서 알게 된 사람들이 현실에서 아는 사람들보다 나에게 더 잘해준다.	1	2	3	4
13	오프라인에서보다 온라인에서 나를 인정해주는 사람이 더 많다.	1	2	3	4
14	실제에서 보다 인터넷에서 만난 사람들을 더 잘 이해하게 된다.	1	2	3	4
15	인터넷 사용시간을 속이려고 한 적이 있다.	1	2	3	4
16	인터넷 때문에 돈을 더 많이 쓰게 된다.	1	2	3	4
17	인터넷을 하다가 그만 두면 또 하고 싶다.	1	2	3	4
18	인터넷 사용 시간을 줄이려고 해보았지만 실패한다.	1	2	3	4
19	인터넷 사용을 줄여야 한다는 생각이 끊임없이 들곤 한다.	1	2	3	4
20	주위 사람들이 내가 인터넷을 너무 많이 한다고 지적한다.	1	2	3	4

Q. 아래의 문항은 인터넷 윤리의식에 대해 여러분과 일치하는 곳의 해당 숫자에
○표 하세요.

	VI. 인터넷 윤리의식 척도	전혀 그렇지 않다	그렇지 않다	보통 이다	그렇다	매우 그렇다
1	대화방에 들어 갈 때나 나올 때 꼭 인사를 한다.	1	2	3	4	5
2	대화방에서는 주로 존댓말을 사용한다.	1	2	3	4	5
3	대화방에서 또는 이메일 등을 이용하여 욕설을 한 적이 있다.	1	2	3	4	5
4	인터넷상에서 다운받은 음악 자료를 친구들에게 들려주기 위해 홈페이지에 올리거나 복사하여 돌린다.	1	2	3	4	5
5	필요한 컴퓨터 프로그램이 있으면 사지 않고 복사하거나 친구에게 빌려서 설치한다.	1	2	3	4	5
6	친구끼리 서로 ID를 빌려주고 빌리는 것이 가능하다고 생각한다.	1	2	3	4	5
7	우연히 친구의 개인 정보(ID, 비밀번호, 주민등록번호)를 알게 되었는데 다른 친구가 자꾸 알려달라고 조르면 알려준다.	1	2	3	4	5
8	비밀번호는 정기적으로 교체하고 관리한다.	1	2	3	4	5
9	불필요한 메일(장난, 행운의 편지 등)을 다른 사람에게 보낸 적이 있다.	1	2	3	4	5
10	친구가 자꾸만 다른 친구의 험담(흉)을 게시판에 올리자고 하면 올린다.	1	2	3	4	5
11	다른 사람의 아이디와 비밀번호로 필요한 사이트에 가입하여 사용한다.	1	2	3	4	5
12	회원을 등록하거나 메일을 보낼 때 본인 이름을 사용하지 않고 닉네임을 사용한다.	1	2	3	4	5
13	게시판에 글이나 자료를 올릴 때 확실한 정보인지 알아보고 올린다.	1	2	3	4	5
14	다른 사람들로부터 관심을 끌기 위해 거짓 제목을 올리거나 남을 비방한다.	1	2	3	4	5
15	인터넷을 하다가 불건전 사이트에 접하게 되면 계속 본다.	1	2	3	4	5
16	인터넷에서 다운 받은 자료가 바이러스에 걸린 것을 알았다. 그런데 그 자료를 친구가 메일로 보내달라고 하면 보내준다.	1	2	3	4	5
17	스팸 필터나 유해정보차단 프로그램을 설치하여 사용한다.	1	2	3	4	5
18	친구가 다른 전산망에 침입하여(해킹) 필요한 자료를 가져왔다면 괜찮다고 생각한다.	1	2	3	4	5
19	실제 현금을 주고 게임 아이템을 구입하거나 판매하는 것이 정당하다고 생각한다.	1	2	3	4	5
20	사이버 공간에서의 범죄도 현실 세계에서의 범죄와 같이 위험하다고 생각한다.	1	2	3	4	5

Q. 아래의 문항은 사이버비행에 대해 여러분과 일치하는 곳의 해당 숫자에 ○표
하세요.

	VII. 사이버비행 척도	예	아니오
1	pc방에서 게임 혹은 인터넷 사용으로 인해 귀가시간을 어긴 적이 있다.	1	2
2	심야 시간에 번개(즉석미팅)를 한 적이 있다.	1	2
3	음란 사이트에 들어가 본 적이 있다.	1	2
4	통신 및 인터넷으로 불법 복제물을 팔아본 적이 있다.	1	2
5	통신 및 인터넷으로 불법 복제물을 사본 적이 있다.	1	2
6	번개를 통해 만난 이성과 성적 행동(키스, 애무, 성관계)를 해본 적이있다.	1	2
7	채팅 사이트를 통해 원조교제를 경험한 적이 있다.	1	2
8	게임을 통해 무기를 금전적으로 거래 해 본적이 있다.	1	2
9	인터넷이나 통신을 통해 알게 된 사람에게 욕설을 한 적이 있다.	1	2
10	타인의 아이디를 도용한 적이 있다.	1	2
11	채팅을 통해 상대방에게 성관계를 요구한 적이 있다.	1	2
12	돈을 마련할 목적으로 원조교제를 한 적이 있다.	1	2
13	인터넷 도박을 해본 적이 있다.	1	2
14	인터넷 쇼핑몰에서 성인용품을 구입해본 적이 있다.	1	2
15	인터넷 사용으로 인해 수업(학교,학원)을 빼먹은 적이 있다.	1	2
16	인터넷 사용으로 부모의 허락 없이 외박을 해본 적이 있다.	1	2
17	채팅을 통해 음란한 대화를 나눈 적이 있다.	1	2
18	번개를 통해서 만난 사람과 언어적 · 신체적으로 싸운 적이 있다.	1	2
19	동호회를 결성하여 다른 동호회의 구성원에게 욕설을 한 적이 있다.	1	2
20	해킹을 해본 적이 있다.	1	2
21	소프트웨어나 다른 방법을 통해서 타인의 신상정보를 도용한 적이 있다.	1	2
22	채팅을 하면서 자신의 어떤 면을 왜곡하여 말하거나 거짓말을 한 적이 있다.	1	2
23	인터넷 게임을 통해 팀을 결성하여 다른 게이머들을 공격한 적이 있다.	1	2
24	채팅을 통해 다른 사용자에게 심한 욕설을 한 적이 있다.	1	2
25	자신의 나이를 속이고 성인 대화방에 들어간 적이 있다.	1	2

26	폭탄메일을 보내본 적이 있다.	1	2
27	음란물을 웹에 올린 적이 있다.	1	2
28	인터넷 게임을 통해 다른 사람의 무기나 아이디를 훔친 적이 있다.	1	2
29	바이러스가 담긴 메일을 타인에게 보낸 적이 있다.	1	2
30	성인 사이트에 접속하기 위해 자신의 정보를 허위 입력해본 적이 있다.	1	2
31	인터넷으로 물품을 구입하기 위해 타인의 계좌나 신용카드를 사용한 적이 있다.	1	2
32	성인 유료 사이트에 가입한 적이 있다.	1	2
33	성인 인터넷 방송을 시청해본 적이 있다.	1	2
34	음란한 대화를 나누기 위해 대화방을 만든 적이 있다.	1	2
35	자살 사이트를 보고 자살 유혹을 느낀 적이 있다.	1	2

문1. 학생의 성별은 무엇입니까?

□ 1) 남자   □ 2) 여자

문2. 학생은 몇 학년입니까?(해당 학교와 학년을 표시해주세요.)

□ 중학교	(출생연도:)	□ 1학년	□ 2학년	□ 3학년
□ 고등학교	(출생연도:)	□ 1학년	□ 2학년	□ 3학년

문3. 학생은 인터넷을 사용한 지 얼마나 되었습니까?

□1) 3년 미만   □2) 3년~6년   □3) 6년~9년

□4) 9년~12년   □5) 12년 이상

문4. 학생은 인터넷을 어느 정도 사용하십니까?

□1) 1주일에 2시간 미만

□2) 1주일에 2시간 이상~6시간 미만

□3) 1주일에 7시간 이상~12시간 미만

□4) 1주일에 13시간 이상~18시간 미만

□5) 18시간 이상

문5. 학생집의 컴퓨터 설치장소는 어디입니까?

□1) 내방   □2) 거실   □3) 안방

□4) 형제, 자매 방   □5) 서재 및 가족 공용 공부방

□6) 기타   □7) 컴퓨터 없음

문6. 학생은 인터넷을 주로 어디에서 이용하십니까?

□1) 우리집 □2) 친구집 □3) PC방

□4) 학교 □5) 기타

문7. 학생은 지금까지 인터넷 중독에 관련된 강의를 들은 적이 있습니까?

□1) 예 □2) 아니오

문8. 학생은 지금까지 인터넷 윤리의식이나 정보 규범에 관련된 강의를 들은 적이 있습니까?

□1) 예 □2) 아니오

문9. 학생은 평일에 부모님 없이 집에 혼자 있는 시간이 어느 정도 입니까?

□1) 2시간~4시간 □2) 4시간~6시간

□3) 6시간~8시간 □4) 8시간 이상

문10. 학생은 주말(토요일, 일요일, 공휴일)에 부모님 없이 집에 혼자 있는 시간이 어느 정도 입니까?

□1) 2시간~4시간 □2) 4시간~6시간

□3) 6시간~8시간 □4) 8시간 이상

문11. 학생의 부모님은 맞벌이를 하십니까?

□1) 예 □2) 아니오

문12. 다음 항목 중에서 자주 사용하는 인터넷 활동을 순서대로 적어주세요.(3가지)

(1.   ) 　　　 (2.   ) 　　　 (3.   )

1) 웹서핑 　　　 2) 성인물(야동) 　　　 3) 정보검색

4) 게임 　　　 5) 온라인쇼핑 　　　 6) 동호회/클럽/카페

7) 채팅/메신저 　　 8) MP3, 영화사진 다운로드 　　 9) 아바타 치장

10) 이메일/카드 　　 11) 미니홈피/블로그 　　 12) 영화, 음악, 동영상 즐기기

문13. 학생의 성적은 학년 전체 석차를 기준으로 할 때 어느 정도 수준입니까?

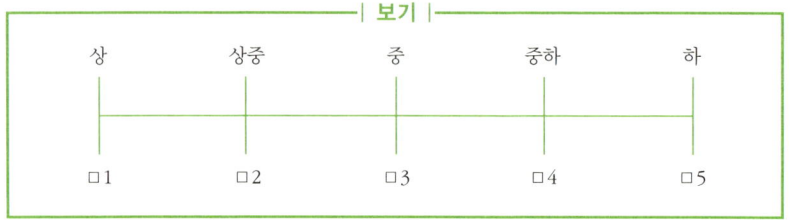

문14. 우리나라 전체 가정 가운데 학생 집의 경제 수준은 어느 정도입니까?

문15. 학생 부모님의 최종학력은 다음 중 어디에 해당됩니까?(보기에 해당되는 번호를 쓰세요)

| 보기 |
---

1) 초등학교 졸업   2) 중학교졸업   3) 고등학교 졸업   4) 대학교 졸업   5) 대학원 졸업

아버지 (   )   /   어머니 (   )

문16. 학생의 집에서는 부모님이나 기타 가족이 컴퓨터(인터넷) 사용을 통제하고 있습니까?

□1) 예   □2) 아니오

문17. 집에서 사용하는 컴퓨터에 인터넷 사용을 제한할 수 있는 프로그램(유해사이트 차단 pc사용 내역조회, 이용시간 설정, 아이보호, 천사수호와 같은 프로그램)이 설치되어 있습니까?

□1) 설치되어 있다   □2) 설치되어 있지 않다
□3) 컴퓨터가 없다

문18. 연령에 맞지 않는 게임 등을 이용하기 위하여 다른 사람의 주민등록번호를 이용한 적이 있습니까?

□1) 없다   □2) 있다

문19. 평소 부모님과 갈등이 있다면 주로 어떤 일에서 생깁니까?

□1) 특별히 없다   □2) 학업성적   □3) 진학 및 진로
□4) 친구관계   □5) 컴퓨터 사용   □6) 이성문제
□7) 여가생활 관련   □8) 기타_____

문20. 한 달 동안 인터넷 이용에 쓰는 돈은 얼마입니까? (원)

설문조사가 끝났습니다. 협조하여 주셔서 다시 한번 감사드립니다.

참고문헌

곽동철. (2007). 학술논문에서 표절의 유형과 올바른 인용방식에 대한 고찰. **한국문헌정보학회지**, **41(3)**, 103-126.

권재환. (2008). 국내 인터넷중독 연구동향: 학술지 게재논문 분석. **청소년학연구**, **15(3)**, 137-157.

김경호. (2004). 노인복지시설의 지리적 분포현황 분석. **한국노년학**, **24(4)**, 19-38.

_____ (2007). **사회복지 조사연구**, 광주: 호남대학교 출판부.

_____ (2010). 사회생태이론의 관점에서 본 한센병 스티그마(stigma)의 감소전략. **사회연구**, **20**, 65-102.

김사헌. (2001). 학술지형 소논문 작성 형식에 대한 비판적 고찰: 한국관광학회지 투고 논문을 중심으로. **관광학연구**, **25(1)**, 351-361.

김수영. (2008). 표절과 올바른 인용방법. **가정의학회지**, **29**, 167-174.

김영종. (1999). **사회복지조사방법론**, 서울: 학지사.

노정순. (2006). 추론통계를 사용한 문헌정보학 연구에서 데이터 수집과 분석에 관한 비평적 고찰. **한국문헌정보학회지**, **40(2)**, 217-242.

박병현, 최송식, 황보람. (2007). 한국사회복지정책의 변화과정 분석: 사회진보의 결과인가? 사회통제의 결과인가? **사회복지정책**, **29**, 169-194.

박온자. (1999). 온라인 자료의 인용 및 참고문헌 수록 양식과 국내 대학 및 학술잡지에서 사용하고 있는 인용 및 참고문헌 수록 양식 조사연구. **정보관리학회지**, **16(2)**, 81-104.

박용규. (2005). 연구결과의 해석. **가정의학회지**, **26(4)**, 476-478.

박중순. (2010). **사회복지학 전공 대학생의 노인복지분야 종사의사에 관한 연구**. 박사학위논문, 호남대학교.

성태제. (2001). **현대 기초통계학의 이해와 적용**(개정판), 서울: 교육과학사.

여진주. (2008). 아동학대 발생요인에 대한 생태학적 분석: 경상북도 동부권 아동을 대상으로. **보건사회연구**, **28(1)**, 3-26.

연경남, 이성종, 이종현, 송충한. (2005). 연구계획서 평가시 정량지표 도입의 타당성에 관한 분석. **기술혁신학회지**, **8(1)**, 261-276.

이승채. (2003). 우리나라 학술지의 질에 관한 연구. **한국문헌정보학회지**, **37(1)**, 227-245.

이연호. (2001). 선진국 노인학대 지원제도 및 프로그램 비교연구: 미국, 캐나다, 영국, 일본을 중심으로. **노인복지연구**, **14**, 165-192.

이준우, 서문진희. (2009). 노인장기요양보험 재가서비스의 문제점과 개선방안. **한국 노년학**, **29(1)**, 149-175.

이학식, 임지훈. (2005). **SPSS 12.0 매뉴얼**, 파주: 법문사.

이희연. (2009). 국민기초생활보장제도 수급가구의 사회적 배제 경험에 관한 문화기술지 연구. **사회보장연구**, **25(1)**, 281-315.

전요섭. (2002). 중년기 외도의 심리분석과 목회상담적 지원. **한국개혁신학**, **12**, 339-367.

조성일. (2005). 논문심사에서 설계나 연구방법론의 오류 찾기. **가정의학회지**, **26(4)**, 13-16.

차은진. (2011). **중학생의 사이버비행에 영향을 미치는 요인에 관한 연구: 인터넷 중독, 인터넷 윤리의식, 사이버비행의 연쇄적 인과관계를 중심으로**. 박사학위 논문, 호남대학교.

최성재. (2005). **사회복지조사방법론**, 서울: 나남출판.

Alston, M., & Bowles, W. (2003). *Research for social workers: An introduction to methods* (2nd ed.). London: Routledge.

Baron, R. M., & Kenny, D. A. (1986). The moderator-mediator variable distinction in social psychological research: Conceptual, strategic, and statistical considerations. *Journal of Personality and Social Psychology*, *51*, 1173-1182.

Becker, H. (1986). *Writing for social scientists: How to start and finish your thesis, book or article*. Chicago, Il: University of Chicago Press.

Bell, J. (2005). *Doing your research project: A guide for first-time researchers in education, health and social science* (4th ed.). Maidenhead: Open University Press.

Blaxter, L., Hughes, C., & Tight, M. (2006). *How to research* (3rd ed.). Buckingham: Open University Press.

Boote, D. N., & Beile, P. (2005). Scholars before researchers: On the centrality of the dissertation literature review in research preparation. *Educational Researcher*, *34*(6), 3-15.

Carnwell, R., & Daly, W. (2001). Strategies for the construction of a critical review of the literature. *Nurse Education in Practice*, *1*, 57-63.

Cormack, D., & Benton, D. (2000). Asking the research question. In D. Cormack (ed.), *The research process in nursing* (4th ed.). Oxford: Blackwell Publishing.

Creswell, J. W. (1994). *Research design: qualitative and quantitative ap-*

proaches. Thousand Oaks, CA: Sage Publications.

Cryer. P. (2000). *The research student's guide to success.* Buckingham: Open University Press.

Davis, G. B., & Parker, C. A. (1997). *Writing the doctoral dissertation* (2nd ed.). New York: Barron's.

Fink, A. (2005). *Conducting research literature reviews: From the Internet to paper* (2nd ed.). Thousand Oaks, CA: Sage Publications.

Frazier, P. A., Tix, A. P., & Barron, K. E. (2004). Testing moderator and mediator effects in counseling psychology research. *Journal of Counseling Psychology, 51*(1), 115-134.

Garrard, J. (2007). *Health sciences literature review made easy: The matrix method* (2nd. ed.). Boston: Jones and Bartlett Publishers.

Gillen, C. M. (2006). Criticism and interpretation: Teaching the persuasive aspects of research articles. *CBE-Life Sciences Education, 5,* 34-38.

Greenhalgh, T. (2006). *How to read a paper: The basics of evidence-based medicine* (3rd ed.). Oxford: BMJ Books.

Hess, R. (2004). How to write an effective discussion. *Respiratory Care, 49*(10), 1238-1241.

Hofstee, E. (2006). *Constructing a good dissertation: A practical guide to finishing a masters, MBA or PhD on schedule.* Sandton: Exactica.

Hyman, R. (1995). How to critique a published article. *Psychological Bulletin, 118*(2), 178-182.

Johnson, R. B., & Onwuegbuzie, A. J. (2004). Mixed methods research: A research paradigm whose time has come. *Educational Researcher, 33*(7), 14-26.

Krathwohl, D. R., & Smith, N. L. (2005). *How to prepare a dissertation proposal: Suggestions for students in education & the social and behavioral sciences.* Syracuse, NY: Syracuse University Press.

Kumar, R. (1996). *Research methodology: A step by step guide for beginners.* London: Sage Publications.

Locke, L. F., Spirduso, W. W., & Silverman, S. J. (2007). *Proposals that work: A guide for planning dissertations and grant proposals* (5th ed.). Thousand Oaks: Sage Publications Ltd.

MacCoun, R. J. (1998). Biases in the interpretation and use of research results. *Annu. Rev. Psychol. 49,* 259-287.

Machi, L. A., & McEvoy, B. T. (2009). *The literature review.* Thousand Oaks: Corwin Press.

Mansbach, A., & Bachner, Y. G. (2009). Self-reported likelihood of whistle-blowing by social work students. *Social Work Education, 28*(1), 18-28.

Maxwell, J. A. (2005). *Qualitative research design: An interactive approach* (2nd ed.). Thousand Oaks: Sage Publications.

May, T. (1993). *Social research: Issues, methods and process.* Buckingham: Open University Press.

McKillup, S. (2006). *Statistics explained: An introductory guide for life scientists.* Cambridge: Cambridge University Press.

Murray, R. (2006). *How to write a thesis* (2nd ed.). New York: Open University Press.

Nenty, H. J. (2009). Writing a quantitative research thesis. *International Journal of Educational Sciences, 1*(1), 19-32.

Ogier, M. (1999). *Reading research: How to make research more approachable* (2nd ed.). London: Bailliere Tindall.

Patterson, G. R., DeBaryshe, B. D., & Ramsey, E. (1989). A developmental perspective on antisocial behavior. *American Psychologist, 44*, 329-335.

Petrina, S. (2009). *Thesis & dissertation proposal guide for graduate students.* Retrieved August 3, 2010, from http://www.cust.educ.ubc.ca/wcourse/EDUC500/

Philips, E., & Pugh, D. (2000). *How to get a PhD* (3rd ed.). Buckingham: Open University Press.

Punch, K. F. (2006). *Developing effective research proposals* (2nd ed.). Los Angeles: Sage Publications Ltd.

Quittner, A. L., Glueckauf, R. L., & Jackson, D. N. (1990). Chronic parenting stress: Moderating versus mediating effects of social support. *Journal of Personality and Social Psychology, 5*, 1266-1278.

Reif-Lehrer, L. (1995). *Grant application writer's handbook.* Boston: Jones and Barrett.

Ridley, D. (2008), *The literature review: A step-by-step guide for students,* Los Angeles, CA: Sage Publications.

Rothery, M. (1993). Problems, questions and hypotheses. In R. M. Grinnell Jr. (ed.), *Social work research and evaluation* (4th ed.). Itasca, Ill: Peacock Publishers.

Rudestam, K. E., & Newton, R. R. (2007). *Surviving your dissertation: A comprehensive guide to content and process* (3rd ed.). Los Angeles, CA: Sage Publications.

Rugg, G., & Petre, M. (2004). *The unwritten rules of PhD research.* Berkshire: Open University Press.

Scott, D., Brown, A., Lunt, I., & Thorne, L. (2004). *Professional doctorates: Integrating professional and academic knowledge.* Maidenhead: SRHE/Open University Press.

Srivastava, P., & Hopwood, N. (2009). A practical iterative framework for qualitative data analysis. *International Journal of Qualitative Methods, 8*(1), 76-84.

Swales, J. M., & Feak, C. B. (2000). *English in today's research world: A writing guide.* Ann Arbor: The University of Michigan Press.

Tinkler, P., & Jackson, C. (2004). *The doctoral examination process: A handbook for students, examiners and supervisors.* Maidenhead: SRHE/Open University Press.

Weissberg, R., & Buker, S. (1990). *Writing up research: Experimental research report writing for students of English.* Englewood Cliffs, NJ: Prentice Hall Regents.

Wellington, J., Bathmaker, A., Hunt, C., McCulloch, G., & Sikes, P. (2005). *Succeeding with your doctorate.* Los Angeles, CA: Sage Publications.

West, L. J. (1992). How to write a research report for journal publication. *Journal of Education for Business, 67*, 132-136.

Williams, F. (1992). *Reasoning with statistics: How to read quantitative research* (4th ed.). London: Harcourt Brace Jovanovich College Publishers.

Walliman, N. (2005). *Your research project: A step-by-step guide for the first time researcher* (2nd ed.). London: Sage Publications.

Williams, M., Tutty, L. M., & Grinnell, R. M. Jr. (1995). *Research in social work: An introduction.* Itasca, Ill: Peacock Publishers.

Wisker, G. (2001). *The postgraduate research handbook.* London: Palgrave.

Yegidis, B. L., Weinbach, W. W., & Morrison-Rodriguez, B. (1999). *Research methods for social workers* (3rd ed.). Boston: Allyn & Bacon.

찾아보기

학위논문 프로포절

초판 1쇄 발행 2012년 2월 24일
초판 4쇄 발행 2019년 3월 15일

지 은 이 김경호 차은진
펴 낸 이 박정희

기획편집 이주연 양송희 이성목
마 케 팅 김범수 이광택
관   리 유승호 양소연
디 자 인 하주연 이지선
웹서비스 백윤경 김설희

펴 낸 곳 사회복지전문출판 나눔의집
등록번호 제25100-1998-000031호
등록일자 1998년 7월 30일

주   소 서울시 금천구 디지털로9길 68, 1105호(대륭포스트타워 5차)
대표전화 1688-4604 **팩스** 02-2624-4240
홈페이지 www.ncbook.co.kr / www.issuensight.com

ISBN 978-89-5810-247-2(93330)